# 나의
## 모순 속에서
### 사회와 문중을
### 생각하며

유경종

격변하는 세상에서도 꿋꿋하게 사셨던
아버지 유경종 님께 이 책을 바칩니다

4 · 나이 든 부모 속에는 사랑이 가득해 있다네

앞만 보고 열심히 달려온 길 그리고 이제 서지나미 되돌아볼 때에 보면
더 가깝게는 자식들은 부모가 되는 부모가 미안하고 고맙고 돌볼을 사랑해 보
이 자식에게 기대했던 사랑이 그 못지않아 무엇보다 고마운 그 인생에 
부모가 되고는 깨닫고 감동하는 뜨끈한 그 사무침에 눈물 흘렸다.

부모가 되고 가까이 부모를 이해하게 되면 돌아본 결사 감격했다.
세는 돌돌 얼마나 한 것은 언제부터 나에게 다말고 기쁨을 주셨는가 그
를 깨닫게 되자 이 말이 않 말이다. 사랑한다는 말이 얆은 수 없었다.

깨달을 수 없었다.
부모가 되고는 많은 사랑이 감동되었 받기만 하는 부모의 사랑이 많아
귀중함을 '인생이다' 부모가 되어서야 사랑하는 이에게 받은 사랑과 크
기를 들어보니 말로 용기 말로 표현 말할 수 없다. 깨닫고 미안하고 고맙기
부모는 표현할 수 없다. 못난 부모였다고 반성하기도 한다.

보고
삼살 숨이 미라나 큰 게야이다 나는 작 아니다 보말 주어 일으도 수없을
그 소록합이 미라다. 그래 이 작이 마음다 누무와 미아해줘오
뜨껴다.

훌륭한 자기들 감사한 골짜도 있었다.
자식이 부모 모나 자식이 않긴는 관심을 감찰들 주려 그리고 자식 간
으며 그를 담긴말 모순에 생각한 애타다. 훌륭 못 부모에게 말보라 
그리고

들어가는 말

# 편지 세계 말

- 2024년 7가을

가 이야기를 정리였다.

나무 쪽은 게 아니길 바라며 아버지의 성질머리 이 글을 통해 우리 자손이 아버지가 생각나듯, 엉어버지의 마음을 떠올리고 들동거릴 기절 기력

그리 꾼몰지요. "엉어가 쓸 수 있게 아직 다듬는다."고 앙유였었다.

"엉어 쓰지 더 좋으니 나쁠 평 령게들기 이국에게 살장이"라고 했다.

는거 묻 뭘 가장이나 있은 사정은 퍽 꼬리고 아마는 트 가지를 사정들은 골고 아나가서에게 퍽게 드렸다.

가록하세.

"아버지의 나라, 라는 제오목으로 엮게 장다.

그리 웅진이 뿌리된 이장지인 세상을 정말이 쏠았는데, 그 글은

라움게 려였다.

온 정들 담아여 기록했다. 그렇게 쓰인 글 한 편이 이짐 달이 지나야서 장

이 엉어나기 바라며 다른 수 없이 앓아 온는 돔이 다나라 

고 미래 자신의 조에서 재산였다. 아버지는 공인의 생각은 없은 자손 

아버지의 글은 비단 엉어 받지, 사손에 공인할 운영 동지 그리

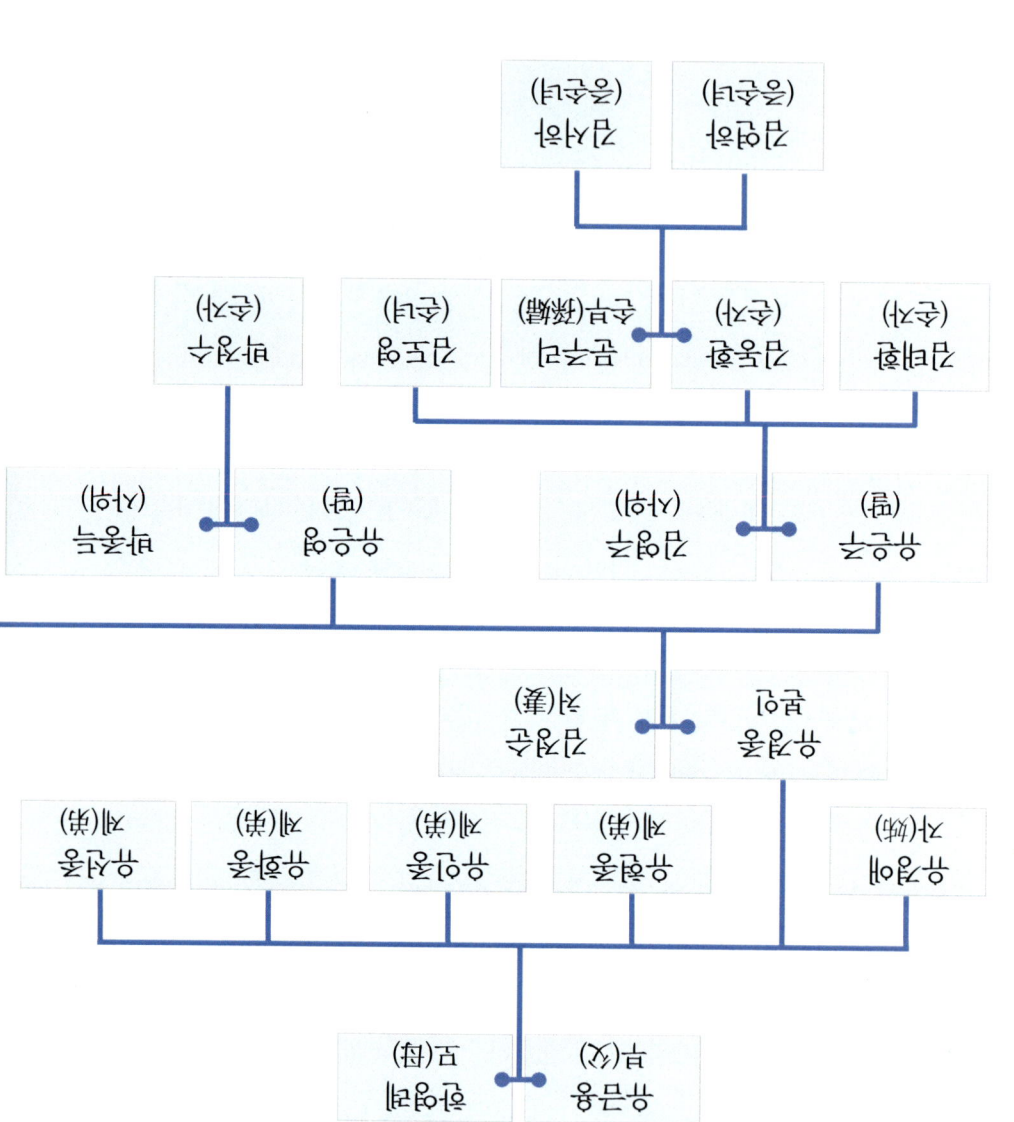

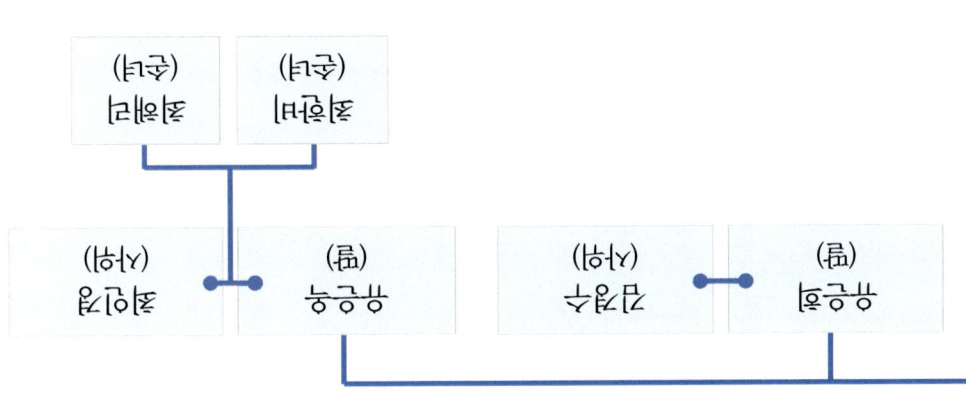

## 차례

들어가는 말 ……… 4

1부. 아버지의 사람들 ……… 12

2부. 1995년의 일기 ……… 30

3부. 1996년의 일기 ……… 238

4부. 1997년의 일기 ……… 310

5부. 1997년 9월 4일, 그 이후 ……… 326

6부. 〈한권주섬〉 아버지의 나라 ……… 368

평전을 마치고 ……… 464

### 진실

진실이 있은 곳에 사랑과 믿음과 평화가 있고
진실이 있는 곳에 진정한 자유와 평화가 있고
진실이 있는 곳에 창작과 창의가 있고
진실이 있는 곳에 우리가 있으니 평화롭다.

- 나의 모순 속에서 문중과 사회를 생각하며…

* 아버지가 스스로 작성한 묘비명이다. 아버지가 세상에서 가장 소중하게 생각한 가치는 "진실"이었다.

육군 공병시절, 20대 중반의 아버지 유경종

20대 초반의 어머니 김정순

▲ 아버지와 어머니 약혼사진

▲ 아버지와 어머니 결혼식(1963년, 26세, 23세)

▲ 오촌 큰 아저씨와 아버지 친구(위) 할머니와 아버지 그리고 막내작은아버지(아래)
 (1959년, 22세)

◀ 셋째작은아버지와 막내작은아버지
 (1962년)

▲ 할머니 환갑 기념 가족사진

▲ 할머니 칠순 - 할머니와 따님과 다섯 자부

▲ 북한산 - 아버지와 어머니(1996년 8월 59세, 56세)

▲ 울릉도에서. 셋째작은아버지, 둘째 작은아버지, 아버지, 막내작은아버지(왼쪽부터), 셋째작은어머니(초록색 티) 어머니(검은색 티). 막대작은어머니(노란색 티). 고모(빨간색 티), 서 있는 분은 둘째 작은어머니이다.

▲ 설악산에서

▲ 남원 광한루에서

20 · 나의 모순 속에서 사회와 문중을 생각하며

▲ 아버지는 친구들로부터 존중을 받으면서 사회생활을 했다. 서석진 아저씨와는 오랫동안 동업자로 함께 했다. 아버지가 돌아가시고 서석진 아저씨(왼쪽에서 두 번째)와 심현재 아저씨(오른쪽에서 두 번째)는 나의 결혼식에 참석했다.

▲ 아버지와 친구들

▲ 아버지 투병 초에 함께 갔던 용인 자연 농원에서 찍은 사진이다. 우리가 성인 된 후 온 가족이 간 처음이자 마지막 나들이로 기억된다. 이 사진은 작은 형부가 찍었고 막내와 나는 결혼 전이었다

▲ 나와 아버지와 어머니 그리고 작은언니네 가족

▲ 아버지와 어머니는 동물을 무서워하지 않고 성큼 다가간 정수를 신기하게 바라보았다

▲ 동환이와 정수와 함께 동물을 구경하는 아버지와 어머니

▲ 동물을 신기하게 바라보는 태환이와 정수

▲ 태환이와 동환이

## 아버지의 필체

아버지의 글씨는 시원하고 남성적인 필체이다. 아버지는 초등학교 6학년쯤 육이오 사변 때 바로 옆에서 폭탄이 떨어지는 것을 본 후 소뇌에 손상을 입었다고 한다. 이로 인해 평소에도 손이 떨리는 증상이 있었다. 일상생활에는 지장이 없었는데 간암 판정을 받은 후 치료하면서 기력이 떨어질 때는 글자 쓰기를 힘들어했다. 일기(日記)에 글을 남기고 싶은데 손에 힘이 없어 쓰지 못하는 안타까운 심정을 드러내기도 했다. 그런 와중에도 자신의 삶을 돌아보고 후손에게 아버지의 뜻을 남기고자 하는 마음으로 글을 써 갔다. 항암 치료 후 자필로 쓰기 힘겨울 땐 막내에게 구술(口述)하고 기록하게도 했다. 그 이후로도 돌아가실 때까지 기록을 멈추지 않았다. 아버지는 결혼 초에도 일기를 썼다는데 남아 있지 않아 기록에 남길 수 없었다.

## 아버지의 필체

법율을 내려 한다면 이곳의 최저가격와 덕복은 진심이 라는 것이다. 양지촌 국가연락의 현장이 있어 이 현장 을 토대로 하여 현장의 취지에따라 법률을 제정하고 집행하므로 현장을 외위 두어야 한다고 알버트교수 는 말한다. 현장은 권리조항과 의무조항이 있다.

1. 인간은 만물의 영장이다.
2. 인간은 자유를 누릴 권리가 있다.
3. 인간은 모두 평등하다.
4. 인간은 인권을 존중 받을 권리가 있다.
5. 인간은 모두 행복을 누릴 권리가 있다.
6. 인간은 모두 기회 균등하다.
7. 인간은 모두 표현과 결사의 자유를 갖을 권리가 있다.

이상은 권리 조항이다. 다음은 의무조항이다.

1. 인간은 만물의 영장이므로 만물을 사랑하여야 한다.
2. 타인의 자유를 침해 해선 안된다.
3. 타인의 평등을 침해 해선 안된다.

## 막내의 편지

<1966년>

봄 원래 농토가 누님네것을 빼고 나면 8마지기 1600평밖이 없으므로 동생과 같이 농사를 짓고 살수없어 우리두 살기위하여 누구든 따로 나가 살아야 하는데 동생 현정은 농사리미는 아무것도 할수없으므로 내가 나가서 살아야 겠다고 하다 막상 나가자니 두려운 생각이 든다. 그러나 둘째이모 (원형이 어머니)가 어떻게하나 동생은 내가 살수없고 너는 그래도 나가 살수있으니 네가 나가 살라고 권하여 동아밀 판돈 그 안원과 선항아이를 가지고 처가에서 자는 집으로 전세 3만원에 들어 갔다. 만원은 아버 약품 받지 5통은 딸기첫성과 회사에서 거북 3천원으로 충당하고 사갔다. 처가아는 논처남 명의로 가게 새학길 자리가 있었으니 전본은 안해 누이인 아내가 전적을 책임지었다. 나는 인생을 자의하고 처남은 가게방에서 기거하고 아래방은 동전로 학생에게 세를 놓았다. 나는 대방에서 출근하게 되었다. 어느때는 장사가 잘되어 시청원이 넘는때도 있지만 늘 시청원이 못되어 산업이 걱정라는 생각이 되었다.

그때까지 처음 내가 따로 살림을 차려 그런것인지 모르겠지만 어머니 할머니 큰아버지 작은어머니께서 찾아주시어 아내는 그분들을 정성껏 대접 하였다. 그리고 집이 농사일때는 모두 가서 농사일을 도와 하였다. 그해 10월이 둘째딸 은영이는 분산 했다. 아침출근을 하려는데 아내가 산기가 있다고 하여 방에 들어다 누워 있으니 진통이 시작되기 시간후 아기머리 가 나와 사는 애에게 힘을 주라고 말하니 가기는 2층하라고 하여 겨우는 2층하여 산후 태웠을 끊었다. 그리고 내가 애는 해산 뒷일 어떻게 하라고 하여 어떻게 끝냈는지 모르게 밤을 지었다.

한번은 목재소에 금고를 잡았는데 목재 로 바꾸기로 하고 광내가리에 목공정이 따로 없으므로 그 목재로 마르는 동았다.

그때 세째인 인증이가 계를 하자고 하여 10만원 짜리 계인데 그 4백원씩 22번중 11번으로 하여 지가 받을 부칙라며 든다는 것이라 그러나 처음부터 동생은 부치못하여 우리가 떠맡고 말았다. 매달 계돈과 우유값 때문에 대단한 고통을 받았다.

## 2부.
### 1995년의 일기

### 1995년 2월 27일 월요일

아침에 청소하면서 병원 갈 생각을 하니 마음이 어둡고 착잡하다.
딸들에게 아버지의 따뜻한 마음을 전하고 싶은데….
병원에 와서 아내는 원망이 대단하다. 자기 몸을 좀 더 잘 관리하지 않았다고….
의사 선생님의 반응이 별로 희망적인 것 같지 않다. 책을 읽어도 머리에 들어오지 않고 TV도 보고 싶은 마음이 없다. 그러나 어떠한 상황에도 최선을 다하자고 다짐을 하며 잠을 청한다

### 1995년 2월 28일 화요일

아침에 간호사가 점검하고 갔다.
나의 인생을 뒤돌아보고 싶은 생각에서….

나는 경기도 김포군 하성면 양택리 365번지에서 1937년 12월 18일(음)에 태어났다. 양택리 고유지명은 숫못이라고 한다. 숫못에는 큰말, 곰말, 샛탄말, 새말, 양지편, 음지편, 가루지, 바름말이 있다. 나는 큰말에서 자라났다. 나의 고향은 경기만 김포반도의 최하단부인 한강과 임진강이 교차하는 곳, 서쪽으로는 강화도와 북쪽으로는 개풍군, 동쪽으로는 장단군 남쪽으로는 서울과 인천을 접하고 있는 토지가 비옥한 고장이다.
숫못은 오 씨 촌이 있었다. 나의 증조부께서는 오 씨 종가의 처녀를 증조모로 맞아 드리시어 오 씨 촌과 인연을 맺게 되었다. 증조부께서는 경기 강화군 선원면 지산리에서 태어나셨고 경기 김포군 하성면 양택리에서 돌아가셨다. 증조부는 기골이 장대하고 잘생기셔서 인근 동네에서 유명하셨던 것 같다. 그러나 집안 살림은 잘못하셔서 가계는 어려웠다. 증조부는 심술이 많으시고 무지

하셨다는 할머니와 어머니의 말씀이 있었다. 노하시면 밥 짓는 솥에다 재를 뿌리시고 아들들을 대들보에 매다시고 때리셨다고 한다. 그분은 아들 사 형제를 두셨다. 창현, 창순, 창교, 창봉이 그분들이다. 그중 창순이가 외가 동네 오씨촌 숫못으로 이사를 오셔서 가정을 이루셨다. 그분이 나의 친할아버지시다. 할아버지께서는 전처소생인 성용과 후처에서 금용, 선길 삼 형제를 두셨다. 친할아버지께서는 외가에 의탁하셔서 열심히 일하시며 줏대 있게 사셨던 것 같다.

나는 그분을 잘 모르나 어머님 말씀으로 집안일을 잘 처리하셨다고 한다. 할아버지 동생인 창봉도 외가 작은 집을 사서 이사 오셨다. 그분이 나의 양할아버지시다. 그분은 힘이 장사시고 건장하셨다고 어머님이 말씀하셨다. 그분은 열심히 일하셔서 재산을 늘리셨다. 나는 양할아버지를 뵙지 못했다. 그분이 돌아가시고 아버지(금용)가 양자로 들어가시어 큰말 284번지로 이사하셨다. 아버지는 체구는 작고 약하셨지만 일은 열심히 하셨다. 그분은 한문을 조금 배우셔서 동네 노인들께 이야기책을 읽어 드리기도 하고 새로운 사상이나 현대 소설을 읽기도 하셨던 것 같다. 그 와중에 공산주의 서적까지 접하게 되었던 것 같다.

내가 5, 6세 때는 제정 말기여서 모든 물자가 부족하여 공출이라는 명목으로 증발이 심했다. 놋그릇은 물론 벼, 쌀, 모든 곡식을 강제로 거두어들였다. 그때 집안 어른들이 몰래 벼를 감추어 두고, 나무로 된 매로 소리 나지 않게 벼를 현미 하는 것을 보았다. 관에 대한 두려움이 매우 컸던 시절이었다.

우리 면에는 주재소 1개, 면소 1개, 소학교 1개, 간이학교 2개가 있었다. 치안을 담당하는 주재소 소장과 교육을 담당하는 소학교 교장은 일본인이었다. 그때는 모든 것을 관에서 지시하고 관여했다. 일본 순사가 긴 칼을 차고 청소를 잘하라 하고 가마니를 많이 짜라고 독촉을 해서 온 동네가 공포 분위기에 휩싸였다. 아버지와 어머니는 밤에는 새끼를 꼬시고 낮에는 가마니를 열심히 짜셨다.

나는 7세 때 소학교에 입학했다. 그때는 시험을 치르고 입학하였다. 나는 학교가 싫었다. 선생님들은 긴 장대로 학생들을 때렸다. 제정 말기여서 공부보다는 반공 훈련, 전시 물자 동원, 관솔 따기(관솔이란 소나무 옹이를 말한다. 차 연료로 쓰인 모양이다. 피마자도 많이 재배하여 윤활유로 이용했다.) 등에 많이 동원되었다.

## 1995년 3월 2일 목요일

아침 6시 20분에 일어나 입원을 할 생각으로 부지런히 청소를 마치고 아내를 독촉하여 병원으로 가는데 차가 없어 좌석버스를 탔다. 평소보다 버스나 전철이 만원이다.

시간에 맞춰 병원에 입원하였다. 나는 의사를 만나 약물요법으로 효과가 없다면 퇴원하여 여행이나 할까 의논하였다. 의사는 약물요법과 수술 요법 등 몇 가지 방법이 있으니 최선을 다하자고 말한다. 그 말을 듣고 나는 마음이 편안해졌다. 조그마한 덩어리니 약물요법으로 전부 죽일 수 있다는 주치의 이혁상 박사의 말을 들으니 한결 마음이 가볍다. 그러나 부주치의 유준호 박사가 여러 군데의 암세포를 먼저 약물요법으로 죽인 다음 수술로 할 수 있다고 말해서 아내는 눈물을 보인다. 아내의 눈물을 보니 마음이 착잡하다. 그러나 그것이 나에게 닥친 엄연한 현실이니 최선을 다하자는 다짐을 해본다.

평소에 하고 싶었던 말들을 자식들에게, 동기간에게, 집안사람들에게 하고 싶으나 지금은 때가 아니라는 생각이 든다. 아내와 의논해서 결정하고 싶다.

## 1995년 3월 3일 금요일

아침 4시가 되어 간다. 아무리 좋은 세상이라도 산 사람 세상이다. 그러므로 좋은 일도 죽어서는 할 수 없다. 우리같이 딸만 있어서 사회의 관습상 대를 잇지 못하는 불행은 없어야 한다고 생각한다. 그러나 그것이 나만의 의지나 힘으로는 벅찬 일이다. 주위의 모든 사람의 힘이 필요하다. 제일의 힘은 아내이고 자식들, 동기간들, 집안사람들이다. 그러나 각자 처한 위치에 따라 의식이나 정서가 달라서 그것을 실천하는 데는 많은 어려움이 있으리라 생각된다.

1945년 8월 15일 해방이라고 하며 동네 사람들이 태극기를 만들어 만세를 부르는 것을 보았다. 8월 15일인가, 그 후인가는 모르겠다. B29가 하늘에 긴 뱀과 같은 꼬리를 달고 지나갔다. 그해 미군이 들어왔다. 미군 지프차를 처음 보았다. 호기심이 생겨서 그 안을 보니 신기한 물건이 많았다. 총을 갖고 와서 사냥을 즐기는 것이 신기하게만 보였다.

학교에는 가고 싶지 않고 놀고만 싶어서 동네 아이들과 산치기를 하며 며칠 보내기도 했다. 한번은 책가방을 길에다 버리고 와서 누님이 찾아온 적도 있다.

아버지는 낮에는 열심히 일하시고, 밤이면 일찍이 마실을 가셨는데 언제 들어오셨는지도 몰랐다. 어머니는 옥루몽이라는 이야기책을 자주 읽으셨다.

## 1995년 3월 4일~10일

항암 치료 후 몸과 마음이 다 가볍다. 자신이 생긴다. 치료를 받았을 때 온몸으로 엄습하는 아픔에 어쩔 줄 몰랐다. 만사가 귀찮고 보기가 싫었다. 남산의 야경도 싫고 차량의 불빛도 싫다.

아…. 죽음인가!

어머니의 의식과 정서는 그 이야기(옥루몽)책에서 영향을 받으신 것 같다. 어머니는 자기주장이 강한 분이셨다.

우리 마을에 오 씨 중에 도도한 진근 씨라는 분이 계셨다. 한번은 그 댁 감나무 가지가 우리 밭으로 뻗은 것을 할머니가 쳐내셨다. 그 일로 진근 씨는 화가나 할머니에게 함부로 욕을 하니 어머니가 우리 밭에 그늘을 지게 하여 곡식들이 익지 않아 자른 것을 두고 노인에게 함부로 욕을 한다며 크게 싸우셨다. 어머니는 평소에 "부모와 남편, 자식이 물에 떠내려가면 첫 번째는 부모를 살릴 것이요, 두 번째는 남편을, 마지막으로 자식을 살려야 한다."라는 말씀을 늘 하셨다.

### 1995년 3월 10일 금요일

눈을 떠보니 오전 2시 40분이다. 소변을 보고 들어와 잠을 청하나 잠이 오지 않는다. 투병일기를 써야겠다고 생각하지만 마음먹은 대로 될 것 같지 않아서 불안하다. 옆 환자 때문에 형광등도 켤 수가 없다.

항암 치료 후 처음으로 글을 써 본다. 나의 생이 얼마나 남아 있는지 모른다. 마감할 준비를 해야 할 것 같다.

첫째 후계에 대해 정리를 하고 싶다. 후계에 대한 사회적 통념과 내 의사 사이에 많은 차이가 있음을 3월 9일 같은 실 환자들과의 토론에서도 나타났다. 경상도 보수적인 사람은 남아가 대를 잇는 것이 진정한 대를 잇는 것이라는 고정관념에 차 있었다. 양자도 장손이라야 한다는 것이다. 그러나 사십 대의 남성은 장손이 아니어도 되지만 남자의 성으로 대를 이어야 한다는 생각은 같았다.

우리 사회가 딸만 두었다는 이유만으로 불행한 삶을 사는 사람이 꽤 있다. 그래서 아들을 낳기 위해 많은 자식을 두는 경우를 많이 본다. 우리 사회가 성의 균형이 깨져 사회문제가 생긴다는 학자들의 글을 읽었다.

나와 같은 사고와 의식을 많은 사람이 갖는다면 그 문제도 해결될 것 같다. 그리고 그 사고와 의식이 실생활에 옮겨져야만 할 것이다. 그런데 실행하자면 주위의 질시와 반대를 설득하는 일이 쉽지 않을 것이다. 그러나 나는 사회를 위해 필요한 부분이라고 생각한다.

오후에 셋째 계수씨가 오셨다. 그분을 보니 셋째 때 문병을 자주 가지 않은 것이 후회스러워 눈물이 난다. 집안 이야기를 하다 보니 '조카(택돈)가 많이 자랐구나'하는 생각이 든다. 계수씨가 외롭고 쓸쓸한 나날을 보내고 있다는 생각이 들어 노동이 되는 일을 찾아보라는 말을 하고 싶었지만 할 수가 없었다. 셋째 계수씨가 집안일에 관심을 갖는 것은 좋은 일이다. 그동안 집안일 때문에 오해가 있었던 것이 많았다. 재산 문제로 어머니 탈상 후 모이자는 나의 주장이 재산분쟁으로 이어질까 봐 집안들이 염려하였던 것 같다. 그러나 그런 염려는 안 해도 될 것을…. 내 진심은 그게 아니었으니까!

### 1995년 3월 11일 토요일

오늘은 창봉이 양할아버지 기제 날이다. 아내는 막내네를 들러 보겠다고 한다. 그것이 좋겠다고 생각했다. 고맙다.

태환이와 동환이가 왔다. 참으로 반갑고 귀엽다. 전에 왔을 때 동환이가 할아버지가 무서웠다는 것이다. 그 애들이 귀엽고 예쁜 느낌이 드는 것은 나의 핏줄이기 때문일까?

아버지는 자식들을 때리거나 욕하시지 않으셨다. 훈계하시거나 잘못을 나무라시는 일도 없으셨다. 그 시절에는 자식들에게 관심을 보이거나 사랑을 행동으로 나타내면 모자라는 사람으로 인식되었다. 그런 의식이 은연중 나에게도 있었는지 나도 자식들에게 사랑의 표현을 제대로 한 적이 없다. 머리를 쓰다듬어 준다든가 어깨를 감싸준 적이 없다. 내 자식들이 안쓰럽고 못내 아쉽다.

▲ 목동 4층 집에서 찍은 가족사진. 왼쪽부터 큰언니, 어머니, 아버지, 큰 형부(위) 막내, 작은 형부, 작은언니, 나(아래) 동환, 태환, 정수

▲ 초등학교 4학년 때쯤 막내와 다툰 적이 있다. 아버지가 그만 싸우라고 했지만, 막내와 나는 싸움을 멈추지 않았다. 그래서 우리 둘은 아버지에게 종아리를 맞았다. 나는 뒤늦게 돌아온 엄마를 보고 아버지가 밉다며 울었던 것으로 기억한다. 그날 밤 아버지가 나와 동생의 종아리에 연고를 발라주셨다. 나는 잠들지 않았지만, 그냥 자는 척했다. 아마도 어색했던 모양이다. 초등학교 때 나와 막내가 학교에서 우등상을 받아왔다. 아버지는 선물로 막내에게는 커다란 곰 인형을 나에게는 같은 크기의 강아지 인형을 사줬다. 위 사진 속 인형이 그것이다.

아버지는 '사랑의 표현을 제대로 한 적 없고 머리를 쓰다듬어 준다든가 어깨를 감싸준 적이 없어서 자식들이 안쓰럽고 못내 아쉽다.'라고 했지만, 아버지가 반듯하게 열심히 사는 모습을 보여주셨고, 어려운 와중에도 네 딸의 대학교 뒷바라지까지 해주신 것만으로도 충분한 사랑을 받았다고 생각한다. 그보다 아버지를 어렵게 여겼던 딸로 인해 외로운 삶을 산 것 같아 오히려 안타깝다.

## 1995년 3월 12일 일요일

오전 2시에 깨 전(前)에 쓴 일기를 정리하고 잠을 청하나 잠이 오지 않는다. 지난 세월 아내와의 삶을 생각하니 눈물이 앞선다.

지금은 오전 3시 10분….

아내가 몸살감기인가 보다. 아내를 집으로 보내 쉬게 하고 싶다. 그러나 말을 잘 듣지 않는다. 그래서 "나도 당신과 있으면 책을 읽을 수 없다."고 말하여 집에 보냈다. 그러고 있으니 일요일인데 병문안 오는 이가 한두 사람 있었으면 하는 생각이 든다. 점심시간에 은영, 은희, 박 서방, 정수가 왔다. 반가웠다. 특히 정수가 재롱을 부리며 노는 것이 귀엽다. 좌측 목 부분이 아프다. 그것으로 고생할까 걱정이 된다.

▲ 아버지 생신 무렵인 것 같다. 어머니의 생신에는 우리 가족만 모여 축하를 하며 찍은 사진이 많은데 아버지 생신에는 집안 어른들까지 모이는 바람에 오붓하게 가족끼리 찍은 사진이 거의 없다. 난(蘭)은 아버지 생신이라 난(蘭) 농장을 하시던 큰 사돈어른께서 축하선물로 보낸 것으로 보인다.

아버지가 돌아가시고 한참 후 의자와 소파는 수명을 다해 우리 집을 떠났다. 그리고 새 소파를 들였다. 오랫동안 어머니는 소파를 사용했고 최근에는 침대처럼 사용하신다. 그러나 이 또한 오래되고 낡아 침대 겸으로 사용할 새 소파로 교체했다. 어머니는 사진 속 소파를 기억하고 말씀하신다. 참 좋았던 의자와 소파였다고 버리기 아까운 건데 어떻게 했냐고.

## 1995년 3월 13일 월요일

오늘은 기분이 좋다. 컨디션이 좋은가 보다. 아침 회진 때 이혁상 박사로부터 금주 중으로 퇴원할 수 있다는 말을 듣고 기분이 좋다. 오전에 아내가 왔다. 나는 안 올 것으로 알고 있었으나 오니 반갑다. 그러나 아내의 수척해진 모습을 보니 안쓰러워 가라고 하나 말을 듣지 않는다. 저녁에 생각해 보니 나도 불안한 것 같다. 아내를 독촉하여 보냈다.

해방은 우리 동네에 많은 영향을 주었다. 그 시기에 좌익정당인 남로당이 조직되어 좌익과 우익 간의 갈등이 대단했다. 우리 동네는 소작인이 70%~80%를 차지하고 있었다. 때문에 남로당의 좋은 토양이랄까 활동하기에 좋은 조건이 되었다. 울산 농고 교장 하셨던 분이 고향인 우리 마을에 와서 남로당 활동을 하니 동네의 지식인들은 남로당에 가입했다. 아버지도 그때 남로당원이 되었던 것 같다. 당시 사회가 그렇듯 학교에도 좌우익이 충돌하여 수업을 충실히 할 수가 없었다. 선생님들도 좌와 우로 나누어져서 격한 대립을 하곤 했다.

내가 4학년 때에는 정부가 수립되었던 시기였다. 그때에는 학교에서 시험문제로 해외에서 돌아오신 애국지사 대표를 쓰라면 이승만, 김구, 김일성, 김규식 등을 써야 답이 맞아 쓰나 그 후로는 김일성이 빠졌다.

## 1995년 3월 14일 화요일

소사 둘째처제와 막내 동서 내외가 면회를 와서 반가웠다.

오늘은 기분 좋은 날이다. 중앙일보 22면에 나의 삶에 희망을 주는 글이 실렸기 때문이다. "간암 치료법 국내 첫 개발"이라는 제목에 간암 세포만 죽이는 획기적인 시술 방법을 개발했다는 기사였다. 생명을 되찾은 기분이었다. 기사를 읽고 또 읽어 보았다. 참으로 신기한 마음이 든다. 즐거운 마음으로 실내 환자들과 신기술이 나에게 희망을 준다고 이야기했지만 자기들과는 관계가 없어서인지 그리 신나는 것 같지 않았다. 옆의 환자는 그래도 관심이 많았다. 나는 그 기사를 그에게 보여주면서 희망을 말한다. 기사는 사실일 것이라는 확신이 든다. 다른 사람들은 별로 믿는 것 같지 않았다. 그러나 나는 믿고 싶고 믿는다는 마음이다.

나는 3학년까지는 공부를 안 해서 한글을 다 모르고 구구단도 다 못 외웠다. 4학년부터 열심히 공부하여 5학년 때에는 우등상을 받기도 했다. 나는 국어나 산수보다 사회, 예능 점수가 좋았다. 그때 담임선생님(김동기 선생님)은 음악을 좋아하셨고 풍금도 잘 치셨다. 선생님께서는 음악부를 만들어 방과 후 음악 연습을 하셨다. 선생님께서는 내 목소리가 좋으니 음악부에 들라고 권하였으나 방과 후 학교에 남는 것이 싫어서 들지 않았다. 더욱 들고 싶지 않았던 것은 여자아이들과 연습해야 했기 때문이었다. 여자아이들은 많았으나 남자들은 몇 명 되지 않았다.

## 1995년 3월 15일 수요일

아침 일찍 일어나(3시 30분) 머리를 감고 나니 4시 새로운 암 시술로 나의 생명을 연장할 수 있을 것 같다. 그것에 대한 상념이 많다. 의사(이혁상 박사)의 회진 시 개인 면담을 청해 볼까 하였으나 수간호원의 말은 별 신빙성이 없는 뉴스라는 것이다. 내가 간호사에게 한 "나에겐 희망을 주는 뉴스가 되었다."라는 말이 간호사들 사이에 화제가 됐던 것 같다. 수련의의 말도 별로 신통치 않다는 것이다. 주치의에게 물었으나 그 뉴스를 못 들었다고 한다. 내가 보기로는 다른 병원에서 신

시술이 개발된 것을 별로 좋아하지 않는 것 같다.

그래서 원장 회진 시 면담을 청하지 않았다. 그 시술을 할 수 있도록 권할 것 같지 않았고 좋은 말을 듣지도 못할 것 같았기 때문이다. 원장은 오늘 퇴원해도 좋다고 말했다. 아내를 연세대 병원에 예약하러 보내고 나는 퇴원할 것을 주치의와 상의하였으나 주치의는 별로 신경을 쓰지 않는 것 같다. 아내가 연대 병원을 다녀왔으나 예약을 못 했다. 초진자는 10명만 선착순으로 접수가 되며 그것도 환자와 같이 와야 한다는 것이다. 아내는 매우 피곤한가 보다. 그러나 퇴원 수속을 하자면 돈이 필요하니 별수 없이 다시 집에 갔다 와야 한다. 은근히 동생들이 원망스럽기도 했다.

그러나 동생들이 일이 많아서라기보다 사업의 매듭을 짓느라 정신없을 것 같아서 퇴원도 알리지 않았다. 나와 아내는 자식에게나 동기간한테 부담을 주지 않으려고 애를 쓰나 병으로 해서 본의 아니게 자식과 동기간에게 폐가 된다. 퇴원 수속을 받고 나니 아내가 초주검이 되어 왔다. 쉬고 싶다고 하나 나는 집에 가서 쉬자고 퇴원을 서둘렀다. 아내는 병자인 나를 생각해서 자리에 앉지도 못하고 오게 되니 나는 무슨 말로 위로할 수가 없다. 또 한편으로는 우리가 힘이 있는 한, 동기간이나 자식들에게 부담을 주고 싶은 생각이 없다. 집에 오니 마음이 편하고 얼마나 좋은지 모른다. 정수가 와있다. 반갑다. 그러나 피로해서 식구들과 이야기도 못하고 잠자리에 들었다.

### 1995년 3월 16일 목요일

아침에 일찍 일어나 계단을 청소하며 혹 힘이 들지 않을까 걱정했다.

아내는 걱정이 되는 모양이다. 주치의의 말이 무리하지 않고 운동을 하는 것이 좋다고 하여 그 말에 충실히 따르기로 했다.

아침 식사 후 이발을 하러 갔다. 가게 안에 주인이 없어 불러 보니 뒤에서 주인이 들어온다. 이발하면서 이발사와 세상 이야기를 했다. 주로 돈에 관한 이야기였다. 돈보다는 동기간에 우애가 우선하여야 한다는 당위성에도 불구하고 돈 때문에 우애가 깨지는 경우가 많다는 것이다. 집에 와서 병원에 갈 준비를 하니 동생(화종)이 와서 병원까지 차로 데려다준다고 하여 같이 병원에 갔다.(동생도 나와 같은 종류의 지병이 있어 늘 조심하며 살아가고 있다.)

예약 시간보다 일찍 도착하여 기다려야 할 시간이 많이 남았다. 기다리는 동안 점심을 하기로 하고 신촌 로터리 음식점으로 가서 사골탕을 먹었다. 아내는 별로인 모양이다. 나는 아내와 모처럼의 외식이 좋다.

다행히 전에 치료받은 기록이 있어서 쉽게 의사를 만날 수 있었다. 의사의 말이 백병원 기록차트를 갖고 왔으면 좋겠다고 하며 어차피 1차 항암 치료 후 한 달간은 휴식을 취하여야 하므로 시간은 충분하다는 것이다. 새로운 항암 치료를 받고 싶다고 말했다. 기운은 없으나 기분은 좋다. 저녁 후 딸들과 이야기를 하고 싶으나 피곤하여 자리에 누웠다.

### 1995년 3월 17일 금요일

아침에 청소하는 데 힘에 부치는 면이 있다. 오전에는 마음먹고 충분한 휴식을 취했다. 오후엔 구청에 가서 내가 의도한 바를 말했으나 모순된 점이 많음을 알게 되었다. 법엔 아직 여성에게 불리한 점이 많다는 생각이 든다. 다음에 가정 법률 사무소를 찾을까 한다. 호적 입적에도 남자는 여자의 동의 없이도 입적되는데 여자는 남자의 동의를 얻어야 여자의 성으로 입적이 되게 되어 있다.

저녁에는 이모님이 막내와 함께 사시는 어머니를 찾아오셔서 막내네에서 식사하게 되었다. 이모님을 뵈니 반가워 인사를 드리고 계수씨들과 처음으로 식사를 함께하니 기분이 좋았다. 도중 누님이 오셔 반가이 인사하고 지난 서운함을 얘기하며 어리광을 부리고 싶었지만, 누님이 소화할 수 있을까 싶어 그만두었다.

이모님은 아들(음복)이 대단히 걱정되시나 보다. 그래서 안 할 말을 하고 말았다. 나는 안전한 재산관리를 위해 적게 먹더라도 빌딩을 사라고 음복에게 했던 말을 이모님께 말했다.

누님, 이모님, 동생들, 계수씨들과 헤어져 집에 오니 두 딸이 와 있다. 딸들과 정답게 말하고 즐겁게 생활하고 싶은데 잘되질 않는다.

후계문제, 집안 문제 등 꼬리에 꼬리를 무는 생각으로 한이 없다. 잠이 오지 않는다. 아내에게는 모든 문제를 말했다. 아내는 나의 말에 동의했다.

## 1995년 3월 18일 토요일

아침 4시에 전날 일기를 쓰고 나니 6시 20분이 되었다. 오늘은 시골 가서 어머님 생신 추도식을 하여야 하는데….

아침에 승두네를 가니 작은아버님과 어머님 그리고 셋째 계수씨가 와 계셨다. 어머님 추도식을 보러 오니 고마웠다. 생신 추도식을 마치고 나는 집안 우애에 대해 말했다.

첫째 서로 사랑하고 용서할 것.

둘째 서로 처한 처지를 이해할 것(종교, 자식 문제, 서로 종교가 달라서 질시하고 투기하는 경우, 딸만 가진 집, 아들딸을 둔 집의 갈등은 처한 위치에 따라 자기 위주로 생각하기 쉬우나 서로 이해하려고 노력할 것)

셋째 모든 것을 확실히 할 것(되는 일도 없고 안 되는 일도 없는 정치인과 같으면 집안이 화목할 수 없다.)

넷째 무슨 말이든 본인의 말을 들어보지 않고 쉽게 판단하지 말 것.

어머님이 돌아가신 후 넷째에게 재산 문제를 해결하기 위한 여러 가지 방법과 그밖에 문제들을 논의하기 위하여 탈상 후 모이자는 말을 했다. 넷째에게 "문제해결에는 여러 가지 방법이 있는데 첫 번째 방법으로 공자, 맹자와 같이 형님 먼저 동생 먼저 하는 것이 제일의 미덕이나 그러한 모습을 기대하는 것은 무리이다. 둘째의 방법은 형제들이 의논하여 풀어가는 것인데 그것 또한 쉽지 않다. 세 번째 방법은 법으로 해결하는 것인데 바람직한 것이 못 된다. 최후의 방법은 싸우는 것인데 볼썽사나운 것"이라고 한 나의 말 때문에 집안에 불화가 될까 우려했다는 것이다. 내 진심은 그것이 아니었는데 섭섭한 것이 많다. 누님에게도 섭섭했다고 말했다. 강화에서 족보를 갖고 와서 보니 틀린 것이 많았다.

## 1995년 3월 19일 일요일

아침 청소를 마치고 잠시 쉰 후 옥상 정리를 하다 보니 피로가 몰려온다. 자리에 누웠다. 아내가 홀로 정리하는 것이 안쓰럽다. 점심에는 승두네에서 청하여 나만 갔다. 막내이모님도 오셔서 같이 점심을 하고 지난날 어려웠던 세월을 이야기했다. 막내이모가 호강하셨다면 지금과 같이 건강을 유지하시기 힘들었을 것이다. 당신이 움직이지 않으면 살아갈 수 없는 처지였으므로 그같이 건강을 유지하실 수 있었다는 생각이 든다. 집에 오니 동환이와 태환이가 와 있었다. 사위가 딸을 기다리다 못해 애들만 데리고 왔다는 것이다. 사위가 아내를 찾으러 갔다고 하니 그만하기가 다행이다.

다음 세대를 생각해 본다. 인간이 혈통을 이어간다는 것은 좋은 것이라는 생각이 든다. 다만 꼭 남자만이 혈통을 잇는다는 고정관념이 문제다. 자신의 혈통을 잇는 것이 순수한 종족 번식에 지름길이 되는 것이다. 그것을 비판할 것은 못 된다. 그러나 여자도 혈통을 이어갈 수 있다는 생각을 해본다.

### 1995년 3월 20일 월요일

오늘은 백병원으로 진료자료를 받으러 가는 날이다. 아내와 같이 병원으로 가서 의사를 면담하니 의사(이혁상 박사)는 모든 자료를 자세히 기록하여 줄 것이라는 말을 한다. 감사한 생각을 하며 죄송하다는 말만 했다. 자료를 준비하는 동안 우리는 점심을 먹으러 병원을 나섰다. 예전에 근무하던 중앙상사(페인트 가게)를 들르기로 하고 갔으나 주인이 없어 그냥 나왔다. 내가 근무할 때와 조금도 달라진 것이 없다.

멸치를 사자고 하여 중부시장으로 갔다. 멸칫값을 보니 4,500원에서 60,000원까지 있으니 어느 것을 살지 갈피를 못 잡는다. 또 장사꾼을 믿을 수가 없다. 옛날 아는 가게를 찾아서 105,000원에 두 상자를 샀다. 나는 아내가 좋은 물건을 사는 것이 불안하다. 내가 없어도 좋은 것만 살 것이 아닌가 하는 공연한 걱정이 든다.

점심은 메밀국수로 하는데 아내는 더 먹고 싶은가 보다. 사리를 더 시키자는 것을 위에 부담을 줄까 그만두었다. 아내가 맛있어하는 것을 보니 기쁘다.

자료를 받고 나서 아내가 전에 입원했을 때 같은 병실에 있었던 노인을 보고 가자는 것을, 나는 그만두자고 하여 그냥 왔다. 아내는 '정이 많은 사람이구나'라는 생각이 든다.

집에 와서 아내는 동환이 세 돌잔치를 한다고 수수팥떡을 하러 방앗간에 가고 나는 공과금을 내기 위해 은행에 갔다.

저녁에 큰딸네 식구와 동환이 생일잔치를 하니 은영이 내외가 없는 것이 섭섭하였다. 그러나 은영이가 편히 쉬는 것이 더 좋을 것도 같다.

▲ 동환이 돌(큰언니네)

▲ 정수 돌 - 목동 집, 아버지가 마지막으로 본 손주 정수의 돌 상이다. 어머니는 손주와 손녀들의 생일에 정성스럽게 음식을 장만하셨다.

▲ 해리 돌 - 우는 해리를 걱정스럽게 바라보는 정수의 마음이 귀엽다.

▲ 아버지가 돌아가시고 도영이와 한비 그리고 해리가 태어났다. 도영이와 한비는 한 살 차이지만 한비가 학교를 일찍 들어가 한 학년으로 학교에 다녔다. 둘은 지금도 여전히 친하게 지내고 있다.

▲ 동환과 정수

▲ 태환, 동환, 정수

▲ 큰 형부 본가 난(蘭) 농장 앞에서 - 태환과 동환

아버지는 동환을 엄마인 큰언니의 성으로 변경하는 것이 가능한지 알아보려고 법률 사무소를 찾아갔다. 사전(事前)에 큰 형부의 동의를 얻었다. 형부의 결단은 대범하고 유연한 자세였다. 나는 이 과정이 순조롭게 진행되길 기대했다. 그러나 당시 우리나라 법으로는 불가능한 일이었다. 아버지는 실망이 크셨다. 아버지는 이에 부당한 마음으로 헌법소원을 내고 싶다고 생각했다. 그쯤 나는 아버지의 뜻에 따라 강릉유씨 소족보(小 族譜)를 만들고 있었다. 활자 속에 맥이 끊긴 어르신의 여백을 보았다. 헛헛한 마음이었다. 나는 아버지의 마음을 이해했다. 그러나 돌이켜보니 아버지의 원대로 이루어지지 않은 것은 잘된 일이라고 생각한다. 그것이 순리였다. 삶이 얼마 남지 않았다는 것을 받아들여야 했던 아버지로선 안타깝기 그지없었을 것이다. 그러나 지금 아버지가 우리의 살아가는 모습을 보고 계신다면 잘된 일이라고 생각하실 것 같다.

### 1995년 3월 21일 화요일

아침 청소를 하는 데 별로 힘이 들지 않고 기분이 좋다. 오늘은 백병원에서 받은 자료를 세브란스병원에 가져다주는 날이다. 아내와 나는 아침을 먹고 집을 나섰다. 진료 접수를 하고 점심을 먹으러 밖으로 나왔다. 여러 군데를 지나 신촌 로터리 근처 한 음식점으로 들어갔다. 된장찌개를 먹었다. 아내는 맛있나 보다. 기분이 좋다.

진료를 기다리는 시간이 지루했다. 기다리는 사람이 병자나 보호자이니 화제는 주로 병에 관한 이야기이다. 절망적인 상황에서 최선을 다하는 눈물겨운 이야기도 들을 수 있었다. 의사와의 면담은 희망적이지 않았다. 초음파 촬영과 피검사를 다시 하여 오는 31일 결과를 알려 주겠다고 한다. 집에 와서 아내는 섞박지를 한다고 나에게 양념으로 마늘과 파를 준비하라고 하며 '나를 도와주지 않고 먼저 가려고 하느냐'는 말을 하니 코끝이 찡하다. 저녁에 피로하여 가족들과 말도 못하고 잠자리에 들었다.

나는 5학년 때 선전부라는 과외활동을 했다. 그러나 막상 다른 학년 다른 반에 들어가서 말을 하려니 말이 잘 나오지 않아 실수를 했다.
아버지와 어머니는 나를 중학교에 보내실 모양이다. 준비하라고 암시하셨다. 그 시기에는 중학교에 진학하기 위해서는 집안 형편이 넉넉해야 했다. 게다가 입학시험이 매우 어려워 들어가기가 쉽지 않았다. 나는 중학 시험 문제집을 사서 외우고 다니기도 했다. 문제집 속에는 귀국한 애국지사를 쓰라는 문제가 있었는데 이승만, 김구, 김일성 등이 있었으나 김일성은 검은 먹으로 지워져 있었다.

## 1995년 3월 22일 수요일

아침 10시경 백산 병원으로 진료 의뢰서를 받으러 갔으나 원장이 부재중이었다. 십여 분을 기다려 의료의뢰서를 받아 연세대 부속병원으로 갔다.

초음파 촬영, 혈액 검사비 등을 수납하고, 오는 27일로 진료 예약을 하고 여의도 가정 법률 사무소를 찾았다. 법률 사무소를 찾은 이유는 호적상 외손자를 친손자로 입적할 수 있는지 알아보기 위해서였다. 사무소는 마침 점심시간이었다. 우리도 지하에 있는 음식점에서 조기 매운탕을 시켰다. 오랜만에 먹는 매운탕 맛이 좋아 아내와 남김없이 먹었다.

다시 가정 법률 사무소를 찾아와서 기다리는 중, 국민은행에서 발행한 책자가 보였다. 책자를 들춰 보니 공감 가는 이웃의 삶이 실린 것이 있었다. 그중에서 가족 간, 친족 간, 이웃 간의 종교 갈등은 서로를 인정하지 않는 데서 온다는 글귀가 나의 눈길을 끌었다. 다른 종교나 종교관에 대해 서로를 인정하자는 내용에 공감이 갔다. 일부 기독교인들이 하나님을 따르는 자만이 내세의 복을 누릴 수 있고, 타 종교인이나 하나님에 대한 믿음이 없는 사람들은 복을 누릴 수 없다 하여, 다른 종교를 인정하지 않아 서로에게 상처를 주고 불행을 초래하는 경우를 주변에서 종종 보았다. 이런 점은 기독교뿐 아니라 불교나 천도교, 토속신앙도 마찬가지인 듯하다.

상담 시간이 되어 상담을 시작했다. 먼저 무엇을 상담하러 왔느냐의 말에 외손자를 친손자로 즉, 김가를 유가로 바꿀 수 있느냐고 물었다. 대답은 법적으로는 바꿀 수 없다는 것이다. 나는 남성은 여성의 동의 없이 자식에게 자신의 성을 줄 수 있으나, 여성은 그렇지 못한 것은 불평등한 것이 아니냐는 말을 했다. 그러나 상담자는 법이 그러하니 어쩔수 없다는 말만 하며 그런 문제로 시간을 뺏길 수 없다는 투였다. 나는 그러한 문제로 병원에서 복원 수술을 하는 예도 있다는 이야기도 해보았으나 별 반응이 없어 실망하고 나왔다. 여성의 권리를 위해 혁신적으로 일한다는 곳에서 그러한 반응을 보이니 더욱 실망이 크다. 헌법소원을 낼까 하는 심정이다.

집에 와서 아내의 부탁으로 현관 밖에 놓아둔 당근을 가지러 문을 여는데 동환이가 큰딸이 다니는 학원의 기사 아저씨와 오는 것이 보였다. 반갑고 고마웠다. 도로변에 차를 세워두고 올라오셨을 거란 생각에 감사의 말을 전한 후 빨리 돌아가시게 했다. 동환이가 왔을 때 우리가 없었으면 큰일 날 뻔했다는 생각이 든다. 저녁 식사 후 딸들(은희, 은옥)에게 상담소에서 있었던 일을 이야기하니 실망이 되는 모양이다. 아내는 현행법은 딸들에겐 권리만이 있고 의무가 없다며 흥분했다. 의무가 있어야 진정한 권리도 있을 수 있다는 아내의 말에 전적으로 동감한다. 현행법은 딸들에겐 재산 상속권만 있고 대를 이을 의무는 없다는 것이다.

아버지(유금룡)와 어머니(한영례)는 딸(누나 경애)과 아들(경종, 현종, 인종, 화종, 선종) 육 남매를 두셨다. 동네에서는 우리 집을 복 있는 집이라 하여 어머니에게 시집가는 처녀들의 비녀를 얹어 주는 일을 부탁하기도 했다. 어머니께서는 기꺼이 그 일을 해주곤 하셨다. 우리 집에는 할머니, 아버지, 어머니, 우리 육 남매 아홉 식구가 같이 살았다. 할머니는 늘 들일을 열심히 하셨고 아버지는 들일과 이발 일을 배우셔서 이발하시고 일 년에 벼 몇 말씩을 받으셨다. 어머니는 들일은 별로 안 하시고 주로 집안일을 하셨는데 그중 뜨개질을 배우셔서 우리들의 양말을 떠 주기도 하셨다. 어머니는 눈썰미가 있으셔서 옷을 만드시는 일이나 뜨개질 등을 잘하셨다. 나는 옷을 곱게 입지 않아 어머니로부터 꾸중을 듣곤 했다. 장난이 심했던가 보다. 누님과 현종은 착해서 어머니 말을 잘 들었던 것 같다. 나는 동생들 힘과 나의 힘으로 골목대장 노릇을 했다. 한번은 아랫집 재진이가 우리와 나무를 해서 우리 집에다 쌓은 적이 있었는데 그 아버지가 시기하니 재진이를 못살게 군 적이 있다.

  가루지에는 큰집, 즉 할아버지, 큰아버지, 큰어머니, 삼촌, 사촌 등 일곱 분이 살고 있었다. 할아버지는 자주 큰말 우리 집에 오셔서 약주를 드시며 즐거워하셨다. 어머님에게 야단을 맞고 집을 나가면 할아버지가 찾아오셔서 달래 준 적도 있었다. 나는 사촌 중 재훈 형과 잘 싸웠다. 재훈이 형은 힘은 있으나 착하여 나를 때리지 못해서 나는 말로 형을 괴롭혔다. 우리 집안은 의가 대단히 좋아서 니일 내일을 가리지 않고 큰집 일 먼저 우리 일은 나중 하는 식으로 온 집안이 작은 일 큰일을 다 같이 했다. 먹을 것도 別食(별식)을 하면 큰말에서 가루지로, 가루지에서 큰말로 오가며 서로 나누어 먹었다. 그중 심부름은 재훈이 형이 도맡아 했다.

  내 나이 칠 세에서 십이 세 사이에 작은아버지와 사촌형(장현)이 혼인을 하셨다. 작은아버지 결혼식은 기억나지 않으나 형님 결혼식은 기억이 난다. 신부 측 위의(威儀) 손님을 대우하는 것 또 함진아비 맞는 것이 지금과 매우 달랐다. 함진아비는 재꾸러미를 쓰는 것이 통례(通例)였다. 위의 손님은 집안에서 격이 있고 유식한 분이 맡으시어 최대한 예의를 갖추어 맞는 것이었다. 가문의 유식 척도로 서로를 탐색하는 것이다.

▲ 할머니와 아버지, 그리고 친구 가족들(1958년, 22세)

할아버지는 육이오 때 청년동맹위원 일을 보시다 인민군이 밀려나자 서울로 압송되어 한동안 갇혀계셨다. 다행히 죄가 가볍다고 하여 석방되어 돌아오셨지만, 다시 중공군이 내려왔다 밀려날 때 북으로 피신하신다. 아마도 다시 서울로 압송될 것이 두려워 잠시 북으로 피신하려고 했던 것 같다. 그러나 휴전이 되고 삼팔선이 그어지면서 다시 돌아오지 못할 길이 되고 말았다. 할아버지께서는 아버지를 중학교에 진학시키려고 생각하셨는데 할아버지의 부재로 아버지는 학업을 중단해야 했다. 아버지는 열서너 살에 이른 가장이 되었고 할머니는 젊은 나이에 홀로 오남 일녀의 자녀를 의지하며 사시게 되었다.

1996년 4월 할아버지의 생사불명기간이 만료된다. 그리고 인천지방법원으로부터 호주에 대한 실종신고심판 확정을 받고 아버지는 호수승계를 받는다. 그때 아버지의 심정은 어떠했을까.

## 1995년 3월 23일

아내의 수술 후 2개월 만에 이대 부속 목동 병원을 갔다. (아버지 투병 중 어머니는 유방암 진단을 받고 이대목동병원에서 수술했다.) 담당 의사 박병오의 말은 수술이 잘되었다며 앞으로는 마음먹기에 따라 나아진다는 것이다. 2개월분의 약을 주면서 2년 동안 먹어야 한다며 항암 치료하는 것보다 낫다는 것이다. 아내는 지금도 수술이 원망스러운가 보다. 집에 오니 강화 성종에게서 전화가 왔다. 족보가 잘못된 것을 갖고 가서 고칠 것을 요구하자는 것이다. 나는 나의 건강이 좋지 않아서 못 가니 우리 집을 들러서 갔으면 좋겠다고 말하나 시간이 없어서 들리지는 못하고 본인들이 알아서 고쳐보겠다고 했다. 나는 왜 그 일에 집착할까? 그러나 다른 사람들은 그 일을 못할 것 같다. 딸들이 귀찮아하지 않을까?

## 1995년 3월 24일 금요일

족보 정리를 하고 나서 법원으로 양자 문제를 상담하러 갈까 하였으나 모든 것이 귀찮고 싫다. 생수를 길러 갈까 하다 그만두었다. 오늘은 기분이 좋지 않아서 기분전환을 할 겸 오랜만에 친구(신승탁)를 만나러 그의 상가 빌딩을 찾아가는 도중 상가 분양 안내를 하는 사람이 있어 궁금한 것을 물어보았다. 동생도 상가 분양을 하는데 애로가 많아 잘되지 않는 것 같아서…. 별 신통한 수가 없다는 것이다. 부동산은 경기와 밀접하니 좀 더 적극적으로 나섰으면 하는 바람이다. 친구를 찾았으나 나오지 않았다는 것이다. 동생이 분양한다는 신축 건물 현장을 보고 집으로 돌아왔다. 동환이가 재롱을 부리며 잘 논다. 아내는 집안 분위기가 착 가라앉았다는 것이다. 나는 집안사람들이 웃고 기분 좋아하면 나도 좋다고 말하니 당신이 그런데 어떻게 좋을 수가 있느냐는 것이다. 어떻게든 힘을 내고 기분전환을 해야 병과도 싸울 수 있을 것인데….

저녁에 은희가 다니는 학원에서 봉급과 우리 내외 병 위로금을 받아 왔다. 나의 병으로 말미암아 많은 사람들에게 폐가 되는 것이 안타깝다. 딸들이 아버지 어머니 뜻을 따라 주는 것이 고맙다. 힘을 내서 최선을 다하여야겠다고 다짐해 본다.

### 1995년 3월 25일 토요일

오늘은 법원 호적과를 아내와 같이 찾아갔다. 호적과 직원은 여자의 성으로 자식을 입적시키는 경우는 배우자 동의와 그 여성의 남자 형제가 없는 경우 혹은 사생아를 낳았을 때 한하여 여성의 성을 따른다는 것이다. 아내는 남녀가 동등하다면서 법으로 동등하지 못하게 막아 놓았다고 불평이다. 재산 상속권은 있으나 부모를 모실 수 있는 실질적 권한인 대를 잇지 못하는 것이 무슨 동등권이냐는 것이다. 아내의 말에 전적으로 동감한다. 아내는 그까짓 것 대를 잇지 못하면 어떠냐며 그냥 살다 가는 것이 좋겠다고 한다.

그러나 나는 대를 잇는 것이 중요하다는 생각이 든다. 대를 잇는다는 것은 나의 2세, 3세가 계속되는 것이지만 대를 잇지 못하면 나의 당대로서 끝나는 것이다. 여성들과 남성들의 차이가 이런 면에도 나타나는 것 같다. 또 젊은이와 나이 든 사람의 차이도 있다. 나도 젊었을 때는 대를 잇는다는 것에 별로 관심이 없었다. 그러나 나이가 들고 생이 얼마 남지 않았다고 생각하니 대를 이어놓고 싶다는 생각이 절실해진다. 헌법소원을 내보아야겠다고 생각하나 그것도 별 효험이 없을 것 같다. 여성이 실질적으로 남자와 동등해지는 것은 영원한 숙제가 될 것 같다. 그러나 실질적인 가정의 행복을 위해 모순된 법을 고치기 위해 여성들이 적극적으로 나서야겠다. 그러한 운동을 한다는 것은 배우자인 남자들의 이해가 뒤따라야 하며 점진적으로 사회의 의식을 바꾸는 운동을 하여야 할 것이다.

은희가 족보 틀린 것을 바로잡기 위해 온종일 컴퓨터와 같이한다. 고맙다는 생각이 든다. 은주가 와서 태환이만 데리고 갔다. 동환이가 잠이 들어 같이 못 갔는데 잠에서 깨니 형을 찾는다. 형이 없으니 집 생각이 나는지 서럽게 운다. 은주가 다시 와서 같이 갔다.

저녁에는 온 식구가(은희, 은옥, 우리 내외)가 족보 만드는 데 힘을 모아 늦게까지 일을 했다.

## 1995년 3월 26일 일요일

대전서 택돈이가 왔다. 로열젤리를 갖고 왔다. 좋은 약이라고 아내와 계수씨가 의논하여 산 모양이다. 고마웠으나 얼마나 효험이 있을는지. 택돈이에게 족보에 관해 이야기했다. 고루한 이야기가 됐는지도 모르겠다. 택돈이가 아르바이트를 한다니 대견하나, 한편으로 제 아버지가 있었으면 그런 일을 할까? 하는 생각도 든다. 은옥이와 대화하는 것이 보기 좋았다. 젊은 세대들이 통하는 면이 있다는 생각이 든다. 아내는 택돈이에게 도움이 되는 좋은 말을 많이 했다. 낭만도 좋고 여자 사귀는 일도 좋지만, 열심히 공부하라는 것이다.

오후에 막네네에 가서 여러 이야기를 하다 상가 분양이 걱정되어 물으니 진로 유통과 화요일(3월 28일)에 계약할 것이라 한다. 그러면 숨통이 트일 것 같이 말한다.

### 1995년 3월 27일 월요일

아침 7시 45분에 연세대 병원으로 초음파 촬영을 하러 갔다. 큰사위가 차로 데려다준다는 것을 버스를 이용하는 것이 출퇴근 시간엔 좋다고 말하고 버스로 갔다. 채혈하고 초음파실로 갔다. 초음파실 앞에서 기다리는데 나와 처지가 같은 사람이 있어 아내는 관심이 많은 모양이다. 아내는 그들이 불쌍한 사람이라고 한다. 주치의가 초음파 촬영 중 초음파기사와 이야기를 하나 의학 전문어로 말하여 무슨 말인지 모르겠고 알고 싶지도 않았다.

집에 와서 큰사위를 불러 이종사촌 매부인 박상숙 대서소를 찾아갔다. 은주네 전셋집이 공탁에 부쳐져 전세금을 떼일까 하여 전세금을 찾는 법적 보호를 의논하였다.

돌아오는 도중 큰사위에게 양자 문제로 가정 법률 사무소, 구청호적계, 법원 호적과 등을 다녀왔다고 말했다.

은영이와 정수가 와서 반가웠다. 태환, 동환, 정수가 뛰어노는 것이 좋으면서도 시끄럽다. 은주와 은영이는 특식을 한다고 야단이다. 큰딸네 식구가 가고 나니 조용하다. 박 서방이 늦을 줄 알았는데 일찍 와 은주네가 더 있었으면 하는 아쉬운 마음이 들었다.

아내에게 선산 문제를 말했다. 양할아버지가 장만한 선산이지만 작은아버지의 집안일의 공적을 생각하여 대처할 만한 보상을 하는 것이 좋겠다는 말에 죽어가면서도 집안일에 근심한다고 속상해한다.

친구 신승탁을 만나 건강을 위해선 음식 절제가 제일 중요하다고 하니 동감을 한다.

## 하성 선산(先山)과 외할아버지와 외할머니 산소 풍경

▲ 외할아버지와 외할머니 합장묘 - 어머니, 작은언니, 정수

▲ 태환, 동환

▲ 아버지, 어머니, 태환이, 동환이

▲ 정수, 태환, 동환

▲ 아버지는 자손들이 산소에 와서 놀이터처럼 즐겁게 놀다 가길 바랐다. 아버지의 바람처럼 태환이와 동환이 그리고 정수가 해맑게 놀고 있다.

▲ 서하와 연하

▲ 손주들의 놀이터였던 선산이 이젠 증손녀 연하와 서하의 놀이터가 되었다. - 24년 5월

### 1995년 3월 28일 화요일

청소하고 목욕을 했으나 기분이 가라앉는 것이 좋지 않다. 아내도 기분이 좋지 않은가 보다. 아내는 어제 말한 선산 문제 등 여러 가지로 못마땅해한다. 아내의 치과 진료를 하는 대로 여의도 가정 법률 사무소를 찾아가서 헌법소원에 대해 알아볼까 하여 아내에게 말했으나 무슨 소득이 있냐며 안 간다는 것이다. 나도 의욕이 떨어졌다. 의료보험료를 내러 은행에 갔는데 차 보험료를 내러 온 동생(화종)을 만났다. 내일 시골에 갈 수 있느냐고 하니 갈 수 있다고 하여 비가 오면 가자고 했다. 하성 친지들은 비가 오면 쉬므로 비가 오면 만날 수 있기 때문이다.

동환이가 온다고 해서 마늘을 까다 말고 동환이를 데려왔다. 와서 우유를 먹고 곧 잠이 들었다.

춘호네 건축 문제를 이야기하다 아내가 춘호가 쉬는 것은 임시직이어서 그렇다는 것이다. 학교 선생들이 휴가를 내면 그 수업을 메우는 것이었는데 그런 일이 적어서 쉰다고 말하는 것을 잘 알지도 못하고 이야기하지 말라고 하니 아내는 무슨 말이든 못하게 한다고 불평이다. 내가 아내의 말을 자르는 버릇이 있다는 생각이 든다. 오늘이 동서(소사 둘째)의 생일이라는 아내의 말을 듣고 착잡한 생각이 든다. 놀고 있으면서 가지 못한 것이 아쉽다. 아내는 우리들의 불행을 동기들에게 보여주고 싶은 생각이 없는 모양이다. 누구보다도 동기들이 의좋게 지내야 한다는 당위성에도 불구하고 아내가 동기들과 불편한 것이 안타깝다.

저녁에 족보 초안이 완성되어 은희, 은옥이가 복사를 하여 왔다. 미비한 점이 있으나 그대로 하기로 마음먹었다. 은희, 은옥이의 노고가 많다. 고마웠다.(그때 아버지는 수고했다고 용돈을 주셨다)

내가 14세 초등학교 육학년 때 육이오가 발발했다. 그날은 나와 동네(양택리) 육학년 학생들이 간호 당번이어서 일요일인데 학교에 갔다. 그러나 선생님들이 과제를 안 주고 아무 말이 없으므로 우리는 모여 앉아서 잡담만 주고받던 중 전쟁이 났다며 집으로 가라는 것이다. 그날 우리 집은 전날 비가 와서 섬 논에 모를 내고 있었다. 나는 논으로 가서 못줄을 잡아 주던 중 개성, 개풍군 쪽에서 대포 소리가 들리고 비행기도 보였다. 오후 들어서는 개풍군 쪽에서 강을 건너는 피난민들이 큰 한길로 가고 있어서 전쟁이 실감 났다. 아버지는 동리 일로 부식을 모아 피난민들을 도우러 가셨고 방위대로 일하시는 작은아버지는 하성으로 오라는 연락을 받고 나가셨다. 사촌형(재훈)은 본인이 나가면 단숨에 때려치울 수 있다고 기염이 대단했다. 그날은 무사히 지나갔다. 우리 고향은 한강과 임진강이 만나는 곳 개풍군과는 큰 강을 두고 있어서 곧바로 전쟁터가 될 수 없는 이점이 있었다.

## 1995년 3월 29일 수요일

족보, 중조할아버지부터 일상이(20~25세대)까지 정리한 것을 나는 강릉유씨 소동보라고 명명했다. 선산 등기부 등본을 떠보았으나 다른 지번이다. 족보에 있는 지번이 틀리는가 보다.

아내는 눈이 잘 보이지 않는다고 한다. 병원에서는 별 이상이 없다고 하나 본인은 잘 보이지 않는가 보다. 마음고생이 너무 많아서 그렇지 않나 하는 생각이 든다. 아내는 고추장을 담그느라 분주하다. 나는 그런 것을 한다고 불평하니 도와주지 않으려면 아무 말 하지 않는 것이 좋겠다고 말한다. 오늘 김포에 가지 않았으면 좋았을 것 하는 후회가 된다. 아내를 도와준다고 마음먹으나 피곤하여 일찍 잤다.

1950년 6월 27일 아침 일찍이 문두산에 인민군이 나타났다는 정보가 있어서 우리는 피난 갈 준비를 했다. 인민군이 와서 모두 죽인다는 것이다. 우리는 그러한 유언비어를 믿어, 공포 분위기에 휩싸여, 별 준비도 없이 가루지(큰집)로 피난을 했는데 벌써 인민군이 양준이(그곳도 양택리에 속함) 2km 안에 왔다는 것이다. 동리가 곧 전쟁터가 될 것이라는 유언비어로 인해 할머니와 할아버지만 큰집에 남겨두고 우리는 보아래 들로 나가서 방공호를 파고 그곳에 피신해 있었다. 그날 저녁 미상의 군인들이 신호탄으로 연락하는 것을 우리는 전쟁을 하는 것으로 잘못 알고, 서둘러 다른 곳으로 피했다. 어두운 밤이라 길이 잘 보이지 않았다. 선님이 누이는 어둠 속에서 발을 잘못 디디는 바람에 놀라서 울었다. 함께 이동하는 사람들은 무슨 큰일이라도 일어난 줄 알고 몹시 놀랐다. 공포 분위기여서 조그마한 일에도 놀라는 것이다.
28일 아침에는 남쪽으로 가야 한다고 모든 식구가 망굴서 봉성리 쪽으로 향하였다. 봉성리 제방(한강 물이 못 들어오게 둑을 쌓아서 만든 제방)으로 가는 도중, 미국공군기와 북한공군기가 공중전을 하는 것이 보였다. 공중전이 시작된 지 채 5분도 안 돼서 북한공군기가 떨어졌다. 우리는 놀라 뒤돌아 집으로 향하여 오는데 망운쯤 왔을 때 대포 소리가 나면서 대포알이 지나가는 소리(쉬-)가 마치 바로 옆을 스쳐 가는 듯이 났다. 그 소리에 놀라 뉘 집 마루인지도 모르면서 그 집 마루 밑으로 들어갔다. '쉬- 쾅, 쉬- 쾅'하는 소리에 질려서 마루 밑에서 한참을 나오지 못하고 있었다.(이때 아버지는 소뇌를 다치셔서 돌아가실 때까지 약간의 손 떨림을 지니고 사셨다. 손을 떨게 된 이유를 알게 된 것은 아버지가 투병하기 시작하면서였다.) 누군가 봉성리 산에서 국군이 백기를 흔들었다는 소리에 우리는 나와서 집으로 향해 돌아왔다. 오는 도중 국군이나 인민군을 보지 못했다. 다른 집식구(재진이)들은 오는 도중 인민군을 만났는데 이제 해방이 되었는데 왜 피난을 가냐며 속히 집으로 돌아가시라고 친절을 베풀었다는 것이다. 해방. 우리는 일본으로부터의 해방만 있는 것으로 알았는데 북한은 남한을 미 제국주의로부터 해방을 시켰다는 것이다.

## 1995년 3월 30일 목요일

아침 일찍이 화종내외와 둘째 계수씨, 우리 내외가 냉이를 캐러 갔다. 강화 가는 곳 통진(마송)을 지나서 강화 국도에서 1km 떨어진 곳 밭에서 냉이를 캤다. 처음에는 많은 냉이를 보고 힘든 줄도 모르고 캤으나 10시 30분쯤부터는 힘에 부치기 시작했다. 11시가 되어 가자고 하여 차를 타는데 아내와 둘째 계수씨는 좋은 냉이를 두고 오는 것이 몹시 아쉬운 모양이다. 집에 오니 11시 50분쯤 되었다. 힘이 쭉 빠지고 나른하다. 간에 이상이 생겨서 그러한가 걱정이 된다. 아내는 점심 준비를 하느라 바쁘다. 점심을 먹고 나서 또 누웠다. 아내가 전날에 이어 고추장을 담그느라 바쁜데 나는 도와주지 못해 안절부절못했다. 고추장을 담가 항아리에 넣고 나서 방에 누우니 한결 마음이 가볍다. 딸들이 '族譜 江陵劉氏小同譜(족보 강릉유씨소동보)'라는 겉표지를 만들어 놓으니 보기가 좋다. 가슴이 답답하고 힘이 빠지는 것이 건강 상태가 좋지 않은 것 같다. 할 일은 많으나 매듭을 짓지 못하는 것이 안타깝다. 후계문제, 선산 문제, 그보다 아내 자식들의 행복 문제가 더 절실한 것이 아닌가! 또 집안 문제… 그래서 나의 요구를 정직하게 말할 수 없는지 모르겠다. 아내나 자식들이 꿋꿋하게 살아갔으면 하는 바람이다. 선종이 일이 잘되어 집안의 한걱정이라도 덜었으면 한다. 잠이 안 와서 31일 1시 30분에 일어나 지난 일기를 쓰고 있다. 은희가 안 돌아와 걱정된다.

## 1995년 3월 31일 금요일

아침 청소를 하는 데 힘이 없다. 대강 청소를 마치고 들어와 누웠다. 아내에게 병원 갈 준비를 독촉하고 누웠으나 불안하다. 아내와 같이 10시 50분쯤 병원으로 갔다. 비가 와서 쓸쓸하다. 병원에서 대기하고 있는데 아내는 대단히 피로 한가 보다. 어제 그제 과로했으니 피곤한 것도 당연하다. 의사(한광협)는 새로운 시술 방법을 쓸 수 없다고 한다. 대단히 실망했다. 할 수 없는 일이 아닌가! 전(前)에 했던 시술을 이곳에서 했으면 하니 MRI 촬영을 하라고 한다. 아내는 예약이 너무 길다며 백병원으로 갔으면 한다. 나는 또다시 항암 치료를 받고 싶지 않다고 하니 아내는 그 방법밖에 또 있냐며 이곳(연세대 의대) MRI이라도 예약하고 가자는 것이다. 돈이 없어 집에 돌아와 돈을 찾아 아내가 예약하고 왔다.

모든 것을 잊고 나의 투병만 생각하려 해도 그것이 그리 안 된다. 속이 답답하고 화끈화끈하다. 힘이 없어 일기도, 지나온 과거도, 하고 싶은 말도 쓸 수가 없다.

인민공화국시절 3개월간(6월 29일부터 9월 28일) 학교생활은 별로 없고 동리학생동맹인가에서 매일 밤 노래를 배우는 것으로 소일을 했다. 낮에는 미군 비행기로 말미암아 활동할 수가 없었다. 인공시절에는 학교나 면사무소에 김일성 사진과 함께 박헌영 사진이 걸려 있었다. 인공시절 가을 수확량 조사를 정확히 한다며 수수 알, 벼알 조알까지 세어서 말이 많았다. 9월 중순 들어서 인천에서 함포사격(군함에서 큰 대포를 쏘는 것)이 대단했다.

## 1995년 4월 1일 토요일

오전 3시에 일어나 전날 일기와 과거를 쓰려고 하나 힘이 빠지는 것이 몹시 안타깝다. 더 써야 할 텐데….

인공시절은 도시인들에겐 참혹한 시절이었다. 무엇보다도 식량난이 극심해서 굶어 죽는 사람이 많았다. 다행히 우리는 시골에서 살아서 식량문제가 그리 심각하지 않았다. 그 시절 도시인들은 귀중품을 가지고 시골로 다니며 식량을 구했다. 우리 집은 그때 보리쌀 서 말을 주고 재봉틀을 장만했는데 어머니는 매우 기뻐하셨다.

아버지는 그때 청년동맹위원인가 하는 곳에서 일을 보시는 것 같았다. 인민위원장은 재승이 아버지가 보았다. 9월 20일경부터는 부평 김포 쪽에 미군이 상륙하여 있었다. 미군이 오면 여자들을 겁탈한다는 말이 돌았다. 그러나 우리 동리는 집 한 채만 불타고 별일 없이 지나갔다. 인민군은 강을 건너 개풍군으로 도주했다. 인민군이 물러가고, 우리 집에 온 국군들은 아버지가 적에게 부역하였다며 아버지를 잡으러 와서 공포를 쏘곤 하였다. 나는 그때 공포에 질려 초주검이 되곤 했다. 나뿐만 아니라, 온 식구들이 그랬을 것이다.

결국 아버지는 그들에게 끌려가셨다. 아버지가 면 창고에 갇혀 계실 때에는 내가 식사를 가져다드렸다. 나는 면 창고에 가는 것이 고역이었다. 어머니는 아버지 사면을 위해 백방으로 노력하시나 잘되지 않았다. 그때 감이 풍년이어서 우리 집에는 연시와 곶감이 많아 그것을 우익 하는 동리 사람들에게 가져다주고 사정도 하였으나 허사였다. 닭도 잡아 주었으나 역시 헛일이었다. 돈과 떡을 만들어 재승이 작은아버지(인천에서 형사를 하였다고 함)에게 전하며 빼 줄 것을 부탁하였으나 그는 돈만 먹고 아버지는 나오지 않았다.

어머니는 실망이 커서 당신의 머리털을 뜯으시면서 우셨다. 그 와중에 아버지는 면 창고에 계시지 않아 총살을 당하신 줄 알고 온 집안이 울음바다가 되었다. 그때 우리 동리에서도 7명이나 총살을 당하였다. 양민을 학살하는 것이나 마찬가지였다. 재판도 없이 몇몇 우익살인범들이 저지른 만행이었다. 다행히 서울로 압송되었던 아버지는 심사를 받으시고 죄가 가볍다 하여 석방되어 돌아오셨다. 기뻐할 틈도 없이 1월 4일 후퇴가 시작되어 피난을 가기로 했다.

할머니, 할아버지 그리고 현종이, 큰집에서는 근종이와 작은집은 전원(全員)이 남고 아버지, 어머니, 누이, 나, 큰집에서는 큰아버지 내외와 선임이 누나, 형수만 피난길에 올랐다. 재훈, 장현이 형들은 의용군에 끌려가서 없고, 작은아버지는 제2군 민병으로 피난 가셨다. 우리는 용채(당고모 아들)네로 피신을 하였다.

일사 후퇴는 중공군의 개입으로 우리 국군이 후퇴한 일을 말한다. 며칠 후 동리가 조용해지자 어머니와 누나 그리고 내가 정황을 살펴보기로 하고 집으로 갔다. 집으로 돌아오는 도중 망국 야산에 신주(놋쇠)로 된 대포 껍데기가 많아서 큰 것 하나를 갖고 집으로 향했다. 마을에 도착해 보니 면 창고에 있던 곡식이 타 있었다. 국군이 불을 지른 것이다. 학교 뒤에 가보니 사람들이 많이 죽어 있었다. 여자, 어린아이도 있어 우리는 우리 식구들이 당하지 않았나 하는 불안한 마음을 갖고 서둘러 집으로 향하였다. 태매산 고개에서 가루지를 보니 다행히 동생들이 마당에서 놀고 있는 것이 보였다. 말할 수 없이 기뻤다.

### 1995년 4월 1일 토요일

아침에 아내에게 나의 건강 상태를 얘기하니 말할 수 없이 괴로운가 보다. 내가 되지도 않을 일에 신경을 쓰는 것이 안타까워 타박하며 그로 인해 병이 악화된다며 우는 것이다. 나는 양자 문제를 말했다. 영화를 양자로 삼는 것이 어떻겠냐고 했다. 아내는 동환이를 양자로 하면 동환이가 불행할 수도 있어 동환이를 위해서라도 양자로 하지 않는 것이 나을 것 같다며 나의 말에 동의했다. 아내와 양자 문제를 정하고 나니 한결 마음이 가볍다. 일요일에 딸들이 모이면 의논하기로 아내와 나는 마음먹었다. 아내는 괴로움을 잊기 위해 주차장 청소를 했다. 나는 선종이 일이 어찌 되었는지 궁금하여 선종이네로 가보니 선종이는 현장으로 갔다는 것이다. 현장에 있는 것은 좋은 일이다. 저녁에 은희, 은옥이에게 양자 문제를 이야기하니 선뜻 이해가 가지 않는 모양이다. 나는 오빠가 생겼다는 것으로 이해하라고 하니 그것이 그리 쉬운 문제가 아닌 모양이다. 나의 사고가 고루한지 모르겠다. 그러나 집안의 연대나 나의 사후에 있을 수 있는 모든 문제를 생각하면 그것이 좋을 것 같다.

## 1995년 4월 2일 일요일

오늘 딸과 사위들이 꽃나무를 옥상으로 내놓는다며 모이기로 했다. 날이 추워 나무들은 내놓지 못할 것 같았으나 양자 문제를 의논하기로 하여 그냥 오도록 했다. 은영이 내외가 먼저 왔다. 얼마 후 은주 내외도 와서 양자 문제와 나의 병 치료 문제를 의논했다.

나는 나의 치료는 새로운 시술로 할 수 없다는 의사 말을 전하고 그전 치료법으로 할 수밖에 없다는 것을 말했다.

양자 문제는 영화를 양자로 하였으면 한다고 하며 오빠나 처남이 생겼다는 마음을 가졌으면 좋겠다고 했다. 그러나 너희들의 의사를 들어보고 싶다고 했으나 갑자기 들은 말이라 대답을 할 수 없는 모양이다. 딸들이 더 의논하고 자기들의 의향을 말하기로 하고 말았다. 손자 셋이 노니 시끄럽다. 여하튼 귀여운 손자들이다. 온 식구가 저녁을 같이하니 대견하다.

## 1995년 4월 3일 월요일

　백병원에 가는 날이다. 아침 청소도 하지 않고 혈액검사를 대비하여 식사도 안 하고 길을 나섰다. 7시 25분에 차(버스)를 탔으나 월요일이라 만원이다. 아내는 자리가 없는 것이 안타까운 모양이다. 차는 제자리걸음을 하고 있다. 차가 많이 밀리는 모양이다. 백병원에 가니 8시 45분쯤 되었다. 진료 접수를 마치고 나서 대기 중인데 아내는 몹시 피로한 모양이다. 나의 무릎을 베고 누워 있다 다른 사람들의 눈이 싫은지 슬그머니 일어나 앉았다. 내가 커피를 마시라고 권하여 옥상 매점으로 갔다. 10시가 되어 의사(이혁상)가 진료를 시작했다. 차례가 되어서 들어가니 소화는 잘되냐며 배를 눌러보고, 약을 먹었느냐고 하여 안 먹었다고 하니 약을 먹으라며 한 달 치 처방을 해주었다. 아내는 나의 진료에 참여하지 못해서 궁금해하며 안타까워한다. 약을 타러 일 층 약제실에서 기다리니 약이 나오지 않아서 한 시간 후 왜 안 나오느냐고 하니 처방전 접수를 안 했다는 것이다. 곧 해준다며 기다리라고 해서 30분을 더 기다렸지만, 전광판에 약 번호가 나오지 않아 또 물어보았다. 약을 내주는 직원이 옆에서 기다리라고 했는데 왜 기다리지 않았느냐는 것이다. 제대로 알아듣지도 못하니 한심스럽다고 생각하며 약을 받아들고 중부시장으로 향했다.
　점심때가 되어 아내와 나는 음식점으로 들어가 순두부 백반을 시켜 먹었다. 아내는 중부시장에서 곶감을 한 접 사고 대추도 사자고 한다. 나는 아내가 자꾸 사자는 것이 불안하다. 무엇이든지 사면 돈이 불지 않는데 하는 생각이다. 전철과 택시를 타자는 나의 말에 아내는 버스를 타잔다. 나는 자가용 대신 힘들면 택시를 이용하는 것이 좋다는 생각이다. 버스를 타고 목동 사거리에 내리니 기분이 좋다. 저녁에 아내와 둘이 누워 있는데(5시경) 둘째 계수씨가 왔다. 전라도 특산 강정을 가져와서 맛있게 먹었다.

▲ 정수와 나

    4층으로 신축하고 1층에 수족관 가게가 들어왔다. 정수와 내 뒤에 보이는 것이 그때 가게 사장님이 선물로 준 수족관이다. 커서 보기 좋았지만 한편 청소가 큰 일거리였다. 수족관 청소는 아버지, 어머니, 나와 막내가 함께 하곤 했다. 아버지는 깔끔하셔서 청소할 때마다 모래와 자갈을 다 꺼내 모래 사이에 있는 똥을 깨끗이 씻어내고 자갈에 낀 물 때와 이끼를 제거하셨다. 어느 날 조카 중 한 명이 던진 구슬이 수족관에 맞아 금이 갔다. 유리가 워낙 단단하여 한동안 괜찮았다. 그러나 결국 수족관은 터지고 말았다. 때마침 아버지는 입원해 계셨고 어머니도 병간호로 집에 계시지 않았다. 거실 바닥이 온통 물로 흥건했고 모래와 자갈로 어지러웠다. 당황하여 병실에 있는 어머니에게 전화를 했던 것 같다. 어머니도 오실 수 없고 해서 은옥이와 내가 정리를 했던 것으로 기억한다. 그 후 물고기를 어떻게 했는지는 기억에 없다.

　태환이와 동환이는 할아버지가 붓글씨를 쓰실 때 먹을 갈았던 기억이 난다고 한다. 정수는 할아버지와 함께 계단 청소를 했던 것을 기억하고 있다. 아버지는 투병할 때 병원에 입원하지 않은 날엔 매일 아침에 계단 청소를 했다. 그 일을 운동이라고 생각했고 한편 본인의 건강 정도를 측정하는 것으로 삼으셨다. 계단 청소를 하지 못하는 날이 본인이 더 이상 삶을 살 수 없는 날이라고 생각하셨다. 아버지가 돌아가시고 계단 청소는 주로 어머니가 했고 때때로 나와 막내가 돕기도 하고 막내와 내가 하기도 했다. 어머니는 아버지가 투병 중에도 하루도 거르지 않고 했던 것을 생각해서 그런지 지나치다 싶을 정도로 열심히 해서 때로는 힘들기도 했다. 간혹 대청소도 했는데 아래 사진은 아버지가 돌아가고 이듬해 가족들이 대청소할 때인 것 같다. 정수가 야무지게 걸레질을 하고 있다.

▲ 청소중인 어머니와 정수　　　　▲ 어린 정수도 청소에 한몫했다.

### 1995년 4월 4일 화요일

오늘은 수족관 물을 청소하기로 하고 화분을 베란다에 내놓고 물을 주었다. 수족관 청소를 하고 거실의 화분을 내놓으니 시원한 것이 다른 분위기여서 좋다. 문갑을 쌓아 놓으니 집안 분위기가 좋다. 두 시간에 걸쳐 수족관, 화분, 거실 청소를 마쳤다. 나는 다른 날 하지 않고 힘들게 오늘 한다며 불만을 표현했으나 모든 것을 마치고 나니 기분이 좋다. 태환이와 동환이가 공부하던 책상을 옥상에 버린다는 것을, 거실에 놓고 그 위에 소철 화분을 놓으니 공간도 이용하고 보기도 좋다.

### 1995년 4월 5일 수요일

오늘은 한식날이라 고향으로 성묘하러 가는데 시간이 늦어서인지 차가 밀렸다. 우리 내외는 화종이 차를 이용하는데 공항을 지나서부터 밀리기 시작하여 두 시간 반이나 걸려 하성에 도착했다. 차 안에서 자식들 교육 문제에 대해 아내와 화종이가 의견을 달리하며 토론을 한다. 아내는 자식들의 교육 문제는 적극적으로 관여하여야 한다는 생각인 반면 화종이는 당사자의 자율에 맡겨야 한다는 것이다. 화종의 생각은 '자식은 자식의 인생이라며' 서구화되어 가는 것이 어쩔 수 없는 현실이라는 것이다. 세대의 견해 차이는 어쩔 수 없다는 것이다. 그러나 우리는 자식들의 진로를 리드할 필요는 있다고 생각한다. 인생 선배로서 자식들에게 충고하고 의논할 필요가 있다는 생각이다. 하성 양택리 묘지에 도착했으나 선종이는 와있지 않아서, 옷 태울 것을 태우고 산소에 가보았다. 증조할아버지 묘에는 할미꽃이 솟아나 있었다. 사촌 큰형님 댁을 방문하니 형수님이 계셨다. 오늘은 '공장이 노는구나'하고 있었으나 볍씨를 담기 위해 흙 작업 관계로 모두 바쁘게 일하는 것이었다. 점심 식사는 식구들 모두 사촌형님댁에서 하였다. 나는 집안에 모였을 때 족보 관계를 이야기하느라 바빴다. 사촌 큰형님은 당신 할머니가 족보에 빠진 것이 서운한 모양이다. 식사 후 형님은 바빠서 말도 못 나누고 일하는 곳으로 가서서 그곳을 찾아보았다. 당숙네 밭 끝에서 일들을 하고 있어 가보았으나 도와주지 못하고 방해만 되는 것 같아 빨리 가야겠다고 생각하고 간다는 인사를 하고 묘소에 오니 동생들이 잣나무 다섯 그루를 심어놓았다.

## 1995년 4월 7일 금요일

오늘 아침 7시 40분쯤 현재에게 전화가 왔다. 원일이 아버지와 함께 10시 30분경에 온다는 것이다. 아내와 나는 아침 청소를 부지런히 하고 식사를 마치고 집안을 치우는데 현재와 석진이가 왔다는 전화가 왔다. 나가보니 차를 주차할 곳이 없다고 한다. 삼성부동산에 부탁하여 그곳에다 차를 대고 집에 와서 지난날의 이야기와 친구들 이야기를 하였으나 모두 저의 삶이 바빠 쉽게 만날 수 없다는 것이다. 두 사람은 나의 건강 상태가 걱정되어 즐거울 수가 없는 모양이다. 점심 대접을 하고 통일 전망대 관광을 할까 하고 있었으나 주차한 점포 주인이 차를 빼 달라는 바람에 점심 식사도 못하고 통일 전망대로 출발하였다. 시원한 통일로를 달려서 자유의 다리까지 갔다.

자유의 다리까지는 관광할 수 있으나 판문점은 관광할 수가 없었다. 판문점을 관광하기 위해서는 하루 전에 허가를 받아야 한다는 것이다. 분단의 현실을 보고 있으려니 감회가 착잡하다. 돌아오는 길에, 통일 전망대를 방문하러 차를 주차하고 점심으로 춘천 막국수를 시켜 먹었다. 버스를 타고 통일 전망대에 오르니 그곳은 임진강, 한강이 만나는 교차지점으로 전망이 대단히 좋았다. 그곳에서 망원경으로 북한 쪽을 보니 아파트와 독립가옥도 보인다. 사람들이 들에 나와서 일을 하는 것도 보였다. 아파트는 전시용으로 지어 놓은 것이다. 나는 힘이 들어서 자주 쉬어야 했다. 친구들에게 고맙고 미안하다. 자신의 몸도 성치 않은 현재가 차를 운전해 줘서 더욱 고맙다. 그곳에서 4시 10분경에 출발하여 집에 오니 5시가 되기 전이었다. 친구들과 저녁을 같이 했으면 하나 피곤하여 강력히 권하지 못했다. 딸들과 이야기도 못 나누고 잠자리에 들었다.

1951년 일사 후퇴 후 중공군이 오산까지 진출했다는 소식과 함께 아버지도 검단(용채 형네)에서 돌아오셨다. 인공시절 부역을 하여 이북으로 도피했던 사람들도 돌아왔다. 아버지도 돌아오셔서 그들과 함께 일을 하셨다. 중공군은 별 장비도 없이 수류탄과 광목으로 된 위장용 천과 농구화만으로 무장했다. 물론 주력부대는 아니었을 것이다. 그 같은 군대가 어떻게 막강한 화력과 제공권을 갖는 미군과 대등한 전쟁을 했는지 모르겠다. 물론 인해(人海) 전술을 쓴다고는 하나 신기한 것이다. (민심을 얻기 위해서 부녀자들을 겁탈하면 총살한다는 말도 들었다.) 우리 동리에서는 북쪽으로 피신했다 돌아온 사람들의 가족들이 무사하여 조용했지만 다른 동리 피신했던 사람 중에 가족이 총살당한 사람들은 군인들을 잡으면 죽인다며 이를 가는 것이다. 그러면 우리 동리 사람들은 그들에게 그같이 하면 민심을 잃으므로 그러지 말라고 말렸다. 처해 있는 상황에 따라 사람의 마음이 달라지는 모양이다. 다시 중공군이 밀리는 모양이다. 아버지와 동리 부역을 한 사람들은 며칠 후 돌아오겠다는 말을 남기고 다시 북쪽으로 피신하였다. 그 후 아버지는 다시 돌아오시지 않았다.

국군과 미군이 들어왔다. 일사 후퇴 때 제2국민병으로 갔던 많은 사람이 굶주림과 추위 때문에 희생되었다. 다행히 제2국민병으로 가셨던 작은아버지께서는 돌아오셨다. 그러나 아버지, 사촌형(장현과 재훈)들이 돌아오지 않아서 집안에서는 근심이 대단했다.

## 1995년 4월 8일 토요일

어제 무리해서인지 일어나기 싫어서 늦게 일어났다. 청소하는 데 힘이 들었으나 이 일을 하여야겠다는 마음으로 청소를 하였다.

은희가 YMCA 서클에서 강촌을 간다고 나서는 것이다. 남자들도 가는지 궁금했다.

누워있으니 힘이 나는 것 같아서 옥상 청소를 하고 싶어 간단히 하고 내려왔다. 옆 골목 포장을 하기 위해 경계석을 놓는 작업을 하는 인부들에게 커피를 대접하려고 나가보니 경계석이 너무 높아 집이 묻히는 감이 있어서 낮추어 달라고 부탁하였다. 처음에는 안 된다고 하여 하여튼 낮게 해 달라고 거듭 부탁하니 들어준다고 한다. 고마운 마음이 든다. 도시가스가 나오지 않아서 가스레인지 회사직원을 불렀다. 그는 레인지는 고장이 없다며 도시가스 회사로 연락하여야 한다는 것이다. 도시가스 회사로 연락하니 공사 중 공기가 들어가서 그러므로 공기를 계속 빼면 된다고 하여 공기를 빼보니 가스가 나왔다. 아내는 도시가스 기계로, 약수터로 종일 바쁘게 다닌다.

나는 지난 일기와 내가 살아온 이야기 6·25 때의 이야기를 쓰고 있었다. 나는 나의 인생 여정을 다 쓰지 못하지나 않을까 걱정이 된다. 아내는 밤에 잠을 설치는 모양이다.

## 1995년 4월 9일

　아침 청소를 하는데 아내는 당근즙을 만들었다며 권한다. 아내가 주는 양이 많다. 나는 나 먹을 만큼만 먹는다고 서로 다툰다. 딸들이 오면 화분을 내놓겠다고 옥상 청소를 하는데 은영이 내외와 정수가 왔다. 옥상 물청소를 사위가 도와주니 예상보다 빨리 끝낼 수 있었다. 은주네 식구들이 저녁에 왔다. 식구들이 다 모이니 시끌벅적하다. 나의 건강이 좋으면 얼마나 행복한 날일까? 자식들이 안됐다는 생각이 든다.

　저녁 식사 후 내 건강과 양자 문제에 관해 이야기를 나누었다. 식구들은 나의 건강 문제는 병원에 맡기고 모든 일을 잊고 과로하지 않고 즐겁게 살라고 한다. 나는 나의 건강이 비관적이라 할지라도 희망차게 살자고 했다.

　양자 문제는 아버지, 어머니 뜻에 따르겠다며 양자를 더 생각하여야겠다는 딸들의 말에 고마움을 느꼈다. 은희는 양자에게 자신들의 위치가 박탈당하는 기분이 든다는 것이다. 또한 김 서방도 친자식 노릇을 하려고 하나 그것이 여의치 않을 것 같다고 우려를 표한다. 박 서방은 아버님, 어머님이 좋으실 대로 하시라며 공기 좋은 곳으로 요양을 떠났으면 권한다. 나는 딸들에게 우리나라는 유교 문화권이고 우리 문화는 시댁을 중시하는 문화이기 때문에 그것을(문화) 도외시할 수 없으니 시댁과의 유대를 친정보다는 비중을 더 두어야 한다고 말했다. 큰사위(김 서방)는 자신들의 종교인 기독교를 아버님이 더 이해하여 주셨으면 하는 바람을 말한다. 나는 각자의 종교나 삶의 실상과 사고를 존중하며 살아가야 한다고 말했다. 다 같은 방향으로 인생을 사는 것이 좋겠지만 그것은 이상과 바람일 뿐 현실은 그렇지 못하다.

▲ 작은 형부와 동환이와 정수가 카메라를 응시하고 있다. 이 사진은 아버지가 찍은 것으로 보인다.

▲ 목동 사거리에 있는 이층집을 허물고 4층으로 신축했다. 그 후 우리 가족은 종종 옥상에서 삼겹살 파티를 하곤 했다. 아버지도 아프지 않았던 행복한 시절이었다.

▲ 아버지 어머니와 4층 옥상에서 찍은 사진이다. 아버지가 투병 전인 듯하다. 내가 25세 무렵으로 보인다.

▲ 1996년 여름 옥상에서의 어머니 (56세)

우리 집은 아버지가 돌아오지 않으니 실의에 빠져 생기가 없었다. 할머니는 매일 밤 장독대에 정화수를 놓고 아버지가 돌아오시기를 기원하셨다. 전쟁은 교착상태였다. 휴전회담이 열리고 공방전이 더욱 심해졌다. 우리 고장도 한강을 두고 공방전이 대단했다. 미군 부대도 여러 곳에 있었다. 미군 부대에서 나오는 음식 찌꺼기를 한데 모아 국을 끓인 것이 꿀꿀이 죽이라 하는데, 영양실조에 걸린, 없는 사람들에게는 구원의 죽이었다. 우리는 돌아온 국군에게 황송아지를 빼앗겼다. 국군은 이장에게 양해를 구했다며 가져가는 것이다. 나는 이장에게 그 말을 하니 전혀 모르는 일이라고 한다. 한강과 임진강이 교차하는 우리 고장은 휴전회담이 진행되는 동안 강을 사이에 두고 공방전이 한창이었다. 어느 날 해병대 진지를 구축하는 곳으로 부역을 나가 땅을 파는 도중 폭탄이 떨어져 나는 땅 판 곳에 엎드려있었다. 폭탄이 멈추어 나가 보니 어른들은 다 도망가고 나만 남아 있었다. 해병대들은 도망간 사람들을 찾으며 죽인다고 야단이다. 나는 겁에 질려 벌벌 떨었다. 강을 사이에 두고 휴전선이 그어지고 말았다. 아버지가 돌아올 길도 막혀버렸다. 우리 집은 일(농사) 할 사람이 없어서 피난 온 사람을 사서 농사일을 하였다. 큰 농사일은 작은아버지가 하셨다. 사촌형 두 분도 도우셨다. 나는 아버지가 안 계셔서 학교에 가기 싫어서 농사일을 돕는다고 했으나 나이가 어려서 일이 서툴렀다. 아마 별 도움이 되지 못했을 것이다. 자연 살아가기가 힘들었다. 먹을 것도 부족하고 마음도 편안치 못했다.

그때 대통령을 국민이 직접 투표하여 뽑는 직선제로 헌법이 개정되었다. 그리고 이승만이 대통령으로 당선되었다.

### 1995년 4월 11일 화요일

아침 청소를 하는 데 별로 힘이 들지 않는다. 건강이 좋아지는 것이 아닌가 하는 생각이 든다. 그러나 모든 것에 의욕이 없다. 만사가 귀찮고 싫다. 책을 읽어도 머리에 들어오지 않는다. 삼국지를 읽었으나 별로 흥미가 없다. 아내와 양자에 대해 의논을 하였으나 별 좋은 수가 없다. 마음을 비우고 모든 것을 초월한 사람이 되어야 하는데 그러한 사람이란 있을 수 없다는 생각이 든다. 그것도 나의 욕심일까. 주고 바라지 않으면 될 것이나 그런 마음을 갖기가 쉽지 않다. 또한 나는 아들, 딸 구별 없이 줄 것과 바람이 같다고 생각하나 그것은 나의 생각일 뿐 우리의 사회적 의식과는 거리가 있는 듯하다. 그러나 나는 모든 것이 분명한 것이 좋다고 생각한다. 아내에게 주변의 반응이나 사회적 의식이 어떻든 내 생각을 사촌형이나 당사자에게 분명히 말해야겠다고 했다. 아내는 더 두고 보자고 한다.

우리 동리에서 살던 세백이 삼촌이 전쟁 통에 타향에서 돌아왔다. 그는 우익사상이 있는지라 국군 정보가 있어서 국군이 들어온다며 후평리로 피하라는 정보를 주었다. 그 후부터 그가 동리 일을 보기도 하여 그를 믿고 그의 말을 잘 들었다. 그는 우리 집에 살림을 차렸다. 그의 아내와는 정이 별로 없는 모양이다. 어느 날 한 시경이 되었을 때 어머니 우시는 소리에 깨어보니 할머니 머리에서 피가 나고 어머니 손이 그에게 잡혀 있었다. 나는 피가 거꾸로 흐르는 것을 간신히 참고 모르는 척했다. 그는 술에 취해 횡설수설하면서 무엇이라고 말하는지 모르나 할머니 머리를 다치게 한 것은 틀림없다. 나는 두려움과 분노로 몸을 떨고 있었다. 그는 동리 인척인 조카며느리 되는 여자와의 관계로 쫓겨나 다시피 우리 동리에서 떠났다.

그 일이 있은 후, 어머니는 나를 공부 시킨다며 도두머리 땅을 팔아 서울로 오셨다. 그해 할아버지가 돌아가시니 이모님과 어머님이 오셔서 어머님이 상복을 입으셨다. 그해 가을인가 그다음 해인가 반공포로로 사촌 장현이 형이 돌아왔다. 오촌 당숙(영종 아버지)도 강화에서 우리동네로 이사 오셨다. 나는 공부를 한다고 이곳 이모님네로 왔다. 어느 겨울날 대방동 이모부 고모님 댁으로 어머니를 뵈러 갔다. 그곳에는 간난 여자아기가 있었다. 나는 모든 것을 버리고 집으로 가자고 했으나 어머니는 '네가 공부해서 성공해야 동생들도 돌볼 수 있다.'고 하셨다. 다음날 어느 젊은 청년과 같이 장사를 나가 보라는 말에 그를 따라 장사를 갔다. 지금의 명동 입구일 것이다.

그곳에 양담배 껌 등을 펴놓고 팔았다. 손님이 별로 없자 그는 나에게 좌판을 맡기고 놀러 가는 것이다. 손님이 와서 가격과 무엇 하는 물건이냐는 말에 대답도 못하고 우물거리자 반말로 욕을 하니 더욱 장사가 싫어졌다. 이튿날 장사가 싫다고 하니 나무를 하러 가자 하여 관악산으로 나무를 하러 갔다. 지금의 신림동 산동네였을 것이다. 나는 다시 집으로 돌아왔다.

다음 해 6월인가 7월에 이곳 목동 이모님 댁에서 영생학원에 다녔다. 열심히 하였으나 학기 중간에 들어가서 처음엔 성적이 좋지 않았다. 여름방학 동안 영어, 수학을 열심히 하여 어느 정도 따라갈 수 있었다. 겨울방학 때는 식구들이 일해도 나는 방에서 공부만 했다. 현종이는 그때 큰 일군이 되어 당숙 숙부와 사촌형과 같이 영을 엮어서 지붕을 이었다. 중학 1학년을 좋은 성적으로 마치고 2학년이 되니 담임이 나를 부반장으로 정하였으나 깡패들의 등쌀에 속성학원으로 가서 6개월에 3학년 과정을 마쳤다. (영, 수, 한문만) 그 후 나는 집으로 돌아와 농사일에 전념하겠다는 마음을 먹었다. 살림하기로 하니 우선 미신부터 없애야겠다는 생각에 터줏가리를 불살랐다.

그리고 교회에 다니기 시작하였다. 토지상환을 빨리하여 내 땅을 만들겠다는 생각에 열심히 일했고, 벼 수확을 올리기 위해 퇴비를 많이 하여 상도 탔다. 벼 수확을 잘하여 벼 15가마니까지 상환도 했다. 그때 55가마니를 상환할 것이 있었다. 정부에서는 지주에게는 현금으로, 농민들에게는 현물로 상환을 받았다. 현금으로는 쌀 한 가마도 안 되는 것이다. 그만큼 인플레가 되었다는 증거였다. 다른 사람들은 먹고살기에도 빠듯하여 상환하는 것은 상상도 못 했다.

## 1995년 4월 14일 금요일

아침 청소를 하고 목욕을 하니 마음이 한결 가볍다. 속이 좋지 않아서 아침을 먹지 않았더니 힘이 없다. 오늘은 남기고 싶은 말을 써야겠다고 생각 하나 힘이 없어서 쓸지….

함께 살면서 아내에게 한 번도 호강을 시켜주지 못하고 고생만 하게 했는데 또다시 홀로 불행한 여생을 보낼 것을 생각하니 가슴이 아프다. 그러나 굳건히 살아가리라 믿는다. 딸 사위들도 건강하고 힘차게 살아가길 바란다. 친정이나 시부모들에게 효도하고 친척과 의좋게 살기를 바란다. 서로의 환경이 다르고, 의식이나 삶의 철학, 종교가 다르더라도 서로를 인정하고 사랑하며 살기 바란다. 재산 문제는 마음들을 비우길 바란다. 그러나 다음과 같이 상속한다. 나의 전 재산, 채무, 채권을 포함하여 100%로 보고

아내 김정순에게 50% 상속한다. (5/10)

딸 4인에게 각각 10% 상속한다. (1/10)

나의 후계자에게 10% 상속한다. (1/10)

그러나 아내 김정순이 유고 시까지는 분배하지 않고 김정순이 유지 관리한다. 상속등기는 상기(上記) 지분으로 등기한다. 은희, 은옥 결혼 비용은 김정순이 결정한다.

양자는 순리에 따라 당질인 劉榮華(유영화)를 지망하나 당질이 싫다고 하면 아내 김정순에게 일임한다.

상기(上記)와 같이 나의 말을 남긴다.

## 1995년 4월 16일 일요일

오늘은 이종 원용형의 환갑이라고 뷔페식당에서 연회를 한다고 한다. 아침 청소를 마치고 머리를 감고 나니 힘이 없어서 갈 수 있을지 의심스럽다. 연회가 오후 2시 인줄 알고 잠시 쉬면 갈 수 있겠지 하였으나 12시라는 것이다. 힘들어서 옷을 미리 입고 누워있었다. 12시 15분경 선종이가 차를 갖고 온다고 한다. 우리 건물 골목 앞으로 차가 와서 타고 보니 이종 동생 음복이 내외가 타고 있었다. 반갑고 고마웠다. 이런 때 모여서 축하해 주고 서로의 안부도 묻고 보고 싶은 얼굴도 볼 수 있으니 얼마나 좋은 일인가! 경제적으로 여유가 없을 때는 부담이 되었으나 요즘에는 외식하면 오륙만 원은 보통 든다니 그것에 비하면 경조사 때 부조(扶助)하고 그리운 사람도 볼 수 있으니 좋다.

연회장에 도착하니 연회가 시작되었다. 홀이 커서 많은 사람을 수용하고도 여유가 있었다. 나는 낯익은 사람들을 찾아 인사하고, 뷔페 음식 중 죽과 국수만 갖고 화종이 테이블로 가니, 대방동에서 양복점 하는 외 육촌이 함께 있다. 외 육촌이 반갑게 맞아 준다. 이종 누님, 누이, 이종 동생들이 반기며 나의 건강을 묻는다. 다들 반가운 사람들이다. 나는 힘이 들어서 화종이 차로 먼저 왔다. 저녁에는 부천 둘째처제 내외가 과일을 사가지고 왔다. 우선은 반갑고 고마웠다. 나의 건강이 걱정되는 모양이다. 주위 사람들에게 걱정을 끼치는 것이 못내 안타깝다. 나는 동기간에 의좋게 지내는 것이 무엇보다 소중하다고 말하며 대개는 돈 때문에 의가 상하는 경우가 많으니 욕심을 버리면 의는 좋아질 수 있다고 말했다. 세상에는 완벽한 선은 없는 것 같다.

1959년 10월 20일 군에 입대하러 인천 공설 운동장으로 갔다. 입대 절차를 받으러 온종일 운동장에서 열을 지어 앉았다 일어났다 하며 지내는 동안 나는 따라온 사람이 없어 점심도 못 먹어 배가 고팠다. 나는 그때 돈 5,000환쯤 갖고 군대에 갔다. 입대한 날 기차를 타고 갔다. 그곳에서 탄 밥을 주는데 이것을 먹지 않으면 안 된다는 각오로 밥을 다 먹었다. 다른 사람들은 대부분 탄 밥을 버리고 사서 먹었다. 군용열차는 밤에만 다닌다. 21일 새벽에 논산 보충대에 도착하니 입대 보충병이 많았다. 사람 기름에 찌든 국방색 이불을 주며 지그재그로 누워 취침하라는 것이다. 발 냄새, 이불 냄새로 잠을 이룰 수가 없었다. 보충대 기간 사병들은 말주변도 좋고 임기응변도 좋아 보충병들을 잘 다뤘으며, 돈도 잘 뜯어냈다. 나는 팬티 속에 주머니를 만들어 그곳에 돈을 숨겨 두었다.

　　나는 될수록 빨리 신체검사를 받아 훈련소로 가길 희망했다. 같은 동리 친구가 돈이 떨어졌다며 빌려 달라고 하여 천 환을 주었다. 보충대에는 매점이 있어서 돈 쓰기가 좋았다. 그때 처음으로 IQ(아이큐) 지능검사를 받았다. 125라는 숫자를 받았으나 좋은 것인지 나쁜 것인지 몰랐으나 우리면 친구는 80이라며 나쁜 데로 간다고 돈을 써야 한다는 것이다.

　　기간 사병들이 돈을 뜯는 일이 비일비재했으며 수법도 무궁무진했다. 그래서 당시 논산을 돈 산이라고 부를 정도였다. 우리 연대가 22연대였는데 우리가 마지막 훈련병이 되었다. 그래서인지 기관병들의 비리는 형언할 수 없이 많았다. 훈련병 간부들은 돈이 많고 통솔력이 있는 훈병이라야 하므로 돈이 떨어지면 향도[1]가 자주 바뀐다. 나는 훈련소에서는 돈을 군화 속에 감추어 두고 두 번쯤 매점을 이용하고 3,500환이 남아 있던 중 취침 시간이 되어 군복 호주머니에 넣었다. 그날따라 선임하사가 우리의 점호를 취한다며 '기상! 취침! 기상! 취침!'을 연발하다가 움직이면 죽인다며 꼼짝하지 말고 취침하라는 것이다. 그대로 잠이 들었다.

　　다음 날 아침에 일어나 돈을 찾았으나 없었다. 나는 내무반이 시끄러워질 것

---

1) 향도 : 훈련소에서 임시로 뽑은 대표

을 염려하여 신고하지 않았다. 훈련을 하루도 빠지지 않고 임하니 어느 날 교육계가 하루 쉬라는 것이다. 내무반에 있으면 시달릴 것 같아 훈련하러 가겠다고 하니 쉬는 날인데 네 마음대로 되느냐는 것이다. 그래도 나는 훈련을 받았다. 12월이 되어 냇가에 설 얼음이 얼어서 세면을 하니 얼굴이 터지는 것이다. 어느 일요일 어머니가 면회를 오셔서 반가웠다. 먹을 것과 돈을 주시고 가셨다.

## 1995년 4월 21일 금요일

아침에 화종이가 백병원까지 차로 데려다주었다. 병원에서 진찰 대기 중 힘이 들어서 의자에 누워 기다렸다. 주치의 이상혁 박사의 진찰을 받았다. 이상혁 박사는 배가 아픈 것은 간과는 관계가 없고, 힘이 없는 것은 간과 관계가 있다고 한다. 올 때 좌석버스를 탔는데 심히 흔들려서 힘이 들었다. 병원에서 죽을 먹고 얼마 안 돼서 죽과 콩국을 먹어서 그런지 다시 배가 쓰리고 아프면서 거북하고 힘이 없다. 꼼짝하기가 싫다. 아내는 그러한 내가 몹시 안쓰러운 모양이다. 다시 눈물을 보인다. 나는 왜 사랑하는 사람들의 마음을 아프게 하는 것일까. 안타깝다. 콩을 고르고 있는 아내에게 내 앞으로 오라고 하고 아내의 손을 잡아본다. 저녁에 잠을 청하나 잠이 오지 않는다. 동생들을 불러 어머님 집 등기 문제 또 양자 문제 등을 의논할까 하는 생각이 들었으나 그렇게 급하지 않다는 생각도 든다. 딸(은옥)에게 나의 인생을 구술할 테니 받아 써달라고 해야겠다. 나는 계속 글씨를 쓸 수가 없게 될 것만 같다. 나의 인생을 다 쓸 수 없을 것 같다.

### 1995년 4월 22일 토요일

　1959년 12월 말 보병훈련이 끝나고 보충대로 왔다. 그곳에서 김해 공병학교로 교육을 받으러 갔다. 우리 기생은 385명이었다. 그중에는 헌병병과(군사경찰), 정훈병과 등 타 병과에서 공병 병과로 온 사람이 많았다. 그곳은 학력 좋고, 집안 좋은 사람들이 많았다. 대표적 예가 국회 외부 분과 위원장인 박영출의 아들인 박강수도 있었다. 그러나 그는 내색하지 않았다. 하루는 교육을 받고 귀대하던 중 중대 향도로 인솔하는데 민간 지프차가 와서 박강수를 데려갔다. 그 후 그는 연대본부에서 장기바둑을 두며 지냈다.
　공병학교로 오니 시설이 깨끗하고 건물도 돌로 지어 대단히 좋아 보였다. 여기에서 교육은 일반 공병으로 기초적인 교육을 받았다. 나는 하루도 빠지지 않고 열심히 교육에 임했다. 인상적이었던 것은 낙동강에서 한 부교(浮橋) 교육이었다. 부교 교육은 강에다 임시 다리를 놓는 일이었다. 산에서 지정된 장소를 찾는 독도법교육을 받을 때는 산토끼가 나타나서 그것을 쫓는 재미는 말할 수 없이 즐거웠다. 공병학교 교육을 받고 시험을 치렀다. 10등 안에 들면 자신이 희망하는 곳으로 갈 수 있다고 한다. 병사들이 밤에는 소등 후 촛불을 밝혀 놓고 공부하는 이도 많았다. 나는 자신이 없어 공부는 하지 않고, 열심히 교육만 받았다. 드디어 연병장에서 시험을 치렀다. (O, X 문제였다) 나는 예상치 않게 385명 중 4등을 하였다. 나는 제1 희망지로 서울을 쓰고, 제2 희망지로는 부산을 적었는데 다행히 서울로 발령이 났다. 그때에는 전방부대로 가는 사람들은 누비바지에 방한모를 그대로 쓰고 갔다. 후방부대에는 민간인의 눈 때문에 미군 군화와 스모르 작업복[2]을 입혀 보냈다.
　나는 서울 1201공병대로 왔으나, 연줄이 없어 일개 중대가 파견되어있는 전라도 광주 상무대로 발령받아가게 되었다. 그곳 중대는 독립중대이기 때문에

---

[2] 스모르 작업복 : 미군 초기형 100% 순면 군복 small 작은 치수가 맞아 주로 입음. 일본식 발음이다.

중대장 마음대로 부대가 운영되었다. 중대장은 190명 중 비공식 휴가로 50명씩 인원을 팔아먹는 것이다. 상무대 막사를 신축하는 일을 하고 있을 때 간부 중 일부가 공급된 건축자재인 목재와 못 시멘트 등을 규정 양을 다 사용하지 않고 남겨서 그것을 팔아 착복하기도 했다. 미 고문관들이 있었다. 그들은 막사를 짓는데, 건축자재를 적정량 사용하는지 아닌지를 관리 감독했다. 그러나 그들이 볼 때는 적정량을 사용하나 그들이 떠나면 적정량에 미흡하게 사용하였다. 예를 들면 시멘트 한 삽에, 모래 세 삽, 자갈 5삽을 사용하여야 하는데 시멘트 한 삽에, 모래 다섯 삽, 자갈 8삽을 사용하는 방법을 썼다. 중대 자체 취사였는데 소금 국물과 주먹밥 한 덩어리였다. 대단히 굶주리고 있었다.

그때 1960년 3월 15일 선거가 있었다. 우리 중대가 맨 처음 투표하게 되었다. 사병들이 투표하면 소신껏 하겠다고 자신 있게 말했으나 투표장에 들어가 다른 후보에게 기표하고 투표함에 넣으려 할 때 군인 참관인이 보여 달라고 하며 자유당 후보(이승만, 이기붕)에게 기표하지 않은 것은 다시 기표하라고 하였다. 그 후 나는 4월 18일 비공식 휴가를 얻어 19일 신고하고 송정리에 와서 군용열차를 탔다. 용돈이 다 떨어져 저녁 식사를 못하고 밤에 대전에 도착하니 계엄령이 선포되었다는 것이다. 나는 계엄령이 무엇인지 몰랐다. 새벽에 용산에 도착하니 차가 없었다. 전차도 없고 하여 지나가는 시발택시를 불렀다. 군인이 택시를 부르니 곧 내 앞에 섰다. 나는 흑석동으로 가자고 하였다. 흑석동에는 이모님이 살고 계셨다. 이모님께 용돈을 타고 회경도 누님댁으로 전차를 타고 가는데 교수들이 종로에서 데모를 하는 것이 보였다. 누님댁에 들러 용돈을 타 김포 하성 집으로 가는 중 김포 검문소에서 해병대 헌병이 19일 어떻게 휴가를 냈냐며 집에 가 꼼짝 말고 있다가 귀대하라는 것이다. 4월 24일 이승만 대통령이 하야 성명을 발표하였다.

28일 귀대하는데 부대에 들어가기 싫어 같은 휴가병과 밤늦게 귀대하였다. 그때에는 선임자들이 첫 휴가병들에게 바라는 것이 많았다. 선임자들에게 미움을 살까 두렵고 미안하기도 하여 밤늦게 귀대한 것이다. 제일 하급자인 나와 동기생 5명은 선임자들에게 잘하지 않아 미움을 샀다. 그래서 내무반에 붙어 있지 않고 시간만 나면 영외에 나가 술과 떡(음식)을 사 먹고는 하였다. 하루는 먹을 줄 모르는 술(소주) 2L(한 되)를 셋이서 먹고 인사불성이 되어 동료들의 부축을 받고 내무반에 들어왔으나 다른 동료들은 다시 나가고 나만 남아 토하고 난리를 부리니 선임자들이 치우고 나서 나를 재우는 것이었다. 그 후 다른 본부에 있는 동기생에게 서울로 전출시켜 달라 부탁하였다.

일주일 후 서울 305대대로 전출 명령이 내려왔다. 다른 동료 3인과 305대대로 전출 간 날, 중대 본부에서 신고식을 하고 나니 중대 기재계라는 사람이 우리 중 제일 덩치가 큰 조희순에게 명령서보다 3일 늦었다고 시비를 걸며 때리는 것이었다. 나중에 알고 보니 그는 영등포 깡패 짱구였다고 한다. 그는 우리의 기를 꺾어 놓으려고 했던 것이다. 우리 동료 3인은 학보와 교보로(학보는 대학재학 중에 나온 사람을 말하며 교보는 선생 재직 중 나온 사람을 말한다) 그들은 일반 군번으로 입대하여 후방 근무 1년 후 학보, 교보로 신고하여 전방으로 전출되어 6개월 만에 제대했다. 일반 병은 34개월을 근무하던 때였다.

나의 소대는 지금의 한남동 보강동 경계에 있었다. 소대 막사는 텐트로 지어져 겨울에는 추워서 잠을 이룰 수가 없었다. 막사 안의 물이 얼어붙고 식기도 얼어붙었다. 군기는 말할 수 없이 해이했다. 부대장들이 장병의 1/3을 비공식적으로 휴가를 보내고 그 인원에 대한 급식비와 보급물자를 착복하는가 하면 심한 경우 기술이 있는 장병들을 회사에 취직시켜 월급 중 반을 부대에 바치게 했다. 우리 부대는 공병부대로 장병들이 각 부대 작업장이나 한강 여러 곳의 작업장으로 파견되기 때문에 인원 파악이 어려운 점을 이용하여 비공식 휴가를 보냈던 것이다.

나는 소대 서무계를 보았다. 소대 서무계의 주된 일은 중대 인원 보고와 소대 살림을 하는 것이다. 우리 소대는 육군본부 장교회관이 있는 곳으로 파견 근무하게 되어 그곳에서 취사하게 되었다. 육군 회관 취사 책임 장교는 중위인데 부대에 지급된 쌀과 부식비 일부를 모아 두었다 용산역 뒤 양곡 판매소에 팔아 착복하였다. 우리 소대는 육군 회관식당에서 식사를 했다. 그곳에선 질 좋은 음식을 먹을 수 있었다. 소대장은 없고 소대 선임하사가 최고 책임자인데 그는 오류동에서 살림을 하고 있으나 월급이 적었다. 우리도 인원을 속여 쌀과 급식비를 착복하여 선임하사에게 얼마간 주고 소대 회식비로 이용하였다.

하루는 영외 근무자가 들어와 밖에서 쿠데타가 일어났다고 한다. 밤 근무자도 한강교와 육군참모총장 관사에서 총성이 났다고 하는 것이다. 나중에 알고 보니 그것은 5.16 군사 쿠데타였다. 5.16쿠데타 이후에도 부정은 여전했다. 중대 본부 인사계가 우리 소대의 부정을 알고 나를 불러 얼차려를 주며 부정에 관해 불라고 했다. 회유책으로는 중대 본부에서 근무하게 해준다는 것이다. 나는 불지 않았으나 불안하여 대대에 있는 동료에게 다른 곳으로 전출하게 해달라고 부탁하니 돈을 쓰면 미군 부대 카투사로 보내 준다는 것이다. 나는 그렇게 해달라고 부탁하였다. 10일쯤 경과 후 미군 부대로 전출 명령이 하달되었다. 그리하여 지금의 구로동에 있는 2보충대로 가게 되었다. 그곳에는 군 형무를 마친 범죄자들도 있어 분위기가 험악했다. 훈련소에서 함께 했던 아궁이라는 별명을 갖은 전과자도 그곳에서 보았다. 나는 그에게 군화와 시오리 잠바[3]를 주었다. 미군병원에서 신체검사를 받은 후 미2 공병단 802대대로 전출되었다. 802대대는 평택 K-6에 있었는데 일개 중대가 대구 동촌 비행장으로 파견되었다. 나는 양식(洋式)이 맞아 별 어려움 없이 미군 부대에 적응하였다. 우리 중대는 그 당시 대구 동촌 비행장 활주로 공사를 하고 있었다. 우리가 하는 일은 시멘트, 모래, 자갈의 적정량을 기계를 이용하여 트럭에 싣는 작업이었다. 전임자들은 우리 부대 내에 기자재가 흔하여 많은 것을 팔아먹었다. 내가 갔을 때는 노무자들이 시멘트도 큰 탱크에 부어 부대에 남겨두지 않았다. 기자재 점검도 심하여 여유가 하나도 없었다. 나는 미군들의 민주주의가 부러웠다. 그들은 공(公)과 사(私)가 분명했으며, 사적인 일은 계급과 상관이 처리하였다. 그러나 그들은 우리 카투사를 삼등 국민이라며 무시하는 것도 같았다. 첫째, 우리의 잘

---

3) 시오리 잠바 : 미군 해병대에서 나온 야전 상의

못이 컸고, 둘째는 그들이 우리를 무시하는 경향이 많았다. 하루는 주번사관이 한 카투사가 야간 근무 중 잠을 잤다고 폭행을 한 적이 있었다. 잠을 잔 카투사는 처벌을 받았지만, 주번하사(미군)는 아무런 제재를 받지 않아 중대 카투사들이 데모를 했다.

그해 12월 평택 802대대 k-6로 우리 중대는 귀대하였다. 그때에는 별일이 없으면 카투사들에게 운전 교육을 실시하였다. 나는 제대가 7개월밖에 남지 않아 운전 교육을 받지 못했다. 당시 카투사들은 대부분 운전사였다. 그들은 휘발유를 빼돌려 몰래 팔아 돈을 챙겼다. 서울과 평택 국도 사이에는 휘발유를 비밀리에 뽑는 장소가 많았다. 우리 공병대는 5t 트럭이 많아 그것을 이용해 휘발유를 팔 수 있었다. 당시 우리나라는 휘발유가 한 방울도 생산되지 않아 미군 부대에서 흘러나오는 휘발유로 자동차들이 움직이던 시절이었다. 부정이지만 우리 경제엔 많은 도움이 되었다.

미군 수사기관에 잡히는 카투사는 한국군으로 넘어오고 우리 국군 수사기관에 잡히면 건수에 따라 대대 인사계가 합의를 보아 돈을 주고 처벌을 면했다. 미군 부대에는 하우스걸과 하우스 보이가 많았다. 식당 사무실에도 한국인 종업원이 많았다. 사무실 종업원들은 긍지를 갖는 것 같았다. 들리는 말에 의하면 하우스 걸이 성매매를 한다는 말도 있었다. 나는 믿지 않으려 하나, 우리 내무반에 남편이 있는 여자가 하우스 걸로 있었는데 미군과 눈이 맞아 같이 산 경우를 목격하였다.

나는 우리 내무반 카투사 책임자가 되었다. 하루는 일과 후 GI(미군)가 물을 떠 오라며 행패를 부렸다. 나는 카투사들에게 떠다 주지 말라고 일렀다. 술에 만취된 그는 카투사에게 또다시 물을 떠 오라는 것이다. 카투사가 물을 떠다 주지 않자 나에게 물을 떠 달라는 것이다. 나는 "네가 떠다 먹으라"라고 했다. 그런데도 그는 집요하게 물을 떠다 달라는 것이다. 나는 화가 나서 야전 칼로 그를 죽이겠다고 나섰다. 그는 겁에 질려 자기 자리로 가 '까댐(저주)'하며 소란을 피웠다. 나도 겁이 나서 칼을 제자리에 두고 침대에 가서 이불을 뒤집어쓰고 있었다. 그 후에도 GI가 계속 소란을 피우니 미군 책임자가 쫓아와 조용히 자라고 경고하였으나 말을 듣지 않아 주번사관까지 찾아와 주위를 주게 되었다. 그러나 역시 말을 듣지 않아 사이렌이 울리며 결국 헌병대가 출동하였다. 나도 연행되는 줄 알고 떨었으나 그에게만 그만 자라고 일차 경고 후 말을 듣지 않으니 곧바로 연행해 갔다. 그는 일주일 중노동이라는 징벌을 받았다. 그들은 민주군대답게 공과 사가 분명했다. 한번은 기지 내 극장에 좋은 프로가 들어와 많은 미군이 줄 서서 표를 사고 입장하였다. 기지 사령관도 특혜를 받지 않고 순서에 따라 표를 사서 들어가는 것이었다.

칼부림 후 우리 내무반 카투사들은 미군에게 아쉬운 부탁을 못하게 되었다. 예를 들면 우리는 PX(매점)를 이용할 수 없는데 미군에게 부탁하여 질 좋고 값싼 물건을 구입하곤 하였으나 그 일이 있고 난 뒤 그러한 부탁을 못하게 된 것이다. 1962년에 화폐 개혁이 단행되었다. 카투사들에게는 3개월 급여에 해당하는 금액만 교환해 주었다. 카투사들이 남은 돈을 어떻게 교환할 줄 몰라 하는데 미군이 교환하여 주겠다고 하였다. 그들은 우리 카투사들이 부정하여 번 돈이 있다는 걸 알고 있었다.

나는 그해 7월 24일 제대하였다. 우리 가족은 그해 봄 목동 마장 안에 옛 일본 농장장이 살던 사택을 백이십이만 오천 원에 사서 이사 왔다. 시골 하성에 외미 논 11마지기와 산만 남기고 모두 팔아 그 집을 산 것이다.

▲ 육군 공병학교 시절의 아버지. 아버지는 공병학교 시절을 좋게 기억하고 있었다. 시설이 깨끗했고 건물은 좋았다고 한다. 교육이 재미있었는지 열심히 참여하여 그곳에서 치른 시험에 385명 중 4등을 하셨다. 특히 낙동강에서 실시한 부교(浮橋) 교육이 인상적이었다고 했다.

▲ 아버지와 군 동기생들

　아버지는 1959년 10월 20일에 군에 입대하여 1962년 7월 24일에 33개월 4일간의 근무를 마치고 만기 제대하신다.

　아버지는 논산 보충대에서 처음으로 IQ 검사를 했는데 125가 나왔다고 한다. 당시는 군 비리가 만연해 있어 뒷돈을 주면 전출입이 쉬웠던 모양이다. 아버지는 몇 번의 부대 이동 끝에 마지막에는 카투사로 군대 생활을 하셨다. 카투사에서 우리 군인들은 주로 운전 교육을 받고 운전병으로 활동하였는데 아버지는 제대를 7개월 앞둔 시기라 운전 교육을 받지 못하셨다. 나는 그때 운전 교육을 받고 사회에 나와 택시 운전을 하셨다면 삶이 덜 고달팠을 것이라는 생각이 들었다.

### 1995년 4월 23일 일요일

예상치 못한 처가 식구들(큰처남 내외, 용석이 내외, 동막골 내외, 막내 처제 내외)이 와서 반가웠다. 그들은 나의 건강에 마음이 쓰이는 것 같다. 여러 사람에게 염려를 끼치게 되어 미안하나 어쩔 수 없는 것이 아닌가! 모두 방으로 들어오라고 하여 처남댁들과 다 같이 앉아서 내가 당부하고 싶은 이야기를 하였다.

동기간에 의좋게 살아 달라고 했다. 처한 위치가(종교나, 빈부의 차이) 각각 다르더라도, 서로 인정하고 이해하며 간섭하지 않고 살아야 한다고 말했다.

모두 숙연하여 말을 잇지 못했다. 용석이 처남에게 과거는 잘못됐지만 앞으로 서로 협조하여 잘하자고 말했다. 그 후 승환이가 왔다. 좀 늦게 둘째처제 내외가 나를 위하여 수산시장에서 전복을 사가지고 왔다. 용석이 처남과 셋째 처제 내외는 바빠서 가고 난 후였다. 저녁에 큰처남 내외는 승환이와 함께 손자를 보러 승환네로 갔다. 둘째처제 내외와 우리는 앞에서 한 이야기를 하니 둘째처제는 "용훈이 처남이 들어야 하는 건데"라며 아쉬워했다. 둘째처제가 늦은 시간에 차도 없이 가는 것이 안타까웠다.

### 1995년 4월 24일 월요일

일찍이 누님이 오셨다. 집안 동기간을 불러 하고 싶은 말을 하려고 내일쯤 모이라고 하려고 했는데 누님이 오셔서 반가웠다. 그리하여 전화로 동생들을 불렀다. 동생들과 계수씨들이 다 모였는데 넷째 화종이와 대전에 있는 셋째 계수씨는 오지 못했다. 우리는 어머니 집 상속

문제를 의논하여 둘째 현종이의 명의로 등기하기로 하였지만 실질 소유자는 막내인 선종이의 것으로 하였다. 의논을 끝내고 앞으로도 집안의 큰일에는 서로 의논해서 하기로 했다. 나는 덧붙여 아내인 집사람이 김 씨네서 산 것보다 유 씨네에서 산 세월이 더 많으니 의논의 당사자가 되어야 한다고 말했다. 양자 문제도 의논했다. 막내인 선종이는 형님 의사대로 하는 것이 순리라며 이해했다. 그러나 누님은 의견을 달리하신다. 어머니의 뜻과 같이 택돈이가 두 부모를 모실 수도 있지 않겠느냐고 말씀하셨다. 또 딸들이 많은데 굳이 양자를 할 필요가 있느냐고 말씀하셨다. 아내도 그 말에 동의하며 다른 이면이 있는 것도 사실이라며 박촌 오촌 아저씨 예를 들며 그러한 면도 있다고 말했다. 계수씨들은 아무 말이 없었다. 저녁을 누님, 둘째 내외, 막내와 같이 한 식탁에 둘러앉아 먹으니 모처럼 즐거움을 맛볼 수 있었다. 저녁 후 둘째 내외와 막내는 가고 누님과 처음으로 오랜 정담을 나누었다.

    우리 집(사택)은 둥근 야산 끝에 있는 아름다운 적색 기와지붕의 전형적인 일본식 집이었다. 앞에는 대농수로로 물이 철렁거렸다. 앵두, 매화, 복숭아, 벚꽃 등이 어우러져 피는 봄에는 앞뜰이 그림엽서에 나오는 별장과 같이 아름다웠다. 동네에서는 우리 집을 사택이라 불렀다. 우리는 이곳에서는 누님의 땅 1,160평을 경작하였고, 시골 하성에 2,100평을 경작하였다. 셋째인 인종이는 영등포에서 신문지국을 경영하였으나 적자를 면치 못했다. 나는 시골 하성에 가서 농사일을 며칠씩하고 돌아오기도 하였다. 신문지국이 망하여 전세금 2만 원만 찾고 2만 원은 적자를 보고 말았다. 나는 공장인 일신제강에 작업부로 취직하여 일하는데 대단히 힘들었다. 하루 12시간 근무다. 일신제강은 그 당시 굴지의 기업이었다. 일본에서 철판과 파이프를 들여와 도금하여 동남아로 수출하기도 하고 국내에서 소비하기도 하였다. 지금 생각하면 대단한 공해 산업이었다. 무거운 철판과 파이프를 들어 차에 싣기도 하고 창고에 쌓기도 하는 매우 힘든 일이었다. 석 달간 일하고 힘이 들어 그만두었다.

1963년 농사철이 시작되었는데 사돈인 매부 동생의 소개로 시청 임시 일용직으로 고용이 되어 시청에 나가 일하게 되었다. 도시계획을 세우기 위해 인접 시군읍면의 산업 및 역사적 배경을 조사하는 일을 하였다. 그때 아내의 고모부 소개로 아내와 선을 보게 되었다. 그 전에 혼담이 두 번 있었다. 한번은 군대 입대 전 육동이 고종사촌인 처녀와의 혼담이었고, 다음은 군자 이모가 소개하여 선을 보게 되었다. 군자에 있는 처녀의 작은아버지 댁에서 선을 보았는데 처녀는 말도 못하고 얼굴도 잘 보여주지 않아 별 관심이 없어 그냥 돌아왔다.

(군자 이모할머니는 "어쩜 식사도 하지 않고 야박하게 왔냐"고 하셨다고 한다. '어차피 혼인할 생각이 없는데 굳이 식사해야 하나'라는 생각에서 그리하셨을 것이다. 그러한 성정(性情)은 우리 딸들도 어느 정도 닮은 것 같다.)

먼저 처고모부가 처녀 사진을 주며 보라는 것이다. 사진에는 대단히 똑똑하게 보였다. 먼저 처의 장인, 장모께서 우리 집에 오셔서 나를 선 보셨다. 그리고 우리에게 선을 보러 오라는 것이다. 어머니, 막내이모, 처고모 내외와 함께 매화리 처가로 선을 보러 갔다. 나는 처녀에게 초등학교도 졸업 못 했으며 동생들이 많아 어려움이 많을 것이라고 이야기하였다. 처녀는 자기도 동생들이 많아 잘 안다고 대답하는 것이었다. 묻는 말에 별 막힘없이 대답하는 것이 야무져 보였다. 키도 한복을 입어서(긴치마) 커 보였다. 그리하여 그해 여름 약혼을 하였다. 나는 약혼식을 마친 후 시청 일 때문에 군자로 떠났다. 군자면에서 산업 및 교통 역사를 조사하고 돌아왔다. 그 후 시청에 일이 없어 놀던 중 약혼 사진을 찍기 위하여 일차 매화리를 방문하기로 하였다. 매화리 약혼녀의 집에 가서 하룻밤을 지내고 약혼자를 데리고 서울로 왔다. 서울 국제극장에서 영화 한 편을 보고 청요릿집으로 가서 방 하나를 잡아 요리를 시켰는데 자장면 둘과 여자들이 좋아한다는 말을 듣고 탕수육도 함께 시켰다. 탕수육을 잘 먹지 않아 식사를 끝내고 입맞춤을 하자니까 결혼 후에 하자고 하였다.

우리는 나와서 남대문 시장으로 갔다. 남대문 시장 가방가게에서 가방을 고르라고 하니 싼 가방 하나를 골라서 그대로 사주었다. 남산 케이블카를 타고 정상에 올랐다. 그리고 부천(소사)읍으로 와 한 사진관에서 남방 차림으로 약혼 사진을 찍었다. 그 후 나는 시골 일이 바빠 결혼 때까지 편지만 보내고 약혼녀와 만나지 못했다. 함을 가지고 갈 사람이 없어 처고모부가 갖다주었다. 1963년 11월 20일 결혼식을 올렸다. 우리는 신혼여행도 없이 곧바로 집으로 돌아왔다. 나는 그날 약혼반지를 잃어버렸다. 주례에게 약혼반지를 주었으나 어떻게 됐는지 모르겠다. 아내는 그때 결혼 후 목걸이를 잃어버렸다. 결혼 후 목장을 한다고 젖소 수입 신청을 하였으나 자금이 부족하여 취소하고 말았다. 집이 낡아 수리하기로 하고 돈을 준비하여 시골 대목인 재웅이 아버지를 모셔 집을 수리하기 시작하였다. 집수리는 보름 동안 하여 아내에게는 대단한 중노동이 되었다. 은주를 임신 중에 일을 하여 더욱 힘들어하였다.

▲ 젊은 날의 외할아버지    ▲ 결혼 전의 어머니

어머니는 외할머니보다 외할아버지를 닮으셨다. 외할아버지는 어린 나이에 어머니를 잃으셨다. 더군다나 외할아버지의 아버지는 한량이라 술만 마시고 집안을 잘 돌보지 않았다고 한다. 그래서 어릴 때부터 고생하며 집안을 일궈나가 자손들에게 재산을 남기셨다. 외할아버지는 자손들이 아플까 봐 매도 못 들 만큼 마음이 여렸다. 한(恨)이 많았던 할아버지는 술을 자주 했고 술에 취하면 목소리가 커지곤 했다. 큰언니가 외가댁에 잠시 머물렀던 적이 있다. 그때 외할아버지가 술을 드시고 큰소리를 내서 무척 무서웠다고 한다. 그러나 여리고 정이 많았던 외할아버지는 우리가 외가댁을 찾아가면 귀여워서 어쩔 줄 몰라 했다. 그때 외할아버지의 특이한 표정이 지금도 생생하게 기억난다.

▲ 어머니의 친구분들(뒷줄 두 번째. 1961. 21세)

▲ 왼쪽부터 외 이모할머니, 외할머니, 외증조할머니, 외 이모할머니(위) 두 번째부터 큰 외삼촌, 막내이모, 아버지(아래)

▲ 유경종 군과 김정순 양의 결혼식(어머니는 흰 한복에 면사포를 쓰셨다)

▲ 아버지와 어머니 약혼 사진

　아버지는 매화리에 있는 외할아버지댁으로 선을 보러 가셨다. 어머니를 처음 봤을 땐 막힘없이 말하는 모습이 야무져 보여 마음에 들었다고 한다. 위 사진은 약혼 사진이다. 약혼 사진을 찍은 날 아버지는 어머니와 함께 짜장면과 탕수육을 먹고 영화도 보고 남산 타워에도 가보았다고 한다. 아버지는 헤어지기 전 가방을 사주는데 어머니가 싼 가방을 고르더라고 회상하셨다.
　어머니는 아버지를 떠올릴 때면 "남자로서 잘 생기지는 않았잖니? 그런데 마음이 멋지고 큰 사람이지"라고 하셨다. 나는 "그만하면 아버지는 잘 생기신 거지."라고 말하곤 했다.

### 1995년 4월 25일 화요일

아침에 막내에게서 시골(하성)에 가자고 전화가 왔다. 나는 못 가고 아내와 누님이 가기로 했다. 얼마 후 막내와 아내와 누님은 시골에 갔다. 나는 아내에게 사촌형님과 형수, 영화가 올 수 있으면 모시고 오라고 일렀다. 나는 딸들이 안됐다는 생각이 든다. 사람의 사랑에는 한계가 있는 것인데 사랑의 대상이 늘어나면 그만큼 분산되는 것이 아닌가 하는 생각에. 새로운 부담이 생기는 것이 아닐까. 그러나 한편 '새로운 보람도 있는 것이 아닌가'라는 생각도 한다. 무엇이든 생각하기 나름이 아니겠는가. 오후 시골에서 아내와 숙부, 사촌형 내외와 누님, 그리고 둘째 내외와 막내가 왔다. 나는 족보 문제를 거론하며 증조할아버지부터 일상이까지 손(孫)을 모두 기록하였으나 박촌 아저씨(5촌)께는 연락이 안 돼서 그곳 식구들이 빠졌다고 말했다. 다시 한번 연락을 해봐야겠다고들 하셨다. 그리고 양자 문제를 거론하며 사촌형님에게 영화로 나의 대를 잇게 하는 것이 어떻겠냐고 말씀드렸다. 사촌형님은 그런 염려는 말고 자네 병을 고칠 생각을 하라고 말씀하셨다. 사촌형수도 쾌히 허락하며 염려 말고 건강을 회복하라고 말씀하셨다. 숙부께서는 양자는 쌍방이 잘하여야 좋은 것이지 잘못하면 집안의 불화가 될 수도 있다고 말씀하셨다. 아내는 물론 아주버님, 형님이 쾌히 허락하셨지만, 당사자인 영화와 영화댁에게 정신적 부담이 많으므로 충분히 이해시키고 동의를 얻어서 하여야 한다고 말했다.

저녁에 대전에 있는 셋째계수씨에게 전화해야겠다고 아내가 말해 나도 그렇게 생각했다며 곧 전화하여 알리니 이미 알고 있는 것이다. 시골에서 전화가 간 모양이다. 누군가가 시골 숙모님에게 이야기 한 모양이다. 나는 내가 직접 사촌형님과 형수, 영화에게 이야기하려 하였는데 과히 기분이 좋지 않았다. 다른 사람을 통하여 알려지는 것보다 내가 직접 이야기하려고 아내에게 모시고 오라고 한 것인데 내가 얘기하기 전에 알려진 것이 못내 아쉽다. 대전으로 전화하기를 잘했다고 생각했다. 넷째 화종 내외에게 전후(前後) 사정을 이야기하니 잘됐다고 말했다.

## 1964년

결혼한 이듬해 봄 시청 하도급 업체인 지적공사에 나가 측량 잡부로 2개월간 일을 하였다. 그리고 시골(하성)에 가 농사일도 하고 목동의 농사일도 하였다. 동생 현종은 군에 있어서 나 혼자 농사일에 바빴다. 첫 아이가 유산되었다. 당시 어머니는 약주를 자주 하셨다. 아내는 별 불평 없이 약주 시중을 잘하였다. 그 후 가을에 시골 농사가 풍년이 되어 트럭으로 한가득 벼를 싣고 왔다. 겨울에 하성 논이 팔렸다. 평당 325원에 팔려 약 70만 원 돈이 되었다. 그 당시 오촌 당숙께서는 너의 작은아버지를 생각하여야 하지 않느냐고 말씀하시어 나는 동생들과 살아가자면 어쩔 수 없다고 말씀드리고 대신 구렁논 160여 평과 산 밑 밭 60평을 작은아버지에게 드리겠다고 말씀드렸다. 집으로 돌아와 어머니에게 말씀드리니 어머니께서는 우선은 모두 팔아가지고 오고, 작은아버지는 다음에 생각하자는 것이었다. 나는 나중에는 할 수 없는 것이라고 말씀드리고, 구렁논과 산 밑 밭은 드리고, 선산은 작은아버지가 관리토록 하였다. 그 돈으로 목동에서 평당 280원씩 주고 1,900평을 샀으나 중개인은 집 앞 좋은 논 1,661평을 사는 것이 좋겠다고 했다. 나는 1,900평짜리를 좋은 가격을 받아 주면 1,661평을 사겠다고 중개인에게 말하니 1,900평짜리는 평당 5원씩 더 받아 주고, 앞 논은 평당 315원씩에 해주겠다고 하여 다시 계약했다. 그리하여 앞 논을 사고 내 명의로 등기하였다. 돈이 남아 마을 앞 수렁논 900평을 평당 290원에 샀다.

▲ 셋째작은아버지 묘와 선산

할아버지는 할아버지의 작은아버지께서 아들이 없으셔서 양자로 들어가셨다. 하성 산소 묏자리는 양할아버지가 선산으로 장만한 것이다. 당시 부동산 임시조치법으로 작은할아버지 명의로 우선 등기를 하였고 대대로 선산으로 사용하기로 약속했다. 그러나 작은할아버지께서 돌아가시고 아들로 명의가 이전되면서 문제가 발생했다. 작은할아버지께서 돌아가시기 전에 가족 공동명의로 해 놓고 갔으면 깔끔히 해결되었을 것이다. 선산엔 할머니를 이어 아버지가 마지막으로 묻혔다. 그 후 돌아가신 어른들은 선산으로 들어가지 못하고 있다. 아버지는 돌아가시기 직전까지도 돈을 조금씩 들여서라도 하성 선산 문제를 깔끔하게 매듭을 짓고 싶어 했지만, 원(願)을 이루지 못했다.

아버지는 산소에 가면 우리뿐 아니라 집안 자손들을 데리고 다니며 각각의 묘에 있는 조상들에 대해 이야기해 주셨다. 그리고 투병 중이던 어느 날은 다음과 같은 말씀을 하셨다. "너희들 세대는 그 세대에 맞게 조상을 모시면 된다. 그러나 지금 아버지는 아버지의 방식으로 조상을 섬기는 것이다." 아버지도 시대가 변하고 있다는 것을 알았고 그 후의 것은 자손의 뜻에 따라 흘러가는 것이 순리라고 생각한 것이다.

## 1995년 4월 26일 수요일

오늘은 옥상 물 새는 곳을 시멘트로 막아야겠다고 마음먹고 아내에게 시멘트를 구해 오라고 했다. 아내는 용케 골목 포장하는 인부에게서 시멘트를 구해왔다. 시멘트를 모래와 혼합하여 물 새는 곳을 막았다. 아내는 나의 건강을 생각하여 시멘트 개는 것을 혼자서 하니 힘이 드는 모양이다. 저녁에는 사촌동생 내외와 사촌누이 내외가 문병을 왔다. 반갑고 고마워 술자리를 마련하였다. 나는 그들에게 나의 건강 상태를 설명하니, 그들은 나의 건강이 쾌유하기를 바란다고 말한다. 내 건강은 내가 잘 아니 나의 방식대로 대처하는 것이 최선이라고 말했다. 나는 힘이 없어 자리에 누우니 그들은 환자 방에서 시끄럽게 떠들 수 없어 거실로 나가 술을 들며 즐겁게 큰소리로 담소하는 것이었다. 그들이 그렇게 낙천적이고 즐기는 것이 부럽기도 하고 또한 도가 넘치지 않나 하는 생각이 든다. 사람마다 살아가는 방법이 다르고 의식이 다르다 하더라도 각자 자기의 잣대로 판단하는 것은 오류를 범할 수 있다는 생각이 든다. 그들이 간 후 아내는 녹초가 되어 잠자리에 들었다. 딸 은영이가 시집 동해에 가기 위해 정수와 오니 반가웠다. 정수는 몸이 시원치 않아 잘 놀지 않는 것 같다. 내일 비행기로 동해를 간다니 걱정이 된다.

# 1965년

집은 아름답고 좋았으나 낡아서 고칠 곳이 많았다. 봄에 시골(하성) 대목(大木)인 재웅이 아버지를 모셔 집수리를 시작했다. 여기저기서 돈을 구해 영등포에서 재료를 사다 보름 동안 수리를 하였다. 아내는 임신 중이었지만 식사 준비와 넓은 집안을 치우느라 힘들어하면서도 불평 없이 해내고 있었다. 집수리를 끝내고 나니 산달이 가까워 해산 준비를 하여 매화리 처가로 아내를 데리고 갔다. 그날 저녁 자고 있는데 아내가 산기가 있는지 배가 아프다는 것이다. 장모님은 침착하게 참고 있으라는 것이다. 그러나 아내는 자주 진통이 오는지 계속 배가 아프다며 힘들어했다. 4시간 동안 진통이 계속되어도 아기가 나오지 않아 나는 대단히 불안했다. 그러나 장모님은 침착하게 더 힘을 주라며 아내를 격려했다. 6시경 첫아이가 태어났다. 무사히 첫아이가 태어난 것이 다행이나 후산(後産)이 안돼 걱정이 되었다. 아내는 힘이 빠져 기진맥진 상태라 힘을 줄 수가 없는 모양이다. 장모님은 그래도 힘을 주어야 한다고 격려했다. 장모님은 딸이라는 것이 섭섭하신지 다시는 자신이 아이를 받지 않으시겠다고 생각하신 모양이다. 삼칠일 후 아내를 데리러 매화리로 갔다. 아기는 산모가 젖이 적어 잘 먹지 못해 건강 상태가 좋지 않았다. 아내와 아기를 데리고 집으로 와서 아기에게 미음을 쑤어 먹였다. 당시에는 국산 우유는 없고 화란(네덜란드) 산 비락이라는 유아용 우유가 있었으나 한 통에 500원씩 하는 고가였다. 그래도 그 우유를 구입하여 미음 물과 섞어 먹이니 아기의 건강이 좋아졌다. 아기의 이름을 '은주'라 지었다.

그해 가을 현종이가 결혼하여 한집에서 같이 살게 되었다. 나는 농사만으로 두 집 식구가 살아갈 수 없어 취직하려고 했다. 시청 임시직은 정식직원 채용할 때 특별히 5점을 더 준다고 하나 시험에 자신이 없을뿐더러 시청에 있는 계장이라는 사람이 학력이 없으면 만년 주사로 있을 수밖에 없어 앞길이 없으므로 다른 직업을 택하는 것이 좋다 하여 그의 말을 듣기로 하였다. 그 후 친구인 심현재에게 의논하니, 지금 자기가 금고 장사를 하고 있는데 월급보다는 낫다는 것이다. 그래서 금고 외판을 하게 되었다. 처음에 친구를 따라 종로에서 창신동까지 가게마다 들르며 금고를 팔기 시작했다.

　나는 쑥스러워 문도 못 열고 그냥 친구가 하는 것을 쳐다보는 것으로 첫날을 보냈다. 다음날, 또 다음날도 마찬가지였다. 이래서는 안 되겠다는 생각에 용기 내 가게 문을 열고 들어갔으나 말이 나오지 않았다. 묻는 말에 대답도 제대로 못하니 판매가 될 리는 더욱 없었다. 금고 하나당 판매 수량이 500원이어서 한 달에 7~8개만 팔아도 보통 월급보다 많았다. 그러나 처음 한 달은 세 개밖에 팔지 못했다. 그리하여 서대문에서 세탁소를 하는 큰처남 용덕이에게 돈을 빌려 집에 우유를 사다 주었다. 마침 그때 국산 우유가 나와 400원에 구입할 수 있어 국산으로 대체하였다. 하루는 술에 만취되어 차 안에서 토하고 염창버스정거장에서 내리는데 눈은 쌓여있고 추워 가다가 쓰러지면 죽을 것 같다는 생각이 들어 정류장 앞에 있는 가게로 들어갔다. 난롯불이 좋아 그곳에 앉아 있는데, 30분이 지나니 주인이 문을 닫는다며 가라는 것이다. 나는 어느 정도 의식이 있어 집으로 돌아와 이불 위에 누우니 그대로 잠이 들고 말았다.

　차남인 용석이 처남이 시골 학교에서는 공부를 잘하여 장인의 기대가 컸다. 서울에 있는 좋은 학교에 보내려고 서울 성남중학교에 시험을 치렀다. 그러나 낙방하여 2차로 양정중학교에 지원했으나 또 낙방하여 재수하게 되었다. 이듬해 다시 성남중학교에 시험을 치렀으나 떨어져 영등포중학교에 입학하였다. 그 당시 막내인 선종이는 배재고등학교에 다니고 있었다. 장인은 선종이가 용석 처남의 개인지도를 해주길 바라셨다. 매화리 처가에서는 자식들 공부를 위해 서울에 집을 사기로 하고 여러 곳을 물색 중 대방동에 뼈대 좋은 집을 장만했다. 나는 뼈대보다 장소가 좋은 데로 장만하시라고 권했으나 그리되고 말았다.

## 1995년 4월 27일 목요일

아침 일찍 박 서방이 문안하고 회사에 출근한다. 딸 은영이가 동해 시댁에 간다고 전날 박 서방과 외손자 정수를 데리고 왔다. 정수는 한참 말썽을 부리고 귀여움을 떨었다. 10시 10분경 은영이가 동해로 간다고 나서는데 막내 은옥이가 공항까지 바래다준다니 마음이 놓인다.

나는 운동을 한다고 옥상을 몇 번 오르내렸다. 은주에게서 전화가 왔다. 아내는 애들을 보내라고 하니 동환이가 자고 있다고 일과 후 오겠다고 하였다. 저녁에 큰딸 은주가 태환이, 동환이를 데리고 왔다. 태환이, 동환이는 기분이 좋은 모양이다. 즐겁게 저희가 하고 싶은 놀이에 정신이 없다. 동환이는 비디오를 보여 달라하고 태환이는 TV 만화를 보겠다고 한다. 나는 김 서방이 오기 전에 저녁을 하라고 독촉을 하니 은주가 시장을 보아다 저녁 준비를 하였다. 나는 김 서방이 돼지고기를 좋아하니 삼겹살도 준비하라고 했다. 저녁에 은주네 식구와 우리 식구가 식탁에 둘러앉으니 대견하고 뿌듯한 기분이다. 식사 후 나는 힘이 없어 드러누워 있는데 은주네가 간다고 나설 때야 집안에서 의논된 양자 문제를 이야기하지 못한 것이 생각났으나 결말이 나지 않은 것이어서 다음에 이야기하기로 마음먹었다. 동환이는 할아버지 손을 잡고 계단을 내려가는 것이 좋은 모양이다. 깡충깡충 뛰면서 즐거워한다.

### 1995년 4월 28일 금요일

아침에 일어나니 기분이 좋다. 오늘은 병원에 가 결과를 알아보는 날이다. 안방과 거실 청소를 하고 나도 힘이 있는 것 같아 샤워를 했다. 그리고 아침 식사를 하니 힘이 들어 누웠다. 7시 40분경 동생 화종이 차를 이용하여 가는데 출근 시간이라 차가 밀려 1시간 만에 병원에 도착했다. 나는 의자에 드러누워 진료 시간을 기다렸다. 아내가 전에 같이 진료를 받은 70대 부부와 정답게 이야기하는 것을 들으니 기분이 좋다. 함께 입원실에 있었던 사람들에 관한 이야기도 들을 수 있었다. 10시 10분경 진료 차례가 되어 의사 이혁상 박사를 만났다. 박사는 2차 항암 시술을 빨리 받아야 한다고 하며 전에 힘들었느냐고 묻는다. 나는 대단히 힘이 들어서 지금과 같은 상황에서는 다시 치료를 받을 수 없다고 하였다. 될 수 있는 대로 빨리 진료를 마치고 싶어, 나는 힘이 들었다고 이야기하고 한 달 치 분 약만 가지고 택시를 이용하여 돌아왔다. 아내는 대단히 실망이 되는 모양이다.

은옥이가 대구에서 대형 사고가 났다고 말하니 더욱 우울해진다. 그 후 계속 대구 참사 뉴스가 전해진다. 워낙 큰 사태라 방송국에서도 정규방송을 할 수 없는 모양이다. 아내는 사람이 처한 상황에 따라 대구 참사에 대한 감정이 다른 것이라고 말했다. 나도 동감했다. 건강하고 행복한 사람은 참사의 현황이 마음에 와닿는 감정이 덜할 것이며 불행한 사람은 같은 상황이라도 그 감정이 각별할 것이다. 나는 아내에게 어떠한 상황이라도 삶의 여정을 마음먹은 대로 밀고 나가자고 말했다. 우선은 빚부터 갚자고 했다. 아내가 학원이 노래방 때문에 잘 안된다고 학원장이 말했다고 한다. 나는 노래방 사장을 만나 하절기 비 피해와

학원 문제를 의논해야겠다고 마음먹었다. 서로 양보하고 더불어 사는 마음을 가져야 한다고 설득하려고 한다. 노래방 사장이 찾아왔다. 나는 그에게 학원 사정을 이야기하며 협조를 부탁하고 서로 도와야만 나도 잘되고 상대방도 잘될 수 있다고 말하니 공감한다고 대답하였다. 학원장을 불렀으나 부재중이어서 합석하지 못했다. 저녁에 잠자리에 들어서 아내에게 이왕에 양자를 세운다면 잘해보자고 말하고 큰사위 김 서방이 섭섭한 모양이라고 말하니 아내는 왜 안 그렇겠냐고 말한다. 나는 생각하기 나름에 따라 긍정적일 수도 있다고 말했다.

# 1966년

　봄 우리 집 농토가 누님네 것을 빼고 나면 여덟 마지기 천육백 평밖에 안 돼서 동생과 같이 농사를 짓고 살 수 없게 되었다. 우리 모두 살기 위해서는 누구든 따로 나가 살아야 했다. 동생 현종은 농사 외에는 아무것도 할 수 없으므로 내가 나가서 살아야겠다고 생각했으나 막상 나가자니 두려운 생각이 들었다. 그러던 중 둘째 이모(원형이 어머니)께서 "어찌하겠니. 동생은 나가 살 수 없고 너는 그래도 나가 살 수 있으니 네가 나가 살라"고 권하여 송아지를 판 돈 2만 원과 쌀 한 가마를 가지고 처가에서 사 놓은 집으로 전세 3만 원에 들어갔다. 모자라는 1만 원은 아내 약혼반지 다섯 돈을 판 7천 원과 회사에서 가불한 3천 원으로 충당했다. 큰처남 용덕이가 가게에 세탁소를 차리고 있었으나 결혼을 안 해 누이인 아내가 조석을 책임졌다.
　우리는 안방을 사용하고 처남은 가겟방에서 기거했고 아랫방은 충청도 학생에게 세를 놓았다. 나는 대방동에서 출근하게 되었다. 어느 때는 장사가 잘돼 7천 원이 넘을 때도 있지만 대체로 7천 원이 안 돼서 살림이 쪼들리곤 했다.
　그때 처음 내가 따로 살림을 차려 그런 것인지 모르겠지만 어머니, 할머니, 큰아버지, 작은아버지께서 찾아주시곤 했는데 아내는 그분들을 정성껏 대접하였다. 그리고 집에 농사일이 많을 때는 모두 가서 돕곤 하였다. 그해 10월에 둘째 딸 은영이를 순산했다. 아침 출근을 하려는데 아내가 산기가 있다고 하며 방에 들어가 누워있으니 진통이 시작되었다. 진통이 시작된 지 1시간 후 아기의 머리가 보여 나는 아내에게 힘을 주라고 말하니 가위를 소독하라고 한다. 그사이 아기가 나와 소독한 가위로 산후 탯줄을 끊었다. 그리고 아내는 나에게 해산 밥을 하라고 하여 어떻게 끓였는지 모르게 밥을 지었다.
　한번은 목재소에 금고를 팔았는데 현금 대신 목재로 바꾸기로 했다. 마침 목동 집에 마루가 없으므로 그 목재로 마루를 놓았다. 그때 셋째인 인종이가 계를 하자고 했다. 10만 원짜리 계로 월 2,500원씩 붓는 것이다. 우린 22번 중

11번째로 타기로 했다. 인종이 반을 붓겠다며 들라고 했지만, 동생은 첫 달부터 붓지 못해 우리가 떠맡고 말았다. 매달 곗돈과 우윳값 때문에 경제적으로 몹시 힘들었다. 겨울이 되자 방안에 웃풍이 심해 대단히 추웠다. 방안에 난로를 사 피웠으나 그래도 추웠다. 아기와 산모가 고생이 심했다. 그때 셋째 처제인 정자 처제가 와서 며칠간 머물다 갔다.

  셋째 인종이가 노량진역 앞에 있는 미창 이발관을 인수하게 돈을 대 달라는 것이다. 나는 인종이가 경험도 없고 더군다나 돈도 없으니 인수금을 대줄 수 없다고 하였다. 그러나 인종이는 이발관을 인수해주지 않으면 일어나지 않겠다며 안방에 드러눕는 것이다. 어머니는 자식을 살려야 한다며 돈을 해주자는 것이다. 그리하여 누님에게 15만 원을 빌리고, 지니고 있던 돈 5만 원을 합하여 미창 이발관을 인수했다. 그러나 일 년 동안 운영했으나 별 수입이 없었다. 역전 깡패들이 진을 치고 영업을 방해하며 돈을 뜯어 가 영업을 할 수 없어 이발소를 팔기로 했다. 나는 서둘러 잔금에 대해 공증을 해서 팔았다. 누님의 돈을 갚을 길이 없어 수렁논 900평을 누님에게 드렸다. 누님이 그 논을 맡았으나 누님네의 집주인이 김포군 검단면 안동포에 간척지 1만 평을 준다고 하여 수렁논을 팔고, 집주인에게 돈을 주었으나 1만 평을 받지 못했다.

## 1967년 가을

큰처남(김용덕)이 결혼하여 우리는 대방동 방을 비워주고 연희동 모래내로 이사하기로 했다. 모래내 세는 사만 원인데 수중엔 삼만 원밖에 없었다. 모자라는 돈을 회사에서 가불하여 12월에 이사를 할 수 있었다. 이사 첫날 우리 식구들은 연탄가스에 중독이 되었다. 부엌이 한대라 바람이 직접 불어 닥쳐 연탄가스가 방안으로 스며들었던 모양이었다. 다행히 심하게 중독된 것이 아니어서 김칫국물과 약을 먹고 무사할 수 있었다. 그러나 그해 겨울 방이 추워 대단히 고생했다.

## 1968년 봄

목동 집이 경인 고속도로가 나 헐린다고 하여 나는 보상을 받기 위해 등기를 냈다. 집 안뜰에 있는 과일나무와 꽃나무는 과수로 보상받았다. 땅은 대(代)터를 받고, 건물과 과수에 대한 보상으로 45만 원을 받았다. 그 일로 늘 목동 집에 와서 일하였다. 비용이 모자라 계 탄 돈 중에 5만 원을 가지고 와 집 등기 내는 데 사용하였다. 목동 집은 헐렸고, 대 터에 6개월여에 걸쳐 집을 지었다. 그사이 나는 연희동에서 신남동으로 방을 얻어 이사하게 되었다. 신남동 세는 9만 원이므로 5만 원이 부족해 목동 집 등기 내는데 사용했던 곗돈 5만 원을 도로 가져와 방을 얻었다. 어머니는 내 돈인데도 섭섭하신 모양이었다. 목동 집은 25만 원을 들여 지었다. 가을 추수 후 신남동으로 이사했다. 1969년 1월 30일 셋째 은희를 신남동 처고모의 도움으로 순산했다. 그해 초여름 대방동 해군 본부 뒤쪽으로 이사했다. 그 집은 주인이 해군상사인데 주인아주머니가 바람이

나 환경이 좋지 않았다. 은희는 약하여 잔병치레를 많이 했다. 한 번은 병이나 탈진상태라 대방동 소아과에 입원을 하여 주사를 맞는데 혈관을 못 찾아 대단히 애를 먹었다.

나는 그때 지방으로 금고를 팔러 다녔다. 강원도 원주, 홍성, 해성 등을 돌아서 왔다.

### 1995년 4월 30일 일요일

오늘은 동리 우영택의 환갑이라 하여 아내에게 어떻게 되었든 참석하라고 말했다. 아내는 같이 가자고 하였으나 나는 힘이 없어 아내만 참석하기로 했다. 오후 2시경 생질인 태수 내외가 수박을 사서 병문안을 왔다. 태수에게 요즘 생활이 어떠냐고 물으니 분당 아파트촌의 어머니들에게 잘 보였는지 가르치는 제자가 늘었다고 한다. 다행히 생활에 여유가 있는 모양이다. 여하튼 고마운 일이다. 나는 외삼촌들이나 너희들이 수완이 부족하여 자기들을 광고하지 못하는데 요즘 세상은 자기 값어치 이상을 P.R하여야 하는 세상이라고 말하니 수긍이 가는 모양이다. 둘째 동생 현종이가 요즘은 자녀들을 키우는데 과잉보호도 심하고 지나치게 과외공부를 시켜 문제라고 말하니, 태수는 요즘 시대에는 세태에 보조를 맞추어야 세상을 살아갈 수 있다고 말한다. 공감 가는 이야기이다. 점심은 들었다고 하여 은옥이가 내어다 준 음료만 한 잔씩 하고 돌아간다고 하니 식사대접도 못하고 보내 섭섭하다. 3시경 아내가 돌아왔다. 손님이 많았냐고 물으니 많았다고 하며 기생과 사회자를 부르고 하여 즐겁게 지냈다고 한다.

원주와 제천 등에서 금고 팔이 성적이 좋으니 동료들이 색싯집에 가자고 하여 역전에 색싯집에 들렀다. 각자 방을 정리하고 나니 한 아가씨가 들어와 옷을 벗는 것이 아닌가. 나는 놀라서 옷을 어서 입으라고 말하고, 그냥 있으니, 가도 되냐고 말하여 가라고 하니 갔다. 한참을 기다려도 아무 소식이 없어 그냥 있는데 동료인 전경아 씨가 어떻게 된 거냐고 물어 아무 일도 없다 말하니 그러면 그냥 가자고 하여 나오니 화대를 달라는 것이다. 전경아 씨는 아무 일이 없었는데 무슨 화대냐며 가자는 것이다. 그러나 포주는 사람이 왔었으니 주어야 한다고 하여 주고 돌아왔다. 나는 항상 생각하는 것이지만 성생활은 깨끗해야 한다고 생각한다. 총각 때나 미군 부대 있을 때도 그 생각에는 변함이 없었다. 그 후 제천에서도 그 같은 상황이 벌어져 고자라는 말도 들었다. 그 후 회사 사장이 바뀌어 다른 회사로 옮겼다. 그러나 그 회사에서도 별 수입을 올릴 수 없어 판매원끼리 동업을 하기로 하고 영등포 미화 점포에 사무실을 두고 8명이 동업을 하였다. 처음에는 잘되어 월 2만 원 이상의 수입을 올렸다. 그런데 몇몇 동료들은 여유가 있으면 술이나 여자 집엘 가자고 하여 계속할 수가 없을 것 같아 망설이던 중 한 사람이 거래처 아가씨와 작약도로 놀러 가 관계를 맺어 문제가 발생하니 동업 관계가 자연히 깨지게 되었다. 동업 관계가 깨진 후 나와 서석진, 백길선, 장동규 네 명이 지방으로 장사를 가자고 합의를 하였다. 한 사람이 각각 20만 원(금고 백 대분)을 출자하여 동업하기로 했다. 나와 서석진, 장동균은 자금이 준비되었으나 백길선이 준비되지 않았다. 나는 야박하지만 준비되지 않으면 같이 할 수 없다고 말하였다. 백길선에게 준비되면 오라고 말하고 우리 세 사람은 부산으로 갔다. 부산에 도착한 그 이튿날 백길선이 제조회사로부터 백 대분에 대한 보증을 받아 합류하게 되었다. 부산에서 팔기 시작하였으나 일주일이 지나도 다섯 대밖에 못 팔아 이곳에선 안 되겠다고 생각하여 전라도 광주로 가기로 하고 물건을 그곳으로 부쳤다. 백길선은 그곳에는 아는 사람이 있으므로 가지 않겠다고 하여 우리 세 사람만 1970년 겨울 광주로 갔다.

## 1995년 5월 1일 월요일

오늘은 노동절이다. 큰사위가 쉰다고 처와 아이들을 유치원에 데려다 주고 우리 집을 들렀다. 아내는 반가운 모양이다. 꽃게무침을 해놓고 기다렸는데 마침 아침 일찍 와서 조반을 먹으니 더욱 좋은 듯하다. 식사 후 지난 4월 27일 왔을 때 양자 문제를 이야기하려 했는데 결정 사항이 없어 다음에 말하기로 마음먹었으나 이렇게 사위를 대하니 대강은 이야기해야겠다는 생각이 들어 나의 사촌형 내외에게 양자에 관하여 이야기한 일을 말하였다. 양자 문제가 결정된다고 하더라도 너희는 전과 조금도 다를 바가 없다고 말했다. 마음먹기에 따라 부담이 될 수도 있겠지만 긍정적으로 보아 손위처남이 생겼다고 생각하고, 딸들은 오빠가 생겼다고 생각하면 좋을 수 있지 않겠냐고 말했다. 사위는 내가 기독교를 이해하고 믿었으면 하는 말을 한다. 나는 너희들의 마음을 잘 알고 있으나 너무 걱정하지 않는 것이 나를 위해서 좋겠다고 말하며 만일에 내세가 있다면 이 세상에서 한 만큼 저세상에서도 받을 것이라고 말했다. 예수를 통해서만이 구원을 얻을 수 있다는 것은 잘못된 생각이라고 말하며 어느 신학대학 교수가 기독교뿐 아니라 타 종교도 구원을 얻을 수 있다 하여 교수직을 박탈당한 예도 있고 신부 중에도 타 종교의 구원을 인정해주는 믿음을 갖은 신부들도 많아 시대에 따라 구원도 다를 수 있다고 말했다. 사위는 다른 어느 종교보다 기독교문화가 좋은 점이 가장 많다며 기독교문화가 꽃 핀 곳이 세계를 리드 하였다는 것이다. 그런 면도 없지 않다. 사위가 돌아간 후 나는 30일 일기를 쓰고 나서 누워있으니 집안사람들에게 하고 싶은 이야기가 생각난다. 인간이 중심이 되고 모든 것을 인간이 주도하여야 하는데 인간이 만들어 낸 신(神)과 재물 그리고 정치 권력과 윤리가 인간을 지배하고 인간 위에 군림하여 인간성을 말살하는 경우가 왕왕 있다. 종교도 인간이 만들어낸 신에 대한 믿음인데 그 신으로 말미암아 인간이 죽임을 당하고 종족 간에 피를 흘린 경우도 있다. 신은 약한 인간에게 힘을 주고 위안을 주는 긍정적인 면이 있는 반면 인간성을 상실하게 하는 광신적인 믿음이라는 부정적인 면도 있다. 또 건전한 사회적 발전을 저해하는 경우도 종종 있다고 말하고 싶다. 그러므로 인간의 기본 단위인 가정이 인간의 삶의 중심이 되어야 한다고 말하고 싶다. 아무리 위대한 신이라도 가정을 파괴하는 것은 진정한 신이라고 할 수 없다. 재화 또한 인간이 만들어낸 것이지만 재화가 귀신도 부릴 수 있다는 말과 같이 위력이 대단해 이로 말미암아 사람과 사람 사이의 쟁탈이 치열해지고, 형제와 자매간의 다툼이 생긴다. 근년에는 부모를 해치는 경우마저 있었다. 이것은 재화가 인간보다 우위에 있다는 생각 때문이다. 인간이 재물을 다스리지 못한 결과이다. 정치 권력도 인간이 서로의 이해관계를 조율하기 위하여 만들어낸 것이나 그로 말미암아 인간이 인간을 죽고 죽이는 전쟁도 마다치 않는다. 이것도 인간성을 상실한 경우일 것이다. 윤리 도덕도 인간이 만든 사회질서를 규율하는 것이나 오히려 이를 이용하여 위선적 행위를 일삼는 인간 이하의 행위가 행해져 인간성 상실을 불러오는 경우가 많다. 나는 그런 이야기를 집안사람에게 하고 싶었다. 그리하여 신앙으로 말미암아 나 때문에 다른 믿음을 가진 사람들이 고통을 당하는 것을 원치 않음을 말하고 싶다.

 건강이 점점 나빠지는 것 같다. 아내는 어떻게 마음을 잡을지 몰라 눈물만 흘린다. 아내와 나는 은주, 은영이는 배필을 맞아 둥지를 틀고 있어 안심되는데 은희, 은옥이가 둥지를 못 구하니 더 걱정이다. 사람이 나아서 살아가는 데에는 여러 유형이 있는데, 부부가 정이 있어 의좋게 살며, 자식들을 잘 키워 각자 보금자리를 마련해 주는 것이 제일 좋은 인생이다. 그 외에 되는대로 살다가는 인생도 있고 세상에 해악을 끼치고 가는 인생도 있고 이 세상에 공헌하고 가는 인생도 있는 것이다. 나의 인생은 어느 것일까?

## 1971년

광주 충장로 순천 여인숙에 자리를 잡고 판매를 시작했다. 첫날 6개를 파니 희망이 느껴졌다. 한 달 동안 판매 실적이 좋아 원일이 아버지가 라디오를 바꾸어 가지고 왔다. 심심하던 차 잘되었다고 했다. 그 당시 여인숙에 있기 심심하여 극장에 자주 갔다. 서울에 있는 식구들이 생각나 월말을 기해 가족들을 찾아보기로 하고 서울에 왔다. 그 사이 아내는 아이들을 데리고 신도림동으로 이사를 하였다. 우리는 식구들과 하루를 보내고 다시 광주로 내려왔다. 그 후 우리는 가족들과 광주에서 함께 살기로 하고 월산동에 방을 얻어 자취를 하였다.

## 1995년 5월 3일 수요일

큰처남 용덕이가 운전 교육을 받으러 가던 중 우리 집에 들렀다. 처남은 나의 건강을 염려하며 하나님께 구원을 얻기 위해 내가 기독교를 믿게 되길 권했다. 나는 내세를 믿지도 않지만 만일 내세가 있다면 이 세상에서 한 만큼 내세에서도 받을 것이라고 말했다. 그러나 처남은 기독교를 믿지 않는 것이 안타까운 모양이다. 기독교를 통해서만 구원을 얻을 수 있다고 굳게 믿으니 그럴 수밖에 없을 것이다. 안타깝게 그냥 돌아가는 걸 보니 내 마음도 편치 않다.

## 1995년 5월 4일 목요일

오늘은 양곡에 사시는 고모님(양할아버지의 친 따님이시다.)이 오셨다. 건강이 좋지 않다는 내 소식을 듣고 오신 것이다. 나는 여러 사람에게 염려를 끼쳐 죄송한 생각이 든다. 어떻게든 해야 하지 않겠냐며 애가 타서 말씀하신다. 나는 고모님 집안 안부를 물었다. 고모님은 큰딸 명숙의 결혼 날짜를 잡았다고 말씀하셔서 벌써 그렇게 됐냐고 말했다. 아내는 좀 더 알아보고 신중히 결정했으면 한다고 안타까워 말한다. 명숙이 과거에 관한 이야기를 확실히 하고 결혼을 해야 나중에 별 탈 없이 살아갈 수 있지 않겠냐고 아내는 말했으나 고모님은 명숙이가 말하지 말라고 해서 안 했다는 것이다. 아내는 지금이라도 늦지 않았으니 고모가 둘을 불러 놓고 이야기하시라고 말했으나 그리하실지 모르겠다. 또 고모부가 돌아가시고 상속을 큰아들에게 다 하신다고 해서 그러면 안 된다고 나와 아내는 만류하였다. 고모님이 현행법상 제일 많은 상속 지분이 있으므로 고모님이 집과 집터를 상속하시고, 논 600평은 큰아들 명의로, 밭은 작은아들 명의로 하시라고 권했다. 세상이 한마음 같다면 누구 앞으로 상속하든 다 잘될 것이나 지금 같은 세상에는 자기 것이 있지 않으면 힘이 없으므로 고모님도 집과 터를 당신 명의로 해 놓아야 한다고 말했다. 인간의 행복이 재산이 전부는 아니지만, 행복의 한 조건은 되는 것이다. 물론 아들 명의로 다 해 놓았다고 하여 탈이 생기는 것은 아니겠지만, 만일을 위하여 일부는 고모님의 명의로 해 놓으시라고 권하였으나 어떻게 하실지 모르겠다. 고모님은 너무 착하시고 세상 물정을 모르셔서 어린 자식들을 리드하고 바른길로 인도하는데 부족하신 것 같다. 세상이 모두 고모님처럼 착하고 순수하다면 얼마나 좋을까.

  사촌동생 해종이 내외가 왔다. 오랜만에 보니 반가웠다. 해종이는 강화 당숙 영순 씨의 양자로 되어있다. 나는 강화 당숙모의 근황을 묻고, 또 집안 간의 이야기가 무성한 선산 상속 문제를 물어보았다. 무성한 이야기들이 말한 사람의 본뜻과 다르게 전달되어 집안 간의 오해가 많았던 것 같다. 해종이가 양모에게 산을 팔아 달라고 했다는 말도 자초지종을 들어보니 추석에 양모와 함께 성묘하러 갔는데 양모께서 "어떤 사람이 선산을 평당 이만 원씩 팔라고 해서 파는 것이 어떻겠냐?"고 하셔서 안 팔 양으로 "오만 원에서 십만 원을 주면 판다고 말씀하시지 그러셨냐?"고 했다는 것이다. 그래도 양모께서 "산을 팔아 김포 하성으로 이사하고 싶다."라고 말씀하셔서 "산에 두 분묘가 있는데 그분들을 하성 선산에 모시자면 그냥 가는 것보단 얼마간 보답하는 의미에서 돈을 드리자."라고 말한 것이 "천만 원을 주고 묏자리를 사시라."는 의미로 와전되었다는 것이다. 또 산을 해종이 앞으로 등기하신다면서도 확실하게 하신 것 같지도 않다고 말하며 어느 날 양모가 인감증명서와 등기에 필요한 서류를 보내라고 하셨다는 것이다. 나는 양모의 뜻이 그러하다면 영종에게 모든 것을 맡기라고 말했다. 그러나 해종은 딸들에게 모두 동의를 얻어 떳떳하게 상속받고 싶다고 한다. 그러나 그것은 이상일진 몰라도 모두가 상속의 이의가 없을 수 없으므로 영종이 하는 대로 하는 것이 양어머니를 위해서나 너를 위해 좋겠다고 말했다. 이야기를 나누고 해종이 내외는 먼저 가고, 양곡 고모님과 둘째 계수씨 그리고 석준이 엄마, 명숙이와 저녁을 하였다. 모처럼 여러 식구가 둘러모여 한 식탁에서 식사하니 기분이 좋았다. 식사 후 모두 돌아갔다.

## 1995년 5월 5일 금요일

오늘은 고향에서 형제처럼 지낸 준학이 내외가 병문안을 왔다. 반가웠다. 준학이의 집안 안부를 물으니 나보다 한 살 아래인 큰누이 준숙이는 젊어서는 고생을 했지만, 지금은 살림이 괜찮다고 한다. 고천에 집터 천 평을 가지고 있으며 공장에 나가 일하며 버는 수입도 괜찮은 모양이다. 작은 매부 정기는 수위 노릇을 한다고 한다. 지난날 고향 하성에서 지내던 이야기를 하다 보니 그때 준학이 아버지는 병이 있으서 병에 좋다는 구렁이를 많이 고아 잡수셨던 것이 생각났다. 아마 간장병인 것 같았다. 부종이 있고 늘 힘을 쓰지 못하셨다. 그래서 마당 가에 약탕관을 놓으시고 구렁이를 자주 고는 것을 보았다. 준학이는 성실하게 생활하여 자식들을 잘 키운 모양이다. 큰딸은 대학교에 재학 중이고 아들 둘은 고3과 중3이라는 것이다. 김포등기소 앞에 건물도 가지고 있어 그 수입으로 자녀들을 가르친다는 것이다. 성실하게 살아 자식들을 잘 키워내니 고마운 일이다.

## 1995년 5월 6일 토요일

오늘은 은영이와 정수가 2시경에 왔다. 정수가 부쩍 자란 것 같다. 점심 후 아내는 시장에 간다고 나가고 얼마 후 안양에 사는 용석이 처남 내외가 왔다. 비싼 전복을 사가지고 오니 고맙기 그지없다. 매화리에 자주 가냐고 물으니 자주 못 들린다는 것이다. 용석이 처남은 우유 대리점을 한다. 영업은 어떠냐고 물으니 수입은 있는 것 같은데 모이지 않는다고 말한다. 배달원이 많을수록 수입도 늘어나지만, 사람들이 말썽을 부려 힘들다고 한다. 배달원은 개인영업이므로 대리점에서 별도로 월급을 주는 것은 아니다. 대리점은 그들의 수입 중 중간 마진으로 20%를 가져간다. 그러므로 배달원이 많을수록 수입이 늘어나지만 개중에는 떼어먹는 배달원도 있어 곤혹스럽다는 것이다. 나는 3일에 큰처남이 다녀갔다고 말하며 큰처남이 나에게 기독교를 믿으라고 권했다고 말했다. 내가 큰처남에게 다른 종교도 구원을 얻을 수 있다고 했던 말을 작은처남에게 말하니 작은처남은 "형님은 너무 기독교에 빠졌다."라고 말하는 것이다. 장인께서는 자손들이 제사를 지내주지 않을 것 같아 걱정하시는 것 같다고 말하니 작은처남도 그렇게 생각한다는 것이다. 그래서 큰처남을 더욱 미워하는 것 같다고 말했다. 작은처남은 형님이 지내지 않는다면 우리라도 지내면 되지 않겠냐는 것이다. 각자에 따라서는 아무것도 아닌 문제를 가지고 심각한 문제로 발전될 수도 있다는 생각이 든다. 은영이와 작은처남댁이 거실에서 얘기하고 있다. 용석이 처남이 바쁘다며 일어서는데 아내가 없다. 나는 몰랐는데 은영이 말로는 아내가 수산시장에 갔다는 것이다. 아내가 언제 올지 몰라서 간다는 용석이 처남을 말리지 못하고 보냈다. 그리고 곧 둘째처제 내외와 막내 처남 내 그리고 딸 경진이가 왔다. 장인의 안부를 물으니 요즘 약주를 자주 해서 실수를 많이 한다는 것이다. 큰처남이 왔을 때 아내가 장인어른께서 마나님을 얻고 싶어 하신다니 얻어드리는 것이 어떻겠냐는 의견을 말했으나 장인어른이 분별력이 없어 지금은 어쩔 수 없이 그대로 사실 수밖에 없다는 큰처남 말에 동의할 수밖에 없었다. 나는 용훈이 처남에게 시의원으로 출마한다던데 사실이냐고 묻고 내 생각에는 출마하지 않는 것이 좋겠지만 이왕 출마하였으니 최선을 다하라고 말했다. 나는 무엇보다도 우애 있는 동기간이 되었으면 하는 바람에서 종교, 문화, 경제 수준, 의식 수준이나 교육 수준이 다르더라도 상대방을 이해하고 긍정적으로 보며 간섭하지 않고 지나친 권유를 하지 말며, 원망하지 않고 지내면 좋겠다고 말했다. 그리고 어려운 형편에 있는 동기간을 형편이 나은 동기가 돕지 않으면 안 될 것이라는 말도 했다. 하지만 돕지 않는다고 하여 동기간을 원망해서는 안 된다고 했다. 막내처남이 아버지가 혼자 집에 계셔 가야 한다고 하여 아내는 급히 저녁을 했다. 모두 한자리에서 식사를 하니 기분이 좋다. 저녁 후 곧 돌아들 갔다. 오늘 낮에는 막내 식구가 아내의 생일 선물로 블라우스를 사가지고 왔다. 나는 막내 사업이 궁금하여 물으니 삼자가 각기 돈 댄 만큼 나누어 갖기로 했다고 하니 잘되었다고 생각했다.

### 1995년 5월 7일 일요일

오늘은 막내이모님이 오셨다. 내가 찾아뵈어야 하는데 오시게 되니 민망하다. 이모님도 걱정이 많으시다. 외아들 재덕이가 사글셋방을 살고 있는데 절약하지 않고 분수에 넘치는 생활을 한다고 하시며 손자도 집에서 먹는 것보다 나가서 사 먹는 것이 더 많다는 것이다. 중3이라는데 너무 철이 없다고 하신다. 나는 본인들이 분수에 맞게 절약하며 살아야 다른 사람들의 도움을 받을 수도 있다고 말했으나 공연한 얘기를 한 것 같은 생각이 든다. 이모님이 돌아가시고 조금 후 누님 내외가 교회에 갔다가 병문안을 오셨다. 나는 걱정을 끼쳐 죄송한 생각이 든다. 누님 내외는 오셔서 곧 하느님께 기도를 드린다. 나의 병이 쾌유하기를 기원하시는 것 같다. 매형은 나에게 섭취 생활을 잘하여야 한다며 밥을 먹을 때 오래오래 씹어 먹으라고 권한다. 더불어 나중에는 여하튼 신앙에 의지하는 것이 좋다고 말씀하신다. 나는 종교 문제로 매형과 다투기 싫어 아무 말도 하지 않았다. 집으로 가신다며 나가시기에 나는 배웅하러 집 밖으로 나갔다. 누님은 나의 건강이 안타까우신지 손을 잡고 건강을 회복하라고 하신다. 은영이 내외와 은희, 은옥이는 은주네 식구가 오기를 기다린다. 어제가 아내의 생일인데 오늘 모임을 하기로 한 모양이다. 나는 이번에는 무엇이라도 해주고 싶었는데 힘이 없어 다니지 못해 포기하고 말았다. 오후 늦게 은주네가 왔다. 은영이가 불만스러운 모양이다. 은주가 시집에 다녀오느라고 늦은 모양이다. 나는 잘했다고 마음속으로 생각했다. 저녁 식사 후 온 식구가 모여 생일 축하 케이크를 자르고 사진도 찍었다. 딸과 사위들의 기원하는 편지도 받았고 큰 손자 태환이의 기원의 편지도 받았다. 모두 고맙다. 저녁에 저희 집으로 간다는 것을 나는 말리지 않았다.

# 어머니 생신날 풍경

▲ 셋째사위가 그린 아버지와 어머니의 초상화

아버님 어머님께 ;

  제가 옥씨 집안과 인연을 맺어 한 가족으로 지낸지도 어느덧 칠년이란 세월이 지났읍니다.
  그동안 제가 느낀 가장 큰 점은 참으로 화목한 가정이라는 점입니다. 그것은 서로 이해하고 서로 조금씩 양보하는 데서 이룩어진 것입니다. 그리고 그것은 희생으로 집안을 보호하고 보살피는 부모님의 강한 울타리와 부모에게 순종하는 착한 양과 같은 딸들이 만들어 내는 아름다운 음악 입니다. 저도 그 중의 한 파트를 맡아 좀 더 아름다운 소리를 내게하고 더 생동감 넘치는 음악을 만들고 싶읍니다.
  그음들이 서로의 소리로 화음을 맞추기도 하고 한 소리로 큰 음을 만들기도 하듯이 서로 어울려 조화를 이루는 부분도 있고 서로 한 뜻 한 마음을 가지고 강한 힘을 발휘하는 부분도 있었으면 하는 것이 저의 소망입니다.
  그리고 그 음하나 하나가 소중하듯이 부모님과 식구 모두의 영혼이 잘 되기를 두손 모아 기도합니다.

                    1995. 5. 7. 큰사위 올림.

사랑하는 아버지 어머니 항상 건강하실줄 알았더니 자식 키우시고 집안 세우시며 고생하시다 보니 세월이 흘러 이제 연세가 드셨다는 신호를 하시는군요.
이제 자식 걱정, 집안 걱정 보다는 본인들의 건강을 먼저 생각 하세요. 저희들이 좀더 많은 효도를 할 기회를 주셔야 하고요.
항상 부족한 맏 딸이라 아빠 엄마에게 죄송한 마음 뿐입니다. 항상 건강하시고, 저희에게 아직도 주셔야 할 것이 많이 있으니 오래 오래 사셔야 해요.

맏딸 올림

사랑하는 할아버지와 할머니 항상 오래 오래 사세요

태한 올림

### Flowery Arrangement
On a table left as it is, there is a glass.
A letter paper pad is turning pages by itself in gentle breeze.
Time pasts as if nothing has happened.

사랑하는 부모님께.

여러가지의 예쁜 지혜를 보여주는 손주들의
귀여움을 통해서, 항상 부모님을 생각하며 돌아볼수
있는 딸들과 사위들을 통해서. 그것이 힘이되어
어머님과 아버님의 건강이 회복될수 있었으면 합니다.
저희들 항상 부모님의 크신 은혜를 되색이며
착하신 자식들로서 돌아주겠습니다.

아버님! 항상 근엄한 마음으로 성화를 이룰수 있는
아버님의 모습을 저희들께 보여주셨으면 합니다.
저희들 또한 아버님과 노력하겠습니다.

어머님. 집안의 슬픔보다 항상 웃음을 여겨내시길
바랍니다. 어머님이 힘이 되어주시지 못해 최송스러
움도 금할길 없습니다. 어머님께 힘을 드릴수 있는
자식들을 위해 노력하겠습니다.

아버님 어머님 저희는 항상 당신들을 사랑하는
자식들로서 항상 곁에서 ♡미코랜시 함께 하겠습니다.

## Flowery Arrangement
On a table left as it is, there is a glass.
A letter paper pad is turning pages by inch in gentle breeze.
Time pasts as if nothing has happened.

어떤 특별한 날에만 이렇게 글을 올립니다.
미혼의 시절을 마지막으로, 지금 처음 글을 올리는 것 같습니다. 학창시절 부터 지금까지 항상 부모님의 사랑에 감사드립니다. 이제 저또한 한자식의 엄마가 되었습니다. 이렇게 부모의 길을 걸어가게 되니 부모님의 은혜가 무엇인지 이제야 알 것 같습니다. 그 끝 없는 한없는 은혜에 뭐라 감사드려야 할지 모르겠습니다. 감사합니다.
아버님의 건강, 우리가족 모두의 제일의 소망입니다. 굳굳한 마음과 큰 희망으로 어서 빨리 건강을 되찾으시길 바랍니다. 그래서 손주들과 함께 여행도 가시고 두분이 오붓한 시간도 보내실 수 있길 기원합니다. 어머님 아직 막막하신 일들 많은 것들이나마 조금씩 의지해 주세요. 너무 엄마 혼자 안고 계시는 것을 보기가 안타깝고 송구스럽고 합니다. 어머님 아버님, 저희들을 서로사랑하니까 미크앤시 사랑 변할 수 없는 그런 딸들로 키워주셔서 정말 감사합니다.        둘째 사위 딸 올림

### Flowery Arrangement
On a table left as it is, there is a glass.
A letter paper pad is turning pages by itself in gentle breeze.
Time pasts as if nothing has happened.

사랑하는 아빠 엄마에게

창문을 통해 들어오는 봄바람이 상큼하게 느껴지고 햇볕은 제법 따가워 졌습니다.

화창한 봄햇볕처럼 빨리 건강해 지시기 바랍니다.

성숙한 어른이 되어 부모님을 감싸드려야 할 나이인데도 아직은 응석받이 딸에 불과함에 죄송스럽습니다.

요즘 용감하고 꿋꿋하게 지내시는 아빠의 모습에 너무 감사합니다. 저도 몸도 마음도 건강하고 꿋꿋하게 살아가는 용감한 딸이 될께요. 그래도 아직은 아빠 엄마의 그늘이 좋습니다. 오랫동안 우리들의 그늘이 되어 주세요. 아빠 엄마! 저희들 걱정은 접어 두시고요 용기를 내서서 하루 빨리 건강해 지시기 바랍니다. 사랑해요! 아빠 엄마.

참 엄마 생일 축하합니다.

철부지 셋째 딸 올림

미코펜시 1995년 5월 7일

138 · 나의 모순 속에서 사회와 문중을 생각하며

*Flowery Arrangement*

On a table left as it is, there is a glass.
A letter paper pad is turning pages by itself in gentle breeze.
Time pasts as if nothing has happened.

제 나이 벌써 25세. 이렇게 자랄수 있도록 많은
수고로 키워주신 아버지 어머니 감사합니다.
두분의 애쓰심과 보살핌에 비해 제가 너무나 부족한
것 같아 가끔 죄송스런 마음이 생깁니다.
두분의 슬하에서 큰 보살핌으로 만 살아 아직도
어리숙한 막내딸이지만 두분의 사랑에 감사할줄
아는 그런 마음을 가졌읍니다. 어쩜 이것이 두분에게
받은 가장 소중한 선물이란 생각이 듭니다.
아버지 어머니의 강인하고 바른 정신력과 생활태도
들 저희모두는 존경합니다.
지금 이순간 까지 두분이 함께 저희들 곁에 있어주신
것만으로 깊이 감사드리며 앞으로 오래오래동안 저희
들 곁에서 지켜봐주시고 효도 받으셔요.
아버지 어머니 건강하셔요.     1995년 5월 7일 은옥올림

### 1995년 5월 8일 월요일

아침 식사 후 최 내과를 갔다. 링거 주사를 맞는 동안 아내와 나는 세상 이야기를 하는데 간호사가 두 분은 대화가 많은 모양이라고 말하니 우리는 웃었다. 실은 그렇지도 않은데 여하튼 기분은 좋다. 3일 치 약을 받아 오는데 걸음이 가벼우니 아내는 좋은 모양이다. 힘 있게 걷는다고 즐거워한다. 점심 식사하는데 막내가 전화를 했다. 하성에 가자는 것이다. 나는 매화리를 가라고 권했다. 살아계시는 분을 한 번이라도 더 뵙는 것이 의미 있다고 생각한다. 그래서 전화해보라고 하였다. 그러나 아내는 매화리로 전화해서 못 간다고 전하고 하성에 간다며 나갔다. 하성에 간 아내는 예상외로 일찍 돌아왔다. 아내는 하성 선산에 가서 실컷 울려 하였으나 그것도 그리되지 못한 모양이다. 큰어머니가 아범이 더 아프냐고 물으셨다는 것이다.

### 1995년 5월 9일 화요일

아침에 밀린 일기를 쓰는데 두 시간 동안 말을 하고 나니 힘이 쪽 빠지는 것이 안 되겠다는 생각이 들어 그만두었다.

## 1971년

광주시는 전라남도 도청 소재지로 무등산에서 발원하는 광주천과 극락천이 합쳐진 영산강이 흐르는 분지에 있는 도시이다. 남동쪽은 산악지대이고 서북쪽으론 평야를 이루고 있는 도시이다. 그 당시에는 충장로가 제일 번화한 거리였다. 우리는 광주와 목포, 여수, 순천 등 전라남도 중요도시에 금고를 일수로 팔고 10일 간격으로 수금을 하였다. 대체로 잘되는 편이어서 식구들을 광주로 데려왔다. 월산동에 방과 부엌이 하나씩 있는 전세를 얻어 살았다. 광주는 주위 어촌과 농촌에서 들어오는 먹을거리가 많아 생활하기 대단히 좋았다. 더욱이 채소나 해산물이 싸고 풍부하여 살기는 좋았다. 그리하여 그때에는 사기 힘든 선풍기를 구입하고 양복도 해 입었다. 그러던 중 서울 목동 집 농사가 폐농이 되고 끼니를 해먹을 사람이 없어 다시 목동 집으로 돌아가야 한다고 마음먹게 되었다. 때늦은 비가 많이 와서 논이 물에 잠겨 벼가 여물지 않아 수확이 적었다. 한 곳은 주위 논들이 연탄재로 메워 썩은 물이 들어와 농사를 망치게 되었다. 당시 아내는 만삭이었다. 우리는 광주 사업을 친구인 백병구에게 인계하기로 하고 카드와 남아 있는 금고를 넘겨주었다. 12월 3일 은옥이가 태어났다. 주희네 어머니가 아내의 첫 국밥을 지어주어 고마웠다. 나는 태를 어떻게 하나 고민하던 중 옛날 군생활 때 상무대 외곽에 있는 광주천이 생각나 그곳으로 가서 버렸다. 3.7일이 지나 서울로 짐을 부치고 가족과 함께 광주역에서 특급열차를 탔으나 불행히도 우리 좌석이 있는 칸의 스팀장치가 고장나 방한이 안 되는 것이다. 아기와 산모가 추위에 떠니 더욱 안타까웠다. 그러나 무사히 목동 집으로 왔다.

71년 초여름에 관광을 겸하여 금고를 판다고 제주도로 가기로 했다. 금고 30대를 붙이고 세 사람이 목포에서 연락선을 탔다. 처음 타보는 3층까지 있는 큰 배였다. 우리는 특실 2층에 탔다. 배는 목포에서 출발하여 신한 앞바다의 아름다운 섬들을 돌아 완도에 도착하여 잠시 머물다 다시 출발하니 또다시 아름다운 섬을 돌고 돌아 추자도 앞바다를 지나니 망망대해이다. 제주도가 보인다는 말을 듣고 우리는 갑판 위에 올라가 보니 바다 위에 조그만 산이 떠 있는 것 같아 보였다. 그것이 제주도였다. 나는 실감이 나지 않았다. 배가 다가가면서 산이 커지고 나중에는 배가 산속으로 들어가고 만 것처럼 느껴졌다.

이곳 사람들은 전부 서울 표준말을 쓰고 있었다. 우리는 이튿날 일찍이 가구점을 찾았다. 금고를 가구점에 팔 수 있으면 팔고 안 되면 일수로 파는 수밖에 없어 먼저 가구점을 찾아간 것이다. 가구점에 물건을 개당 200원씩 남기고 모두 넘겼다. 그 후 우리는 서귀포로 가는 버스를 탔다. 버스는 5.16도로를 지나갔다. 5.16도로는 박정희 정권이 깡패들을 붙잡아다 부역을 시켜 건설한 도로이다. 제주시에서 한라산 중턱을 넘어 서귀포를 잇는 길이다. 버스가 800고지 있는 곳에 잠시 쉬어 남쪽 내리막길로 접어드니 감귤나무가 많이 보인다. 넓지 않은 감귤밭에 조그마한 돌울타리가 둘러쳐 있다. 우리는 서귀포시에서 천지연폭포로 갔으나 가물어 물이 거의 없었고 사람도 없었다. 그나마 나무가 무성하고 물이 조금 있어 사진 몇 장을 찍었다. 개천은 농업용수로 이용하기 때문에 폭포의 물이 전혀 없는 것이다. 빈 벽만 사진에 담을 수밖에 없었다. 광주로 돌아와 해남으로 물건을 팔러 갔다. 해남에서 물건이 잘 팔려 일찍 일을 마치고 두륜산 대흥사를 찾았다. 대흥사로 가는 길은 비자나무가 무성하게 뒤덮어 아름다웠다. 대흥사에 이르니 절이 외진 곳이라 국보급 문화재가 많았다. 언젠가 다시 한번 대흥사에 오고 싶은 생각이 들 정도였다. 내장산 백양사는 11월 말에 찾아갔었다. 절정의 단풍으로 물든 산하가 불타는 듯 매우 아름다웠다.

▲ 대전에서 살 때 아버지는 동료들과 가족을 데리고 야유회를 가곤 했다. 당시 원일이네와 우리 가족이 한 지붕 아래서 살았다. ㄱ자 모양의 집이었던 것으로 기억한다. 오른쪽 큰 방은(그곳은 다락도 있었다.) 우리 가족이 썼고 가운데 방은 인철이 아저씨 등이 왼쪽 꺾인 위치에 있는 방은 원일이네가 사용했다. 공동으로 구입한 거지만 처음으로 우리 집이 생겼다. 마당도 넓었고 큰 은행나무와 우물이 있었던 것으로 기억한다. 어머니는 그 은행나무를 좋아하셨다고 한다. 두 분은 대전에 살 때를 가장 행복했던 시절이었다고 회상하셨다.

▲ 1971년 광주. 큰언니는 일곱 살, 작은언니는 여섯 살, 나는 세 살이었다. 사진 속엔 없지만, 막내는 광주에서 태어났고 이때 한 살이었다. 아래 사진에서 큰언니가 입은 옷을 위 사진에선 내가 입고 있고, 143쪽 사진에선 작은언니가 입고 있다.

# 1971년 제주도, 34세의 아버지

▲ 아버지와 동규 아저씨(1971. 34세)

▲ 아버지와 석진 아저씨

▲ 1971년 초여름 아버지는 친구 두 명과 함께 금고도 팔고 여행도 할 겸 제주도를 찾았다. 금고 30대를 가구점에 모두 파셨다. 그리고 제주도 여행을 시작하셨다. 제주도 여행 이후 해남 두륜산 대흥사, 내장산 백양사 등을 여행하셨다. 특히 두륜산 대흥사를 언젠가 다시 가고 싶은 곳으로 꼽으셨다.

▲ 제주도 – 어머니와 큰언니네 가족, 작은언니네 가족, 그리고 은옥이네 가족이 함께한 여행

## 2024년 다시 찾은 제주도

# 1972년

　광주에서 목동 집으로 들어와 보니 농사는 폐농이 되어 겨울날 식량도 부족했다. 그래서 우리 논을 폐농시킨 이웃에게 손해배상을 청구했다. 대가로 쌀 두 가마를 배상받았다. 그리고 쌀 세 가마를 사 겨울 양식을 준비하고 장사를 계속하기로 했다. 인천구역을 맡아 원일네와 주희네가 인천으로 이사를 했다. 그러나 겨울이 되어 그런지 장사가 잘 안돼서 적자를 보았다. 그리하여 다른 업자에게 인천을 인계하고 그 업자 밑에서 수당을 받는 사원으로 들어갔다. 그러나 그것도 여의치 않아 원일이 아버지와 의논한 결과 대전으로 가기로 했다. 대전에 갈 때 넷째인 화종이를 데리고 갔다. 나와 원일이 아버지는 팔고 화종이는 수금을 하였다. 우리 셋은 대전역 근처에 여인숙을 얻어 하숙하였다. 여인숙은 신축 건물이라 깨끗하고 좋았으나 주인 내외가 싸움을 자주 하고 역 근처라 풍기가 좋지 않았다. 그래서 우리는 서둘러 셋방을 얻었다. 대전 신흥동에 대지가 넓은 방 셋을 세놓은 집이 있어 그곳을 얻었다. 방 하나는 우리가 또 다른 방은 원일네가 그리고 나머지 방 하나는 종업원과 금고를 둘 수 있는 방으로 사용하기로 했다. 그리하여 여인숙에서 구한 인철이, 여무사, 주호 세 사람과 같이 이사를 하였다. 장사는 그런대로 잘되는 편이었다. 그러나 넷째인 화종이는 수금하는 것을 삭히지 못하고 그만둔다고 하여 목동 집으로 돌아갔다. 그 후 수금은 내가 하게 되었다. 그 당시 종업원이 많이 모여 칠팔 명이 되었다. 한번은 유태호라는 사람이 와서 일하겠다고 하여 함께 일하게 되었다. 그는 싹싹하게 굴어 하루에 금고를 네 대에서 다섯 대씩 팔았다. 어느 날 대구에 가족이 있는데 데려오려 해도 방이 없어 못 데려온다고 하여 우리가 방 보증금을 대줘 방을 얻게 했다. 그러나 그 이튿날부터 나오지 않아 이상히 생각하여 찾아가 보았으나 이미 보증금을 찾아 달아난 후였다. 우리가 사기를 당한 것이다.
　인철이는 건실하고 규모 있게 살림을 하여 점차 돈을 모아나갔다. 원일 아버지는 대전에 있는 신학대학에 들어간 동생의 한 학기 등록금을 대주느라 힘이 드는 모양이었다. 자주 술을 먹고 신세타령을 하며 주사를 부리는 것이다. 대전에서 장사를 잘한다는 소문이 났는지 전에 알고 지내던 사람들이 찾아와 일을 같이하자고 한다. 우리는 그 사람들에게 도움을 받을 수 없는 것을 알고 적당히 대접하여 보냈다.

우리에게 물건을 대주는 중앙상사가 금명실업으로 바뀌었다. 우리는 금고 한 개에 2,000원에 계약했으나 끝날 때는 개당 100원씩 할인하여 주기로 구두계약을 하였다. 대전에서 사업은 그런대로 잘되는 편이었다. 그리하여 판매범위가 대전을 비롯하여 군산, 이리, 공주, 부여, 논산, 천안, 옥천, 영동, 김천, 구미, 대구까지 상주, 점천, 예천, 안동, 영주, 제천, 충주, 청주, 조치원 등에 판매하였다. 수금은 10일에 한 번씩 하기로 하고 구역을 나누어 수금하였다. 부여, 논산을 하루하고 군산, 이리를, 천안, 남주, 조치원을, 금산, 옥천을, 대구, 구미, 김천, 영동을, 상주, 점천, 예천, 안동, 영주를, 제천, 충주, 청주를, 유성, 대전을, 보은, 대전을 하루씩 수금하여 돌아오곤 했다.

대전에서 우리 가족들은 보문산, 계룡산 동학사, 속리산 법주사, 금강 유원지 등으로 야회 놀이를 다녔다. 대전에서는 가족들과 자주 다니는 편이었다. 속리산 법주사로 놀러 갈 때는 가족들과 종업원이 모두 함께 갔다. 석유곤로와 식사 식기를 갖고 속리산 법주사 내의 개울가에서 밥을 해 먹어가며 놀았다. 모두 즐겁게 놀았다. 법주사 내에는 쌍사자석등, 석련지 팔상전 등 국보급 유물이 많았다. 속리산은 수려하고 아름다웠다. 돌아오는 길에 차편이 없어 택시를 이용하였다. 아이들과 여자들은(10명) 택시 한 대에 합승하여 보내고, 남자들은 밤늦게 버스를 이용하여 돌아왔다. 보문산에는 카메라를 빌려 원일네와 함께 갔다. 아이들이 노래도 하고, 춤도 추었다. 한번은 종업원들과 무주구천동으로 여행을 갔다. 무주구천동에서 해발 1,570m인 덕유산 정상까지 등반하는데 처음에는 더워서 러닝 바람으로 오르기 시작하였다. 세시 경에 정상에 도착하니 날씨가 갑자기 추워지며 구름이 몰려들고 우박이 내리는 것이다. 의지할 곳을 찾았으나 의지할 만한 곳이 없었다. 동료들이 빨리 하산해야 한다며 뛰기 시작하여 두 시간 안에 뛰어 하산하였다. 내려와 보니 구두 굽이 나가 있었다. 소낙비를 맞은 우리는 몸이 떨리고 추워서 한 민박집에 들러 모닥불을 피워놓고 옷을 말리고 몸을 녹였다. 저녁 식사 후 잠을 자는데 장작불을 피워 방이 뜨거운데도 더운 줄도 모르고 잤다. 이튿날 골짜기에 나가니 시원한 물이 개천에 넘쳐흐르고 있었다. 우리는 바위 바닥에 앉아 햇볕을 쬔 뒤 물에 들어갔으나 물이 너무 차가워 일 분을 기다리기가 힘들었다. 저녁에 여관을 찾아 방을 구하였으나 방이 없어 여관 안방에서 자게 되었다. 안방은 많은 식구 밥을 하여 대단히 뜨거웠으나 더운 줄도 모르고 잤다. 여름 피서지로는 이곳 무주구천동이 최고라는 생각이 든다.

가족들과 계룡산으로 피서를 갔다. 계룡산 계곡물은 대단히 깨끗했다. 동학사에서 약 1km 올라가서 계곡에 자리 잡고 물속에서 목욕도 하고 과일도 먹고 하루를 즐겼다. 아이들은 매우 즐거워했다. 계룡산은 장닭의 볏과 같은 형상을 하고 있다고 하여 계룡산이라 부른다. 계룡산에는 암자가 많았고 곳곳에 무속신앙인들이 기거하고 있었다. 계룡산에는 큰절 갑사와 동학사가 있다. 우리는 저녁 늦게 집에 돌아왔다.

또 하루는 금강유원지로 놀이를 갔다. 금강유원지에서 수영도 하고 춤도 추고 놀았다. 금강유원지는 경부고속도로 중간의 충북 옥천군 동이면에 있는 금강 상류로 아름다운 곳이다. 수원(水源)이 풍부하여 민물고기도 많다.

대전에는 주변에 과수원이 많아 과일이 풍부하여 철 따라 대단히 쌌다. 딸기를 시작하여 토마토, 참외, 수박 그리고 포도, 복숭아, 감, 밤 등이 풍성하여 제철에는 우리도 많이 사 먹을 수 있었다. 또한 주위에 강과 내가 많아 민물고기도 풍부하였다. 여제연과 인철이 주호 등은 자주 민물고기를 잡아 매운탕을 해 먹었다. 특히 포도는 생산이 많아 제철에는 대단히 쌌다. 그러나 나오는 기간이 짧았다.

▲ 원일이 아버지(서석진), 인철이 아저씨, 여 씨 아저씨 등 동료들과 함께(무주구천동) - 선글라스를 끼고 있는 분이 인철이 아저씨이고 민소매 티를 입고 있는 분이 여 씨 아저씨이다. 아버지는 동료들과 무주구천동에 있는 덕유산을 등반하다 정상에서 소나기를 만나 급히 하산하셨다. 어찌나 급히 하산했는지 내려와 보니 구두 굽이 나가고 없었다고 한다.

▲ 우리 가족과 원일이네 가족이 함께 간 보문사

▲ 속리산 단체 사진

▲ 속리산에서 아버지는 기념품으로 큰언니와 작은언니 그리고 나에게 목걸이를 하나씩 사주셨다. 네 살쯤 되는 나이였는데도 어슴푸레 기억난다. 그 나이에 기억이 남을 만큼 좋았던 것 같다.

▲ 계룡산 동학사 - 계단 위에서부터 작은언니, 큰언니, 나(뒤), 원일이, 원이, 막내(앞)

▲ 금강 유원지. 막내는 과일을 좋아해 겨울철엔 손이 노랗도록 귤을 먹었다. 아버지의 일기를 보면 대전에 살 때가 경제적으로 가장 풍족하게 산 시절이었다. 그러나 아버지는 장남이었기에 할머니가 계시는 목동 집에 어려움이 생길 때마다 하던 일을 접고 서울로 올라가곤 하셨다. 아버지가 모질게 마음먹고 대전에서 계속 살았다면 우리들의 삶은 어떻게 변했을까. 적어도 아버지는 지금보다 편안한 인생을 사셨을 것 같다. 아버지는 가족만 생각하고 가문을 생각하지 않는 것은 올바른 인간의 삶이 아니라고 여기셨다. 그런데 돌아가실 무렵 어머니에게 "나는 나 혼자 살았다면 지금보다 더 잘 살았을 것"이라고 말씀하셨다고 한다. 아버지의 말씀은 그렇게 살지 않은 것을 후회해서 하셨다기보다는 아버지의 진정성이 할머니나 작은아버지들에게 가닿지 않은 것 같아 서운해서 하신 말씀일 것이다.

# 1973년

1973년 2월 18일 할머니께서 돌아가셨다. 할머니께서는 김포군 검단면에서 나서 하성면 양택리 우리 할아버지이신 유창순께로 시집오셨다. 어려운 살림에다 전처소생까지 있어 고생을 많이 하셨다. 할머니께서는 우리 아버지이신 금룡과 작은아버지이신 선길을 낳으셨고, 금룡(아버지), 선길(작은아버지), 그리고 전처소생인 성룡(큰아버지) 삼 형제를 키우시느라 밤낮을 가리지 않고 일하셨다. 마음이 착하셔서 누구에게나 친절하셨으며, 야단을 치지 않았고, 그러한 성품 때문에 주위 사람들로부터 사랑을 받으셨다. 6·25 때 아들인 나의 아버지와 헤어지셔서 마음의 상처를 받으시고, 아버지가 돌아오시기를 늘 염원하며 한평생 아버지를 그리워하며 사셨다. 아흔이 넘어서부터는 치매가 있으셔 여러 가지 일들에 있어 앞뒤가 맞지 않는 일을 하시기도 하셨다. 72년 목동 집에서 하성 작은아버지께로 데려다 달라고 하셔 모셔다드렸다. 그러나 또다시 목동에 오시겠다고 보채셨으나 좀 더 그곳에 계시라고 하였다. 73년 구정에 작은아버지 댁에 들렀는데 작은아버지께서는 할머니를 모셔가야 하지 않겠냐는 말씀 하셨지만, 나는 내가 자리를 잡으면 할머니를 모셔가겠다고 말씀드리고 돌아오는데 마음이 좋지 않았다. 그 후 며칠이 지나지 않아 할머니께서 돌아가셨다는 부음을 받았다. 회사에서 받은 돈 5만 원과 약간의 여비를 가지고 할머니가 계신 곳으로 갔다. 당시 할머니 연세가 92세로 장수는 하셨지만 아쉬운 점이 많다. 그때 모셨더라면 좋았을 것을…. 그것 또한 한이 된다. 고향에서는 호상이라 하여 모두 즐거워하며 노제도 지내고 화려하게 장례를 치렀다. 그러나 할머니의 본관을 몰라 호적에 있는 데로 경주최씨로 하여 장례를 지내니 우리의 무지함을 부끄러워하지 않을 수 없다. 장례는 경제적 어려움 없이 치렀다. 5만 원을 가지고 거의 장례를 치를 수 있었다. 사촌형과 동네 부조금은 작은아버지를 드렸다. 집안사람들이 다 만족해했다.

1973년 3월에 큰딸 은주가 초등학교에 입학하였다. 아내는 학교 뒷바라지에 정성을 쏟았다. 초등학교 1학년과 2학년 때 대전일보 미술대회에서 특선과 입선을 해 아내를 기쁘게 해주었다. 미술에는 소질이 있는 것 같았으나 뒷바라지를 해줄 수가 없었다. 한해 늦게 들어가 그런지 반에서 대체로 큰 편이었다. 학교에서 예비군 훈련 중 은주를 보아도 의젓해 보였다. 은영이가 언니가 공부하는 것을 보고 앞서 나간다. 담임선생님도 은주에게 관심 있게 잘해주는 것 같았다. 다음 해 은영이도 신흥초등학교에 입학하였다. 은영이는 대체로 성적이 좋았다. 그러던 중 유신헌법을(1972, 10) 국민투표에 부치는 일이 있었다. 나는 그러한 헌법이 국민투표라는 이름으로 결정할 수 있는 것인지 이상히 여겼다. 유신헌법엔 대통령을 국민이 직접 뽑지 않고 통일 주체 국민회의 대의원들이 뽑도록 하는 내용이 들어 있었다.

▲ 큰언니는 초등학교 때 대전일보사에서 주최하는 그리기 대회에서 상을 받았다.

그림에 재주가 있었지만, 아버지와 어머니는 가게 형편상 뒷바라지를 못 했다. 부모님도 안타까워했고, 언니 본인도 그러했을 것이다.

어머니는 초등학교 1학년부터 4학년까지 우등상장을 받으셨다. 할아버지와 할머니는 맏이인 어머니를 초등학교에 보내지 않으려고 했으나, 어머니 홀로 학교를 찾아가 입학을 했고 졸업까지 할 수 있었다. 할머니를 도와 집안일을 해야 했기에 학업에 집중할 수 없었던 어머니는 5학년 때부터는 내용이 어려워지면서 상장을 받을 수 없었다고 한다. 중학교에 가서 교복을 입어보고 싶었으나 집안 형편으로 초등학교 졸업으로 만족해야 했다. 어려운 형편에도 우리 네 자매를 모두 대학까지 가르쳤던 것은 그런 한(恨)이 있었기 때문일 것이다.

아버지는 6·25사변 당시 할아버지를 잃고 학업을 지속할 수 없어 초등학교 졸업장도 받지 못했다. 추후 중학교 속성과정에서 영어와 한자를 학습했다고 한다. 아버지는 우리 자매가 공부를 잘하길 바라면서 동시에 문화적 소양을 갖추길 바라셨다. 그래서 어려운 형편에도 동화전집과 단편소설전집, 그리고 당시 직장인의 2개월의 월급에 해당하는 동아 백과사전을 구입해 주셨다.

## 상 장

그리기부 특선  신흥국민학교 1학년
 유 은 주

위 사람은 본사가 주최한 제12회 어린이 예능대회에서 그 성적이 위와같이 우수하였기 이에 상장을 드림

1973년 5월 5일

대전일보사 사장 남 정 섭

## 상 장

그리기부 입선  신흥국민학교 2학년
 유 은 주

위 어린이는 본사가 주최한 제13회 어린이 예능대회에서 그 성적이 위와같이 우수하였기 이에 상장을 드립니다

1974년 5월 5일

충남일보사 사장 남 정 섭

우등상장

제 3 학년 김성순

이 사람은 마음이 바르고 행실이 착하며
모든 공부를 남보다 뛰어나게 잘하여 다른
사람의 모범이 될만 하므로 이 상장을 줌

단기 4285년 3월 28일

도랑국민학교


우등상장

제 4 학년 金貞順

이 사람은 마음이 바르고 행실이 착하며
모든 공부를 남보다 뛰어나게 잘하여 다른
사람의 모범이 될만 하므로 이 상장을 줌

단기 4286년 3월 28일

도랑국민학교

▲ 그린상사 야유회에서 게임을 하는 아버지와 어머니

▲ 그린상사 야유회 - 아버지 옆에 사촌 은혜 언니가 있다.

장사도 그런대로 잘되던 중 우리가 세 든 집의 집주인이 바뀌었다. 그런데 새 주인아줌마가 정신이상이 있어 아내를 괴롭히는 것이었다. 김치 광에 열쇠를 채워 놓고 아내가 김치를 훔쳐 갔다고 억지를 쓰는 것이다. 그리하여 싸움이 있어 나는 내 집을 사야겠다고 마음먹었다. 이모 댁에서 40만 원과 어머니에게 20만 원, 회사 한 달 송금액 20만 원, 우리 돈 30만 원과 원일네 10만 원을 모아 총 122만 5천 원에 대국 37번지 38평과 지의 건평 20평 되는 집을 샀다. 처음으로 내 집을 마련하니 마음이 뿌듯했다. 아이들도 기를 펴고 마음대로 노래도 하고 떠들며 놀아 좋았다. 우리는 다락방이 붙은 안방에서 살고 중간 방은 사무실로 사용하고 별채는 원일네가 살았다. 마음 놓고 떠들고 늦게 술을 먹고 들어와도 마음이 놓였다. 아내가 대단히 좋은 모양이다. 변소 가에는 은행나무 한 그루가 있었는데 대단히 잘생긴 나무라 아내는 그 나무를 좋아했다. 우리 가족과 원일네 가족은 마음이 편안하여 아이들과 노래도 하고 잘 지내던 중 은영이가 원일이를 못살게 굴자 원일 어머니가 섭섭해하는 것이다. 하루는 아내와 원일 어머니가 다투었다. 나는 발을 씻다가 아내에게 그만두지 못하겠냐고 야단을 쳤다. 그러나 우리 두 집은 별 감정 상하지 않고 원만히 지낼 수 있었다. 우리 두 내외에게는 그때가 가장 행복한 시절이 아니었나 하는 생각이 든다. 은주, 은영, 은희가 대동초등학교에 다니고 아내는 부업을 하면서 신이 나는 모양이다. 집을 살 때 빌린 돈 일부를 갚으니 경제적으로도 궁핍하지 않았다. 결혼 생활 십여 년 동안 단칸방에서만 살아 부부간의 성생활도 만족하지 못했으나 단칸방이라도 내 집에다 다락방이 있어서 나와 아내는 다락방에서 잠자리를 가지니 마음 놓고 성생활을 즐길 수 있었다. 다락방 양쪽 유리 창문을 열면 여름철에도 시원하게 바람이 불어 더없이 좋았다. 우리 생애 중 제일 좋은 시절이었던 것 같다.

▲ 아버지와 어머니가 셋째작은아버지가 경영했던 회사 그린상사에서 근무하던 시절에 찍은 사진이다. (1989년 아버지 52세, 어머니 49세)

아내가 수출용 뜨개질 부업을 하여 살림에 많은 도움을 주었다. 그러던 중 본사가 부실하여 금고 생산을 중단하는 사태가 발생하여 우리에게 물건을 대 줄 수 없는 처지가 되어 우리도 이사하지 않으면, 안 되게 되었다.

언젠가는 아이들의 교육 문제로 서울로 이사를 해야겠지만 한 3년 더 있었으면 했으나 별수가 없었다. 본사 금명실업도 여러 명이 동업으로 하는 데다 금고를 외상으로 팔았으나 수금이 잘되지 않아 망한 것이다. 우리는 수금이 제일 양호하여 계약 당시 언약으로 수금을 잘해주는 조건으로 금고 한 개에 100원씩을 감하기로 약정하였다. 그러나 수금을 잘해주다 보니 약정한 액수보다 더 송금하게 되었다. 결국 회사가 망하니 언약은 무효라며 잔액을 지불하라며 김 전무를 채권자로 지정하여 보냈다. 김 전무가 본사에 돈을 빌려주었으나 원금만 받고 이자를 받지 못해서 명 부사장을 졸라 우리 채권을 확보한 것이다. 나는 명 부사장이 금고를 개당 100원씩 다른 사람보다 싸게 해주겠다고 약정한 것을 상기시키며 오히려 회사로부터 돈을 더 받아야겠다고 말했으나 계약상에 없고 장부상에는 부채가 있으니 달라는 것이다. 나는 매우 화가 나서 김창호에게 욕설하며 못 갚겠다고 하였다.

대동 집을 팔기로 의논하고 내놓으니 곧 매매가 이루어졌다. 250만 원에 팔게 되었다. 살 당시의 투자 비율에 따라 이익금을 배당하기로 하였으나 원일 아버지가 이익을 반씩 배당하자 하여 그렇게 하기로 했다. 약속대로 하면 내게 40만 원이 더 배당되나 돈 때문에 친구를 잃을 수 없다는 생각에서 그리하기로 했다. 그래도 일 년 만에 투자금액의 곱의 이익이 생긴 것이다. 그리하여 우리는 서울로 이사하기로 하고 외상 놓았던 수금 카드를 정리하기로 하고 수금이 잘되는 것은 우리가 수금하고 나머지는 김창호에게 주었다. 나는 명 부사장을 만나 처음 금고 계약할 당시 금고 개당 100원씩 빼 주기로 한 것을 이행하라 하였으나 명 사장은 그때 일은 모른다는 것이다. 나는 대장부 언약이 그럼 실언이었냐고 말하며 너희들 마음대로 하라고 하며 자리를 박차고 나왔다. 원일 아버지가 김창호를 생각해 주라고 하여 불량 수금 카드를 주어도 좋으냐고 하니 그것이라도 받겠다고 하여 카드를 넘겨주고 서울로 이사를 왔다.

서울 목동에다 대지 28평을 100만 원에 사고, 화곡동에 전세 40만 원에 방 하나를 얻어 이사를 왔고 은주, 은영, 은희는 신정초등학교로 전학하고 나는 금고 아닌 다른 장사를 하여야겠다고 생각하고 전자 회사를 찾아갔으나 별로 좋은 것이 없어 실업자 생활을 하니 마음이 대단히 착잡해지고 매사에 조바심이 나 조그마한 일에도 신경이 쓰이는 것이다. 그리하여 아내와 사소한 일에도 싸움을 하게 되었다. 한번은 별일 아닌 일로 아내와 다투다 양은 그릇을 던지며 성질을 부렸다.

앞길이 망막하여 심한 불안 속에 하루하루를 지내는데 원일 아버지가 다시 금고 장사를 하자는 것이다. 인철이를 불러들여 동업하기로 하고 신림동에 방을 얻어 인철이를 그 방에서 살도록 하고 금고 장사를 시작하였다. 어려웠던 시기라 마음을 단단히 먹고 판매를 하니 그런대로 잘되었다. 우리 생활은 다시 활기를 찾고 아이들도 학교에 잘 다니게 되었다. 월 고정액을 받아 생활하니 그런대로 생활도 안정되었다. 금고는 공장이 문산에 있는 '범일' 것으로 하였다. 우리는 신용으로 그때그때 주문하면 물건을 가져다주는 것이었다. 영등포 일대를 주 무대로 하여 시흥, 구로, 오류, 공항, 화곡, 문래, 도림, 대방, 신림, 봉천, 신길, 흑석, 사당 등 여러 곳으로 판매를 하고 10일에 한 번 수금하였다. 그때 박찬선이라는 사람을 고용하고 수금을 시켰다. 그는 삶을 상실한 채 술만 즐겼다. 그러나 수금을 하여 술을 먹는 일은 없었다. 늘 저녁마다 우리가 막걸리나 소주를 사주면 달게 마시는 것이다. 우리는 그런대로 잘해나가고 있었다.

어느 날 금고 판매를 하던 중 군대 친구인 신승탁을 만났다. 대단히 반가웠다. 군대 생활을 떠올리며 군대 친구들이 별로 친절하지 못했다는 둥 친절했다는 둥 지난 일들을 이야기하고 헤어졌다. 그날 이후 우리는 자주 만났다. 신승탁은 노루표페인트 대리점을 하고 있었다. 당시 금고를 맡기고 하나만 가지고 다니며 파는데 맡길 곳이 없었던 차에 그 친구 가게에 맡길 수 있게 되어 마음이 한결 놓였다. 그는 롯데와 인연이 되어 롯데제과에 납품도 하고 공사도 많이 하여 돈을 잘 버는 것이다.

한번은 목동에 땅을 사달라고 하여 땅 300평을 소개하여 주었다. 지금은 그 땅이 요지가 되어 빌딩을 지어 세를 받아 살아가고 있다. 그는 을지로로 가게를 이사하고 '중앙상사'라는 이름으로 노루표 페인트회사에서 제일 큰 대리점을 하게 되었다. 금고 장사가 잘 안되어 가고 있을 때 그 친구가 가게를 좀 봐달라는 제안을 했다. 직원이 가게 일을 잘 보지 않아 나를 대신 쓰려고 한다는 것을 나중에 알았으나 나는 가게 일을 계속하였다. 그 직원은 할 수 없이 그만두었다.

나는 그때부터 중앙상사 일을 도맡아 하였다. 직원은 경리 1명과 배달원 2명과 나 모두 4명이었다. 나는 주로 거래처와 관련하여 판매 및 수금을 맡아 하였다. 취급 물품은 잉크와 페인트였다. 큰 거래처는 MBC문화방송, 롯데호텔, 롯데제과, 롯데건설, 칠성사이다, 바른 손, 동원탄광, 삼풍 등이었다. 그중 제일 좋은 거래처는 문화방송국이었다. 문화방송국에서 수성페인트를 조색하여 달라고 하여 조색을 하여 납품하였다. 칼라TV 방송이 시작되면서 색에 대한 기본 색깔을 만들어서 한 10가지 색깔을 납품하라고 하였다. 우리 가게는 조색용 기계를 갖고 있어서 유용하게 사용하였다. 그때부터 색깔 혁명이 일어났다.

당시 APT 건축도 한창이어서 경기는 대단히 좋았다. 우리 가게도 율산 건설이 짓는 APT에 페인트를 납품하였는데 납품직원들이 율산 건설이 부도가 나서 그런지 모두 먹자판이었다. 그때 건설업계의 부정이 극에 달한 것 같았다. 납품하는 물품은 1/2도 하지 않고 대금을 지불하며 그 대금 중 반을 율산 자재 담당 직원들이 착복하는 것이다. 물품을 일억 원어치를 주문하면 물품은 삼천만 원어치만 납품하는 것으로 부정을 저질렀다. 율산은 부도가 났지만, APT는 흑자라 APT 공사는 계속되었다. 그러므로 직원들은 부도난 회사에 충성하느니보다 자기들 운명이 어떻게 될지 몰라 사리사욕에만 치우치는 것이다. 중앙상사는 그 덕에 더욱 돈을 벌 수가 있었다. 나도 그러한 현상에 동참자가 되었으나 경제적으로는 별 도움이 없었다.

중앙상사에 있어 보니 좋은 일보다는 좋지 않은 일이 더 많았다. 거래처가 간간이 부도가 나기도 하고 수금을 안 주어 몇 번씩 찾아가 달라고 조르기도 했다. 또 수금 잘해주는 거래처가 거래선을 바꾸려 하는 것 등의 문제를 늘 안고 있었다. 때가 되면 거래처에 인사도 해야 하며 때때로 담당자가 손을 내밀면 그것에 응해야 했다.

1979년 10월에 박정희 대통령이 서거하였다는 뉴스가 있자 많은 사람이 충격에 빠졌다. 독재자라고 반대하는 쪽과 조국 근대화를 이룬 위대한 통치자라는 양극의 찬양과 비판을 동시에 받은 그는 너무 정권욕이 있어서 불행한 결과를 맞이하고 만 것이다. 나는 이 나라가 어떻게 될 것인가를 생각해 보며 좀 나아질 것이라고 기대했다.

1979년 7월에 목동 794-3호에 상가를 짓기 시작했다. 80평 건평에 천만 원 예산을 세웠다. 그러나 선종의 경험 부족과 안일한 태도로 근 100%가 추가 소요되었지만, 마무리가 되지 않았다. 타일과 계단(특히 지하실 계단 굿지) 등이 잘되지 않았다. 상가를 짓고도 우리는 어머님 별채에서 살게 되었다. 별채는 여름 장마철에는 부엌에 물이 들어차 연탄을 땔 수 없는 때도 있었다. 아내는 물을 퍼내 가면서 밥을 지어 먹느라 고생이 대단하였다. 더욱이 공장을 다니면서…. 게다가 슬레이트 지붕에다 단열도 안한 불럭집이라 대단히 더웠다.

아이들도 공부방이 없었을 뿐만 아니라 은주, 은영이는 할머니와 같이 잠을 자느라 늘 조심스럽고 어려웠으나 잘 참아 주었다. 아내와 나는 열심히 근무하여 1982년에 농협에서 융자한 돈을 갚을 수 있었다. 그 사이에 구청 직원이 우리에게 사기를 쳤다. 등록세를 적게 내게 해준다며 70만 원을 달라고 하여 믿고 주었으나 가짜 영수증만 주고 등록세를 안 낸 것이다. 등록세를 내라는 독촉장이 나와 그를 찾아가서 말하니 사무착오로 그리되었다며 정정해 놓겠다고 하여 기다리던 중 일 년 후에 또 독촉장이 나왔다. 나는 그를 다시 찾아가서 돈을 주든지 아니면 고발한다고 하니 가계 수표 70만 원을 써주었다. 그 돈으로 등록세 30만 원을 내었다. 요즘 세금 비리를 말하나 그런 일은 70년대부터 있었다.

1983년 여름에 목4동 794-3호 상가 2층으로 이사를 하였다. 며칠 수리를 하여 방 셋, 주방 하나, 화장실 하나를 만들고 보니 그때에는 얼마나 좋은지! 연탄보일러 시설도 하고 나니 대단히 좋았다. 아내는 가스 불로 음식을 하게 되니 좋은 모양이다. 상가를 짓는 데 처가의 도움을 받았다. 빚을 갚을 때 원금과 은행보다 적은 이자를 드렸다.

1977년 봄 선종이가 논 1,661평을 팔자고 하였으나 나는 팔지 말자고 하였다. 땅 팔아 땅 사기로는 어느 때나 마찬가지로 재산을 증식할 수 없다고 말했지만, 어머님이 논에서 무엇이 나오냐며 논을 팔 것을 주장하시며 나에게 한 평당 구천 원씩 계산해 논 육백 평을 준다는 것이다. 나는 만 원씩 계산하여 현금으로 달라고 하였다. 그리하여 나는 나대로 평당 사만 원 하는 능골시장 근처 요지에 있는 땅 백사십 평을 사려고 하였으나 선종과 봉호가 돈을 대지 못했다. 봉호는 대신 자신이 갖고 있는 오십여 평을 준다는 것이다. 나는 그것은 거저 주어도 안 갖는다고 했다. 그러면 명목상 누님의 것으로 되어 있는 지금 우리가 사는 터 794-3호 육십 평을 그것도 육백 평 논을 구천 원씩 쳐서 오백사십만 원으로 샘하고 내가 산 대지 28평을 판 백십만 원 중 육십만 원을 보태서 선종으로부터 구입하는 것으로 일단락되었다. 나는 논을 팔고 나서 선종에게 나는 부모에게 물려받은 재산이 하나도 없으니 장자의 도리도 버린다고 말하고 네가 모든 재산을 잘 관리하여 나누어 갖도록 하라고 말고는 집에 와서 한없이 울었다.

1982년 은주가 홍익고등학교에 입학하였다. 딸아이의 고등학교의 교복을 보니 대견해 보였다. 그때 홍익고등학교는 서울에서도 좋은 학교로 알려져 우리는 더욱 기뻤다. 그러나 경제적으로 몹시 어려웠다. 상가를 지었다고는 하나 은행 빚과 전세금으로 오히려 돈이 들어가는 편이었다. 아내와 나는 열심히 일하고 절약하여 근근이 살림을 꾸려갔다. 친구인 신 사장에게 어려움을 말하여 상가 지을 때 빌린 돈을 본전만 갚았다. 월급을 좀 더 올려 달라고 말했으나 신 사장은 너의 아이들 대학 갈 때 도움을 주겠다고 말하는 것이다. 나는 대학 갈 때가 문제가 아니라 지금 당장 어려워서 그런다고 말했으나 나의 청을 들어주지 않아 서운했다. 나는 정직하게 열심히 일했으나 마음이 약해서 능력 있는 종업원은 못된 것 같다. 물건값도 싸게 주고 외상도 늦게 받아 오니 장사하는 입장에서는 좋아할 수가 없는지 모르나 좋은 거래선을 계속 유지하는 방법은 그 수밖에 없다는 소신으로 일하니 많은 도움도 받았다. 예를 들면 문화방송과의 관계도 나의 그런 관계가 계속 납품을 할 수 있게 한 것이라고 나는 자부한다. 또 바른손이라는 회사도 우리 가게에서는 열 번째 안에 드는 거래처였는데 부도가 나서 동양잉크는 한 푼도 못 건졌으나 우리는 1,000,000원을 받고 계속 납품을 현금이나 당좌수표를 받고 유지하였다. 내가 크게 실수한 것은 화곡동 인쇄소에 잉크를 납품하고 얼마 안 돼서 인쇄소 사장이 잉크값이 비싸다며 내려 달라고 요구하여 내려 주었으나 거래를 끊는 것이었다. 나의 큰 잘못은 롯데 건설에 도장 공사를 마치고 결재받는 순간에 공사를 따낸 한 사장이라는 사람에게 영수증을 준 것이 그가 받은 몫 이상으로 갖고 가게 된 것이다. 신 사장은 그 일로 나를 더 쓸 수 없다는 판단을 하고 나에게 '나와 너는 사고의 차가 심하여 같이 일할 수 없겠다'라고 말하는 것이다. 나도 잘되었다고 생각하고 어렵지만, 퇴직금을 달라고 말하니 5년 치인 5개월 월급을 주었다.

▲ 1979년 여름 아버지가 서울에 집터를 사고 지은 첫 집이다.

주소는 서울시 양천구(당시 강서구) 목4동 794-3호이다. 집을 지어 놓고도 빚이 있어 한동안 이곳으로 이사를 하지 못하다가 1982년 농협 빚을 갚고 1983년 여름, 상가 2층의 1/3은 사무실로 나머지 공간은 가정집으로 개조한 후 이사했다. 아버지는 방 셋에 주방과 화장실을 만들고 연탄보일러도 놓고 나니 행복했다고 한다. 이사를 하고 어머니는 처음으로 가스레인지로 음식을 할 수 있게 되어 기뻐하셨다. 언니들은 이제 할머니와 함께 자지 않고 자매들과 잘 수 있게 되어 더욱 좋아했다. 나도 막내도 모두가 기뻤던 순간이었다. 그때부터 우리는 둘씩 한방을 쓰게 되었다.

위 사진은 작은언니 중학교 졸업식 날 찍은 것으로 보인다. 이곳에서 아버지는 피아노를 사 주셨고 막내는 피아노를 배울 수 있게 되었다. 그 피아노는 큰언니네가 발산동 힐스테이트로 이사하면서 가지고 가 조카 도영이가 사용했다. 큰언니는 결혼하기 전까지 이 집에서 살았고 작은언니는 이 집을 4층으로 신축한 지 몇 개월 안돼서 결혼했다. 그 후 막내와 나는 각자의 방을 가지게 되었다.

▲ 1992년도에 2층 건물이었던 집을 4층으로 신축했다. 아버지는 직접 건물 디자인과 내부 설계를 하셨다. 벽돌색, 벽돌과 벽돌 사이에 넣은 라인 색, 지붕 모양과 색 등은 어머니와 우리의 의견을 물어가며 결정하셨다. 어머니는 인부들의 식사를 챙기느라 바쁘셨다. 그해에 외할머니가 백혈병으로 돌아가시고 작은언니가 결혼했다. 직장 일을 하면서 집안 대소사까지 겹치니 아버지와 어머니에게는 육체적으로 힘든 시간이었다. 하지만 원하는 대로 집이 완성되어 가슴 벅찬 순간이기도 했다. 집을 짓고 일 층엔 세탁소, 조명가게, 부동산, 지하에는 노래방이 이삼 층에는 미술학원이 들어왔다. 집을 짓느라고 생긴 빚이 있어 처음엔 모두 전세로 세를 놓았다. 아버지가 돌아가실 때쯤 대부분 월세로 전환되어 지금까지도 어머니는 경제적으로 불편 없이 사신다. 다른 가게는 든 사람이 몇 번씩 바뀌었고 노래방만 처음에 들어오신 분이 아직도 운영하고 있다. 아버지가 살아계실 때 우리는 옥상에서 삼겹살 파티를 하곤 했다.

▲ 큰언니(왼쪽)와 내(오른쪽)가 중학교에 다닐 때 덕수궁에서 찍은 사진이다. 나는 중1, 큰언니는 중3이었다. 학교에서 단체로 덕수궁으로 야외 활동을 하러 갔던것 같다.

▲ 중학교 시절 작은언니와 큰언니

▲ 1982년 큰언니 고1 때 사진

　왼쪽 사진은 큰언니와 담임인 이진정 선생님이다. 선생님은 큰언니 중1 때, 작은언니 중2 때, 내가 중2 때 각각 우리 세 자매의 담임선생님이었다. 나는 대학교 4학년 때 교생실습을 모교로 가게 되었다. 이진정 선생님은 그때 내가 담당한 반 담임선생님이기도 했다. 언니들과 찾아뵙고 싶었으나 지금까지 뵙지 못하고 있다.

▲ 노루표페인트 대리점 중앙상사 사무실

아버지는 청계천 상가에 있는 노루표페인트 대리점에서 잠시 일하셨다. 그즈음 아버지는 출근하고 중학생이었던 나는 학교에 가는 길이라 목동 사거리까지 함께 가게 되었다. 그때 아버지는 내 책가방을 들어주셨다. 그 날 아버지의 모습을 보고 처음으로 '아버지도 이제 나이가 드셔 가는구나'라는 생각이 들어 마음이 짠해졌다.

중앙상사를 퇴직하였으나 할 만한 일이 없어서 혼자서 금고 장사를 시작하였다. 열심히 장사하니 그런대로 월급 수준은 됐으나 기복이 심하여 안정된 생활이 되지 못했다. 더욱이 아이들 교육비며 생활비는 느는데 수입은 늘지 않아 불안한 생활일 수밖에 없었다. 아내가 공장에 나가 수입을 올리나 어렵기는 마찬가지였다.

나는 수입을 더 올리려고 동아 출판사에서 원색백과사전을 판매하기로 마음먹고 동아 출판사 백과사전 판매부로 가 보았다. 책이 고액(高額)이고 수당이 좋아서 수입을 올릴 것으로 기대했으나, 판매가 쉽지 않았다. 나는 책의 내용이 좋아서 잘 팔릴 것으로 기대했으나 예상과는 달리 부진하였다.

그러나 열심히 하면 고객을 만들어서 판매 실적을 쌓으리라 생각하고 부지런히 고객을 만나러 다녔다. 하지만 관심은 있으나 워낙 고가라 잘 팔리지 않았다. 그 당시 2개월 월급에 해당하는 금액이라 쉽게 구입할 수가 없었을 것이다. 3개월 동안 판 것은 지인 봉우와 동생 인종 그리고 모르는 고객 두 사람에게 판 4질(총 120권)뿐이었다. 그때 우리 집에도 동아 원색백과사전을 들여놓았다.

그리고 또다시 금고 장사를 시작하였다. 을지로 범일금고에서 현금으로 사다 일수나 월부로 팔기 시작하니 그런대로 월급 수준의 수입을 올릴 수 있었다. 그러나 불경기를 만나면 마음도 위축되고 장사도 잘 안되곤 해서 불안한 생활이 되었다.

그때 마침 인종이 사업 확장을 하느라 사람이 더 필요하니 오셔서 도와달라고 하여 인종이 공장에서 일하게 되었다. 그때 가방 수출을 많이 하는 '서원'이란 회사로부터 큰 오더를 따냈는데 작업 물량이 대단히 많은데다 납품시일이 급하였다. 서원 사장은 동생이 성실하게 공장을 운영하고 있다는 것을 알고 많은 물량을 하청준 것이다. 그러나 그 후 서원 사장은 동생을 잡아두려고 '공장을 지어준다.'는 등 말로만 선심을 썼다. 처음에는 원단 불량에다 자재가 맞지 않았고 처음 하는 제품이라 서툴러서 하루 200세트도 못하여 적자를 면치 못했다. 그러다 한 달 후에는 300세트가 나오고 두 달 지나고는 400세트도 나와서 적자를 면하고 흑자를 보는가 싶었는데, 6개월 후부터는 물량이 적어지는 것이었다. 그리하여 우리도 자구책으로 직접 주문을 받아서 수출하기로 하고 타 회사의 정 부장을 스카우트하여 가방 수출을 본격화하였다.

나는 그때 자재 담당이었다. 자재는 잘 몰랐으나 사장인 동생이 알려주는 대로 자재 출납을 관장하였다. 나는 가방 자재에 대해 잘 몰랐고, 하청을 주는 곳도 많아서 종종 자재를 잘못 주어 일에 지장을 주곤 하였다. 그러나 물량을 속이거나 품질이 저하되는 자재는 적었다. 동생은 사업 확장을 위하여 박 이사를 채용하고 새로이 핸드백을 시작하였다. 그리하여 동생네 집 지하실을 자재 창고로 하고 사무실을 얻어서 본격적으로 사업을 시작하였다. 그리하여 한 달 수출액이 10만$까지 되었다. 그때는 동네 사람들이 돈을 갈퀴로 긁는다는 말까지 하였다. 그러나 내실하지 못하여 흑자를 보지 못하고 있었다. 그때 동생(사장)은 수출금융융자를 받아서 상가 주택을 지었다. 그때 간부들 간에도 불화와 알력이 생겨 사장 처남인 김 부장은 그대로 있고 박 이사와 김 이사는 회사를 나갔다. 그때부터 수출물량도 줄어들고 적자가 생기기 시작했다. 나는 적자를 더 보기 전에 사업을 축소하라고 사장에게 권하곤 하였다. 사장 말은 채무나 채권이 같으므로 적자는 아니라는 것이다. 나는 채무나 채권이 같다 하더라도 채무는 꼭 행하여야 하고 채권은 다 받기 어려우므로 적자를 볼 수밖에 없으니 채무를 되도록 줄이기 위하여 사업을 축소하자고 권하였다. 그리하여 회사의 직원을 1/3로 줄이게 되었다. 나도 그때 퇴사하고 공장 일을 도왔다. 그러던 중 사장이 간암 판정을 받아서 수술하게 되니 더욱 난감하게 되었다. 나는 경영에 경험이 없고 능력이 없어 도움을 주지 못하는 것이 대단히 마음 아팠다.

그런 중에도 1992년에 우리 집 2층 건물을 부수고 4층으로 다시 상가건물을 짓느라 더욱 어려운 상황이었다. 동생은 간암 수술을 받고 쾌유한다며 매우 기뻐하는 것이었다. 퇴원비 100만 원을 아내가 해주라 하여 고마운 마음으로 준비하여 퇴원하는 날 가 보았다. 퇴원 수속을 했다는 계수씨의 말을 듣고 퇴원비 100만 원을 주고 돌아왔다. 동생이 퇴원비 100만 원은 많다고 하며 50만 원을 돌려주는 것이다. 그 후 좋아지는 것 같더니 점점 병이 악화하는 것 같아서 마음이 무거웠다. 동생을 보러 가는 것도 겁이 났다. 동생은 우리 건물 짓는 데 도움을 주지 못한다며 미안해했다. 상량하는 날 왔기에 힘을 내라며 상량 돈을 주며 절을 하라고 하니 그리하였다. 건물은 1992년 3월에 착공하여 그해 7월에 완공되어 새집으로 이사를 했다. 새집으로 이사를 왔으나 빚이 많아서 즐거움보다 걱정이 앞섰다. 선종은 그런 짓을 왜 하느냐는 것이다. 건물은 좋은 재료를 쓰지는 못했지만, 그런대로 마음에 들게 지었다고 생각하였다. 다만 옥상 콘크리트가 철근과 받침대 잘못으로 견고하게 되지 못한 것이 마음에 걸린다. 완공하고 나서도 임대가 잘 안되어 건축업자에게 건축비를 제때 주지 못하는 것이 대단히 미안했다. 그리하여 농협에서 삼천만 원을 융자하여 건축비를 주었으나 그래도 천오백만 원을 주지 못했다.

1993년 4월에나 지하실이 임대되어서 건축비를 완불하였다. 그 와중에 인종이 병이 악화하여 1993년 2월에 끝내 유명(幽冥)을 달리하니 말할 수 없이 괴로웠다. 인종의 사망으로 우리 집안 식구들 모두는 슬픔에 빠졌다. 더욱이 어머님의 슬픔은 말할 수 없었다. 장례를 치르고 나서 나는 계수씨에게 죽은 사람은 죽은 사람이고 죽은 사람의 짐을 질 수밖에 없으니 계수씨가 더욱 어려운 생활을 할 수밖에 없다고 무정하게 말했다. 그때 조카인 택돈이는 고등학교 3학년이었고 지연이는 고1 학생이어서 어린 마음에 상처가 되었을 것이다. 그러나 조카들이 참아 내며 상주 노릇을 잘 해내는 것을 보니 기특하였다. 택돈이는 진학 준비도 예상외로 잘 해냈다.

▲ 큰언니 초등학교 졸업사진 - 어머니, 큰언니, 사촌언니, 둘째작은어머니

▲ 나의 초등학교 졸업사진 - 어머니와 막내와 나

▲ 고등학교 졸업식-아버지(48세)와 큰언니

▲ 고등학교 졸업식-어머니(45세)와 큰언니  ▲ 큰언니 대학교 졸업식-큰언니와 어머니

큰언니는 대학에서 유아교육학을 전공하였다. 교수님의 추천으로 신촌에 있는 창천교회에서 유아부를 맡아 활동했다. 그곳에서 대한항공에 근무하던 형부를 만나 결혼하게 된다. 언니와 형부는 독실한 기독교인으로 지금까지 창천교회에 다니고 있다.

▲ 작은언니 대학 졸업식-어머니와 작은언니

▲ 작은언니는 대학교에서 회계학을 전공하였다. 대학교 시절 과팅에서 형부를 만났다. 형부는 졸업하고 울진원자력발전소에 근무하다 언니와 결혼을 했다. 그 후 서울에 있는 SK(당시 선경)에 경력사원으로 입사하게 된다.

▶ 셋째인 나는 대학교에서 국사학을 전공하였다. 그 후 방송통신대학교 국어국문학과에 편입하여 문학 동아리에서 국문학과에 편입한 남편을 만나 결혼하였다. 남편 김경수는 1996년 사람과 산 지(紙)에서 소설 부문에 당선하였으며 1998년에 제22회 방송대학 문학상, 2023년 스토리문학상을 받고 지금까지 활발히 문학 활동을 하고 있으며 아버지의 책을 만드는데 최종 감수하였다.

▲ 나와 사촌 언니의 졸업식

▲ 막내 졸업식-아버지와 막내　　　▲ 고등학교 졸업식-어머니와 막내

　막내는 대학교를 졸업하고 공무원이 되었다. 처음에 서울 국제 우체국에서 근무하던 막내는 대학원에 들어가 정보공학과 석사학위를 받고 정보통신부 전자 센터로 발령받는다. 그곳에서 재직 중인 제부를 만나 결혼을 하게 된다. 막내는 지금까지도 공무원 생활을 하며 지자체의 여러 가지 행사를 주관하고 있다.

　아버지는 자식들 뒷바라지를 열심히 하신 어머니에게 감사하게 생각하셨다. 나와 작은언니, 큰언니 세 딸이 동시에 대학교에 다녔던 87년도와 88년도에는 경제적으로 무척 힘드셨을 것이다. 아들이 있었다면 군대라도 가서 겹쳐지는 시기를 면해 볼 수도 있었겠지만 모두 딸이라 그것도 여의치 못했다. 그렇게 힘든 와중에도 딸들이 정규대학을 모두 졸업하여 뿌듯하고 대견하게 생각하셨다. 그리고 "부모의 뜻을 잘 따라줘서 고맙다"라고 하셨다. 어머니는 지금도 "너희들이 잘 따라줘서 고맙다."라는 말씀을 하신다. 아버지와 어머니의 학업에 대한 열정도 자랑하면서.

▲ 태환이 초등학교 졸업식 - 태환의 친할아버지와 할머니 그리고 큰언니네 가족

▲ 정수 초등학교 입학식

▲ 정수 친할아버지와 외할머니

1984년 은주가 고등학교 3학년이고 은영이, 은희가 2학년, 1학년이 되니 경제적 어려움과 은주 대학진학 준비에 아내의 어려움이 대단했다. 아내는 자식 교육열이 남다른 데가 있어서 공장에 다니면서도 새벽밥 짓고 도시락 6개를 하루도 빠지지 않고 싸주는 것이었다. 1985년 은주는 정규대 유아교육과에 진학하였다. 1986년에는 은영이가 정규대 회계학과에 진학하였다. 1987년 은희는 정규대 사학과를 수석으로 입학하였다. 우리는 세 자매를 4년제 대학생으로 두게 되어 대단히 자랑스러웠으나 등록금을 낼 때는 많은 어려움을 겪었다. 다행히 은희와 은영이가 장학금을 번갈아 받아서 도움이 되었다. 은주는 1988년 대학 재학 중 김영주를 만나서 결혼을 하게 되었다. 우리는 준비가 되어있지 않아 결혼을 미루려고 했으나 신랑 측 사정으로 서둘러 결혼을 하게 되었다. 아내와 나는 혼수 문제로 의견 충돌이 있었다. 나는 형편대로 해주자는 주장이었고 아내는 힘이 들더라도 더해주자는 주장이었다. 결혼을 시키고 보니 은주가 효녀 노릇을 했다는 생각이 든다. 혼수를 더해 달라고 하지 않고 시집 식구들에게도 사랑받는 며느리가 되었다. 은영이는 대학재학 중 박종득 군을 만났다. 1989년 졸업을 했으나 종득 군의 사정으로 결혼을 못 하고 취직을 하여 직장에 다니게 되었다. 1992년 3월 집을 다시 짓게 되어 누님댁 지하 방 둘을 얻어서 잠시 살게 되었다. 그 와중에 은영이가 청학 연회장에서 약혼식을 올렸다. 그때 장모님이 투병 중이어서 아내는 대단히 심적 고통을 받고 있었다. 은영이 결혼 날을 잡아 놓고 매화리를 방문 중 장모님이 돌아가시게 되었다. 추석을 며칠 앞두고 장모님이 돌아가시니 장례를 치르고 나서 아내는 추석 차례를 그만두자는 것이다. 나는 집안 행사가 여러 가지 이유로 중지되는 것은 있을 수 없는 것이라는 생각이 들어서 간단하게라도 행사를 치렀으면 했다. 그러나 장모님이 돌아가시고 은영이 결혼일도 며칠 남지 않았으므로 집안 행사를 치르기는 어려운 상황이었다. 나는 형식이라도 행하고 넘어가야겠다는 생각에서 달걀을 부쳐 놓고 절을 했다.

집을 짓고 장모님 생존 시 한번 모시고자 하여 장모님을 모시니 한 가지 후회는 던 것이다. 나는 우리 친가나 처가가 부모님의 사망 후 일 년에 한 번 기일을 맞아서 생존 시 그분들에 대한 회고담을 말하며 그분들의 생각을 음미해 보는 것에 의의가 있다고 생각했다. 그래서 기일이 되어 생존 시 찍었던 비디오를 준비했으나 별 반응이 없어서 실망했다. 물론 망자들의 허상에서 벗어나야겠다는 것은 좋은 것이다. 그러나 죽은 사람들의 좋았던 점을 하루 정도 기리는 것도 살아있는 사람에게 유익한 것이다. 앞으로 희망만 있고 죽음이 없다는 생각에서 그러한지 모르겠으나 기제 일에도 죽은 사람 이야기는 없는 것이다.

물론 어차피 세상은 산 사람들의 세상이니 산 사람 중심으로 살아가야 하고 망령이 세상을 좌지우지한다면 그 세상도 망할 것은 자명하다. 그러나 일 년에 한 번쯤 고인을 추모하고 그분의 좋았던 점, 나빴던 점을 회상하여 좋은 점은 본받고 나쁜 점은 버리는 지혜가 산 사람들에게 필요한 것이다. 역사를 배우는 것도 근본적으로는 그러한 것이 아닌가.

1989년 은옥이가 대학에 진학하였다. 딸들이 다 4년제 정규대학에 진학하고 보니 대단히 대견스럽고 자랑스럽다. 그동안 어려운 가운데 딸들이 우리 부부의 뜻을 잘 따라 준 것이 더없이 고맙다. 아내의 남다른 교육열로 어려운 중에도 네 자매를 모두 고등교육까지 시킬 수 있었으니 아내에게도 고맙기 그지없다. 은희는 1991년에 대학을 졸업하고 컴퓨터학원을 다니고 컴퓨터학원 강사로 취직을 했다. 1992년은 어려운 가운데에도 잘 넘겼으나 1993년 동생 인종을 잃게 되니 어머님은 상심하시어 많이 쇠약해지셨다. 그러나 인종이 남긴 빚과 유산 문제를 정리해야만 했다. 나와 어머니는 의견을 달리하는 부분이 많아서 의견 충돌이 있었으나 나는 어머니의 뜻에 따르기로 했다.

1994년 2월 은옥이는 대학을 졸업하게 되어 졸업식 날 어머님, 이모님과 졸업식에 갔다. 졸업식 후 인천에 사는 이종 은복이를 만나 사업 이야기를 했다. 나는 은복이가 사업에 경험도 없고 하니 상가건물을 사놓고 임대를 하고 직장에 다니면 안전하게 재산을 지키며 살 수 있다고 권했다. 그러나 선종이가 몰래 상가 분양권을 따 분양하는 사업을 동업하자 하여 그리한 모양이니 뒤늦게 망할 것이라고 말할 수도 없고 하여 이모님에게 더는 자금을 대서는 안 된다는 말씀만 드렸다.

나는 어머님 생존 시 모습을 남기고자 비디오를 큰사위에게 찍으라고 부탁도 하고 내가 직접 찍기도 했다. 큰사위는 그 일을 싫다 않고 우리 친가와 처가 부모님들의 모습을 담느라고 애를 썼다. 그저 고마울 따름이다.

### 1994년 8월 25일

나는 군자 이모님 댁에 계신 어머님에게 안부를 물으니 어머님은 건강한 목소리로 잘 있다고 말씀하셨다. 안심하고 있던 중 저녁에 계수씨로부터 어머님 집으로 모이라는 말을 듣고 어머님이 위급함을 직감했다. 형제들이 어머님 집에 모여 있는데 막네네외와 이종 은복이가 어머님을 모시고 왔는데 어머님은 의식이 없는 상태였다. 그 즉시 병원으로 모셔야 했는데 우리는 환자에게 더 고통을 주게 될까 하여 병원으로 모시지 않았는데 후회가 되었다.

1994년 8월 26일 새벽 어머니는 운명하셨다. 어머니의 장례를 모시고 나서 어머님의 영전을 어디로 모시냐는 문제에 형제들은 의견을 달리했다. 우선은 선종이가 모시는 것이 좋다고들 하여 선종이가 모시는 것으로 하고 백일 탈상을 하고 다시 상의하는 것으로 결말을 지었다. 의논 중 아내는 천주교식으로는 모실 수 없다는 이야기를 하였고 나는 그러한 종교적 의식은 다할 수 있다 하니 현종이가 '그러면 형수님과 의논하여야겠군요.'라고 하여 탈상 후 결론을 내리기로 하고 헤어졌다. 그 후 집안에서는 내가 아들이 없어서인지 모르겠으나 선종이가 계속 모시는 것이 좋다는 쪽으로 의논이 된 모양이었다.

어머니가 돌아가시고도 계속 의좋게 살아가려면 재산 문제를 깔끔하게 정리하여야 한다고 생각했다. 그리고 집안 행사 문제도 의논하고 싶었다. 재산분배가 대강 정리되긴 하였으나 모두 모인 자리에서 분명하게 하는 것이 다음에 논란의 여지를 없앨 수 있기 때문이다. 그런데 동생들은 내가 재산 문제를 일으키려는 의도가 있는 것이 아닌가 하는 우려에서 모두 모이기를 꺼린 모양이다. 나는 매우 섭섭하고 서러웠다. 내가 어떻게 했기에 동생들이 나의 마음을 이리도 몰라 줄까 하는 섭섭함과 동생들의 떳떳하지 못한 태도에 많은 실망이 들었다. 더욱 현종이 모여서 분란만 나게 되니 모이지 않는 것이 좋다는 강변을 할 때는 실망과 함께 불쌍한 감정이 교차하였다. 현종의 착함이 지나쳐 모든 문제를 덮어두고 동기들 간의 갈등을 미해결로!

그러나 나는 모여서 부모님 제사 문제 등을 결정해야 한다고 하니 현종은 그것은 선종이가 모시는 것으로 결론이 났다는 것이다. 나는 기가 막혔다. 의논도 없이 어떻게 결론이 날 수 있냐고 하니 형수가 천주교식으론 못 모신다고 했으니 결론 난 것이 아니냐는 것이다. 더욱 기가 막혔다. 형이 아무 말도 하지 않았는데 어떻게 결론 난 것이냐고 하니 형수 핑계를 대는 것이다.

나는 울화가 치밀었으나 참고 "그때 형수가 그러한 말을 했을 때 네가 '그러면 형수와 먼저 의논하고 결론 내려야겠군요.'라고 하지 않았느냐? 그래서 너의 말을 옳게 여겨 단독으로 결정하는 것보다 아내와 의논하여 결정을 내리기로 하였는데 어떻게 결정을 했다는 것이냐"고 다

그쳤다. 동생들의 마음이 이리도 모자라는지 처음으로 느끼게 되니 서글펐다. 더욱이 둘째 계수씨가 누님 몫인 천만 원을 남편과 이혼을 하는 한이 있더라도 못 준다고 말했다고 하니 참으로 기가 막히고 한심한 생각이 들었으나 그래도 동기간인데 다시 돌려 마음먹었다. 둘째 계수씨는 살림도 잘하고 사려가 깊은 줄 알았는데 그 말로 다시 보게 되었다. 아내는 내가 욕심이 없어 짐만 맡아 오게 되는 줄 알고 그랬다는 것이다.

어머님이 돌아가시고 장례를 치르기 전에 한 가지 결정을 내려야 할 것이 있었다. 어머니의 성 다른 딸을 찾아야 할 것인지, 말 것인지 결정 내리기가 어려웠다. 그래서 이모님들과 의논하니 이모님들은 모르고 지나는 것이 좋겠다고 하시어 그 말을 입 밖에 내지 않았다.

어머님의 탈상 후 나는 그날 모이자는 이야기를 했으나 모두 모이지 않아서 그다음 날 모여서 이야기했다. 나는 사전에 무엇을 이야기할 것인가를 간단히 메모하여 준비했다. 누님과 동생들 계수씨들이 모였다. 나는 집안이 의좋게 살아가려면 여성들이 참여하여 같이 의논하여야 한다고 여겨서 계수씨들을 꼭 참여하도록 했다. 그래서 누님, 이모님(군자), 셋째 계수씨(대전), 우리 사형제 내외 모두 모여서 이야기했다. 동생들은 별 준비가 없는지 말이 없었다. 나는 좋은 일이든 좋지 않은 일이든 모여서 서로 의논하면 오해가 없으나 뒤에서 각자의 생각을 말하다 보면 본의 아니게 오해가 있을 수 있다고 말하며, 그동안 집안 행사에 모두 애썼다고 고마움을 표했다.

그리고 첫 의제로 집안 행사(대소, 상과, 혼례)를 어떻게 할 것인가와 당장은 어머님의 제사를 누가 모실 것인가를 의논했다. 동생들은 어머님이 천주교를 믿었으니 선종이가 모시는 것이 좋겠다고 했다. 나는 천주교식이든 유교식이든 그것은 어떤 식으로 하든 상관없으나 양할아버지를 내가 모시고 있는 것과 어머님은 선종이 모시는 것은 모순이라고 말하며 시아버지 따로, 며느리 따로 모신다는 것은 불합리하니 한곳으로 모시자고 했다. 그 결과 아들이 없는 나보다는 선종이가 좋을 것 같아 어머님이 사시던 집을 선종이 몫으로 하고 양할아버지와 어머니 제사를 선종이가 맡기로 했다. 나는 대단히 섭섭했으나 선종이가 아직은 젊고, 조카 승두가 있으니 적절한 결정이라고 생각했다.

둘째 의제는 어머님이 인종이 공장으로 쓰던 건물과 대지를 택돈이와 승규에게 상속하면서 그중에 누님에게 천만 원을 드리기로 했던 것을 재확인하고 넘어갔다.

어머님의 장례를 치르고 산소에 비석을 세웠다. 어머님이 늘 비석을 했으면 하셨기 때문에 조의금 중 남은 돈으로 비석을 세운 것이다.

1994년 11월경 우리 족보(강릉유씨 대동보)가 나와 강화로 족보를 찾으러 가서 보니, 족보가 잘못된 부분이 많았다. 온 가족(작은아버지 직계가)이 다 빠지고 서열, 본, 촌수 등이 잘못된 것이 너무 많았으나 우리는 많은 사람을 싣다 보니 잘못된 부분도 있다고 생각하며 나중에 고치기로 하고 가져왔다.

할머니는 1녀 5남을 두셨다. 아버지는 그중 장남이다. 자식들은 남편을 여의신 할머니를 지극정성으로 모셨다. 위 사진은 할머니 환갑 때 찍은 사진이다. 이때는 1녀 5남과 다섯 자부가 모두 건재하였다. 셋째작은아버지가 간암으로 돌아가시고 곧이어 할머니가 돌아가셨다. 할머니는 목욕을 하고 그대로 쓰러져 의식을 회복하지 못하고 다음 날 돌아가셨다. 누구나 바라는 깨끗한 죽음이었다. 그때 할머니의 연세가 75세였다고 어머니는 기억하고 계셨다. 문상을 온 사람들이 호상이라고 했다고 하는데 아버지는 그 말이 듣기 싫었다고 한다. 혈육의 죽음은 언제든 어떠한 형태로든 늘 애달픈 것이다. 할머니가 돌아가시고 아버지가 그리고 막내 작은아버지가 돌아가셨다. 아버지의 누님이었던 고모는 몇 해 전만 해도 살아 계셨으나 이제는 안 계시다. 돌아가시기 전 어머니와 셋째작은어머니와 함께 문병하러 갔을 때 고모의 모습에서 아버지를 볼 수 있었다. 아버지는 형제간의 우의를 소중한 가치 중 하나로 생각하셨다. 아버지는 투병 중에도 셋째작은아버지의 안타까운 죽음과 막내 작은아버지의 사업 실패로 기울어가는 가세(家勢)에 대한 걱정을 놓지 못하셨다.

▲ 할머니 환갑 기념사진

▲ 할머니 옛집 앞에서 네 자매

▲ 할머니 환갑 - 아버지와 어머니. 노란색 저고리를 입고 있는 분은 하성 큰아저씨(아버지의 사촌형님)이다. 돌아가시기 전까지 유가네 큰 행사에 안 마당과 집안을 늘 내주곤 하셨다.

▲ 외할머니와 어머니와 이모 그리고 둘째 외숙모

외할머니는 혈액암을 앓다 돌아가셨다. 아버지는 O형이라서 누구에게든 헌혈할 수 있었는데 당시 아버지는 간염을 앓고 있어 외할머니에게 헌혈하지 못했다. 그래서 아버지는 속상해하셨다고 한다. 아버지는 외할아버지와 외할머니 그리고 할머니의 생전 모습을 동영상으로 남겼다. 아버지가 그렇게 한 것은 어르신들의 기일 때만이라도 영상을 보며 그분들을 회상하고 기리길 바라서였다.

## 1995년 5월 21일

오늘은 하성 작은아버님 생신이라 동생들 내외와 같이 하성을 갔다. 모처럼 나들이라 그런지 기분이 좋았다. 계절이 어떤지 모르고 지내고 있었는데 나와 보니 논에는 모를 내고 산과 들이 푸르러 싱그럽게 보였다. 여름이 온 것 같은 기분이다. 하성 선산에 들르니 잔디가 돋아나 자라고 있었다. 두더지가 산소에 흙을 들쑤셔 놓아서 그것을 밟아 주었다.

농촌은 지금이 제일 바쁜 계절이라 하성 친척들은 들에서 일하느라 여념이 없다. 작은아버님 댁에 들으니 사촌들과 누이 매부들이 모두 와 있었다. 참으로 복 받은 분이라는 생각이 든다. 자손들이 당신을 위해 바쁜 중에도 축하를 하기 위하여 모두 모였으니 얼마나 좋은가!

아내는 쑥을 뜯느라 여념이 없다. 나는 힘을 비축하기 위해 오촌 당숙을 뵙고 족보에 관해 이야기하고 숙부댁으로 와서 누웠다.

점심 식사 후 해종이 양모의 산 문제에 관해 이야기를 나누려고 숙부와 사촌형님과 함께 영종네로 갔다. 당숙모가 강화 당숙의 산을 해종이 앞으로 하신다고 하면 다른 사람 동의 없이 영종이가 해종에게 등기이전을 하는 것이 좋겠다고 말씀드렸다. 해종이는 육촌형 영종이가 하는 대로 따라 주었으면 했다. 영종이도 그리하고 싶은데 강화 작은아버지가 자꾸 생각을 바꾼다는 것이다. 나는 해종이 양부모를 위해서 그 산을 해종이 앞으로 등기해야 한다고 말했다.

사촌형님은 양자 문제에 대한 영화의 생각을 전하셨다. 영화는 양자로서 자식 된 도리를 할 수 없다는 입장이라는 것이다. 목장(젓소)을 하니 하루 한 시간도 쉴 틈이 없어 자식 노릇도 못하면서 어떻게 양자를 할 수 있냐는 것이다. 사촌형님은 그 문제는 걱정하지 말고 병 고칠 생각을 하라는 것이다. 영종은 양자가 대를 잇는 것으로 최선이 아니라는 것이다. 나도 물론 최선이라는 생각은 아니며 다만 차선이라고 말하자 "내가 낳은 자식도 내 마음대로 안 되는데 하물며 남의 자식이야." 하는 이야기를 듣고 보니 내가 실수를 한 것 같다. 사촌형님이 이해하여 주실 줄 믿는다. 아내는 쑥을 많이 캐가자고 온 것이 흐뭇한 모양이다.

## 1995년 11월 17일

아침 청소를 하고 집으로 들어오니 동환이가 반긴다. 귀엽고 사랑스럽다. 아내는 어제 둘째 동생이 가져온 붕어 조림을 하느라 조반이 늦다. 나는 조반이 늦다고 짜증을 부리며 붕어 조림은 나중에 하면 안 되냐고 힐책했다. 아내는 손자와 약속을 지킨다며 피자를 만드느라 바쁘다. 또 유자차도 만든다. 나는 아내의 그런 생활이 좋은 면도 있으나 제때 쉴 시간을 갖지 못하는 것이 안타깝다.

식사 후 친구(신승탁)를 만나러 갔다. 친구를 만나 동생(선종이)이 사업에 실패하여 많은 부채가 생겨 부동산을 내놓았다고 말했다. 그 친구가 돈이 많을 것 같아서 도움이 될지 모른다는 생각에서 이야기했다. 그리고 선종이를 만나러 갔다. 마침 선종이가 있어서 부채는 얼마나 되며 부동산은 어떤 것을 내놓았냐고 물었다. 부채는 약 6억5천만 원쯤 된다며 모든 재산을 다 내놓았다는 것이다. 나는 이왕 이렇게 된 것 빨리 정리하는 것이 좋으니 여러 복덕방에 내놓으라고 하며 재산보다는 사람이 중하니 마음 편히 먹고 지내자고 했다. 동생이 동사무소에 일이 있다고 하여 자세한 이야기는 못하고 돌아왔다. 아내는 동생이 모든 것을 털어놓고 의논을 해야 하는데 그렇지 못한 것이 아쉽다는 것이다. 나도 동감이다.

## 1995년 11월 18일 토요일 흐림

아침 계단 청소를 하고 나니 마음이 상쾌하다. 전날 일기를 쓰고 나서 집안 청소를 하였다. 오늘은 동환이가 저희 집으로 가는 날이다. 아내는 동환이에게 피자를 만들어 보낸다고 바쁘다. 김 서방이 와서 동환이를 데리고 갔다. 동환이도 저의 집에 가고 싶은 모양이다. 집에 간다고 좋아서 밥도 잘 먹는다.

저녁밥을 먹고 아내는 나가고 없는데 은희가 제 언니(은영)네서 김밥을 가지고 왔다. 나는 가지고 올 것이라고 미리 말했으면 저녁을 먹지 않았을 것 아니냐고 하니 늦어서 그랬다는 것이다. 김밥이 먹고 싶어서 과식하는 줄 알면서도 먹고 보니 힘에 부친다. 건강을 위해서는 소식을 해야 한다고 생각하면서도 늘 과식을 하는 것이다.

TV에서 코리아 게이트를 방영하여 보았다. 군 내부에 사조직인 하나회가 조직되어 군이 정치에 관여하게 되었고, 권력의 비정함을 보게 되었다는 내용이었다. 전두환을 중심으로 노태우, 김복동, 정용호 등 대구, 경북 지역 출신 군들이 주동이 되어 박정희 이후의 권력 장악을 꿈꾸었던 것이다. 군수 내부에서도 군사 조직인 하나회가 조직되었다는 것을 알았으나 권력의 핵심이 이를 방치함으로써 후일 그들이 정권을 잡게 되는 빌미가 되었다. 박정희 정권에 이어 계속 군이 이 나라를 통치하게 되니 군사문화와 부정부패가 만연하여 사회 곳곳이 썩어 전

(前) 대통령을 구속하는 사태까지 발생하고 말았다. 그래도 경제는 계속 발전하여 박정희 집권 초와 지금의 경제 규모는 비교도 안 될 만큼 커졌다. 경제는 부패와 동반자 관계인가!

### 1995년 11월 19일 일요일 비

아침 계단 청소를 하려는데 아내는 오늘은 깨끗하니 청소를 하지 말라는 것이다. 하지만 나는 청소를 운동으로 생각한다. 아내는 나의 그 같은 행위가 못마땅한 모양이다. 강화에서 11월 26일 시향을 지낸다는 전화가 왔다.

### 1995년 11월 20일

오늘은 아내와 딸들에게 약속한 전자레인지와 VTR을 사주어야겠다고 마음먹고 아내와 같이 LG전자 대리점을 찾았다. 그전에 막내 계수씨가 500만 원에 대한 이자를 갖고 왔다. 나와 아내는 은행 이자만 주라고 하니 마음이 편치 않다며 다 주고 가는 모양이다. 나도 마음이 편치 않았다. 제 잘못으로 재산상 큰 손해를 보는 모양이다. 사람이 정신적으로 건강하여야 하는데 재산 잃고 정신적으로 많은 타격을 받아서 어찌 될까 걱정이다.

아내와 나는 전기 제품을 사면서도 외상으로라도 전축을 살까 하다 막내네를 생각하고 그만두고 VTR과 전자레인지만 샀다. 아내는 도와줄 힘도 못 되면서 정신만 쓰지 말고 편히 마음먹으라고 한다.

### 1995년 11월 21일

아침에 일어나니 기분이 별로 좋지 않았으나 청소를 하면 기분이 좋아지겠지 하여 청소를 하는 데 힘이 들었다. 과로를 하는 것이 아닌가 하는 생각이 든다. 아내는 내일 아버지(장인) 삭망에 가는 데 걱정인 모양이다. 은옥이가 일찍 왔다. 첫 월급명세서를 갖고 와서 예상보다 많다고 하며 좋아하는 눈치다. 아내는 그래도 제하는 것이 많다고 한다. 그리고 시골(하성) 당숙네로 전화를 한다. 6촌 동서가 전화를 받는 모양이다. 시골 안부를 묻고 가금리 6촌 누이네 혼사를 묻는다. 자세히 모르니 다시 가금리 누이에게 전화하여 예식장과 시간을 알았다. 은희가 늦게 돌아왔다. 은희가 학원초등부 주임이 되었으면 하는 원장의 의중을 들었으나 책임은 있으나 실속이 없어서 망설이는 모양이다. 나는 그런 것도 맡아보아야 한다고 말했다.

### 1995년 11월 23일

아침 5시 20분에 아내를 깨웠다. 오늘은 장인 삭망인 음력 10월 1일이다. 아내는 아침 준비를 대강해 놓고 5시 30분에 매화리로 갔다. 나는 지난 20일, 21일 일기를 쓰고 계단 청소를 빨리하고 은희가 하는 집안 청소를 도왔다. 아내는 예상보다 빨리 돌아왔다. 처가 안부를 물으니 그저 그렇다는 것이다. 나는 아내가 처가 동기들과 의좋게 지내는 것이 원(願)인데 그것이 잘 안되는 것 같다. 아내는 딸들에게 피자를 만들어 준다며 피자 만들 준비를 한다. 나는 거들어 줄 것이 없나 하며 채소를 볶아주었다. 저녁에는 11월 26일에 있는 유 씨 시제를 지내기 위해 나와 동생들이 하성을 들려 강화로 가기로 하고, 그날 행사가 겹쳐 육촌 여동생 딸 결혼식에는 아내와 계수씨들이 가기로 했다.

저녁 9시 50분에 문화방송에서 제4공화국이란 드라마가 방영되었다. 제4공화국을 보니 신군부인 정규 육사 11기가 주동이 되어 하나회라는 군사 조직을 만들어 군을 개혁한다고 했으나 그로 말미암아 국가 장래에 많은 피해가 있었다. 당시 집권층이 군사 조직인 하나회를 척결했으면 국가의 불행인 군부 통치를 박정희 집권을 끝으로 막을 내릴 수 있었을 것이다. 그러나 군법을 무시한 사조직을 처벌하지 않으므로 오늘날과 같은 국가의 불행을 불러왔다.

더욱 가관인 것은 그 사조직이 경상도 출신인 전두환, 노태우, 김복동 등이 주동이 되어 타도 출신들을 견제하니 군은 분열되고 정작 군의 본분인 국방력에는 도움이 안 될 뿐 아니라 군의 사기를 저하하고 전력이 사조직에 소모되어 국방에 차질을 초래하는 것이다.

물론 군의 특성상 강제라도 정치적 통합을 이루어 사회 안정과 경제 안정을 이룰 수 있으나 그것은 일시적일 뿐 장기적인 안목으로 볼 때는 결국 퇴보되고 마는 것이다. 오늘날 우리의 현실이 그것을 증명하고 있다.

아내는 총각김치를 담근다고 양념으로 쪽파와 마늘을 준비하고 총각무를 사서 양념과 같이 버무려서 오지독에 넣는다. 나는 아내를 도와주려다 독을 깨뜨려서 대단히 미안하다. 오전에 둘째 계수씨가 와서 여동생이 나와 같이 간암 치료를 받고 집에 와 있는데 소화가 안 되고 설사가 난다며 어떻게 하면 좋을지를 물었다. 나는 전에 그럴 때 최 내과에 가서 치료를 받았다며 약을 사 먹는 것보다 최 내과를 찾아가는 것이 좋을 것이라고 권하였다. 아내도 나와 같은 의견으로 그렇게 권했다.

### 1995년 11월 25일 토요일

오늘은 아내가 은옥이 첫 월급을 찾으려 우체국에 갔으나 비밀번호를 몰라서 찾지 못하고 돌아왔다. 아내는 비밀번호를 만드는 것이 불편하다고 말하며 아이들이 정신이 그렇게 없느냐는 것이다.

아내는 은희의 옷을 산다고 백화점에 같이 가자는 것이다. 나는 힘이 없어 같이 다닐 수가 없을 것 같아 그만두기로 하고 집에 있었다. 그러나 같이 가고 싶었다. 아내에게 옷다운 옷을 사주지 못한 것이 마음에 걸린다. 내일 나들이옷이 없을 것 같다.

저녁에 집안 청소를 하고 아내는 현종이네로 쌀을 갖으러 가고 나 혼자 있는데 택돈이와 계수씨가 왔다. 택돈이는 군 복무 중 외출 허가를 받아 왔다. 씩씩한 군인이 되어서 오니 대단히 믿음직스럽다. 군대 생활을 생각보다 잘하고 있으니 더욱 듬직하다. 요사이 군대의 식생활 문제나 의복은 양호한 것 같다. 나는 나의 군 생활의 일부를 택돈에게 이야기하며 그때 군대는 대단히 부패하였다고 말하며 그러한 군대가 정권을 잡으니 정부가 부패하지 않을 수 않겠냐고 했다. 나는 택돈이에게 자고 가라고 권하였으나 승규, 승두네를 둘러서 가야 한다며 우리 집에서 잘 수가 없다는 것이다.

나는 내일 강화 시제에 갈 예정으로 동생들과 연락하고 시골(하성)에도 알려서 내일 일이 차질이 없도록 했다.

TV SBS에서는 코리아케이트를 방영하고 있는데 박정희 대통령이 미국과 마찰을 빚고 있는 내용이다. 박 대통령은 미국을 못 믿을 나라로 보고 자주국방의 의지를 드러냈다. 외국에 있는 고급과학자들을 초빙하는 일을 시작으로 하여 미 의회 로비를 강화해 갔다. 일의 책임자로

박동선이라는 한국교포를 선택했으나 그로 말미암아 후일 한국 정부는 대단히 어려운 곤경에 빠지게 되었다. 또 권력 측근들 사이에 알력이 대단했으나 박 대통령은 냉혹하게 측근들을 잘라버렸다. 정치권력이란 그러한 속성을 가진 것인지! 김형욱, 이후락 등 목숨을 걸고 충성한 심복들을 가차 없이 버리는 것이다.

## 1995년 11월 26일 일요일

오늘은 시제를 지내러 가는 날이다. 아침 일찍이 계단 청소를 하고 샤워를 하는데 동생(화종)에게서 8시 30분에 떠나자고 전화가 왔다. 급히 아침을 먹고 나가니 화종이 차를 세운다. 차가 잘빠져 일찍 하성에 둘러 숙부와 사촌형님을 모시고 강화로 갔다. 일러서 그런지 아무도 안 와 쓸쓸했다. 우리 일행은 종갓집에서 시제 제물을 준비하는 동안 안방에서 술 한 잔씩하고 있었으나 시제를 지낼 사람들이 더는 오지 않았다. 우리 김포에서 간 5명과 강화 성종이만이라도 시제를 먼저 지내려다가 혹시 선산에 와있는지 모른다고 하여 좀 더 기다렸다. 그리하여 시제 주인인 종갓집 조카와 나중에 온 조카 둘, 산에서 온 한 명, 모두 아홉 명이 시제를 지내니 쓸쓸하기가 더할 수 없다. 그러나 정성을 다해 시제를 지내고 돌아와서 점심을 먹고 회비를 걷으며 많이 모일 방법에 대하여 의논하였다.

나는 촌수와 관계없이 결혼하여 독립된 살림을 하는 손들은 다 모여야 한다고 주장했다. 종갓집 형수가 형님도 없는데 시제를 준비하느라 애쓰는 것이 감사하다. 회비가 만 원인데 모두 걷힌 것이 십오만 원이다. 그중 시제에 쓰인 돈은 십사만삼천 원이라고 하는데 그 돈에는 쌀

값과 연료비는 포함되지 않았다는 것이다. 나는 강화 종갓집의 수고를 생각하여 비용에 30%를 더 지출하자고 주장했으나 쌀값 삼천 원만 더 지급하고 말았다.

2시 30분경 돌아온다고 종갓집을 떠나 강화읍으로 향했다. 각구지로 가는 것이 빠른 길이었으나 율무를 사 오라는 아내의 부탁을 생각하여 읍으로 갔다. 차가 밀려 한 시간 이상을 가도 읍 장터에 이르지 못하여 나는 걸어서 갔다. 그러나 율무가 좋지도 않은데 5홉에 1만 원이라 하여 사지 않았다. 읍으로 해서 갈 수도 없고 해서 차를 돌려 각구치를 거쳐 하성에 숙부와 사촌형을 모셔다드리고 돌아왔다.

## 1995년 11월 27일 월요일

오늘 아침 아내는 기분이 좋은 않은 모양이다. 친정 여동생들이 자기들과 힘을 합하지 않는다고 싸웠다고 한다. 나는 동기간에 편을 갈라서야 되겠냐고 하니 아내도 동감이란다. 동기간에 의좋게 살아야겠는데 모두 남 탓만 하니 그리 쉽지 않은 것 같다. 아내는 시골(하성)에서 가져온 수수쌀이 잘 대껴지지 않아 숙부네 기계로 대꼈으면 좋았을 것이라고 말했다. 나는 사촌형수가 맡았으니 사촌형수네에서 하는 것이 당연하다고 말한 것이 불씨가 되어 아내를 화나게 한 모양이다.

사소한 말이 아내를 자극하였나 보다. 나도 기분이 좋지 않은 것이 아내에게 서운한 마음이 든다. 별일 아닌 일로 말다툼이 잦으니 감정이 쌓인다. 내가 지나치게 속단하여 말하니 아내는 더욱 서운한 감정이 쌓이나 보다. 자기 말을 인정하지 않고 무시한다며 서운해하는 것이다. 나는 본래 남의 말을 인정하지 않고 이의를 달아서 다른 사람에게 호감을 사지 못한다고 말하였으나 아내는 자기에게만 그렇게 한다는 것이다.

나는 남의 말을 인정하나 다른 의견도 있을 수 있다는 취지로 말한다는 것이 표현력이 부족하여 오해를 사는 경우가 많았다. 또한 나의 성급한 마음도 문제다. 남의 말을 다 듣고 말해야 하나 말이 나오기 무섭게 단정하여 말하니 감정을 자극하는 경우가 많다. 더욱이 가까운 사람에게 더하다. 아내의 기분도 상하고 내 기분도 좋지 않았다.

## 1995년 11월 30일 목요일

아내 병원 가는 날이라 아침 청소를 마치고 일찍 이대 목동병원을 찾았다. 아내 주치의인 박병호는 아내의 수술한 부분이 아프다는 말에 그럴 수 있다며 차차 나아진다는 것이다. 수술한 지가 일 년이 되었으니 가슴 부분에 이상이 없는지 다시 검사해야 한다며 검사예약을 하고 가라는 것이다. 약을 타고 검사예약을 하고 돌아왔다.

저녁은 은영이네 식구가 와 박 서방이 퇴근하면 같이 식사하기로 하여 늦게 식사를 했다. 온 식구가 같이 식사하니 대단히 좋다. 저녁 후 은희가 전화로 은주와 싸우는 것이다. 그리고 은희가 울고 있다. 나는 무슨 일로 그러나 궁금했으나 감정이 나 있는 아이에게 묻고 싶지 않아서 그대로 모른척했다. 아내가 왜 우느냐고 추궁하니 은희는 언니가 자기를 그냥 두지 않고 섭섭하게 한다며 우는 것이다. 나는 은주가 동생에게 섭섭하게 할 의도는 없으나 지나치게 걱정하는 말이 은희를 섭섭하게 했을지 모른다는 생각이 들어 은희의 감정이 사그라지면 언니를 그렇게 생각하지 말라고 타이르려고 마음먹었다.

## 1995년 12월 1일 금요일

오늘은 나의 병으로 병원에 가는 날이어서 아침 일찍이 연대 부속병원(세브란스)으로 갔으나 의료 기계인 CT가 고장이 나서 촬영은 못했다. 12월 2일 11시로 예약하고 돌아왔다.

MBC문화방송 창사 34주년 기념 특별방송으로 간 질환에 대해 국내에서 권위 있는 서울대 의대 교수인 김정용 박사의 문답이 있을 것이라는 MBC(문화방송) 예고가 있어 나는 나의 병에 대해 약간의 기대를 하고 시청을 했으나 별로 도움이 되는 새로운 것이 없어서 서운했다. 차라리 김 박사의 강의로 방송을 했으면 더 많은 의학 정보를 접할 수 있었을 것 같았다. 방송이 너무 인기에 영합하여 알맹이가 없었다.

## 1995년 12월 2일

가슴이 더욱 아프고 쓰린 기가 느껴지며 힘이 없다. 계단 청소를 대강 마치고 누워서 쉬다가 아내를 재촉하여 병원으로 갔다. 병원에서 CT 촬영을 마치고 약을 타려고 주치의의 진료실을 찾았으나 주치의도 없고 간호사도 없어 사무실로 가 담당 간호사를 찾아서 다른 의사가 처방한 약이 맞지 않아서 그런지 배가 아프고 쓰리니 한광협 주치의 전에 처방했던 약으로 바꿔 달라고 하여 약을 타가지고 왔다.

아침 9시에 전두환 前 대통령이 담화를 발표했는데 그 내용인 즉 자기는 이미 정치적 법적으로 처벌을 받았는데, 현 정부의 정치적 문제로 또다시 처벌한다니 이에 승복할 수 없다는 것이다. 현 정부의 미숙한 대책으로 인하여 처벌을 안 한다(성공한 쿠데타는 처벌할 수 없다고 함)는 검찰의 결정은 잘못이다. 전두환은 이를 빌미로 다시 조사해서 처벌해야겠다는 것은 모순이 아니냐는 것이다. 그리고 대단한 애국자인 양 역대 정권을 거부하려는 좌익세력에 부합되는 정치를 하느냐며 좌우 대결 구도 속에서 자기를 희생시키는 것이므로 승복할 수 없다는 태도였다.

그리고 검찰 송환이나 조사에 응할 수 없다며 국립묘지를 참배하고 고향으로 가는 것이다. 이를 보니 우리나라도 많이 민주화되었는 생각이 든다. 전(前) 정권 때는 감히 엄두도 못 낼 행동이다. 저녁에 제4공화국과 코리아케이트를 보았다. 질곡의 역사를 보니 참으로 답답한 생각이 든다. 박정희의 '내가 아니면 나라가 망한다.'는 아집과 욕심이 역사를 왜곡시키고 본인의 불행도 자초하는 결과를 가져왔다. 우리의 정치가들이 이 같은 평범한 진리를 알고 있을까? 참으로 답답하다.

## 1995년 12월 5일 화요일

아침에 기운이 없는 것이 일어나기가 힘이 든다. 아내는 김치를 담그느라고 배추를 혼자서 씻는다. 아내를 도와주어야겠다고 마음먹었으나 계단 청소를 하고 나니 힘이 없어서 도와주지 못한다. 아내는 은주, 은영에게 도움을 청하는 모양이다.

은주가 아침 일찍이 왔다. 둘이서 일하는 것을 보니 한결 마음이 놓인다. 전날 밤에 은희, 은옥이가 아내와 같이 양념을 만들어서 많은 도움이 되었다. 정오쯤 은영이도 와 아내의 힘을 덜어주었다. 김장이 늦게 끝날 줄 알았는데 오후 4시에 끝내고 나서 은주는 보험회사 사무실을 다녀온다고 나가고 아내는 사위들을 위하여 저녁 준비를 은영이와 한다.

먼저 큰사위 김 서방이 와 저녁을 먹고 나서 시국 상황에 관해 이야기하였다. 같은 사안인데도 지역에 따라 국민 정서가 정반대로 나타난다는 것이다. 예로 전두환 구속에 대해 TK 지역에서는 불만이 많은 듯하다. 보편적인 생각은 헌정질서를 파괴하고 많은 사람을 죽였으니 처벌받아야 마땅하다는 생각인데 어느 경상도 출신 택시운전사는 왜 전두환을 구속하느냐는 것이다. 이 말을 광주에서 희생된 유가족들이 들으면 어떤 심정일까.

### 1995년 12월 6일 수요일

아침에 일어나기가 힘이 든다. 그러나 일어나서 계단 청소를 해야겠다고 마음먹는다. 계단 청소를 못하는 날은 죽음이 가까이 온 것이라는 강박관념에 일어나서 청소하고 나니 힘에 부친다.

오늘 박 서방이 출근이 늦는 듯해 물어보니 은영이와 병원에 가기 위해 늦게 출근하기로 했다는 것이다. 은영에게 건강상 문제가 있나 걱정이 된다. 병원에 다녀와서 별 이상이 없다고 하니 다행이다. 은영이가 태환이 동환이를 데려왔다. 외손자 셋이서 뛰니 시끄럽다. 은영이가 정수를 데리고 짐을 가지고 저희 집에 간다고 나서는 것을 보니 안쓰럽다. 차 타기가 불편하고 오래 기다리게 되니 말이다. 은주가 저희 집에 가는 것은 별로 안쓰럽지 않은 것은 자가용이 있어서일까.

저녁에 MBC의 제4공화국을 시청했다. 이후락 중앙정보부장이 정치적 곤경에 빠진 박정희 정권의 탈출구로 대북 접촉을 시도하여 북한을 방문한다. 그때 실미도 군 난동 사건을 박정희 정권이 간첩 사건으로 조작하려는 것이 드러나 정치권에서는 대단히 시끄러웠다. 정권을 유지하기 위하여 그러한 조작극으로 많은 젊은 생명을 희생시켰다고 생각하니 소름이 끼친다.

## 1995년 12월 7일 목요일

새벽에 잠이 안 와서 지난 5일, 6일 일기를 쓰기로 하고 거실로 나와 지난 일기를 쓰고 잠을 청해도 잠이 오지 않는다. 선종의 살림이 파산되는 것은 아닌가 하는 걱정에 잠이 오지 않는다. 형제들이 많은 도움을 주면 파산을 막을 수도 있지 않나 하는 생각을 해보지만 각자 자기들의 생활이 있는 것이므로 안 될 것이다. 하여서 택돈이네가 예금한 일억 원을 선종에게 싼 이자로 빌려주고(은행이자 이상) 선종이가 갚지 못할 시는 시세보다 싼값에 집을 맡으면 안 될까 하는 생각을 해보나 셋째 계수씨가 어떻게 생각할지.

5시 30분에 아내가 몇 시냐고 하여 5시 30분이라 하니 이제 늦어서 아버지 삭망에 갈 수 없다는 것이다. 나는 택시라도 타고 가라고 했으나 그래도 늦었다는 것이다. 아내는 참석하지 못하게 되어 섭섭한 모양이다.

오늘은 의사의 진료를 받는 날이다. 점심을 먹고 아내와 병원으로 갔다. 의사 말이 수치가 조금 낮아졌다며 27일 초음파 검사를 하고 '다시 치료합시다.'라고 말한다.

## 1995년 12월 8일 금요일

오늘 계단 청소를 하는데 계단이 더럽다. 그래서 시간이 더 걸렸다. 오늘은 배가 덜 아프다. 그리하여 운동을 할까 하고(운동이 집안 청소) 준비 중에 아내가 주차장에서 부른다. 하수도 오물 침수장이 막혀 안동

칼국수 집의 하수가 빠지지 않아 하수도 뚫는 사람을 불렀다. 일하는 사람이 오물 침수장에 오물 몇 삽을 퍼내니 그제야 하수가 빠진다.

일하는 사람에게 2만 원을 주었다. 오물 침수장을 보니 그래도 오물이 남아 있어 마저 다 파냈다. 앞으로 임대 수입은 늘지 않고 지출은 늘 테니 수지가 악화할 것이나 분수에 맞게 살면 별 어려움 없이 살 것이라는 생각을 해본다.

얼마 남지 않은 나머지 인생을 어떻게 살아갈 것인가에 대해 생각해본다. 좁게는 아내와 자식들을 위해 무엇을 할 것인가 하나 나의 병으로 인하여 아내와 자식들이 제일 피해를 보는 것이 아닌가.

그러나 그들에게 정신적 건전함과 경제적 도움을 줄 것이 무엇인가 하는 생각을 해본다. 정신적 건전함이란 모든 사물을 건전한 상식선에서 보는 눈과 마음이며 정신이다. 시대에 따라서 가치관이 많이 변하니 그 시대마다 최선을 다하는 것이 이 시대를 살아가는 지혜가 아닐까.

좀 넓은 삶이란 우리 주위 사람을 생각하며 살아가는 것이다. 예로 동기간과의 사이, 이웃과의 사이, 친족과의 유대를 생각할 수 있을 것이다. 동기간과 의좋게 지내려면 나의 노력과 희생이 따르지 않으면 안 될 것이고, 이웃과 사이좋게 지내려면 또한 친절과 희생이 따라야 하고, 친족과의 유대를 공고히 하자면 집안에(문중) 경제적 도움을 주어야 한다.

이 모든 것이 값을 치러야 얻을 수 있는 것이다. 더욱 적극적인 넓은 삶이란 이 사회와 국가를 위한 삶일 것이다. 그러나 그러한 삶은 그만한 자질과 자력이 있어야 할 뿐 아니라 희생을 담보해야 할 것이다.

## 1995년 12월 9일 토요일

계단 청소를 하는데 누군가 아래 현관 화장실 앞에다 소변을 보아 오물이 흥건하다. 어떤 사람이 그러한 짓을 했는지 모르나 세상에는 자기 자신하나 처신을 제대로 하지 못하는 사람들이 있나 보다. 하긴 각자마다 처신을 잘한다면 세상이 어지럽지 않을 것이다. 아내와 오붓이 점심을 시작하는데 큰사위 김 서방이 태환이, 동환이를 데리고 왔다. 외손자들이 식욕이 없어서 그러한지 먹는 것이 시원치 않다. 동환이가 아내의 껌을 더 갖겠다고 심술을 부린다. 보기보다 욕심이 많은 모양이다.

## 1995년 12월 10일 일요일

오늘은 시골(하성) 숙모님 생신일이다. 일찍이 청소를 마치고 9시 20분에 집을 떠나 선종이 차(봉고)를 타고 가는데 예상외로 차가 막히지 않고 잘 빠져서 40분 만에 고향에 도착하였다. 먼저 산소에 들러 어머님 묘에 절을 했다. 아내와 계수씨들에게 우리가 들어갈 자리가 너무 좁다고 말하니 모두 그렇다는 것이다.

사촌형님네 들르니 형님은 없고 백모님만 계시다. 건강은 좋으신 것 같다. 숙모님네 들르니 사촌누이들과 해종이가 있다. 오징어 회와 감주가 들어와서 그것을 먹으면서 숙모님이 세종이에 대해 이야기하시는 중 "인종이 회사 일로 세종이 진로에 지장을 주었다."는 말씀에 아내는 "본인이 결정한 것이 중요하지, 다른 사람 탓할 것만 아니다."라는 말을 했다. 나도 전적으로 동감을 표시했다.

오촌 당숙을 찾아뵈니 이제는 대단히 수척하시다. 그러나 정갈하게 하고 계시니 좋다. 오씨네와 유 씨가 겹사돈을 이루었다는 말에 그렇다고 말씀하신다. 우리 증조할머니가 해주오씨 종갓집에서 우리 증조할아버지에게 시집오시고 증조할머니가 당신 시집 조카딸을 당신 친정 조카에게 시집을 보내시어 우리 유 씨네와 양택리(하성면 양택리) 오씨네는 유대를 돈독히 하게 되었다. 그리하여 우리 할아버지께서 외가인 오씨네를 의지하여 하성 양택리로 이사 오시게 되니 그리하여 우리가 하성 양택리서 나서 성장하게 되었던 것이다.

## 1995년 12월 11일 월요일

  오늘 은주네 아이들(태환, 동환)이 온다고 한다. 아내는 아침에 태환, 동환이를 데리러 간다며 준비하고 나니 열두 시가 지나간다. 한 시까지 가기로 약속이 되었으니 늦지 않게 가라고 재촉했다. 태환이 동환이가 오니 집안이 시끄럽다. 태환이가 팽이를 찾아 논다. 팽이가 작아서 재미없을 것 같아 나무로 팽이를 만들어 주었다. 동생과 함께 즐겁게 노는 것을 보니 보기 좋다. 보기보다는 태환이가 동생을 잘 데리고 논다.
  아내가 저녁 찬거리를 준비하느라 시장에 갔는데도 둘이서 잘 놀고 있다. 저녁에 김 서방이 와서 아이들을 데리고 갔다. 태환이와 동환이는 나무 팽이가 좋다며 갖고 갔다. 이모들을 못 보고 가는 것이 못내 아쉬운 모양이다.

▲ 큰형부가 처음 장만한 차 엑센트. 이 차로 형부는 가족들과 함께 아버지와 어머니를 모시고 여행을 다녔다. 형부가 새 차를 구입하고 이 차는 막내네로 갔다. 손재주가 좋은 제부는 수동으로 올리고 내리는 창문을 자동으로 올라갈 수 있게 개조했다. 그리고 다양한 튜닝을 했다. 막내네가 새 차를 구입하게 되자 엑센트는 우리 집으로 왔다. 그러나 얼마 되지 않아 폐차하게 된다.

아버지는 큰형부와 돈을 모아 평창에 땅을 샀다. 그곳은 아버지가 자손들을 위해 남긴 땅이었다. 투병 중에도 기력이 있을 때 아버지는 어머니와 함께 대중교통을 이용하여 평창에 농사를 지으러 다녀오곤 하셨다. 그러나 아버지가 돌아가시고 얼마 되지 않아 관리문제와 세금관계로 팔게 되었다.

아쉽지만 우리의 역사가 깃들었던 엑센트 사진은 남아 있는 것이 없다. 위 사진은 이미지 사진에서 가져왔다.

## 엑센트를 타고 다녔던 여행지에서

▲ 오죽헌 - 아버지와 어머니 그리고 큰언니와 태환과 동환(1994년 아버지 57세, 어머니 54세)

## 작은언니와 형부의 약혼식

## 작은언니와 형부의 약혼식 후 동네 공원에서

▲ 아버지와 어머니, 그리고 큰언니와 나 그리고 막내

▲ 아버지와 어머니, 그리고 큰언니 부부와 나

▲ 아버지와 큰언니

▲ 태환이와 동환(1995년 6월)

### 1995년 12월 12일 화요일

아내가 아래층 현관 화장실 문이 소리가 나서 잠을 잘 수 없다며 고쳐야겠다고 한다. 그 준비로 가죽을 찾으러 옥상을 오르는데 계단이 지저분하다. 그냥 둘 수 없어 그것을 치우고 나니 문 고치는 것을 잊고 말았다. 은옥이가 일찍 와서 아내는 은옥이 옷을 보러 간다며 나갔다. 은옥이가 옷을 사 갖고 와서 좋아하는 것이다. 이제 숙녀티가 나고 멋을 내려고 하는 것을 보니 곧 짝을 찾으려는 모양이다.

### 1995년 12월 13일 수요일

오늘은 일을 많이 하는 날인가 보다. 소리가 나는 화장실 문을 고치려고 가죽을 준비하여 문에 대 보았으나 별 효과가 없다. 빼낸 부품을 다시 다니 소리가 작아진다. 가죽을 대면 오히려 지저분할 것 같아 대지 않기로 했다. 옥상 김칫광에 물받이를 하려고 PVC 연결 부분인 L자 엘보를 사서 물받이를 만들고 식탁 의자 부서진 부분을 맞추어서 강력접착제로 붙이고 고무줄로 고정해 놓았다. 저녁에 은희와 아내는 부츠(가죽 목이 긴 신발)를 찾으러 갔다 찾지 못하고 돌아왔다. 신발이 잘 안 된 모양이다.

### 1995년 12월 14일 목요일

오늘은 그림 구경을 하려고 아내를 재촉하여 종로 인사동으로 갔다. 도장포에서 아내의 도장을 맞춘 후 본격적으로 그림 구경을 나섰다. 백상 갤러리 지하에 화가 김태운 개인전이 열려 관람하러 들어갔다. 우리는 그림에 대해 문외한이라 그림을 보고도 예술성이 있는 건지 어떤지 모른 채 그림을 감상했다. 아내는 나체그림이 마음에 걸리는 모양이다. 그 작가 못쓰겠다는 것이다. 나는 아는 척을 하며 화가들은 한 번쯤 나체를 그린다고 말했다. 거실에 동양화 중 산수화 한 폭쯤 걸어두고 싶어 그림을 보러 간 것이다.

여러 화방을 돌아보았는데 유명작가의 그림은 매우 비쌌다. 우리가 원하는 크기도 없지만 값이 천만 원이 넘는다고 하니 감히 유명작가의 그림은 생각도 할 수 없다. 무명 작가의 그림 중에도 예술성도 있고 품위도 있는 것이 있겠지만 나의 안목으로는 그것을 찾기 어려울 것이다. 화방을 나서니 비가 오고 있어 우리는 서둘러 집으로 향했다.

## 1995년 12월 15일 금요일

계단 청소를 하고 집으로 들어오니 아내가 조카 명수네를 가자는 막내(선종)의 전화가 왔다고 한다. 명수는 김포읍에 살고 있는데 누님이 그곳에 와 계신다는 것이다. 내일이 누님 생신인데 상을 차리지 않으신다고 하여 누님만 뵈러 가기로 약속했다는 것이다.

아내가 구두수선집을 간 사이 김 서방이 서양란을 갖고 왔다. 김 서방은 태환이 동환이가 집으로 돌아올 때가 돼서 곧 가야 한다는 것이다. 은주와 통화를 하는데 별로 좋지 않은 기색이다. 김 서방이 가려는데 아내가 들어와 난(蘭)값을 주며 비싼 화분 같은데 3만 원만 줘도 되느냐고 한다. 서양란인데 꽃은 활짝 피어서 얼마 가진 못할 것 같으나 우아하고 아름답다.

막내(선종)가 집 앞에 도착했다고 연락이 와 차를 타러 나왔다. 돈이 준비가 안 된 아내는 안동 칼국수 집에 들러 돈을 마련해 나온다. 차를 타고 둘째(현종)네를 들렀으나 계약 문제로 갈 수가 없다고 하여 우리 셋만 갔다. '무엇을 사 가지고 갈까?' 고민하다가 세재 한 박스와 귤 한 상자를 사서 갔다. 누님은 반갑게 맞아 주었다. 살아가는 이야기를 하던 중 명수의 벌이가 신통치 않아서 아버지(매형)의 도움으로 살아간다는 것이다. 나는 본인이 전공한 목사의 길을 가야 한다고 말했다. 누님은 본인이 싫다고 하니 별수가 없다는 것이다. 수완이 없는 아이라 개인적으로 사업을 해서 돈을 벌기는 수월하지 않을 것이라는 말을 했다. 명수의 처(질부)가 살림을 잘못한다는 둘째 계수씨의 말을 듣고 여자는 살림을 잘 꾸려나갈 수 있어야 하는데, 하는 생각이 든다. 우리 딸들도 살림을 잘하는지 괜한 걱정을 아버지로서 하게 된다. 또 집에 있는 딸들에게도 살림을 잘하라는 이야기를 하고 싶다.

## 1995년 12월 17일 일요일

아내는 안동칼국수 집 김장을 도와줘야겠다며 일할 수 있게 의복을 입고 나간다. 나는 남의 일을 그렇게 하려고 하느냐고 했으나 남의 일도 도울 줄 알아야 한다며 나간다. 아내가 일을 마치고 점심식사(안동칼국수)를 가지고 와서 먹었다. 나는 붓글씨를 쓴다며 준비하니 아내가 먹을 갈아 준다. 붓글씨 솜씨는 부족하나 그래도 집에서 소일 할 수 있는 것이 무엇인가를 생각하니 그것이 제일 나을 것 같다.

저녁에 딸들이 돌아오기를 기다리는데 늦게까지 돌아오지 않아서 걱정된다. 은희는 여행을 갔다가 오늘 오는 날인데 소식이 없다. 전화도 하지 않는다고 아내는 걱정이다. 저녁에서야 선배 언니네를 갔다고 전화가 와서 마음이 놓였다. 선배 언니네에서 그림을 갖고 와서 보니 잘 그린 그림인지 어떤지 문외한이라 모르겠다. 그림에 대한 안목은 그것들을 자주 대하고 감상할 때 생길 것이다.

형석이가 군에 입대한다며 전화를 했다. 둘째 사위 박 서방한테서 전화가 왔다. 대리로 발령을 받았다고 한다. 축하한다고 말해주었다.

### 1995년 12월 18일 월요일

아침 계단 청소를 하고 나서 샤워하는데 아내가 문을 두드린다. 왜냐고 하니 꽃나무에 물을 주자는 것이다. 나는 좀 있다가 주자며 화를 냈다. 청소하고 나니 힘이 없어 쉬어야겠는데 아내는 모르는 모양이다. 하기야 나의 생체리듬을 다른 사람이 어떻게 알까?

아내는 은희와 꽃나무를 화장실에 옮기고 물을 준다. 꽃나무에 물을 주고 정리를 하니 한결 아름답다. 아내는 꽃나무가 대견한 모양이다. 저녁에 아내는 은희를 봄에라도 출가시켜야겠다고 한다. 나는 좋다는 사람이 있냐고 하니 고졸자로 YMCA에서 독서토론을 하다 만난 남자가 있다는 것이다. 고졸이면 어떠냐고 사람만 좋으면 빚이라도 얻어 결혼시키자고 말했다.

### 1995년 12월 19일 화요일

오늘은 장인어른 탈상 날이다. 과거에는 3년 탈상을 하였으나 오늘날에는 100일 만에 탈상하는 것이 상례가 되었다. 전엔 허례허식이 지나쳐 조상을 많이 섬기는 종갓집에서는 제사로 말미암아 경제적으로 파산하는 경우가 많았다. 또 여성들의 많은 노고가 있어야 하니 요즘 신세대들에게는 인기가 없는 집안 행사가 되었다. 그리하여 조상을 섬기는 유교가 제일 인기 없는 종교가 되었고 타 종교보다 그 세력이 현저히 쇠퇴하고 있다. 물론 유교가 내세관이 없어 종교라 할 수 있는지 모르지만…. 그러나 우리나라는 유교 문화가 우리들의 사상과 의식을 상당히 지배하고 있는 것이 사실이다.

아내와 나는 장인 탈상을 위하여 시흥시 매화동 처가(용훈이 처남네)로 갔다. 처남댁들이 제사를 준비하느라 바쁘다. 오후 3시 30분에 제사를 지내기로 했다는데 다들 연락했느냐고 하니 다른 사람을 통해서 했다는 것이다. 그것은 잘못이라고 말하고 오든 안 오든 변경된 시간을 행사를 집행하는 측에서 알려주어야 한다고 말했다.

제물을 진설하는데 나는 홍동백서와 어동육서를 말하며 그렇게 진설하는 것이라고 하니 큰처남(용덕이가)이 우리는 그렇게 하지 않는다고 고집을 부리니 좀 섭섭한 감이 든다. 그러나 그것은 고인을 추모하는 행사에 제물 진설이 그렇게 중요한 것이 아니라는 생각이 든다. 다만 동막골(시흥시 아산) 처제가 집이 비었다며 제사에 참석지 않고 서둘러 간 것이 마음에 걸린다. 둘째 처남(용석)도 별로 기분이 좋지 않은 모양이다. 처가 동기간도 의좋게 살아가야 하는데 장인어른이 돌아가시고 마음에 틈이 생긴 것 같다. 고인에 대한 추억이나 삶의 의미를 다시 돌아보는 오늘 하루여야 하는데 그렇지 못한 것이 아쉬웠다.

## 1995년 12월 20일 수요일

장인 탈상을 마치고 아침 일찍이 장인, 장모 묘를 찾았다. 묘지를 돌아보니 여름에 묘비를 세우고 묘역에 석주를 쌓아 잘 손질해 놓았다. 그런데 그곳 앞으로 도로가 난다는 말이 들린다. 이곳도 개발에 밀려 머지않아 묏자리의 기능을 상실할 것 같다. 오랫동안 묘지를 부지할지….

둘째 동서(일수 아버지)가 우리 내외를 차로 데려다준다고 하여 차를 타고 집으로 왔다. 아내는 동서가(일수 아버지) 보신탕을 좋아하는 것을 알고 보신탕을 사 와서 동서 내외와 같이 점심을 먹었다. 아내와 둘째처제 사이에 틈이 생긴 것이 오늘 일로 말미암아 풀어지니 좋다. 아내가 처가 매화리에 전기 영수증을 두고 와서 다시 매화리로 동서 차를 이용해서 갔다 오니 미안한 생각이 든다.

### 1995년 12월 21일 목요일

계단 청소를 하루 안 하니 표가 나서 시간이 더 걸렸다. 오늘 태환이, 동환이가 온다고 은주에게 전화가 와서 붓글씨를 연습하며 기다리던 중 아래에서 태환이와 동환이가 할머니를 찾으며 올라온다. 나가 보니 두 녀석이 선물 보따리를 들고 오고 있다. 두 녀석은 오자마자 선물 꾸러미를 꺼내서 놓고 있다. 아이들은 새것에 대한 호기심이 많다. 그것이야말로 아이들이 세상을 살아가는 데 많은 도움을 줄 것이라는 생각을 한다.

오후에 누님이 오셨다. 이곳에 있는 땅이 팔릴 것 같아 의논도 할 겸 오셨다는 것이다. 나는 땅을 팔지 말고 태수 집을 정리하여 태수 명의로 하는 것이 어떻겠냐고 말씀드렸으나 명수, 혜신이에게도 주어야 한다는 말씀을 듣고 그도 그렇겠다고 생각했다. 그러나 명수가 지금 사업을 하는 데는 돈을 대 주어서는 안 된다고 말씀드렸다. 제 집을 팔든 어떻게 하든 자신의 힘으로 해야 자립할 수 있다고 말씀드렸다. 누님은 우리 집이 불편하신가 보다. 나의 싫은 소리가 듣기 싫으신가 보다. 선종이네로 가신단다. 나는 다른 사람들의 마음을 편하게 하는 것이 부족한 것 같다.

### 1995년 12월 22일 금요일

오늘은 은행에 예금을 많이 했다. 막내 계수씨가 어제 오백만 원과 이자를 갖고 왔고 가게에서 세를 받고, 은옥이 월급도 있어서 육백오십오만 원을 예금하였다. 12월 29일이 되면 농협 돈 천만 원을 새로 빚을 지지 않고도 갚을 수 있을 것 같다. 딸들이 우리의 검소한 생활을 잘 따라 주어 고마운 마음이다. 이렇게 2년만 지나면 빚은 다 갚을 수 있을 것 같다. 그러나 하고 싶은 것이 많다. 전축도 사고 싶고, 그림도 사고 싶으니, 어느 것을 먼저 해야 할지…. 생활의 질도 높여야 하겠고, 시골에 가서 살고 싶은 생각도 든다. 얼마나 살지 모르지만….

우선 급한 일은 은희가 출가하는 일이다. 그러나 그것은 상대가 있어야 하는 일이다. 마음대로 안 되는 것이다. 저를 좋아하는 사람이 있다는 말도 들었으나 소식이 없다.

### 1995년 12월 23일 토요일

전축을 구경하러 염창동 도시가스 옆에 있는 인켈 대리점에 갔다. 대리점 직원이 친절하게 전축에 대해서 이야기해 준다. 이야기를 듣고 보니 출력이 좋은 값 비싼 제품이 사고 싶다. 돌아오는 길에 그림을 보려고 신정초등학교 앞에 있는 화방에 가 보았다. 주인이 없어서 유리문으로 보았다. 서양화인 풍경화가 마음에 든다. 가을 풍경인데 화려한 것이 좋아 보인다. 전화번호를 적어서 돌아오는 길에 삼성대리점으로 갔다. 삼성대리점에서는 전축을 20%만 할인해 준다는 것이다. 우리는 우선 빚부터 갚고 나서 구입하자고 생각하고 돌아왔다. 돌아와서 보니 손자들이 저희 집으로 갔다. 농장 친할아버지를 뵈러 갔다는 것이다.

### 1995년 12월 24일 일요일

날씨가 추워진다니 옥상에 있는 김치 광을 보온하러 올라갔다. 김치 두는 곳에 바람이 들어가지 않게 가방 천으로 바람막이를 하였다. 물탱크로 물이 들어가는 수도관도 보온하려고 천으로 감싸주었다.

그동안 은주네 식구들이 와 있다. 손자들은 즐거워하며 논다. 오늘이 크리스마스이브이다. 나는 예수를 믿지 않으므로 별 감흥은 없으나 손자들이나 딸들이 좀 안되었다는 생각이 든다. 저녁 식사를 마치고 은주네는 교회로 크리스마스이브를 보내러 가려 했으나 힘이 드는지 그만둔다고 한다.

나는 딸들에게 우리 뜻을 잘 따라 주어서 빚을 갚게 되었다며 고마움을 표했다. 그리고 내가 환자이니 집안이 밝을 수는 없지만 밝게 살려고 노력하자고 했다. 그리고 내가 하고 싶은 일, 시골에서의 전원생활과 갖고 싶은 것들을 이야기했다. 은주가 제주도 갈 항공권을 준다니 제주도 여행을 할까 한다.

## 1995년 12월 25일 월요일

성탄절이라 온종일 TV 방송이 방영된다. 세계의 곳곳에서 성탄을 축하하며 성탄의 의미를 되새긴다. 나는 TV에서 방영되는 영화 십계를 시청하였다. 십계는 모세가 애굽에서 기적을 행하여 자기 민족을 노예 생활에서 구한다는 성경에 있는 이야기를 영화화한 것이다. 모세가 자기 민족을 구하여 자기들 땅으로 가면서 십계명을 하느님으로부터 받는데 그것이 이스라엘의 율법이 되었다는 것이다. 아내는 모세의 기적이 있을 수 있는 일이냐며 거짓이라는 것이다. 지팡이가 뱀이 되고, 애굽의 군대를 불기둥으로 막아내고, 바다를 갈라서 육지로 만들고, 그 육지 길을 다시 바다로 변하게 하는 기적을 보여줌으로써 자기 민족을 구하였다는 것을 믿지 못하겠다는 것이다.

나는 우리 가정이 어느 종교 소속이 되는 것이 좋지 않을까 하는 생각을 해보았다. 현대를 살아가는 데에는 어디인가는 소속되어 더불어 살아갈 수밖에 없지 않은가. 전에는 공자(孔子) 사상으로 우리 사회를 지탱해 왔는데 지금은 그 윤리 사상으로는 이 사회를 이끌지 못하여 우리들의 삶이 방황하는 것이 아닌가. 신을 믿고 안 믿고 간에 우리 사회에 많은 영향을 미침으로 종교를 도외시할 수는 없다. 나는 종교의 윤리 도덕이 우리 생활에 많은 영향을 미침으로 종교를 수용하는 것도 이 사회를 현명하게 살아가는 지혜라고 생각한다.

## 1995년 12월 27일 수요일

오늘은 아내와 내가 의료 진료를 받는 날이다. 아침 8시 40분에 각자의 병원을 향해 떠났다. 갈비뼈가 아파서 '초음파 촬영을 잘할 수 있을지 모르겠다.'고 생각하며 병원에 갔다. 두 가지 검사를 위해 피를 뽑고 곧 초음파 검사실로 갔다. 초음파 검사를 하는데 예상과는 달리 갈비뼈가 아프지 않아서 긴 시간을 검사하는 데도 별 무리가 없었다. 주치의인 한광협이 직접 와서 초음파 검사를 하는데 상태가 별로 좋지 않은지 말없이 검사를 마치는 것이다. 그러나 주치의가 직접 검사를 하는 성의를 보여주니 믿음이 갔다.

집에 돌아오니 아내는 병원에서 돌아오지 않고 있어 혼자 식사를 하고 기다리니 한 시가 되어서야 돌아온다. 아내는 이대 목동병원에서 근 한 시간을 걸어서 왔다는 것이다. 나는 별로 칭찬해주고 싶은 마음이 없다. 아내는 주사약이 온몸에 퍼져야 촬영할 수 있는 과정이 남아서 또다시 병원에 갔다.

저녁에 은희가 '경제적으로 독립을 하고 싶다.'는 전날 했던 이야기를 다시 하였다. 아내와 나는 아이들이 나이 들어가며 독립하고 싶은 것이 정상이나 그것이 그리 쉬울까 하는 노파심이 든다며 어서 짝을 만나 둥지를 틀어야 할 텐데 걱정을 했다.

그리고 은희가 우리 가정에 많은 기여를 했으므로 우리 형편에 따라 지참금을 주어야겠다는 아내의 말에 동의했다.

## 1995년 12월 28일 목요일

아내가 아침 청소를 하는 것을 보니 누워있을 수가 없다. 나는 계단 청소를 못하면 죽는 날이 닥쳐오는 듯한 착각에 빠진다. 계단 청소를 아내와 대강 마치고 조반을 한 후 누워있다가 옥상 계단에 있는 물건들을 정리하는데, 양동이에 있는 구정물을 화분에 주었다고 아내는 심술을 낸다. 또 사과를 나무상자에서 종이 상자로 옮기는 것이 못마땅한지 하루 종일 기분이 좋지 않다. 나는 점심에 된장찌개를 한다며 준비를 하니 아내는 당신이 무얼 하겠냐는 투로 그만두라는 것이다.

## 1995년 12월 29일 금요일

오디오 세트(전축)의 시세를 알아보러 아내와 같이 용산 전자상가엘 갔다. 우리는 '삼성 제품을 구입할까.'하는 생각이었으나 전자상가 종업원들은 유명회사 제품보다는 오디오 전문회사 제품이 좋다며 전문회사 제품을 권하는 것이다. 우리는 롯데전자에서 수출용으로 만든 오디오를 구입했다. 노래방까지 포함하여 백구십만 원에 구입했다. 오디오를 설치하고 대금도 지불했다. 딸들이 직장에서 돌아와 오디오를 보고 노래를 불러보자고 하여 불러보았으나 음치라 그러한지 한심할 정도다. 오디오 설명서는 영어로 쓰여 있어 잘 몰랐으나 딸들이 영어를 읽어 보며 쓰는 방법을 알아내는 것이다. 그때 딸들을 가르친 보람이 있다는 생각에 기분이 좋았다. 그런데 오디오 제품 회사명이 없고, 스피커 등 다른 것도 롯데 것이 아닌 타사 제품이었다. 내일 잘 알아보고 속아서 샀으면 해약을 해야겠다고 생각하느라 잠을 설쳤다.

▲ 아버지와 어머니는 용산전자상가에서 오디오와 노래방 기기를 구입했다. 처음엔 속아서 잘못 구입한 건 아닌가 하는 생각에 걱정도 있었지만 우리는 노래방 기기가 있어 즐거웠다. 아버지의 애창곡은 '바위고개'였다. 아버지, 어머니 두 분은 자신들이 노래를 못한다고 생각하지만 두 분 다 그만하면 잘하시는 것으로 생각한다. 다만 두 분 다 가무를 즐기시지 않았을 뿐이다. 그런 모습은 딸들도 닮았다. 아버지가 바위고개를 부르던 모습이 음색과 함께 지금도 선명하게 떠오른다.

## 1995년 12월 30일 토요일

아침에 계단 청소를 아내와 같이하고 아내는 먼저 집으로 들어가고 나는 마포 걸레를 빨고 거실로 들어왔다. 아내는 기분 좋게 웃으며 전화 통화를 하고 있다. 내용을 들어보니 동막골(셋째) 처제와 형석이 군대 생활에 관해 이야기하며 즐거워하는 것이다. 그런데 즐겁게 통화하던 아내의 언성이 높아지며 싸움으로 변하는 것이다. 동생들에게 31일 아침에 모이자고 연락을 하는 중에도 동생들과 말다툼을 하는 것이다. 동생들은 모임이 좋지 않은지 뒤로 빼는 모양이다.

나는 어떠한 문제도 모여서 푸는 것이 좋지, 뒷공론을 하는 것은 동기간의 의를 갈라놓은 것이라는 생각이 든다. 아내와 나는 좋든 싫든 모여서 풀어야지 그냥 세월이 약이라는 식으로 지내는 것은 좋지 않다는 생각에서 모이자고 한 것이다. 그래야만 동기간에 오해가 생기지 않아 의도 좋아지고 최소한 원수같이는 지내지 않을 것이라는 생각에서다.

나는 어제 오디오 제품이 롯데에서 나온 것이 사실인지를 확인하고 롯데로부터 품질 보증을 받을 수 있는지를 알아보았다. 추후 하자에 대해 보증을 해준다는 롯데 측의 답변을 받고 마음이 놓였다.

아내와 나는 머리도 식힐 겸 그림을 보러 신정초등학교 앞에 있는 화방에 갔으나 주인이 없어 우리 집 건너에 있는 화종이네 집에 세든 예림화방을 찾아갔다. 시골 가을 풍경이 그려진 동양화 한 점(약 가로 2m x 93cm)을 사십만 원에 구입하여 거실에 걸어 놓으니 거실 분위기가 달라지는 것 같다.

아내가 용석이네 전화번호를 잘못 알았는지 용석이와 전화 통화를 못하고 다시 큰처남(용덕)에게 전화한다. 전화 통화 중 큰처남과 말다툼을 한다. 처남은 내가 전에 딸들도 상속받는다는 일반적인 이야기를 한 것을 재산을 달라는 뜻으로 받아들여 싫었던 것 같다. 그러한 이야기를 해서 싫다는 것이다. 나는 처남이 한심하다는 생각이 든다. 그러한 문제면 더욱 적극적으로 나서 자기 의사를 밝힐 일이지…. 또 내가 정말로 처가 재산이 탐난다면 그런 식으로 이야기했겠는가. 그보다는 아내가 권리가 있는 것이므로 아내에게 그 권리를 행사하도록 부추기는 것이 정말로 재산을 상속받는 확실한 길이 아니겠는가. 딸들에게 처남이 본보기가 되지 못하는 것 같아 안타깝다. 나도 한갓 범부라 나도 모르는 욕구가 있을지도 모른다. 그러나 그렇지 않다고 자부하고 살았는데 그것을 건드린 것 같아 기분이 좋지 않았다.

### 1995년 12월 31일 수요일

아내는 동생들의 모임(처가 식구)을 위하여 음식 준비를 한다고 바쁘게 움직이고 있다. 나는 이번 기회에 처가 동기간에 화해했으면 하면서도 용덕이 처남의 말(즉 처가 재산을 탐낸다는)에 기분 상하기도 했다. 나는 상속에 대한 일반적인 법을 말을 했을 뿐이나 듣는 측에서는 재산을 달라고 하는 말로 들린 모양이다. 물론 이해관계가 없는 사람은 그 말을 순수하게 받아들이겠지만 처가의 편에서 보면 그렇게 오해할 수도 있을 것 같다. 그러나 나의 본심이 그렇지 않은데 그렇게 보이는 것이 기분 좋을 수는 없다. 그리하여 이번 모임에서 그에 대해 해명도 해야겠다고 마음먹었다. 그러나 그러한 말을 한 당사자(용덕 처남)가 오지 않으므로 실망했다. 또 이번 일에 불씨를 지른 셋째 처제도 오지 않으므로 모임의 의의가 반감되었다. 왜들 모여서 떳떳이 자기주장을 말하고 다른 사람의 잘못이 있으면 시정하라고 주장하지 않고 뒤에서 이러니저러니 하여 동기간의 의를 갈라놓는지 모르겠다는 생각이 든다.

그럼에도 모임의 의의는 있었다. 서로의 마음을 털어놓으니 모였던 사람들은 그동안 품었던 오해를 풀고 이해하는 기회가 되었다. 그리하여 동기간에 여행을 가기로 결론이 났다. 나는 아내가 토론하다 감정에 치우쳐 서로 마음을 상하게 하지 않을까 했으나 대체로 이해가 가도록 말하여 안심되었다.

그러나 불행한 것은 용석이 처남의 이혼이었다. 어떻게 그러한 일이 일어나는지…. 아내는 대단히 안타까워한다. 처남과 아이들이 불쌍해서 어떻게 하나…. 이혼하기 전에 한번 말이라도 동기간과 의논하지…. 말 한마디 없다 이혼했다고 알리니 그럴 수 있느냐는 것이다. 용석이 처남이 앞으로 어떻게 살아갈지 걱정이 돼서 잠이 잘 오지 않는 모양이다.

### 1996년 1월 1일 월요일

　새해가 밝았다. 올해는 더욱 건강에 유의해서 삶을 더해 나가야겠다는 생각이다. 은영이 부부가 31일 와서 새해를 맞이하였다. 나는 새해 아침에 덕담도 나누고 축하도 하자고 하니 은주네 식구가 오면 하자고 한다. 은주네 시댁이 신정을 새는데 언제 올지 알고 기다리냐며 우선 우리끼리 하고, 은주네 식구들이 오면 또 하자고 하여 온 식구들이 차를 들며 올해에 건강하고 행복한 한 해가 되자고 다짐하였다.
　아내는 할 말이 많은가 보다. 지난날 친정 동생들과 불편했던 생각에서인지 유난히 의좋게 지내라는 말을 많이 한다. 예상보다 빨리 은주네 식구들이 왔다. 올해부터는 시집도 구정을 지낸다는 것이다. 아이들이 즐겁게 뛰노는 것이 귀엽다. 둘째 사위인 박 서방이 직장 관계로 울산으로 가기 위해 집을 나섰다. 저녁 후 은주네 식구들과도 맥주를 마시며 새해를 맞아서 건강하고 행복한 한 해가 되자고 다짐했다.

### 1996년 1월 3일 수요일

　아침에 청소하고 나니 기분이 상쾌했다. 지난 연말부터 년 초까지 지낸 일이 우리 집안에는 처가로 말미암아 다사다난했다고 한마디로 표현할 수밖에 없다. 저녁에 아내가 저녁을 준비하다 동막골 셋째 처제에게서 전화가 와서 통화 중 말싸움이 시작되더니 급기야는 아내가 전화를 일방적으로 끊는 것이다. 나는 통화내용을 들어보니 한심하고 무엇이라 말할 수 없는 분노를 느낀다. 아무리 막되어 먹은 사람이라도 그렇게 막말을 할 수 있는지 참으로 괘씸하다.
　아내에게는 철없는 동생의 말이니 깊게 생각지 말라고 위로했으나 아내는 말할 수 없는 비애를 느끼는 모양이다. 그래 어떻게 용훈(막내

처남)이한테 뇌물을 먹어서 용훈이 편을 드느냐는 말이 함부로 나올 수 있고 또 자매 형제들이 편을 짜서 누구를 혼내주자는 것인지 한심할 뿐이다.

## 1995년 1월 5일 금요일

오늘 청소는 아내와 같이했다. 힘이 없으나 병원에 가는 날이라 샤워를 하고 병원 갈 준비를 했다. 의사와 예약 시간이 1시 20분이라 집에서 12시 30분에 떠나기로 하고, 나는 우유와 초코파이 한 개를 먹었으나 아내는 아무것도 먹고 싶지 않다고 그냥 떠났다.

병원에 도착하니 1시 10분이라 부지런히 가서 예약을 접수하고 기다리니 2시 20분경 우리를 부르는 것이다. 주치의(한광협)는 나의 건강 상태가 좋지 않은지 수술할 의사가 없는지 묻는다. 나는 수술하여 좋아진다는 확실한 확신이 없는 한 할 필요가 있느냐고 반문하니 '지금까지도 살아왔지 않느냐?'는 것이다. 의사는 지금은 치료의 선택 폭이 넓지 않다고 한다. 아내는 '그렇다면 처음에 수술하지 왜 지금 와서 수술하느냐?'고 하니 '처음에는 수술보다는 혈관으로의 치료가 더 효과적이라 그리하였다.'는 것이다.

나는 의사의 말에 따를 수밖에 없지 않으냐고 마음먹고 입원하기로 했다. 방사선과 이종태 박사와 예약을 1월 19일로 하고 초음파는 1월 16일 하기로 예약했다. 그리하여 입원 예약을 하는데 서류 부분에 보증인 부분이 미비하다며 다시 해오라 하여 막내네로 전화를 하여 지난번과 같이 막내 계수씨를 보증인으로 했으나 다른 사람으로 하라는 것이다. 나는 화를 내며 지난번에도 그리했는데 오늘은 왜 못하느냐며 할 수 있느냐 없느냐고 따지니 다음에 보증하고 오늘은 그냥 접수를 해주겠다고 한다. 집에 돌아오니 6시가 넘었다. 아내는 시장한지 곧 저녁을 준비하라고 은영이에게 말한다.

## 1996년 1월 6일 토요일

아내와 같이 계단 청소를 하니 훨씬 수월하다. 이러한 일은 나 혼자 하더라도 힘들지 않게 할 수 있어야 하는데…. 아내는 쓰레기봉투가 터져서 가게 앞에 흩어져 있다며 그것을 처리하겠다며 집에 있는 쓰레기를 갖고 나가서 처리하고 온다.

1층 화장실의 문짝이 떨어져 그것을 어떻게 해야 하나 생각하다 못을 뽑아야겠다고 생각했다. 타일 한 바닥에 못이 부러져 나간 것이다. 청소를 마치고 들어오니 은희가 자동차 시험(실기)을 보러 간다고 한다.

운전 연습도 없이 어떻게 실기시험을 받느냐고 아내에게 말하니 운전 실기연습은 한 시간에 2만 원이 든다는 것이다. 나는 그렇더라도 실기연습을 해야지, 안 하고 어떻게 실기시험을 보냐고 했다.

점심때 정수가 "할아버지 진지 잡수세요."라고 알려 주려 안방엘 들어서다 문설주에 부딪혀 눈썹 근처를 다쳤다. 큰 상처가 아닌 것이 다행이다. 아내는 외손자가 귀여운지 정수를 보기만 하면 웃는 빛이라 참 다행이다. 요즘 여러 가지 안 좋은 일이 많은데….

은희가 실기시험에 떨어졌다며 다음 2월에 다시 시험을 본다는 것이다. 나는 다음번에는 실기연습을 하고 가라고 하니 은희는 오히려 연습하지 않고 가겠다는 것이다. 딸들이 저녁을 같이하니 기분이 좋다.

▲ 어머니와 아버지, 동환이와 정수와 태환이

▲ 어머니 김정순 여사의 생신날 정수, 태환, 동환

3부. 1996년의 일기 · 241

▲ 1996년 7월 경주(아버지 59세, 어머니 56세)

▲ 서울 여의도 윤중로 벚꽃 축제 - 아버지와 어머니 그리고 세 손주

## 1996년 1월 7일 일요일

은영이가 누구인질 모르겠다며 어떤 아저씨가 전화했다고 하며 전화기를 건넨다. 받아보니 원일이 아버지다. 신년 인사를 하려고 전화를 했다는 것이다. 반가우면서도 전화 내용이 매끄럽지 못한 것이 아쉬웠다. 충분히 인사도 못하고 덕담도 나누지 못했다.

오후에 은주네 식구들이 왔다. 정수는 저의 이종사촌(태환, 동환)이 오니 반갑고 즐거운 모양이다. 이종형들이 장난으로 도로 간다고 하니 울며 못 가게 한다. 이종들은 더욱 짓궂게 신이 나서 간다며 나서는 것이다. 오후 다섯 시경 은주, 은영이네들이 간다고 하여 저녁이나 해 먹고 가라고 하니 그냥 간다고 한다. 저희도 일이 있어 가겠지….

## 1996년 1월 8일 월요일

오늘은 피 검사하는 날이다. 아침 일찍 계단 청소를 하고 7시 40분에 병원(세브란스)엘 갔다. 차가 막혀 8시 40분이나 되어서야 병원에 도착했다. 전기 대학 본고사를 보는 날이라 연세대에서는 고등학교 동문이 후배들(연세대 지원자)을 격려하는 응원 소리가 드높다. 그들을 바라보며 젊음이 좋기는 좋다는 것을 새삼 느낀다. 날씨는 몹시 추웠다. 아내와 빠른 걸음으로 병원을 향했다.

링거를 맞으며 외국서 온 주사약을 주사하고 채혈을 오 분 간격으로 총 일곱 번을 했다. 간 기능 검사를 하는 것이라고 한다. 아내가 주치의 간호사에게 채혈하였다는 것을 알리는 동안 나는 자판기에서 율무차 두 잔을 빼 아내와 마시니 한결 속이 부드러워졌다.

## 1996년 1월 9일 화요일

아침에 아내가 늦게 일어나는 바람에 은옥이가 아침밥을 못 먹고 갔다고 걱정이다. 다음번에는 내가 일찍 깨워줄게 하고는 계단 청소를 하러 나갔다. 아내가 계단 청소를 도와준다며 마포 걸레질을 하는 것이다. 나는 그만두고 집안 청소를 하라고 하였다.

TV를 틀어보니 김영삼 대통령이 신년 연설을 하고 있다. 나라의 가장 큰 영향력을 끼치는 것은 대통령이 아니겠냐는 생각에 시청을 하였다. 김영삼 대통령은 역사를 바로잡기 위해 많은 노력을 하고 있고 또 세계 일류국가를 만들기 위해 노력하고 있다며 국민도 참고 동참하길 호소한다. 자기의 치적을 말하는데 그중 외교 부분의 성과로 유엔안보리 이사국으로 피선된 것과 AEP에서 주도적 역할을 한 부분 또 대북핵 문제 해결 등을 들었다. 내치(內治)의 업적으로는 문민정부로서 민주화를 이루었고 금융실명제 실시로 전직 두 대통령의 부정·비리를 사법처리한 것을 들었다.

김 대통령은 대통령이 되기까지 후원자로부터 정치자금을 받아서 당비나 선거자금으로 쓰기는 했으나 개인적으로 치부하는 데는 한 푼도 쓰지 않았다는 것이다. 그것도 대통령이 되고 나서는 받지 않았다고 한다. 부정·비리를 없애기 위해서는 대통령부터 깨끗해야 한다는 것이다. 전적으로 동감한다. 앞으로 대북 외교를 강화하고 경제정의를 실현하여 살맛이 나는 일류국가를 건설하겠다고 다짐한다. 그리하기 위해서는 정치 안정을 위해 개헌논의를 중단하고 정당 지도자들과 머리를 맞대고 의논하자는 것이다. 잘되어 갈지….

아내는 이불(홑이불)을 꿰맨다고 벌려 놓았다. 나도 도와준다고 하니 바늘을 못 찾아서 애를 쓴다. 바늘을 찾아서 이불과 요를 꿰매고 나니 기분이 좋다.

### 1996년 1월 10일 수요일

아침 일찍이 아내가 계단 쓰레질을 시작한다. 나는 아내의 쓰레질 소리를 듣고 일어나 청소를 시작했다. 오늘은 전축 마이크가 고장이 나서 전축 구입한 곳 용산전자상가에 있는 현대전자상사를 찾아갔다. 우리는 마이크가 그렇게 쉽게 고장이 나냐며 노래방기기를 공연히 샀다고 하며 마이크를 하나 더 달라고 하니 순순히 하나를 더 주어서 둘을 받았다. 그러고 나서 CD 판매 업소에 가서 설운도와 심수봉의 CD를 김영임의 회심곡과 칠갑산이 있는 CD로 교환했다.

오전에는 난 화분이 화장실에 있는 것을 보고 동양란은 안방에 놓겠다고 아내에게 말하니 싫은 내색이다. 아내는 TV로부터 전파를 받아서 난(蘭)에게 좋지 않다고 생각한다. 그래도 나는 동양란을 안방(우리 방) 문갑 위에 놓아 보았다. 아내도 좋은 모양이다. 아내는 난을 손질하고 동양란 화분 둘을 안방 창문에 놓고 햇빛을 쏘이게 하고 용산 전자상가로 갔다.

전자상가에서 돌아오는 도중 영등포시장에서 버스를 기다리는데 번호 색깔과 행선지에 따라 정차하는 곳이 각기 다르니 버스 타기가 쉽지 않다. 아내와 나는 그 같은 불합리한 행정을 곧 시정하지 못한다고 불만의 소리를 했다.

오후 6시에 KBS에서 방영하는 6시 내 고향 프로에서 진행자가 성씨를 말할 때 나의 성씨를 유가라고 말해야지 유 씨라고 말하는 것은 잘못이라는 것이다. 우리는 대개 유 씨라고 말하는 경우가 많다. 우리말이 꽤 어렵다는 생각이 든다.

은옥이가 집에 와서 저녁을 먹은 후에 영어 학원에 간다는 전화를 받고는 아내는 기분이 좋아 저녁 준비를 한다. 그러한 아내를 보며 나는 은옥이가 오기 전에 방 청소를 해야겠다고 생각하고 곧 청소했다. 오늘은 은희도 일찍 왔다. 은희가 안방에서 전화를 받는 것을 보고 '무선 전화기가 필요하구나.'라는 생각이 든다. 저희에게도 감추고 싶은 전화가 있을 것이라는 생각에서….

## 1996년 1월 11일 목요일

오늘은 집 창문과 환기통 지붕을 하기 위해 성신 실업 사장이 와서 일감을 보고 내일이나 모레 쯤 공사를 하겠다며 돌아갔다. 돈이 얼마나 들지 궁금했으나 싼값에 해 달라는 말밖에 못 했다.

아내는 홑이불을 빨아서 풀을 먹인다고 빨래를 삶고 풀을 먹이고 또 빨래를 하고 바쁘게 일을 한다. 지금 사람들은 우리같이 어렵게 살지 않는데 우리는 습관이 되어 그러한지 옛 식으로 일을 하지 않으면 마음이 편치 않다.

아내가 심심한데 난 영양제를 사러 가자는 것을 나가기가 귀찮아서 혼자 다녀오라고 하니 나갈 준비를 하는 중 대전 계수씨(인종)에게서 전화가 왔다. 나는 대충 안부를 묻고는 아내에게 전화를 건네주었다. 택돈이가 오늘 15일 휴가를 온다는 소식과 이곳 제일은행에서 이자 돈이 안 왔다는 말을 한다. 은행은 우리가 이자 돈을 하루만 밀려도 과태료로 더욱 비싼 이자를 물리면서 고객들에게는 등한시한다고 아내와 나는 불만을 토했다.

저녁에 은희는 일찍 왔으나 은옥이가 소식이 없다. 은희는 은혜와 은미가 택돈에게 면회를 갔다 왔다고 아내에게 말한다. 나는 그 애들이 면회를 잘 갔다 왔다고 생각하며 우리 애들도 면회를 하러 갔으면 하는 생각을 했으나 우리 애들은 자유스럽지 못하다는 생각이 든다.

아내와 은희가 결혼에 관한 이야기를 한다. 띠 문제로 결혼을 하고 안 하고 한다는 아내의 말이 비합리적이라는 생각에서 그런 말을 한다고 아내에게 핀잔을 주었다. 아내와 나는 지하실(노래방)에서 월세를 안 가져오니 돈이 있어야 외상을 갚고 강화 가서 인삼도 사 올 수 있는데 셋 돈이 안 들어온다고 걱정을 했다.

## 1996년 1월 12일 금요일

오늘은 지하실 노래방에서 지난해 12월분 세가 들어왔다. 우리는 돈이 들어왔으니 표구사에 그동안 못 준 그림 값 20만 원을 갚고 나머지는 마이너스통장에 예금을 하기로 하고 집을 나섰다. 은행 통장에 돈을 넣고 표구사로 갔다. 집에 걸린 그림이 마음에 안 들어서 바꾸어 볼까 했으나 그곳에 있는 것은 더 마음에 들지 않아 그만두었다.

아내는 은옥이 전출 문제로 동사무소로 간다고 나가고 나는 집으로 돌아왔다. 은주가 온다고 하니 전화가 기다려진다. 아내는 동사무소에서 전출 신고서를 가지고 와서 내일 써 가야겠다고 한다. 나는 막내네를 들렀냐고 하니 들렀다며 선종 도장을 건넨다. 별로 좋은 소식은 없는 모양이다.

### 1996년 1월 13일 토요일

　계단 청소를 하는데 아내는 미술학원이 전깃불을 끄지 않고 갔다며 주의를 주어야겠다고 한다. 지금 아이들은 절약하는 것을 모른다는 생각이 든다. 쓰레기도 제멋대로 버리고 하는 것이 풍요로운 생활의 일면인지 모르겠다.

　TV에서 전두환 전 대통령이 조성한 비자금이 9천 5백억이라는 뉴스를 전한다. 그러나 별로 놀랍지 않다. 진작부터 천문학적 비자금을 조성했을 것이라는 짐작을 하고 있어서 그러했을 것이다. 이젠 정부의 부정에 둔감해져서 그런지도 모르겠다.

　아내는 은영이 전화를 받고 은영이 내외가 같이 가서 살아야 한다고 말한다. 은희가 우리 내외가 잠든 사이 학원에 출근한 모양이다. 우리 내외는 토요일인데 은희가 어디를 갔을까 하며 궁금해했다. 그러나 곧 방학 동안에는 토요일도 학원에 출근한다는 것을 알고 안심이 되었다.

　저녁에 아내는 무말랭이를 한다며 무를 썰어서 방안에 널었다. 나는 무를 많이 먹으면 소화가 잘 안될까 걱정이 되면서도 무는 소화가 잘 되는 음식이라 별문제는 없을 것이라는 생각이 든다.

### 1996년 1월 16일 화요일

　오늘은 내가 병원에 가는 날이다. 일찍 집안 청소를 하고 병원 갈 준비를 하고 있는데 은영이 시아버지로부터 전화가 왔다. 은영이가 시댁에 가려 하나 눈이 많이 와 비행기가 뜰 수 있을지 걱정이다. 시아버지는 비행기가 결항하면 오지 말라고 한 모양이다. 될 수 있으면 비행기가 떠서 은영이가 시집에를 갔으면 좋겠다.

아내와 나는 오전 10시에 버스를 타고 20분 만에 병원에 도착하였다. 처음으로 차가 막히지 않았다. 초음파를 받기 위해 수속을 하고 대기하고 있은 지 약 1시간 30분이 되어 초음파 검사를 받을 수 있었다. 검사한 이종태 박사가 종양이 초음파에 나타나지 않으니 수술을 할 수 없다고 한다. 우리 내외는 주치의 한광협 선생의 의견을 들으려고 외래 진료실을 들렀으나 한 선생이 진료가 바빠 간호사에게만 초음파 검사를 마치고 간다고 알리고 집으로 향했다. 버스를 타고 오는 중 아내가 은주네를 들려서 가자는 것을 은주도 없는데 다음에 가자고 하고 그냥 돌아왔다. 다음엔 은주네를 들릴 수 있을지.

집에 돌아와 아내와 나는 '성생활에 대해 서로 성적으로 좋아하는 것은 궁합이 잘 맞는다는 것이 아니겠느냐'고 말하며 아내는 주치의에게 '성생활을 하여도 괜찮은지 묻겠다'는 것이다. 나는 '힘이 있으면 자연스러운 것이 아니겠냐'며 '나이가 들면 성욕이 감퇴하는 것이 당연하다'고 했다.

저녁에 조카 택돈이가 휴가를 내서 인사차 왔다. 군대 생활이 견딜 만한 모양이다. 훈련을 잘 받아 특별 외출도 하고 군 내무 생활도 할 만하다는 것이다. 은영이로부터 비행기가 떠서 시집(동해시)에 잘 갔다고 전화가 와서 기쁘다. 저의 시집에서 좋아할 테니…. 이것이 딸을 가진 부모 마음일까?

## 1996년 1월 17일 수요일

오늘 셋째 계수씨가 왔다. 현종네서 묵고 우리 집에 인사차 왔다. 아내는 그전에 막내네와 셋째 계수씨와 거리가 있지 않나 걱정을 하며 서로 배려를 하여 마음이 상하지 않았으면 한다. 아내가 그같이 마음을 쓰니 고맙다. 계수씨는 택돈이 군 생활이 대단히 고마운가 보다. 늘 어린애 같고 걱정이 되었으나 의젓이 군 생활을 하고 있으니 대견한 모양이다. 지연이도 무난히 대학에 진학하고 나니 기쁘면서도 등록금이 걱정되는 모양이다. 그러한 계수씨에게 도움을 줄 수 없는 것이 안 되었다. 나의 병으로 말미암아 도움을 주기는 고사하고 걱정을 끼치는 것이 안타깝다. 물론 나는 나의 병으로 인해 경제적 도움을 받지 않고도 지낼 수 있다는 것만으로도 다행이다.

계수씨와의 말끝에 옛날 재산 문제 이야기가 나와 어머니가 돌아가신 후 모든 문제를 의논하자고 모이자는 나의 제안에 나의 본뜻을 의심해서 섭섭해했는데 이제 오해가 풀렸다며 자기들로 말미암아 걱정하게 하여 죄송하다는 것이다. 나는 이미 잊은 '그때 일을 또 이야기했구나.' 하는 후회를 했다. 아내는 계수씨가 간다는 것을 하루 더 묵고 가라는 것이다. 내가 생각하지 못한 것을 아내가 말하니 더욱 좋다. 계수씨는 이질 조카를 면회하고 온다며 갔다.

아내는 계수씨와 조카들을 위해 피자를 만든다고 재료를 사 왔다. 택돈이 지연이가 피자를 잘 먹는다며. 그러나 지연이만 오고 택돈이는 친구를 만나러 가고 계수씨는 언니 따라 대전으로 갔다. 좀 섭섭하나 모처럼 친구를 만난다니 어쩔 수 없다.

은옥이가 다른 때보다 일찍 와 지연이를 대접해 주니 고맙다. 지연이가 밝고 건강하게 자라는 것이 고맙다.

TV에서 '제4공화국'을 방영한다. 나는 TV를 보면서 그때 상황이 그러했는지 진실 차원에서는 미흡 하나, 대체로 사실과 근접하게 연출했으리라고 믿고 보았다. 그때 오직 대통령 한 사람이 통치하니 합리적인 의견이나 건전한 정책대안보다는, 개인의 저돌적인 충성이 판을 치게 되어 국정이 꼬이고 국민의 의사가 왜곡되는 숨 막히는 상황이 전개되는 것이다. 독재자와 그를 따르는 충성이 지나친 저돌적인 인간들이 벌이는 정치 상황은 참으로 참담했다.

## 1996년 1월 18일 목요일

조카 지연이가 늦게 일어나서 아침 겸 점심을 먹는다. 나는 늘 늦는 것은 아니겠지 하면서도 혹여 그렇다면 좋은 생활이 아닌데 하는 괜한 걱정이 들었다. 이 또한 나의 잣대로 보는 것인지 모르겠다. 은희가 저의 사촌들을 위해 일찍 왔다. 그러한 마음 씀이 고맙다. 저녁들을 먹고 술을 마시러 밖으로 나가니 우리 내외는 일찍 들어오라고 당부하고 돈을 주어 보냈으면 하는 마음이나 집안에 돈이 없어서 그만두었다.

아내가 밤늦게 쓰레기를 버린다고 나갔다가 지하실 노래방 주인 남자와 안 좋은 말을 하고 올라온 모양이다. 자기가 한 일에 너무 공치사하고 또 우리가 하지 않은 수돗물을 일부러 적게 나오게 했다는 말을 듣고 어이가 없었다. 그러한 생각이 들었으면 우리에게 문의해야지 의심부터 할 수 있느냐고 따졌다는 것이다. 아내의 말에 전적으로 동감한다. 은희와 은옥이 택돈, 지연이가 생각보다 일찍 들어와 마음이 놓인다.

## 1996년 1월 19일 금요일

조카 택돈이가 피자를 먹으며 대전 집에 간다고 말하니, 나는 택돈에게 말하려고 했던 것을 말했다. 이 말은 고전적인 말인지 모르겠다. 건전한 생활과 여러 사람이 인정하는 선을 행하며 어머님 말씀 잘 듣고, 개인 생활을 잘하여 아버지 없는 사람이라는 말을 듣지 않게 하라고 당부하였다. 그리고 건강이 행복에 제일이라는 생각에 돈을 잃으면 인생의 20%를 잃고, 명예를 잃으면 인생의 50%를 잃고, 건강을 잃으면 인생의 전부를 잃는다는 말이 있으니 반드시 건강에 관심을 두고 절제 있는 생활을 하라고 당부하였다. 대전으로 간다며 인사를 하고 가는데 돈을 주어 보냈으면 하면서도 우리가 지금은 경제적으로 어려움이 많아 그만두었다.

은행에 빚이 많고 또 보통 통장에도 마이너스이고 나의 병원비도 곧 필요할 것 같다. 우리 내외의 병원비가 가계에 큰 비중을 차지하고 있어서 다른 사람을 돕는다는 것은 어려웠다. 그나마 다른 사람 도움 없이도 별 어려움 없이 병원비를 댈 수 있는 것이 다행이다.

아내는 처남 용석이가 걱정되는 모양이다. 나를 병원에 입원시켜야 하고 용석이도 만나 보아야 하는데…. 용석이 생일인 20일에는 아내를 용석에게 갈 수 있도록 해야겠다는 생각이다. 또다시 처가 생각을 하니 섭섭한 마음이다. 우리 마음을 그렇게 몰라줄까 하는 것이…. 우리 잣대로 보지 말아야겠다고 생각하면서도 섭섭함은 어쩔 수 없다. 아내는 용석이에게 무엇을 어떻게 해야 하나 생각이 많은 모양이다. 나는 십만 원을 갖고 가서 필요한 것에 쓰라고 말했다. 처남이 남을 배려하는 마음이 많아 씀씀이가 큰 것이 우리 내외는 걱정이다.

### 1996년 1월 20일 토요일

안양에 사는 용석이 처남에게 간다고 전화를 해놓고 은주 식구들이 오기를 기다리느라고 늦게 집을 나섰다. 용석이 처남은 우리를 기다리고 있고, 처남 딸 정아는 우리를 기다리다 친구들과 약속이 있어서 나갔다고 한다.

용석이 처남이 처남댁과, 즉 승민이 어머니와 이혼을 했다는 말은 지난해 12월 31일 모임에서 들었으나 정말로 처남의 댁이 없고 이혼한 증거인 호적을 보여주는데 안타까웠다. 이혼이란 부부만의 불행이 아니고 한참 자라나는 자식들에겐 더 큰 불행이다. 승민와 정아 둘 다 사춘기라 어려운 때인 만큼 나는 승민이 듣는 데서 엄마에 대해 나쁜 말을 하지 않도록 아내에게 당부하였다. 그러나 말을 하다 보면 그렇게 실천하기가 어려웠다.

용덕이 처남이 안양 용석이 처남네로 우리를 보러 온다고 하여 기다리는데 용덕이 처남의 댁과 승환이 내외가 왔다. 용덕이 처남이 21일 생일에 오라고 하여 가겠다고 하고 집으로 왔다.

## 1996년 1월 21일 일요일

청소를 끝내고 아내에게 용덕이 처남네로 갈 준비를 하라고 하나 아내의 의치(義齒)가 없어져 그것을 찾느라 시간을 허비하였다. 아내는 기분이 좋지 않다. 처남 집에 가기에 앞서 옛 직장 동료의 아들이 결혼한다며 축의금을 갖다주러 나가는 것이다.

늦게까지 오지 않아서 점심때까지는 하안동 용덕이 처남네를 가야 하는데 하는 생각에서 기다리던 중 아내가 왔다. 아내는 은주가 난(蘭)을 갖고 오면 가자는 것이다. 나는 언제 기다리냐고 했다. 아내가 은주에게 전화를 해 알아보니 오후 3시나 4시가 되어야 온다는 것이다. 나는 우선 우리 집에 있는 난(蘭)중 보기 좋은 것을 골라서 가지고 가자고 하여 포장을 하여 들고 나섰다.

나는 택시를 타고 가자고 하니 아내는 버스를 타겠다며 그냥 가는 것이다. 화가 났지만 아내를 달랬다. 택시비가 많이 나오지 않을 거라고 하며 한 번 얼마나 나오는지 알아보자고 했다. 아내는 내키지 않는 방문이라 모든 것이 불만이다. 동생들이 아내의 마음을 몰라주는 것이 대단히 섭섭한 모양이다. 나는 자가용을 갖는 것보다 필요할 때 택시를 이용하는 것이 여러 가지 면에서 경제적이고 또 위험부담 등을 생각하여 아직은 자가용을 갖지 않는 것이 좋다는 생각이다.

그러다 보니 동기간에 차로 말미암아 묘한 감정이 생길 때도 있다. 나는 신세를 안 지고 마음 편하게 버스나 택시를 이용하고 싶으나 그것이 그리되지 않을 때가 많다. 나는 아내를 달래서 택시를 탔다.

우리는 점심때에 가서 동기간들과 점심을 같이하고 그동안 맺혔던 마음도 풀려고 했으나 다 모이지 않아서 이야기를 못하고 나의 건강을 생각해서 오후 4시 30분에 용석이 처남의 차로 집으로 돌아왔다. 아내의 마음도 풀리지 않은 상태이다. 시간이 지나면 또 모임이 있어 할 이야기를 할 때가 있겠지. 우리는 다들 모였을 때 이야기를 해야지 한 사람 한 사람과 이야기를 하다 보면 이야기가 잘못 전달되어 오히려 오해가 생길 수 있다는 생각이다.

### 1996년 1월 23일 화요일

아내는 오늘은 계단 청소를 하지 말자고 한다. 계단도 깨끗하고 2,

3층 공사를 하니 곧 어지러워질 것이니 그만두자는 것이다. 나는 아내에게 나오지 말고 있으라며 청소를 시작했다. 청소를 안 하면 죽음과 가까워지는 기분이라 청소를 안 하고는 마음이 놓이지 않는다. 오늘 주치의가 오라고 하여 병원(세브란스)에 가는데 아내가 같이 가겠다고 한다. 손자 태환과 동환이가 와 있어 집에 있으라고 권하나 한사코 따라가겠다는 것이다. 할 수 없이 손자들을 데리고 좌석버스를 타고 병원을 갔다.

병원에서는 오후 늦게 다시 오라고 한다. 집으로 돌아와 점심 먹을 준비 중 아내의 초등학교 친구로부터 만나자는 전화가 왔다. 벌써 두 번째이다. 나의 투병 생활로 인해 아내가 가고 싶고 만나고 싶은 사람들을 못 만나는 것이 안타깝다. 손자들도 있고 또 과로하게 되는 것 같아 안타까워 집에 있으라고 했으나 한사코 병원을 같이 가자는 것이다.

나는 같이 다니는 것이 마음을 의지하고 의논할 상대가 있어 좋으나 아이들도 감기로 밖에 나가는 것이 좋지 않아 말렸으나 기어코 따라나서는 것이다. 나는 아내의 이 같은 적극적인 행동이 긍정적인 면도 있으나 부정적인 면도 있다는 생각이 든다. 손자들은 병원에서 별 말썽 없이 따라다니는 것이 대견하다. 주치의가 방사선과 전문의의 치료 일자를 잡아서 오라고 하여 이종태 박사를 찾았으나 연세대 입학 면접시험 관계로 24일까지는 날짜를 잡을 수 없다고 하여 다음에 전화로 문의하기로 하고 돌아왔다.

## 1996년 1월 24일 목요일

　계단 청소를 하는데 아내는 힘이 드는지 오늘은 나오지 않겠다는 것이다. 아내는 관절염이 있는 데다 어제 과로를 했으니 그럴 만도 하다. 나는 아침밥을 끓여 달라고 하여 먹었다. 과식해서 그런지 소화 기능에 문제가 생겨서인지 속이 좋지 않다. 우선 식사를 부드러운 것으로 해야겠다고 생각하고 밥을 끓여서 먹었다.
　나는 소일거리로 붓글씨를 써보겠다고 붓을 잡기 시작한 지 오래다. 그러나 힘이 없어 자주 붓글씨를 쓰지 못해서 솜씨가 늘지 않고 있었다. 오늘도 붓글씨 연습을 하려고 먹을 갈아 연습하지만 별 진전이 없다.
　아내는 계수씨들로부터 전화를 받고 안부를 묻는다. 서로 대화를 나누는 것은 좋은 일이다. 은근히 처가 동기들로부터 전화가 왔으면 하는 바람이나 오늘도 소식이 없다.
　은영이가 동해에서 안부 전화가 왔다. 시집에 일이 많아서 곧 오지 못하고 금주 금요일이나 온다고 한다. 나는 은영이가 시집에서 구정까지 있었으면 하였으나 내색은 하지 않았다. 은주가 아들들의 안부가 궁금한지 전화가 왔다. 또한 김 서방한테서도 전화가 왔는데 은주가 집에 없다는 것이다. 나는 은주가 보험 모집원을 그만두고 아들들을 잘 키워 주었으면 한다. 정 무언가 하고 싶으면 전공을 살려 유치원 선생을 했으면 하는 생각이 든다. 은희가 일찍 와서 조카들을 돌보니 한결 쉽다. 지연이가 은희에게 막내네로 왔으면 하는 전화가 와서 그곳에 갔다. 저의 사촌들이 모여 노는 모양이다. 사촌 간에 의좋게 지내기를 바란다.
　은옥이가 월급을 25일 찾아도 된다고 아내에게 말한다. 3일 차이로 다른 사람보다 17만 원을 더 받게 돼서 다른 직원들이 한턱을 내란다는 것이다. 아내는 우리는 어머니가 돈 관리를 하여 못한다고 말하라고 한다.

물론 우리 사회가 무슨 이유가 생기면 한턱내라는 합리적이지 못한 풍습이 많다. 그것을 일일이 하는 것은 바람직하지 않지만 더불어 살기에 도외시할 수도 없다. 은옥이는 그런 것들을 다 들어줄 수 없는 것이라고 하며 돈에 관한 한 서로 명확히 하는 것이 좋다고 말한다. 나도 그것이 좋다고 생각한다. 대개 돈거래를 명확히 안 하면 돈도 잃고 사람도 잃는 경우가 많다.

## 1996년 1월 25일

오늘 아내는 진료 날이라 아침 10시 10분에 이대 부속 목동병원에 갔다. 병원에 갔다 와서 아내는 은옥이 월급을 찾는다며 우체국에 갔으나 실수령액이 얼마인지 몰라 다시 와서 월급명세서를 가지고 갔다. 세금도 내야하고 공과금도 있어서 그것을 재하고 나면 남는 돈이 얼마 안 돼 통장에 입금을 못 시킨다는 것이다. 통장이 마이너스이므로 비싼 이자가 나가게 되니 조금이라도 적자를 메웠으면 했으나 잘되지 않는다.

아내는 막내네(하림이)로 전화를 해 택돈이가 언제 귀대 하는지 묻고 우리 집에 인사차 올 수 있는지 알아보고 먹을 것을 준비한다고 나갔다. 그 사이 택돈이가 셋째 계수씨와 막내 계수씨와 함께 와서 곧 귀대해야 한다며 신발도 못 벗고 떠나려는 것을 큰어머니가 먹을 것을 사러 나갔으니 좀 기다리라고 하니 넷째 작은아버지네를 들렀다 온다고 하여 그리하라고 했다. 셋째 계수씨와 막내 계수씨가 들어와 이야기하던 중 아내가 제과점에서 빵을 사 갖고 돌아왔다. 차라도 대접하려고 했으나 곧 택돈이가 와서 떠나야 한다고 하여 차도 못 마시고 떠나니 섭섭하다.

택돈에게 용돈 5만 원을 주었다. 큰아버지로서 적은 것 같으나 나의 병원비며 빚을 생각하니 넉넉히 주지 못했다. 그보다 우리 아이들에게도 충분한 용돈을 준 적이 없으니….

나는 병원에 가서 치료 날짜를 잡은 이종태 박사의 카드를 갖고 주치의인 한광협에게 갖다주고 입원 차트를 내려 달라고 부탁하고 돌아왔다. 오는 31일 치료 날짜를 잡았으나 입원이 될지….

## 1996년 1월 26일 금요일

아내는 들기름을 짠다며 준비 중이다. 나는 커피가 먹고 싶어 커피 한잔을 물게 타서 아내에게 보이며 마실 것을 권했다. 아내는 눈총을 주면서도 별로 싫지 않은 기색이다. 나의 건강을 생각해서 커피를 마시지 않았으면 하는 것이 아내의 생각이다. 커피를 마시면 더 빨리 죽을까? 하지만 나는 때때로 커피가 마시고 싶다.

요즘 국회의원 선거철이 돌아와서 그러한지 국회의원 지망자들로부터 전화가 자주 온다. 오늘도 아내가 한기찬 운동원이라는 사람으로부터 전화가 왔다. 또 서경석한테서도. 아내의 이름은 전에 국민의 당인 정주영 대통령 후보 시절 현대 조선소를 방문할 때 국민의 당 명단에 등록된 적이 있다. 아마도 그 명단을 보고 선거에 영향을 미친다고 생각해서 전화하는 모양이다. 김종필 자민련 총재한테서도 때늦은 연하장이 왔다.

아내가 기름을 짜러 가서 돌아오지 않아 태환, 동환이와 같이 빵과 우유로 점심을 먹고 나니 아내에게서 전화가 왔다. 나는 빵으로 점심을 먹었다 하니 잘 됐다며 좀 늦어진다는 것이다. 은영이가 강릉에서 비행기로 온다고 전화가 왔다. 또 은주도 저의 아들들을 데리러 온다고 전화가 왔으나 아내는 정수가 오니 함께 하루 더 놀게 하라고 하여 은주는 오지 않았다.

아내가 기름을 짜 갔고 돌아와 막 이야기 하던 중 은영이가 왔다. 은영이는 시집에다 잘 왔다는 전화를 한다. 바깥사돈이 전화로 안부를 물으니 받아보았다. 나의 건강을 염려하여 주니 고맙다. 정수가 이종사촌들과 놀고 있으나 기분이 별로 좋지 않은 모양이다. 셋이서 뛰어노니 정신이 없다. 정수가 몸이 불편한 모양이다. 저녁을 일찍 먹고 나니 은희가 돌아왔다.

은희가 월급을 타 갔고 와서 아내에게 주며 저에게 반을 달라는 것이다. 전에 올해부터는 돈 관리를 제가 해보겠다는 의사를 밝혔을 때 미정으로 있었다. 아내는 돈 관리는 한 사람이 해야지 낭비가 없고 힘이 한곳으로 모인다는 생각이다. 빚이 아직은 많으므로 한해만 더 아내가 관리했으면 하나 은희의 생각도 일리가 있다. 무엇이든지 직접 해보는 것이 자립하는 데 도움이 될 것이기 때문이다.

은희 문제를(돈 관리 문제) 매듭짓지 못하고 이야기 중 서경석이한테서 전화가 왔다. 아내는 집 앞 전봇대를 없애 줄 것을 부탁하는 모양이다. 나는 쓸데없는 부탁이라며 그러한 부탁은 당사자인 한전에다 하는 것이 낫다고 했다. 아내는 자기 이름이 어떻게 각 국회의원 지망자들이 아느냐며 신기해한다. 나는 아내에게 순진하다며 면박을 주었다.

정주영 대통령 후보 때 명단이 있는데 그것이 흘러간 것이 아니겠냐고 했다. 그것이 어떻게 남의 당으로 가느냐는 것이다. 나는 그 밑에 있던 선거 운동원들이 명단을 각자 갖고 나가니 그것을 각 당에서 입수한 것이라며 정치하는 사람들은 믿지 말라고 했다. 될 수 있으면 근처에도 가지 않는 것이 좋다고 했다.

또다시 은희 문제를 이야기 하나 아내는 자기주장을 관철하고 싶은가 보다. 나는 아내와 단둘이 있을 때 아내에게 양보하라고 이야기할 것을 마음먹고 잠을 청했다. 정수가 몹시 아픈 모양이다. 목이 부었는지 보챈다. 아내는 안타까운 모양이다.

### 1996년 1월 27일 토요일

지난 26일 일기를 쓰는데 정수의 숨소리가 안 좋은 것이 힘들어하는 것 같다. 제 어미인 은영이 심정은 어떠할지. 일기를 쓰면서도 신경이 정수의 숨결에 쏠린다. 목 부위가 좁아서 감기만 들면 그렇다는 것이다. 수술해야 하는데 아직은 어려서 할 수 없다고 한다. 낮에는 잘 놀아서 안타까움이 덜하다. 은주네 아이들은 잘 뛰어노나 밥을 잘 먹지 않아 마음이 쓰인다. 태환이는 그런대로 음식을 잘 먹는 편이나 동환이는 누군가가 먹여 주지 않으면 먹지 않는다. 오늘 은주 내외가 와서 동환이 태환이를 데려간다니 나는 은주 내외를 불러 놓고 무엇보다 은주가 직장을 그만두는 한이 있더라도 자식들을 잘 키우라는 말을 해야겠다고 마음먹었으나 김 서방이 와서 급히 가야 한다고 하여 말을 못 했다.

은희가 아침에 일부분 자기 수입을 관리하겠다고 아내에게 말하니 아내는 그다지 마음이 내키지 않는 모양이다. 나는 아내에게 제가 원하는 대로 해주라고 말했으나 경제적인 측면만 생각하면 아내의 생각이 옳은 것이다. 또 다른 측면에서 보면 자기 관리능력을 키우는 것이니 그 또한 옳은 것이 아닌가. 아내는 마지못해 은희의 청을 들어주었다.

## 1996년 1월 29일 월요일

오늘은 전축 서라운드 스피커를 설치하기로 마음먹었다. 아내와 은영이가 정수를 데리고 병원에 간 사이 스피커 선을 사 와서 일을 시작하는데 아내가 정수를 데리고 돌아왔다. 아내와 함께 씨름을 해가며 스피커를 설치해 놓으니 아내가 좋아한다. 나의 마음도 좋다. 서로 싸워가며 일하다 보면 내가 생각하지 못했던 아이디어가 아내에게서 나와 생각보다 좋은 결과가 나오는 것이다.

서로(많은 사람) 의논하여 일하면 실수가 적고 그 일을 위해 힘을 모으니 성공률도 높은 것이다. 그러나 우리나라는 토론 문화가 활성화되지 않아 부모와 자식 간에 의논한다는 것이 부모의 의사를 일방적으로 전달하는 것으로 끝이 난다. 사회의 각 부분에서도 그렇다. 군사독재가 근 삼십 년 지속되어 온 관계로 경직되고, 회의 자리에서도 윗사람들의 의사를 일방통행으로 전달하는 경우가 많았다.

그러나 최근에는 그러한 권위주의가 곳곳에서 도전받아 갈등의 요소가 되곤 한다. 다원화되어가는 것이 순리이므로 힘을 한곳으로 강압적으로 집결할 수 없는 것이다. 다원화된 사회는 수평적 사회이다. 즉 어떠한 것이 제일이라는 것은 없다. 정치, 경제, 문화, 사회, 각 분야가 동등한 것이다. 우리 개인 생활도 각자 동등하다. 그 대신 의무도 같아진다.

우리는 지금 과도기에 살고 있다. 그러므로 많은 시행착오가 생기고 새로운 도전을 받고 있다. 권위주의에 물들어 있는 기성세대와 아직은 미완성인 개성 강한 X세대가 대립과 공존을 하는 것이다.

X세대는 권리 주장은 잘하나 의무감은 희박하고, 기성세대는 권리 주장도 미흡하고 의무는 강제성이 있어야 한다는 사고를 가진 경우가 많다. 현대 사회가 이러하니 기성세대와 X세대 간의 대립구조만 있고 타협이 없다면 우리 사회는 병들고 말 것이다. 우리 사회가 과도기에 놓여있는 만큼 이 시대를 어떻게 대처해 나가느냐에 따라 앞으로 대한민국의 운명이 좌우될 것이다.

그동안 우리 사회는 군사문화로 말미암아 타협한다는 것은 지는 것이라는 흑백 논리로 타협이 잘 이루어지지 않는 경우가 많았다. 이제 서로에 관한 생각을 깊이 해야 할 때이다.

내 개인 생활도 돌이켜 생각해 보면 타협보다는 내 생각이 옳으니 내 생각대로 해 달라는 일방통행이 많았다. 무엇보다 사랑과 서로의 믿음이 제일이라는 생각이다.

## 1996년 1월 30일 화요일

아침에 계단 청소를 하는 데 힘이 들어 대충하고 나서 목욕을 하고 나니 힘이 쭉 빠지는 것이 기분이 별로 좋지 않다. 어제 과로해서 그러한 것인지 지병이 악화하는 것인지 걱정이 된다.

힘들어 누워있다가 수족관을 청소하자고 해서 힘이 나는 것 같아 수족관 청소를 시작하였다. 나의 병은 과로하면 안 된다고 하나 그렇다고 누워만 있어도 안 될 것 같아 적당히 운동해야겠다는 것이 나의 신념이다. 그 운동은 집안 청소며 힘 안 드는 일이다.

나는 혈관 촬영과 조형술을 받을 날짜가 1월 31일로 잡혀 있으나 입원이 안 돼서 그 날짜에 치료를 받을지 모르겠다. 병원에 전화해 입원할 수 있는지 알아보았으나 별로 신통한 대답이 없다. 은주가 아는 병원 직원이 있어 알아보았으나 신통한 수가 없는 모양이다. 아내는 의사가 뇌물이 없어 성의가 없는 것이 아니냐고 한다. 나는 그럴 일이 없다며 아무리 사회가 부패했다고 하여도 의사가 환자를 담보로 그러한 것을 바라겠냐고 했다.

아내는 은희 일, 동기간 일로 마음이 상하여 요즘 기분이 좋지 않다. 나는 그러한 아내를 위로한다고 다들 자기들 나름대로 좋은 뜻에서 자립하는 것이니 마음에 두지 말라고 했으나 그것이 자기의 그늘에서 벗어나는 것 같아 섭섭한 모양이다.

아내가 의사에게 전화했다. 의사 말은 병실이 나지 않아서 입원이 안 되니 오는 2월 2일에 치료를 받도록 하여야겠다고 했다.

저녁에 처남댁(용덕이 처)에서 전화가 왔다. 나는 은근히 기뻤다. 서로 안부를 묻는다는 것은 서로 우의를 다지는 첫걸음이기 때문이다. 전화 통화는 오래 계속되었다. 말하고 싶었던 지난 일들을 모두 하는 모양이다.

아내의 표정이 밝다. 그러나 아내가 지난 처남댁의 잘못을 이야기할 때는 조마조마하다. 어떠한 사람이든 자기 잘못을 이야기하면 마음이 좋을 일 없는 것이 인지상정인데, 아내가 조리 있게 이야기하고 처남댁의 착한 성품으로 좋게 이야기가 끝났다. 아내의 마음이 조금은 풀리는 모양이다. 나는 그러한 아내의 모습을 보며 동기간의 정은 쉬이 끊을 수는 없는 것이라는 생각을 했다.

## 1996년 2월 3일 토요일

아침에 병원에서 목욕하니 기분이 상쾌하다. 오늘 외출해 집에서 쉴 것을 생각하니 기분이 좋다. 지난 육십 년대, 칠십 년대, 팔십 년대는 병원 입원실이 가정집보다 위생적이고 더 쾌적했으나 지금은 생활 수준이 나아져 중산층 이상 가정집은 병원보다 더 위생적이고 쾌적하여 집에서 쉬는 것이 낫다는 생각이 든다.

그러므로 병원 시설과 입원실의 수준에 비해 입원료가 비싸다는 생각이 드니 입원환자들의 불만이 많은 것이다. 사정이 이러하니 환자를 돌보는 간호사와 의사들에 대한 불만도 많다. 그래서 그런지 환자와 종사자들 간에 갈등이 종종 있다. 환자는 전보다 권리를 더욱 주장하고 종사자들은 전보다 근무 여건이 좋지 않아 환자들을 성의껏 돌볼 수 없는 데서 문제가 생기는 것이다.

나는 외출 허가를 받아서 집에 돌아오니 기분이 좋다. 은희가 선을 보러 간다고 하니 나는 성실이 행동할 것을 부탁하고 잘되길 바라고 있었다. 하지만 은희는 선을 보고 마음에 들지 않은 모양이다. 아내는 별사람 있냐며 또 만나보고 심사숙고하라고 했다. 나는 배우자를 택하는 것은 일생에서 가장 중요한 것이니 신중히 해야 한다며 조급하게 생각지 말라고 했다. 아내에게 내일 친구 겸 사돈인 장태섭 아들 결혼식에 가자고 했으나 힘이 드는 모양이다. 머리 염색을 해야 한다면서도 하지 않는다.

## 1996년 2월 4일 일요일

아침에 계단 청소를 하면서 힘을 비축하여 친구 아들 결혼식에 참석하여야겠다고 마음먹고 일찍 청소를 끝냈다. 아내가 염색하고 갈 준비를 하니 반가웠다. 충분히 쉬고 마음도 가벼워서 그런지 버스를 타고 김포 군민회관 결혼식장에까지 가는 데 별로 힘이 드는 줄 몰랐다.

아내의 옷이 값싼 것이라 그런지 세련되지 못해 보인다. 신랑 아버지, 현재 내외, 육촌 여동생이 반겨 주니 대단히 기뻤다. 잔치 음식을 먹고 집에 돌아오니 처가 동기들이 온다고 전화가 왔다는 것이다. 아내는 음식 준비를 못했다고 오지 말라고 한다. 나는 그동안 생긴 오해도 풀고 용석이 문제도 의논할 겸 오는 것을 막지 말라고 했다. 집안을 대충 치우고 오기를 기다리는데 세 시가 넘어도 오지 않으니 병원에 돌아가야 하기에 충분히 말할 시간이 없는 것 같아서 안타깝다.

나는 아이들에게 선대를 보여주고 조상들이 어떠한 분이었다는 것을 느끼게 하여 아이들이 선대에 대해 존경과 비판을 할 수 있도록 하는 것이 좋다고 생각한다. 처가도 내 집이나 마찬가지이므로 일 년에 한 번이라도 기일 날 보여주는 것이 그분들에 대한 추모며 우리들의 도리라는 생각에서 장인어른, 장모님 생전의 모습을 비디오로 촬영을 하였으나 처남들은 별로인 모양이다. 오늘도 매화리에서 촬영한 비디오를 보여주었지만 별 호응이 없다.

나는 먹는 것이나 먹고 헤어지는 별 생산적이지 못한 모임이 안타까워서 모여 이야기를 하자고 했다. 다른 사람들이 먼저 말문을 열지 않을 것 같아 내가 먼저 말을 했다. 나는 나의 생명이 그리 길 것 같지 않다는 생각에서 죽기 전에 오해를 풀고 동기간에 의좋게 지낼 것을 바라는 의미에서 몇 가지 서로 지킬 것을 이야기했다.

## 1996년 2월 12일 월요일

은영이, 은희는 보험금을 타러 간다고 보험회사로 가고 아내와 나는 붓글씨 연습을 하며 시골 땅 사는 이야기를 했다. 나는 내색은 하지 않았으나 내가 시골 땅을 갖는다는 것은 우선 재산을 증식하는 것이 되겠지만, 그보다는 우리의 땅이 있어 나와 아이들(딸, 손자)이 흙으로부터 오는 모든 생명을 알아보고 체험하는 산교육장이 되며 자연을 알고 자연과 접할 기회가 많아지는 것에 더 의의를 둔다.

그리고 그것이 매개가 되어 딸들이 각자 가정을 이루어 살더라도 자연 속에서 더 자주 만날 수 있지 않을까. 그러나 재산을 생각하는 마음이 있으면 불화의 불씨가 될 수도 있다는 생각이 든다. 딸들이 출가한 시집은 다 각각 다른 가풍과 생활양식이 있어 그 영향을 받을 것이고 따라서 각각 다른 문화에서 오는 마찰이 있을 수 있다. 그러나 서로를 인정하고 믿음이 있으면 그러한 갈등도 극복할 수 있을 것이다.

제일 문제는 재산 문제가 불씨가 되어 서로를 불신하고 욕심을 드러내 서로에게 상처를 입히는 경우이다. 둘째는 종교 문제이다. 종교 문제는 각자 다른 정서가 있는데 그것을 내 틀 안에 넣으려 한다면 마찰이 생기게 된다는 것이 나의 생각이다. 정서란 정의와는 다른 것이다. 예로 말하면 나와 다른 종교를 믿는다는 이유로 그 사람을 미워하지 말아야 정의가 서는 것이다. 정서는 나와 다른 종교를 믿는다는 이유로 그 사람을 미워할 수도 있다. 또 자기 고장 사람이면 잘잘못을 떠나 무조건 미는 것이다.

이러한 문제들을 원만히 해결하고 의좋게 지내려면 첫째 서로를 인정해야 한다. 각자의 주의 주장을 인정하지 않으면 안 될 것이다. 둘째는 믿음이다. 불신을 가지고는 화합할 수 없다. 셋째는 공정해야 한다. 공정하여야 기강이 설 것이다. 그러나 이 모든 것에 앞서 사랑이 제일이다. 사랑이란 모든 것을 용서하는 것. 사랑이란 미워하는 마음도 예뻐하는 마음으로 변화해 어떠한 불화도 해결할 수 있다. 그러나 그러한 것들을 인간이 실천하기란 쉬운 일이 아니다.

## 1996년 2월 13일 화요일

아침에 일어나려고 하나 힘이 드는 것이 몸이 말을 잘 안 듣는다. 나의 건강에 적신호가 오는 것이 아닌가 하는 불안한 마음이 든다. 오늘은 충분히 쉬어야겠다는 마음이었으나 화종이 '고향 화성에 돼지고기를 가지러 간다'면서 '같이 가지 않겠냐'고 하여 나는 아내와 같이 바람도 쐴 겸 또 사촌형님과 육촌동생과 의논할 것도 있어서 무리해서 고향엘 갔다.

의논할 문제를 아내에게 먼저 말하면 '되지 않는 일로 걱정하고 힘을 들여 건강에 도움을 주지 않는다'고 염려할 것 같아 말하지 않고 가서 두 사람과 의논하여 어느 정도 호응을 한다면 이야기를 하려고 마음먹었다. 다른 것이 아니라 선산 가족묘 문제인데 양할아버지가 선산을 장만하여 놓으신 것인데 작은아버지 명의로 등기가 되어 있다. 지난날 부동산 임시조치법으로 작은아버지가 등기를 해놓은 것이다.

물론 숙부나 사촌이 선산을 팔지 않을 것이나 그다음 대에는 어떠한 일이 있을지 모르므로 가족묘로 확실하게 하여 두는 것이 가문을 위해 좋을 것 같아 사촌형과 육촌동생을 만나 의논하고 싶었다. 나의 복안은 묘당 삼십만 원을 내고 합장인 경우는 오십만 원을 내어 작은아버지께 드려 확실한 가족묘로서 근거를 마련하는 것이다. 그렇게 되면 공원 묘의 의미와 같아질 것이다. 그러나 사촌형님과 육촌 등이 바빠 다음에 의논하여야겠다고 마음먹고 돌아왔다.

저녁에 돼지갈비를 하여 잘 먹고 아내와 지난 일요일 자식들과 토론한 것에 대해 이야기를 하였다. 토론 도중 큰 사위가 종교 문제를 거론하면서 우리 내외도 기독교에 대한 믿음을 갖기를 바랐다. 아내는 그것이 마음에 걸려 말을 하려고 했는데 아내의 말을 내가 못하도록 하였다며 불만을 털어놓았다. 나는 아내의 그 같은 행동이 다른 사람과 마찰을 빚어 의가 상하게 된다는 생각에서 아내가 다른 사람 말하는 도중에 나선 것이다. 그래서 아내를 위해서 좋지 않으니 그것을 고치라는 말에 아내는 내가 자신의 의견을 무시하여 한 번도 하고 싶은 말을 못하게 했다며 불만이 대단하다.

나는 화가 나서 당신이 내가 무서워 할 말 못하고 살았냐며 악을 썼다. 나는 진심에서 아내를 위해 말하였는데…. 아내의 의사나 마음가짐은 옳으나 표현하는 데 문제가 있는지 오해를 받는 경우가 종종 있다. 내가 보기에는 이성보다는 감정이 앞서는 것이 결점인 것 같다.

### 1996년 2월 14일 수요일 안개

오늘은 청소하는 데 힘이 들지 않는다. 지난밤 충분히 잠을 자서인지 힘들지 않고 청소를 했다. 아내와 어제 싸움이 있어 그러한지 종일 우울하다. 화해해야겠다고 마음먹고 있으나 아내의 마음이 풀리지 않는 모양이다. 나는 그러한 아내가 밉다. 나의 마음을 몰라준다는 생각에서다. 나는 다른 어떤 사람보다 아내를 믿고 의지하며 살고 있는데, 아내가 다른 사람들로부터 소외되는 것이 안타까워 다른 사람과 마찰 없이 지내기 위해 말을 막았는데, 자기의 주장을 못하게 하였다고 불만이다. 나는 마음의 안정을 찾으려고 붓글씨 연습을 하였으나 별 도움이 되지 않는다.

산소 문제가 생각이 나서 전화로 이종 매형에게 고모부(양곡) 묘를 개인산을 사서 모셨는데 등기를 할 수 있는지를 알아보니 할 수 있다고 한다. 공증해놓아도 좋다는 것이다. 그래서 고모에게 전화하니 고모는 안 계시고 딸이 전화를 받았다. 딸이 아기를 낳아서 친정에 와 있다.

## 1996년 2월 15일 목요일

계단 청소를 하고 샤워를 하는데 아랫배가 불러있다. 복수가 아닌가 하는 걱정이 든다. 이제 복수가 차면 끝이 아닌가 하는 두려움이 생긴다. 내일 은영이가 하룻밤 묵고 저의 시집 동해를 간다고 정수와 함께 왔다. 은영이가 조카 태환이 옷을 사준다니 대견하다. 이모라고 조카 초등학교 입학 선물로 사주는 모양이다.

아내는 쌀을 담그고 설 준비를 하나 힘이 나지 않는 모양이다. 용석이 처남이 보청기를 가지고 왔다. 장인이 쓰시던 것을 시골(하성) 큰어머니 드리려고 갖고 오라고 한 것이다. 우리 내외는 용석이 처남이 이혼하고 두 남매를 데리고 사는 것이 몹시 안쓰러우나 어쩔 도리가 없다. 아이들이 삐뚤어지지 않고 바른길로 가야 하는데 그렇지 못한 모양이다. 정신적 어려움이 지금으로서는 제일 큰 모양이다. 그래서 아이들이 생모와 만남이 잦으면 좋지 않을 것 같다고 한다. 생모의 좋지 않은 행실을 딸이 닮아간다는 것이다. 그래서 먼 곳으로 이사를 해야겠다는 것이 처남의 생각이다. 아내는 처남이 불쌍한지 무엇으로 도움을 줄 수 없을까 하나 별 뾰족한 수가 없다. 그래서 그러한지 처남이 가는데 돈 10만 원을 쥐어 보냈다. 부채가 많아서 은행에서 독촉장이 왔다는 말도 들리곤 하여 짐작하건대 경제적 어려움도 많을 것 같다.

### 1996년 2월 16일 금요일

아침에 일어나서 배를 보니 다행히 배가 부른 것 같지 않다. 계단 청소를 하면 힘에 부치나 그 일로 건강을 체크해 보는 것이다. 힘에 부치면 건강에 적신호이고 힘이 들지 않으면 좋은 것이라는 생각이다. 아침 뉴스 시간에 강원 북부 지방에 많은 눈이 왔다며 속초행 비행기는 결항되었다고 한다. 그러나 은영이가 갈 강릉은 아무 소식이 없어 공항에 문의해 보고 가라고 일렀다. 공항에 문의한 결과 운항을 한다고 하여 아내와 은영이가 공항으로 나갔다.

아내는 은영이가 힘들어한다며 따라나섰다. 그러나 강릉행도 운행이 중단되었다. 그리하여 김포공항에서 은영이가 시집에 전화하니 시아버지가 오지 말라고 했다는 것이다. 나는 시아버지가 오지 말라고 했으나 기다릴 것이라는 생각이다. 은영이가 공항에서 오기 전에 사위인 울산에 있는 박 서방에게 전화가 왔다. 은영이가 돌아오면 전화를 하라는 것이다. 은영이는 박 서방과 통화를 하고 고속버스표를 구입하러 나갔다.

아내는 방앗간에서 떡국 할 가래떡을 해가지고 와서는 다른 해보다 양이 적다고 한다. 나는 누가 먹을 사람이 있느냐고 그만하면 됐다고 말했다. 그러나 아내는 주고 싶은 사람이 많아 싶은가 보다. 정수가 다른 날보다 잘 노니 고맙다. 은영이는 차표를 구하러 나가고 아내도 시장에 가서 정수와 나만 있으나 말썽 없이 잘 논다.

아내가 내 한복을 지어 왔다. 한복을 입어 보니 참으로 좋다. 그러나 마고자가 커서 어색하다고 하니 아내는 힘이 드는 것을 마다치 않고 한복집에 다시 가서 고쳐 달라고 하고 돌아왔다. 은영이는 내일 10시에 떠나는 차표를 구해왔다. 나는 은영이네가 시댁에 갈 수 있게 되어 다행이다. 사위 박 서방과 딸들이 돌아와 저녁 준비를 하느라 아내는 바쁘게 다닌다.

은희가 보너스를 타 가자고 와 아내에게 주면서 그 전과같이 해 달라고 하니 아내는 기쁜 모양이다. 아침에는 은옥이 월급을 우체국에서 찾아 제일은행에 입금하려고 보니 예상보다 많아 아내는 대견해했다. 아내는 구정이라 사돈댁에 선물을 무엇을 할까 생각이 많은지 딸 은주에게 전화를 해 의논을 하지만 쉽게 결정이 나지 않는 모양이다.

▲ 1996년 2월 어머니는 아버지 한복을 지어 오셨다. 아버지는 매우 만족해하셨다. 하지만 세 해를 입지 못하고 1997년 가을에 돌아가셨다.

## 1996년 2월 17일 토요일

아침 일찍 CT 촬영을 위해 병원으로 갔다. 8시 10분쯤 병원에 도착하였다. 병원 업무가 시작되지 않아서 기다리니 지루하다. 업무가 시작되어 제일 먼저 CT 촬영을 하는데 나는 지난번 촬영 때 아무것도 나타나지 않아 다시 찍는 것이라고 말하니 CT 기사는 기계는 거짓말을 하지 않는다며 자신을 불신하냐는 투로 말한다. 나는 암 치수는 높은데 종양이 나타나지 않아서 그런 거라고 말했다. CT 촬영 시 약을 주사하고 촬영을 한다. 주사약이 들어가니 기분이 좋지 않다. CT 촬영을 마치고 나서 나는 기사에게 결과에 관해 묻지 않았다. 아는 것이 두려워서.

아내와 나는 버스를 타려고 정류장에서 기다리는데 버스가 왔으나 서지 않고 뒤에 차가 온다며 가는 것이다. 나는 화가 나서 버스 기사들이 제멋대로 서고 안 서고 한다며 그것을 고발할까 하는 생각을 하다가 화를 내면 나만 손해라는 생각에서 조그만 일은 잊기로 했다.

집에 돌아와 아내는 제일은행에서 택돈네에 선물한 한과를 받아왔다. 아내는 뜯어보고 승두네로 전화를 한다. 선물 중에서 강정과 약과가 있으니 그것은 사지 말라고 이르는 것이다. 막내네가 제사를 모시기로 했으나 경제적으로 어려움이 있어 걱정이 된다. 그러나 막내가 모시기로 한 이상 재론할 것은 없다는 생각이다. 설에 사돈에게 인사를 해야겠는데 무엇을 어떻게 해야 할지 아내는 생각이 많은 모양이다. 나는 한 5만 원 내서 선물을 해야겠다고 생각했다. 돈보다도 정을 나누는 것에 의의가 있는 것이 아니겠는가. 그리하여 은영이에겐 오만 원을 주어 동해 시집에 무엇이든 사서 가라고 이르고 은주네 시댁에 보낼 것으론 사과 한 상자와 귤 한 상자를 마련했다.

아내는 요즘 과로했는지 힘을 못 쓴다. 그러나 은주, 은영이 걱정에 애가 타는 모양이다. 은주네는 선물을 샀는데 연락이 안 되고, 은영이는 대관령 휴게소에서 전화가 세 시쯤 왔으니 지금쯤 시집에 도착하여 전화할 때가 됐을 텐데 소식이 없어 걱정이다.

저녁을 먹고 떡을 썰면서 설날 세뱃돈을 어떻게 할 것인가를 말했다. 은희가 도서 상품권을 세배 선물로 주는 것이 어떻겠냐고 하여 나는 좋은 생각이라고 여겨 아내에게 그렇게 하자고 하니 쾌히 동의하였다. 아내는 우리 딸들은 그러한 설 선물도 받아보지 못했다며 지난 일들을 섭섭해한다. 나는 다른 선물보다 좋은 것으로 생각하지만 선물을 받는 아이들이 어떻게 생각할지. 나는 그들에게 새해 덕담으로 몸과 마음이 건강한 한 해가 되도록 하자고 말할까 한다. 육체는 골고루 잘 먹는 균형 있는 식사와 규칙적인 운동과 생활로, 마음은 좋은 책을 많이 그리고 다양하게 읽는 것이 건강을 지키는 길이라고 생각한다.

### 1996년 2월 18일 일요일 맑음

아침 식사 도중 전화가 와서 은희가 받았다. 막내 계수에게서 온 것이어서 아내가 받기를 바랐으나 그저 전할 말만 하고 통화를 끊는다. 나는 아내와 설 준비에 대한 의논이 있었으면 해서 아내가 받기를 바라는데 그런 면에서 섭섭해서 화를 냈다. 아내는 어제 통화를 했다는 것이다. 아내는 막내네 제수 비를 얼마나 주어야 하는지 묻는다. 나는 십만 원을 주고 싶으나 나의 병원비며 사돈네 인사며 세뱃돈, 시골 어른들에게 할 인사며, 돈 쓸 일이 많아서 육만 원만 주라고 말하니 아내도 한 십만 원 줄 생각을 했다며 물려받은 재산을 잘 유지했다면 제수 걱정은 안 해도 되는데 하며 속상해한다. 그러면서도 십만 원을 봉투에 넣어 가니 나로서는 큰 사람답다는 생각과 고마움 마음이 든다.

은희가 설음식 준비를 위해 막내네에 가서 은옥이와 아내, 나 세 식구가 점심을 먹게 되었다. 식사하며 은옥이가 제 어머니를 위로하는 것이 대견하다. 우리가 바르게 살고 있으니 그 자부심으로 살아가고 동생들이 우리를 어떻게 생각하든 그들의 평가는 신경 쓰지 말라는 것이다. 저의 자식들이 엄마, 아빠가 훌륭히 사신 것을 알고 있으니 위안으로 삼으시고 두 분이 오순도순 행복하게 살아가시라고 한다. 나도 전적으로 동감을 표했다. 나는 아내가 동기간이나 친족들에게 존경받는 사람이 되길 바라고, 존경받도록 너그럽게 용서하고 또 동생들의 어려움을 들어 주는 누이가 되었으면 하지만, 사람이 성자가 아닌 이상 그것이 어디 쉽겠는가!

나는 나의 삶이 실패하였다고는 생각하지 않는다고 말하며 자식들이 엄마, 아빠가 훌륭히 살아왔다고 생각하는 것이 인생에서 제일 값진 것이라고 말했다.

나는 아내가 병이 났는데도 설 준비를 하느라 막내네를 가는 것이 못내 안쓰럽다. 그래도 기분은 좋다. 아내와 은희는 예상보다 일찍 돌아왔다. 녹두 부침과 만두를 갖고 와서 나는 녹두 부침 반쪽과 만두 두 개를 먹었다. 소화 능력이 한계가 있어서 많이 먹고 싶지만, 그럴 수는 없다.

아내가 돈을 그냥 갖고 왔다. 많이 주는 것 같아 도로 가지고 왔다고 한다. 나는 섭섭했으나 갖다주겠지 했으나 늦게까지 갖다줄 생각을 안 하는 것 같아 화가 났다. 돈을 쓰려면 제때 써야지 쓴 보람도 있고 명분이 서는 것이 아닌가 하는 생각에서 설 지난 후 줄 것이냐며 화를 냈다. 아내의 그 같은 행동이 동기간이나 친척들에게 존경 받지 못할 것이라는 생각과 나도 못난 사람으로 볼 것이 당연하다는 생각에서 화가 나서 나 혼자 성질을 부리고 말았다. 얼마가 되었든 내가 설 준비를 하라고 주는 것과 아내가 스스로 주는 것이 나에게는 얼마나 의미가 다른가를 아내는 이해 못하는 것 같다.

은희가 내가 속상해하는 것을 눈치챈 모양이다. 나는 아이들 앞에서 아내와 싸움이 잦아지는 것이 몹시 미안하고 아이들이 고민하는 것이 마음에 걸려 후회가 되었다. 모처럼 마음이 풀렸는데 나의 너그럽지 못한 행동 때문에 아내의 마음이 얼어붙는 것 같아 사과하여야겠다는 마음을 먹으나 선뜻 사과의 말이 나오지 않는다.

큰 사위 김 서방이 사돈 선물을 가지러 왔다. 나는 큰 사위에게 약소하지만, 정으로 알고 받으시라고 일러 보냈다. 아내는 몸과 마음이 몹시 아픈 모양이다. 나는 자책과 분노가 엇갈렸다. 우리 가정은 얼마든지 행복할 수 있는데 나의 건강이 행복을 가로막는 것 같아서.

### 1996년 2월 19일

설날 아침에도 계단 청소를 하고 샤워를 했다. 오늘 아내는 병이 나서 차례 준비하는데, 참석하지 못할 것 같아 딸들이라도 보내야겠다고 생각했다. 그런데 아내가 일어나 갈 준비를 하니 한편으로 안쓰러우면서도 마음이 놓인다. 아내가 마련해준 한복을 입고 차례를 지내러 막내네로 향하는데 마음이 착잡하다. 동생이 상속받은 재산을 잘 유지해야 할 텐데….

어머니와 양할아버지, 할머니를 따로 차린다는 것을 나는 지금 세상에 며느리 따로 시아버지 따로 차릴 필요는 없다고 하여 한 상에 지방과 사진을 함께 다 놓고 차례를 지내기로 했다. 차례상에 곶감이 없으나 나는 모르고 빠뜨렸나 보다고 생각하고 그러한 것을 일일이 지적하는 것이 의를 상하게 하지 않을까 하여 말을 안 했다. 격식을 차리는 것도 중요하지만 차례의 의의를 생각하는 것이 더 중요하다고 생각한다. 조상들이 있으셨다는 사실과 그분들에 대한 공경심을 혈육들이 모여 음미해 보는 것이 더 의가 있는 것이 아닌가. 차례를 지내고 연도를 하였다. 어머니가 독실한 천주교 신자이기도 했지만 선종이 내외가 신자이기 때문이다.
　나는 서로 다른 종교와 의식을 수용하는 뜻에서 유교 의식과 천주교 의식을 같이 실행했다. 의식이 끝나고 딸들과 조카들에게 세배하라고 하니 모두 한 번에 받고 한 번에 하자는 것이다. 그것도 간소화에 부합되는 것이어서 그리했다. 나는 아이들에게 덕담으로 올해에는 건강하고 장성한 딸들에게는 시집가는 해가 되고 학생들에게는 학생의 본분인 공부를 열심히 하라며 도서 상품권을 주었다.
　우리는 시골(하성)에 성묘를 하러 근 11시경에 떠났다. 길이 막혀서 봉성리로 돌아서 하성에 도착하니 12시가 지났다. 오늘 처가 성묘도 할까 하였는데 시간이 없을 것 같다. 나는 계수씨가 어머니 묘로 먼저 가서 연도를 한다는 것을 하성 친척들에게 먼저 알리는 것이 좋을 것 같아 먼저 가루지로 가서 성묘하러 가자고 알리고 선산으로 갔다. 우리 형제 내외가 어머니 묘에 성묘하고 나니 작은아버지 사촌형 등 대소가의 친척들이 성묘하러 와 증조할아버지, 할머니부터 성묘를 시작했다.
　나는 사촌형님의 장손인 일상이로부터는 육 대가 된다고 알리고 차

레차례 성묘하며 자손들에게 일러 주었다. 작은아버님이 바람이 불지 않으면 모여 앉아서 이야기나 할 텐데 하시어 우리에게 무슨 말씀이 있을 것 같아 내려가 계시면 저희가 가겠다고 말씀드렸다.

성묘를 마치고 큰어머님 댁에 들러 세배를 드리려 하니 세배를 안 받겠다고 하신다. 사촌형님네서 점심을 준비하여 따뜻한 식사를 하였다. 형님댁에 늘 신세를 진다는 생각이다. 아내는 큰어머니에게 보청기를 드린다고 병이 난 몸으로 성묘를 왔다. 나는 사촌형과 육촌 영종에게 선산에 대해 말하고 싶었으나 돈 들어가는 일이니 좋다는 사람이 없을 것 같고 또 그러한 의논은 충분한 시간을 갖고 토론해야 할 문제임으로 그만두었다.

돌아오는 길에 양곡 고모네를 들리니 예전보다 쓸쓸한 것 같다. 고모부가 없어서인가. 예상보다 차가 잘빠져 선종네 일찍 도착하니 피로가 와 나는 잠시 드러누웠는데 막내 계수씨가 곶감을 내어놓으며 차례상에 못 올렸다는 것이다. 나는 "올리지 않은 걸 알았으나 말하지 않았다"고 하니 "말씀하시지요"라고 한다. 나는 이제는 차례상에 많은 음식을 차릴 필요는 없다고 생각한다. 저녁에 외손자인 태환이, 동환이가 왔다. 세배를 받고 세뱃돈으로 오천 원씩 주었다. 돈을 너무 많이 주는 것도 좋지 않다는 생각에서다.

## 1996년 2월 20일 화요일

오늘은 둘째 동생인 현종이 생일이라 은주, 은희, 큰사위, 태환, 동환이와 같이 은주가 준비한 난(蘭)을 갖고 현종이네로 아침 식사를 하러 갔다. 아내는 병이 나서 가지 못하니 서운하나 우리만 갔다. 동생네는 집안이 깨끗하고 잘 정리되어 있다. 화종이 내외는 와 있으나 막내네는 오지 않아 어찌하여 오지 않은 것인지 알고 싶었지만 묻지 않았다.

음식을 맛있게 먹고 나서 이야기 도중 젊어서 잘 먹고 잘 써야 하는데 못 먹고 못 썼다며 후회하는 말을 하다가 만약 젊어서 그같이 했다면 지금 병나서도 놀고먹을 수도 없고 병원비를 마련한다고 하더라도 동기간에게 신세를 져야 하는 불행한 처지가 되었을 것이라고 했다. 지금 경제적으로 어려움 없이 살아가는 것도 다행으로 생각하며 살아야 한다고 말했다.

선종이 내외와 조카들이 성당에 갔다 늦게 왔다. 아이들이 가자고 하여 나도 드러눕고 싶어서 집으로 돌아왔다. 아내는 대단히 아픈 모양이다. 열이 내리지 않고 있다. 병원을 가야 하나 약도 먹지 않는 것이 밉다. 식사해야 하는데 먹지를 못한다. 내가 이마에 손을 얹으니 손을 뿌리친다. 마음이 안 풀린 모양이다. 화해하고 싶으나, 아내의 그 같은 행동이 나의 마음을 얼어붙게 한다.

딸 은희와 점심 후 식탁에서 세상 살아가는 일, 지난 나의 생활 등 많은 이야기를 했다. 특히 종교와 가치관이 달라도 서로 상대를 수용하고 간섭하지 않는 것이 다원화한 현대 시대를 살아가는 방법이라고 했다.

## 1996년 2월 22일 목요일

한 시 반에 잠이 깼다. 나는 21일 라디오 방송에서 암 질환에 자연식이 좋다는 말과, 더욱 좋은 것은 즐거운 마음으로 웃으며 사는 것이 치료의 첩경이라는 의사 말이 생각나서 이제는 모든 것을 잊고 즐거운 마음으로 살아야겠다고 다짐한다. 그러나 지난 처 동기들과 싸움이 생각나서 처남, 처제, 처가 야속한 생각이 들어 화가 나는 것이다. 아무리 잘못했다 하더라도 시한부 생을 사는 사람에게 그렇게 할 수가 있는가! 나는 별 잘못도 없는 것 같은데….

아내는 마음을 풀지 않고 있다. 나는 화가 나서 베개를 내동댕이쳤다. 아내가 알고 들어와 가슴이 철렁한다며 죽을 지경이라고 하니 처참한 생각이 든다. 나는 나의 병을 생각해 즐겁게 살려고 생각하는데 새록새록 처가 동기간과의 관계가 생각나서 그랬다고 말하니 아내는 짐승만도 못한 년, 놈들 하면서 나보다 더욱 증오하는 것이다. 나는 아내의 그 같은 생각은 잘못이라고 말하니 우리가 죽어도 알리지 않겠다는 극단적인 말을 하는 것이다.

아내와 나는 많은 이야기를 했다. 아내는 그믐날 돈을 안 준 것은 다른 사람보다 많은 것 같아 다른 사람 없을 때 주려고 했으나 당신이 그 같이 화를 내니 몹시 섭섭하고 밉다는 것이다. 또 아파서 죽을 지경인 사람을 일찍 가지 않는다고 생각하는 것 같아 서운했다는 것이다. 나는 그런 생각은 하지 않고 오히려 아픈데 큰 사람 노릇을 하려는 의지에 안쓰럽다는 생각이 들었다고 했다. 아내가 웃으면 나도 절로 마음이 편해진다. 아침에 은희가 아내로부터 잔소리를(잘못을 지적) 들으니 안됐다는 생각이다. 다른 사람의 잘못도 눈에 보이는 은희에게 돌아가는 경우가 많은 것 같아 은희가 없을 때 아내에게 이야기하겠다고 마음먹었다.

오늘 아내는 아픈 것이 조금 나아 상하수도 요금, 전기요금 등 세입자들에게 부담할 금액을 정하느라 고심하고 있다. 아내가 마음이 밝으니 나도 마음이 밝아진다.

아내는 산소 문제를 먼저 동생들과 의논하고 나서 시골 분들과 의논해야지 먼저 시골 분과 의논하는 것은 잘못이라는 것이다. 깊이 생각을 해보니 아내의 말이 맞다. 먼저 제일 가까운 사람과 의논해야 한다는 아내의 말이 옳으나 그리하면 마음먹은 대로 일이 이루어질 수 있을까.

아내와 어머니 동기들을 찾아뵙자는 마음에서 동생들에게 전화해서 막내이모님을 찾아뵙기로 하고 현종과 같이 이모님 댁을 방문했으나 계시지 않았다. 돌아오는 길에 기섭이네 아주머님을 찾아뵈었더니 무척 반가워하신다. 자주 찾아뵙고 모시기도 해야 하는데 내가 병이 있으니…. 아내가 왜 좀 오시라고 하지 않았냐는 말에 미처 그러한 인사말을 못 한 것이 아쉬웠다.

보일러가 고장이나 서비스를 신청하니 서비스 기사가 왔다. 기사는 온수와 난방 분리기가 고장이 났다며 교체해야 한다며 오만 원을 요구하는 것이다. 나는 더 알아보고 갈아야겠다는 마음에서 기사를 돌려보내고 사촌 매제를 불렀다. 처음부터 고장이 잦아서 이번 참에 바꿀까 하는 생각이었으나 매제 말로는 교체를 하기 위해서는 육십만 원이 든다는 것이다. 비용이 생각보다 많이 들어 그냥 고쳐 쓰기로 마음먹었다.

### 1996년 2월 23일 금요일

오늘은 아내가 병이 좀 나았는지 기분이 나아 보이니 나도 절로 기분이 좋다. 나는 전축을 틀어 놓고 아내가 좋아하는 현철의 CD를 들으려고 하나 번호판에는 2번으로 있는 것 같은데 2번을 눌러도 계속 3번인 서양 음악만 나오는 것이다. 열어보니 현철 노래는 케이스에 담겨 있었다. 그러니 소리가 나올 수 있는가? 다시 주현미, 현철 판을 넣어 들었다.

점심을 먹고 아내는 인절미를 가게 사람들에게 갖다준다며 나갔다 돌아오면서 칡뿌리를 얻어왔다. 그것을 말리겠다고 쪼개는 아내에게 영화에 대한 양자 문제를 말하다 우리가 양자 한다고 사촌형님이 영화에게 재산을 주지 않는다면 우리가 주는 것은 많지 않으니 곤란할 것 같다고 말했다. 아내는 우리를 믿고 안 주시겠냐는 것이다. 내가 영화가 요령이 없는지 힘들게 사는 것 같다고 하니 아내는 요령 있는 사람보다 성실하고 진실한 사람이 나중에는 잘살게 된다고 하니 나도 전적으로 동감을 표시했다. 아내가 강화에 가지 않겠냐는 나의 말에 부모님 산소에 성묘하러 가야겠다고 하여 매화리에 들러서 가자고 말했다. 그러나 아내는 마음이 내키지 않는지 자기만 간다는 것이다. 나는 매화리에 들러 쌀 한 가마니 값을 주자고 말했다. 니편 내편 하는데 쌀을 그냥 받으면 오해의 소지가 있다는 생각에서다. 매화리에 가는 것은 동기간의 도리도 있지만 섭섭함을 말하고 싶어서이다. 손아래 처남이지만 알 만한 사람이라고 생각되어 섭섭함을 풀려고 한 것이다.

## 1996년 2월 24일 토요일

밤을 새우고 나니 청소하는 데 힘들 것 같았으나, 예상보다 힘들지 않았다. 계단 청소를 마치고 들어오니 아내는 매화리 성묘 갈 준비를 하고 있다. 나는 아내를 재촉하여 버스를 타고 도창리에서 내려 장인, 장모님의 묘가 있는 곳을 찾아갔다. 아내는 정성 들여 차려온 제물을 상 돌에 놓고 잔을 올린다. 나도 장인 장모님에게 잔을 올렸다. 묘에서 내려와 매화리 처가를 향하니 아내는 자가용 생각이 나나 보다. 우리는 자가용이 없어 성묘도 못하겠다고 한다.

나는 마음먹기에 달렸다고 생각한다. 물론 자가용이 있으면 편리한 점이 많으나 우리같이 아무 직업이 없는 사람에게 자가용이 꼭 필요치는 않은 것이다. 급할 때는 택시를 이용하면 되고 또 걸으면 운동도 되니 좋은 것이다. 자가용을 가짐으로써 생길 경제적 부담, 정신적 부담을 생각하면 아직 자가용을 갖는 것은 시기상조인 것 같다. 은옥이, 은희가 면허가 있다 하더라도 직장이 가까우니 구태여 자가용이 필요한 것은 아니다.

매화리 용훈이 처남네 도착하니 처남은 제주도로 여행을 가고 처남댁과 조카인 아들, 딸만 있다. 처남댁은 우리를 반갑게 맞아 준다. 나는 조카들이 세배를 안 하니 아내에게 세배하도록 일렀다. 세뱃돈을 중학생인 아들과 초등학생인 딸에게 차등해서 주었더니 아내가 똑같이 주지 그랬냐는 것이다. 나는 중학생 용돈과 초등학생 용돈은 달라야 한다고 말했으나 같이 주는 것도 좋았을 것 같다는 생각이 든다. 나는 조카들에게 덕담으로 올해는 건강하고 학생인 본분으로 열심히 공부하라고 말했다.

아내는 처남댁에게 지난번 우리 집에서의 일들이 섭섭하다고 말한다. 처남댁에게 하지 않았으면 하면서도 말리지 않았다. 물론 용훈이 처남댁에게 잘못했다는 것이 아니고 둘째처제나, 용덕이 처남의 잘못을 말하는 것이지만 듣는 용훈이 댁도 기분 좋은 일은 아닌 것 같다는 생각이 든다. 그러나 아내의 심정을 조금이라도 털어놓은 것도 좋을 것 같다는 생각이다.

용훈이 처남이 늦게 돌아온다니 만나보고 하고 싶은 말도 있으나 다음 기회도 있겠지 하고 돌아서면서 아무튼 잘 들렀다고 생각했다. 그냥 성묘만 하고 오면 마음을 풀지 못했다고 동기들이 섭섭해할 것 아닌가. 물론 다 풀지는 못했지만.

은희가 선을 보고 잘 안 되었다는 말에 아내는 조바심을 내며 특별한 사람이 있느냐며 웬만하면 성사를 시키라는 것이다. 나는 은희에게 너무 급하게 생각 말고 느긋이 상대를 찾아보라고 말했다.

### 1996년 2월 25일 일요일

오늘 은희와 같이 우리 내외는 아내의 옷을 보러 간다고 기쁜 마음으로 남대문 시장으로 향했다. 328번 버스를 타고 신세계 앞에서 하차하여 신세계 백화점의 모피 코너를 찾아 밍크코트를 구경하였다. 나는 옷이 그렇게 비싼 줄을 몰랐다. 처음에는 밍크코트값을 잘못 보았나 하고 가격표를 다시 보았다. 그러나 다시 확인하여 보아도 1천 2백만 원이다. 그것도 밍크의 일반적인 색이 그렇지 변형된 회색이나 흰색 같은 것은 그것에 몇 배이다. 밍크코트 하나에 집 한 채 값이 나가니 서민으로서는 상상도 할 수 없는 것이다.

나는 세브란스 병원에서 흰색 밍크코트를 입은 사람을 보고 아내에게 딸들이 옷을 사주겠다고 준비한 일백삼십만 원에 사십만 원을 보태서 그 밍크코트를 사줘야겠다고 마음먹었다. 비싸 봐야 이백만 원은 넘지 않겠지 하였으나 상상도 못한 값이다.

나는 분수에 맞게 이백만 원의 밍크코트를 물색하였으나 그러한 것은 말만 밍크코트지 품질이 형편없었다. 나는 밍크코트는 우리의 분수에 맞지 않다는 생각이 들면서도 아내에게 해주고 싶다. 그러나 여러모로 보아도 그같이 비싼 것은 못할 것 같다. 첫째 우리가 빚을 지고 있고 둘째 우리 동기들이(처가와 친가) 여러 가지 어려운 처지에 있고, 셋째 그것은 낭비와 사치이다. 넷째 나는 시골에다 땅을 조금이라도 사고 싶은데 그것을 먼저 이루고 싶다. 아내에게는 미안하나 아내가 이해해줄 거라고 생각하며 경방 백화점에서 벽시계를 사고 집으로 돌아왔다.

백화점에는 웬 사람이 그렇게 많은지 사람이 밀려다닌다. 재래시장은 더러 문을 열지 않아서 그러한지 사람이 많지 않았다. 경제생활이(주부들 장바구니 생활) 백화점 위주가 되는 것 같아 안타깝다. 우리 같은 조그마한 건물로 임대업을 하는 처지에서 보니 조만간 임대업도 사양길이 될 것이니 걱정이 앞선다. 그때를 대비해서 지금 힘을 키워야 할 것이다.

아내는 용훈이 처남에게서 전화를 받고 할 말이 많은지 전화기를 놓지 않는다. 나는 또 마음이 상할 말들이 오고 가지 않을까 걱정이 된다. 그러나 서로에 대한 감정이 없어서 그러한지 아내는 편안한 마음으로 용훈이 처남에게 모든 것을 털어놓는 모양이다. 아내가 품고 있던 말 못할 아픔을 동생에게 말하는 것이 몹시 안쓰럽다. 그 같은 말들은 용덕이 처남에게 하는 것이 순리인데….

## 1996년 2월 26일 월요일

혈액검사를 위해 병원에 가려고 하니 아내는 9시 전에 가야 하는데 늦었다며 걱정이다. 나는 9시 전에 가봤자 일과 시작을 안 하므로 9시까지만 가면 된다고 8시 20분에 집을 나섰다. 가는 길에 차가 막혀 혈액실에 도착하니 9시 5분이 되었다. 간호사가 한 가지는 늦었다며 내일 결과가 안 나올 것이라는 말에 나는 내일 담당 의사를 보는 날이라 결과가 꼭 나와야 한다고 부탁을 하니 그렇게 해주겠다고 말하는 것이다. 아내의 말이 옳았다. 좀 더 일찍 오는 것인데. 채혈을 하고 집에 오니 10시쯤이 되었다.

아침 식사를 하고 아내와 남대문 시장에 갈 마음을 먹고 쉬고 있는데 아내가 나갔다 들어오지 않는다. 은행에 갔나 했으나 은행에 갔다 올 시간이 지났는데도 돌아오지 않아서 오전에는 시장에 갈 수가 없겠구나 하고 있는데 아내는 약수를 받으러 능골에 갔다 오는 것이다. 장 담글 물을 길어 온 것이다. 다시 물을 길으러 간다고 하며 메주를 옥상에서 내려놓으라고 하여 나는 메주를 내려와 먼지를 털어 냈다. 또 베란다가 더러워 베란다 청소를 하고 있는데 아내가 돌아왔다.

아내는 길어온 물로 메주를 씻으며 메주가 잘 뜨지 않았다고 걱정을 한다. 나는 그만하면 잘 떴다고 말하니 이것이 잘 뜬 것이냐고 한다. 오래 서서 청소하니 힘이 든다. 쉬어야겠다고 마음먹고 전축을 틀어 놓고 소파에 누웠다. 오늘은 아내와 시장에 가는 것을 포기했다. 내 생각으로는 저가(低價)겠지만 마음에 드는 밍크코트가 있으면 구입하고 그렇지 않으면 좋은 무스탕을 사려고 생각한다. 그러나 마음에 드는 것이 없다면 딸들이 주는 돈으로 우선 좋은 병풍을 장만하고 다음에 좀 더 모아서 아내가 마음에 드는 밍크코트를 사줄까 하는 생각이다. 나는 딸들에게(은희, 은옥) 그 같은 말을 했다.

## 1996년 2월 27일 화요일

　오늘은 의사를 만나러 병원에 가는 날이다. 나는 계단 청소를 정성 들여하고 오는 29일 여행 때 입을 옷을 빨았다. 아내는 장을 담근다고 추운데 옥상에서 일하느라 애를 쓰고 있다. 나의 건강한 식생활을 위하여 된장을 일찍 만든다고 장을 담그는 것이다. 우리 내외는 서둘러 병원으로 갔다.

　병원 진찰실에 도착하니 약속 시간이 다 되어 급히 예약 시간표와 진료카드를 간호사에게 주고 복도에서 대기하는데 환자와 보호자들로 가득 차 다닐 수 없는 것이 시장을 방불케 했다. 병을 앓는 사람이 이렇게도 많은가. 요즘 환절기가 되어서 그러한지 환자가 많다. 의사가 환자 하나하나 제대로 치료할 수 있을까 하는 생각이 든다.

　더욱이 나의 주치의인 한광협 의사는 연세 병원에서 간 전문의로는 유일한 분이라 환자들이 제일 많다. 진료 시간이 지나도 환자를 보니 무리인 것 같다. 예약 시간보다 한 시간 삼십 분이 지나서야 의사의 진찰을 받을 수 있었다. 의사의 말은 CT에서 간 윗부분에 희미한 점이 보이는데 정확히 알기 위해서는 초음파로 자기가 직접 보아야겠다는 것이다. 그리하여 초음파 검사 날을 다음 주로 예약하고 가라며 약을 처방하여 준다.

　우리는 초음파 예약을 하고 약을 기다리다가 점심을 먹으러 연세대 식당으로 갔다. 학생들을 상대로 하는 식당이라 음식값이 퍽 싼 편이다. 우리는 부대찌개와 카레라이스를 2,400원을 주고 사 먹었다.

　병원을 나와 남대문 시장으로 가는데 버스 기사가 자기들의 처우가 말이 아니라고 한다. 1년 동안 무사고로 성실히 일해야 겨우 먹고 살

수 있다며 재산 증식은커녕 자녀를 중학교도 못 보낼 판이라는 것이다. 그러한 처우를 받으니 어느 여자가 시집을 올 것이냐며 사정이 이러하니 삼사십 대 기사들은 총각이 많다는 것이다. 또한 버스회사는 기사가 없어서 버스를 세워 놓는 일이 많다고 한다.

　교통 문제는 우리의 삶과 직결되는 사회 문제인 만큼 개인들의 일이라고 외면할 사안이 아니다. 나와 아내는 아내의 옷을 사러 신세계 앞에서 하차하였다.

　모피점이 어디에 있는지 노점상에게 물으니 무엇을 살 것이며 코트냐 잠바냐 하고 묻는다. 우리는 모피점만 알려주면 되지 꼬치꼬치 물을 것은 무엇이냐고 말했다. 우리는 모피 점을 찾아 남대문 시장 지하상가로 가서 옷을 보니 우리가 원하는 옷을 파는 집이 많지 않았다. 그러나 마침 아내가 마음에 들어 하는 옷이 있어 값을 물으니 예산한 값을 훌쩍 넘는다. 우리는 흥정하러 값을 제시하나 우리가 제시한 값이 싸서 그런지 잡지 않는다.

　다른 곳을 들어가 보니 내 마음에 드는 것이 있으나 아내의 마음에는 없는 모양이다. 우리는 아내가 마음에 드는 옷이 있는 점포로 다시 와서 가격을 흥정하여 육십만 원에 옷을 구입했다. 아내는 흡족해하는 듯했다. 값도 값이지만 옷이 마음에 든다는 것이다. 나도 아내의 몸에 맞고 디자인도 세련되고 고급스러워 보이는 것이 마음에 들었다.

　집에 돌아와 아내는 기쁜 마음으로 세 사는 사람들에게 정월 음식을 나누어 준다. 은희가 일찍 퇴근했다. 아내는 구입한 옷을 입어 본다. 은희에게 너희들이 저축하여 아빠, 엄마에게 선물하니 고맙다고 말하고 남은 돈으로 병풍을 주문하면 어떻겠냐고 말했다. 은옥이가 오면 아내는 옷을 입어 본다고 기대를 하나 은옥이가 늦는다고 전화가 오니 약간 실망이다.

    은영이에게서 전화가 없어 기다리던 중 마침 전화가 오니 아내는 반갑게 받는다. 통화내용은 28일 새벽 열차로 온다고 하며 저희 집으로 곧장 간다는 것이다. 은영이 시집 고모네가 화재를 당하였는데 박 서방이 찾아뵙지 못한 것이 시아버지는 섭섭한 모양이라는 말을 듣고 아내는 걱정한다. 나도 사돈의 그러한 섭섭함이 있는 것이 은영이의 시집생활에 어떠한 영향을 미칠지 조금은 걱정이 된다.

    은옥이가 11시가 다 되어 돌아왔다. 나는 은옥이에게 주의를 주어야겠다고 생각했으나 옷을 입어 보는 아내를 보고 옷 자랑과 병풍 이야기로 그 말을 할 것을 잊었다.

## 1996년 2월 28일 수요일

    오늘은 화분 청소를 한다고 화분을 화장실에 들여놓고, 물을 주고 받침대를 닦고 하니 한 시가 되었다. 아내와 화장실에서 같이 일을 하다 은영이가 시집에서 친정엔 자주 가고 시집 일에는 등한시하는 것은 아닌지 라고 시집 부모님이 생각하실지도 모르니 자주 오지 않는 것이 좋겠다도 말했다. 아내는 나의 말에 그냥 두라는 것이다. 나는 우리가 섭섭하더라도 될 수 있으면 시집과 잘 지내야지 은영이가 살아가는 데 도움이 될 것 같아서 하는 말인데 시집과 잘 지내라는 말이 왜 잘못이냐고 화를 냈다. 좋은 말로 나의 의견을 말해야 했는데….

    점심 후 아내와 같이 병풍을 보러 길 건너 화종이네 집에 세든 화랑을 찾아갔다. 현종이가 주문한 병풍 그림 산수화가 왔다고 보여주나 마음에 들지 않는다. 주인은 십장생이 좋다며 보여주나 그것도 마음에 들지 않을 뿐 아니라 길어서 우리 안방에는 맞지 않는다.

　아내는 풍속화를 보고 그것을 안방에 걸면 어떻겠냐고 해 나도 마음에 들어 사자고 하니 십오만 원이라는 것이다. 마음에는 들지만, 요즘 돈을 너무 많이 쓰는 것 같아 마음이 가볍지 않다. 아내가 여행 갔다 와서 구입하자는 것을 아주 그만둘까 하는 생각이다.

　은주 전화가 늦도록 오지 않으니 기다려진다. 아이들처럼 여행이 기다려진다. 여행이 취소되지나 않았나 하는 생각에 아내는 전화해본다. 은주는 없고 김 서방이 전화를 받아서 은주가 곧 돌아올 것이라고 한다. 은주에게서 전화가 왔다. 내일 오전 8시에 떠나기로 했다.

## 1996년 2월 29일 목요일

　여행할 생각에 마음이 설렌다. 계단 청소를 6시에 시작해 7시 10분에 끝내고 아내를 재촉하여 여행 준비를 하고 은주네를 기다린다. 은주네가 예상보다 늦게 도착하여 길을 떠나니 중부고속도로가 막혀 시간이 걸린다. 김 서방은 약속 시간에 갈 수 있을지 걱정이 되어 조바심이다. 약속을 지키지 못하면 나뿐만 아니라 상대방도 일을 못하고 손해를 볼 수 있다고 생각되어 재촉하게 된다. 중부고속도로는 공사 중이어서 시간이 걸리고 영동 고속도로는 막히지 않고 원활히 잘 달린다.

　찾아가는 곳은 평창이다. 평창에서 땅을 소개해주는 사람을 만나기로 하였다. 우리는 샛말에서 고속도로를 벗어나 평창으로 가기로 되었으나 샛말에서 잘못하여 그대로 영동 고속도로로 가게 되어 장평에서 평창으로 빠지기로 했다. 장평에서 평창으로 빠지는 길은 예상보다 길이 좋았다. 그리하여 예상보다 일찍 평창에 도착했다. 만나기로 한 사람이 나와 있어 서둘러 땅을 보러 갔다. 땅이 예상보다 마음에 들지 않고 너무 비싸다는 느낌이 든다. 서울 근교도 농짓값이 이만 원 내지 삼만 원인데 이곳은 준 농지가 구만 원이나 하니 살 수가 있을까. 물론 경치 좋고 물 맑고 공기 좋은 곳이라 요양하기는 좋은 곳이나 너무 멀어서 이곳에 와서 요양하기는 어려울 것 같다. 아내는 이곳을 마음대로 다닐 수도 없고, 마음에 들지도 않는 모양이다. 나는 김 서방 체면도 세우고 또 이곳 오지에 땅을 갖는 것도 좋을 것 같아 무리해서라도 장만하려고 했지만, 너무 비싸서 힘이 들 것 같다.

그리하여 혹여 정선엔 좋고 싼 물건이 없나 하여 가봤으나 희망하는 물건도 없었지만 있다 하더라도 부르는 것이 값이라는 것이다.

전원주택으로 지을 만한 좋은 곳은 서울 사람들이 나오기가 무섭게 사서 사려는 사람은 많은데 팔려는 사람은 없다는 것이다. 오히려 평창보다 더 비싸다. 영월을 거쳐 제천에 들러볼까 하고 영월로 갔다. 그곳도 사정은 마찬가지다. 우리는 포기하고 돌아오는 길을 택했다.

원주에 도착하니 어두워져서 원주에서 묵기로 하고 여관에 들어갔다. 피곤하여 잠자리에 들었으나 손자들이 수선스럽다. 그러나 밉지 않다.

## 1996년 3월 1일

오늘은 삼일절이라는 TV 뉴스를 보나 별 감흥이 없다. 내가 애국심이 없어서일까.

새벽 2시 30분에 깨어 이 생각 저 생각에 잠이 오지 않는다. 살 날도 많지 않은데 왜 땅을 사지 못해 안달하는 것인지. 아침 식사를 하고 나니 9시가 지났다. 김 서방이 온 김에 민속촌에 가자고 하여 민속촌이 있는 용인으로 향했다. 어제, 오늘 TV에서 국기를 달자는 뉴스를 듣고 얼마나 태극기를 달았는지 차창 밖을 내다보니 태극기를 단 집이 보이지 않는다. 애국심이 없어서일까. 아니 그보단 무관심한 것 같다는 생각이 든다.

우리는 민속촌을 쉽게 찾아갔다. 내가 처음 민속촌에 왔을 때보다는 초라해 보인다. 손자들에게 조상들이 살아온 흔적들을 들려주고 싶으나 손자들이 아직은 어려서 이해를 못할 것 같으나 그런대로 일러주었다. 우리는 시장기가 있어서 민속촌 안에 있는 음식점에서 음식을 시켜 먹었다. 음식값은 시중보다 비싼 편이다. 또 난장 시장의 물건값도 시중보다 비쌀 뿐 아니라 질도 좋지 않아 사고 싶은 생각이 없다.

나는 민속촌을 더욱 좋은 곳으로 만들어야 한다는 생각에서 운영의 묘를 생각해 본다. 물론 정부의 적극적인 지원도 필요하지만, 민속촌 자체에서 운영을 잘해야겠다는 생각이 든다.

예로는 난장 시장에 값싸고 질 좋은 민속상품을 많이 갖춘다면 많은 사람이 구매자가 되어 시장이 활성화되고 수입도 좋을 것이다. 그러기 위해서는 시장을 자율화하는 것이 첩경일 것이다. 장소를 제공해주고 자율화하면 이익을 추구하기 때문에 상품과 서비스의 질이 좋아질 것이다.

아내는 널뛰기를 보고 처녀 시절 잘 뛰었다는 생각에 지금도 할 수 있다며 뛰어보겠다고 한다. 그러나 막상 뛰어보니 옛날과는 대단히 다른 모양이다. 나는 저렇게 뛰다가 다칠까 하는 걱정이다. 나는 피곤해서 재촉하여 집으로 돌아왔다.

점심에 손자들이 삼계탕을 먹고 싶어 하는 것을 보고 아내에게 닭을 사 오라고 하였다. 아내가 힘들어할 것 같으나 예상보다 밝게 저녁 준비를 한다. 그래서 기분이 좋다. 식사 후 은주 내외는 가고 손자들이 남는다. 손자들 때문에 아내가 고생하지만, 아내의 손자 사랑이 남다른 데가 있으니 할 수 없지 않은가. 김 서방의 자식 사랑도 남다르다는 생각이 든다. 닭곰탕을 먹는데 자식들이 먹고 싶어 하니 저는 안 먹고 자식들에게 먹이느라 점심을 제대로 먹지를 못한다.

   아침에 은주가 시계를 잃어 버렸다고 한참 동안 수선을 피웠다. 은주의 건망증이 심한 것 같아 걱정된다.

▲ 1996년 3·1 절날 민속촌(56세, 59세)

　아버지는 삶에 대한 의지를 가지는 한편 곧 생을 마감할 수도 있다고 생각하셨다. 그래서 늦기 전에 아내에게 못했던 것들을 해주고 싶었던 모양이다. 생일 기념으로 어머니에게 비취반지를 선물하셨다. 반지를 보고 모두 흡족해 했다. 밍크코트를 사주는 것도 어머니에 대한 아버지의 마지막 버킷리스트 중의 하나였나 보다. 아버지는 '일~이백만 원이면 구입할 수 있겠지'라고 생각하고 백화점으로 가셨다. 그런데 막상 가보니 천만 원이 훌쩍 넘었다고 한다. 할 수 없이 남대문 지하상가로 향했다. 모피코트는 아니지만, 다행히 어머니 마음에 드는 옷이 있었다. 위에 입고 있는 옷이 그때 구입한 옷이다. 그날 저녁 어머니는 딸들 앞에서 옷을 입어보며 좋아하셨다.

## 1996년 3월 2일 토요일 맑음

계단 청소를 하루 걸렀더니 좀 더럽다. 오늘은 청소 시간이 길어졌다. 청소를 마치고 나니 손자들이 일어나 뛰어논다. 나는 손자들과 놀아주고 싶으나 피곤하여 드러누웠더니 태환이가 바둑을 두잔다. 한참을 누워있다 태환이와 바둑을 한 판 두어 주었다. 내가 많이 이기니 태환이는 재미가 없는 모양이다. 오후에 김 서방이 손자들을 데리러 올 겸 우리 내외를 난(蘭) 전시장에 데려다준다고 서둘러 퇴근하여 4시에 왔다.

전시장 입장이 5시까지이므로 우리는 전시장인 창경궁까지 5시 전에 가야 하나 승용차로는 차가 막혀 시간 안에 도착하기 어려울 것 같아 홍대 입구에서 전철을 타려고 한다. 전철을 타도 제시간에 못 갈 것 같아 내가 서두르니 아내는 김 서방 승용차로 가면 될 것을 서둘러서 고생이라며 불만스러워하는 것이다.

전시장을 종묘로 해서 가니 한참을 걷게 되었다. 나는 종묘를 걸으며 서울 중심가에 이 같은 고색창연한 건물과 녹지가 있다는 것이 참으로 고맙다는 생각이 들었다. 아내도 좋은지 한참을 걸으면서도 힘들어하는 것 같지 않다. 종묘를 지나 창경궁까지 가려면 율곡로를 지나가야 한다. 율곡로를 가로지르는 보도육교를 건너가야 창경궁이 나온다.

도착하여 난 전시장을 돌아보니 생각보다 전시에 출품한 개인이나 화원이 많지 않아 조촐했다. 우리는 난(蘭)에 대해 문외한이라 무엇이 좋은 난인지 잘 모르겠다. 사돈인 김봉철 씨가 대상을 받은 화란은 동양란과 서양란을 교배하여 개발한 새로운 난(蘭)이다. 우리는 사돈에게 마음으로 축하하였다.

나는 서양란이 화려하고 커서 그러한지 동양란보다 좋아 보인다. 아내도 그러한가 보다. 나는 서양란꽃이 동그란 것보다는 꽃잎이 긴 것이 좋아 보이는데 새로운 품종이라서 그러한지 동그란 꽃잎이 많았다.

우리 내외는 저녁에 은영이네가 온다고 하여 서둘러 집으로 돌아왔다. 아내는 박 서방이 생선을 좋아한다며 생선을 사러 시장에 가고 나는 집으로 왔다. 생선을 구워 저녁을 막 먹는데 은영이가 정수를 앞세우고 들어온다. 우리 내외는 정수를 반갑게 맞는다. 저녁 준비 중에 은영이네가 세배를 한다고 하여 세배를 받고 덕담을 나누며 나는 그저 건강한 것과 올해 마음먹은 일들이 이루어지길 기원한다고 했다. 정수가 재롱을 피운다. 그저 귀엽기만 하다.

## 1996년 3월 3일 일요일 맑음

어제, 저녁에 많이 먹어서 그런지 아침에 청소하는 데 힘이 든다. 나의 병이 힘든 운동이나 일을 삼가야 한다고 하나 나는 청소를 못할 정도가 되면 삶이 끝나는 것 같은 생각에서 청소를 늘 하는 것이다.

아내가 혼자 아침 준비를 하느라 바빠서 내가 들어오니 마늘과 파를 까 달라고 한다. 나는 힘이 들지만, 그것을 준비하며 딸들이 일어나길 바란다. 딸들도 일요일이라 모처럼 늦잠을 자는데 깨우기도 그러하다. 곧 은희가 일어나고 은영이도 일어났다.

나는 안방에 드러누워 아침을 기다리나 근 11시가 되어서야 조반을 먹으란다. 아내는 나물 몇 가지를 준비하느라고 늦었다는 것이다. 나는 왜 딸들을 시키지 않고 혼자서 하느냐고 하니 마음에 들지 않아서 참지 못하고 본인이 한다고 하니 나는 딸들에게 맡기면 다 해나가게 마련이라고 했다.

　박 서방이 근무지인 울산으로 간다고 하니 아내와 은영이가 점심을 하여준다. 박 서방이 떠난 후 정수가 잠을 자는데 숨 쉬는 소리가 힘들어 보인다. 수술해야 하나 아직 어려 내년에나 한다고 하니 그동안 애쓸 것을 생각하니 안쓰럽다.

　나는 아내에게 부럼을 사 오라고 했다. 아내는 귀찮아하면서도 부럼을 사러 간다. 은영이는 정수 옷을 산다고 같이 시장에 갔다.

　미신이겠지만, 민속행사로 우리 정서에 자리 잡은 것이라 부럼을 깨는 것이 좋다고 생각되어 사 오라고 했다. 밤, 호두, 잣, 땅콩 등 단단한 부럼을 깨는 의식은 부스럼(종기)이 생기지 않게 하여 달라는 주술이다.

### 1996년 3월 6일 수요일 흐림

　오늘은 병원에 가서 초음파 검사를 받기로 예약한 날이다. 오전 11시 10분 예약 시간 전에 가 있어야겠다고 아내를 재촉하여 병원을 가려고 버스를 기다리는데 굳이 일반 버스를 기다리자는 아내가 못마땅하다. 시간이 40분밖에 남지 않았는데 미리 가서 대기하고 있어야 한다는 생각에 마음이 조급하다. 오늘 담당 의사가 직접 본다고 했는데 혹여 차질이 생길까 걱정이 된다. 그러나 다행히 일반버스가 곧 와서 우리는 제시간에 병원에 도착했다.

　초음파 검사실이 3개가 있는데 제1실에서 한광현 의사가 나의 검사를 직접 했다. 이번에도 분명히 나타나지 않는지 담당 의사가 답답해하는 것 같다. 나는 초음파 검사를 마치고 담당 의사에게 언제 선생님을 뵙게 되느냐고 물으니 다음 주라고 한다. 아내가 간호사에게 예약하고 가자고 하여 간호실로 가서 예약하고 수납 창구에서 예약증을 받아서 돌아왔다.

배가 고파서 그런지 힘이 없다. 아침 겸 점심으로 밥을 먹고 나니 속이 편치 않다. 아내와 나는 좀 쉬려고 누웠으나 오늘 오후에 비가 온다니 피해가 갈 것들을 비에 맞지 않게 해야겠다는 생각에 아내 몰래 나와 비설거지를 했다. 그사이 아내가 나와 함께하지 혼자 한다고 걱정이다.

아내는 강화에서 사온 순무 김치를 하고 인삼도 꿀에 재어 놓으면서 사위들에게 준다고 따로따로 준비한다. 어제 땅을 보러 강화에 갔다. 땅값이 너무 비싸서 살 수 있을까? 힘에 부치면 안 산 것만 못하다고 생각하면서도 혹시나 싼 땅이 있지 않나 하여 친척인 성종네를 찾아갔다. 그러나 그의 이야기도 마찬가지로 땅값이 많이 올랐다는 것이다. 우리 내외는 성종이 내외의 후대를 받고 땅이 싸게 나오면 연락하여 달라고 부탁하고 돌아왔다.

오는 길에 인삼과 순무를 샀다. 큰 사위에게 전화해야겠다고 마음먹던 중 김 서방에게서 전화가 왔다. 평창에 새로 나온 싼 땅이 있다고 하니 금주 금요일 휴가를 내겠다며 가 보자고 하는 것이다.

나는 딸들과 같이 땅을 사는 것이 좋을 것 같아 같이 사자고 하나 사는 형편이 각자 달라 똑같이 출자할 형편이 안 되니 각자 형편대로 출자하여 출자한 금액만큼 지분을 갖는 것이 좋을 것이라고 생각했다. 이와 같은 생각을 아내에게 말하니 아내는 똑같이 출자하여야 한다는 것이다. 은주네는 그런대로 똑같이 출자할 수 있으나 은영이네는 신접살림이라 똑같이 출자할 형편이 되지 않으니 형편 되는 대로 참여한다면 그 나름대로 의미가 있으리라. 출자를 하게 되면 각자 출자한 비율만큼 지분을 가지고 데리고 있는 은희, 은옥이는 우리가 출자한 금액의 1/2(반)이 지분이고, 1/2(반)은 우리 내외의 지분으로 우리 내외 유고 시 상속자들이 공정하게 상속한다고 나는 마음먹었다.

아내와 나는 우리가 얼마나 산다고 이러나 싶으면서도 자식들에게 정신적으로나 물질적으로 물려주고 싶은 것이다.

## 1996년 3월 8일 금요일

오늘은 강원도 평창으로 땅을 보러 가는 날이다. 이번에는 사위인 김 서방이 일찍 가자 하여 새벽 6시에 출발하기로 하고 나는 그 전에 계단 청소를 하고 아내는 먹을 것을 준비하여 김 서방을 기다렸다. 김 서방이 도착하자 곧 출발하였다. 새벽이어서 그런지 88올림픽 도로에 들어섰는데도 차가 순조롭게 달린다. 88도로를 지나 중부고속도로로 해서 영동 고속도로로 진입하여 여유롭게 원주 샛말에 도착하여 평창 가는 길을 찾아 안흥으로 향했다.

우리는 시간이 남아서 안흥에서 전원주택을 지을 수 있는 땅을 알아보기 위해 복덕방을 찾았으나 복덕방이 없어 한 음식점에 들어갔다. 음식점 주인에게 땅을 소개할 만한 사람이 없느냐고 물어보았다. 음식점 주인이 전화해서 땅 중개인을 부르니 잠시 후 중개인이 와서 현지 실정을 이야기해 주었다. 지금 전원주택지를 찾는 사람이 많아서 부르는 것이 값이라며 적어도 5,000만 원은 가져야 전원주택지를 살 수 있다는 것이다. 우리는 별수 없이 평창으로 향했다. 평창에 도착하니 마침 땅을 소개하는 사람이 있어 땅을 보러 가니 땅 위치는 좋은 편이나 응달

이어서 눈이 녹지 않았다.

땅은 북쪽으로 경사가 져 있고, 앞쪽에 도로가 나 있고 그 북쪽에는 강이 흐른다. 산이 북쪽에 있고 경사가 남쪽으로 지고 도로도 남쪽으로 있고 그 앞 남쪽으로 강이 흐르면 좋으련만 이것은 나의 욕심이지 싶다.

나는 그런대로 좋다고 생각하는데 아내와 사위도 같은 생각이다. 그래서 계약할까 하여 계약할 의사를 중개인에게 말하니 중개인은 우리를 생각해서 그가 사는 땅으로 출입구를 확보하고 계약을 하자고 한다. 우리는 그 사람의 양심에 고맙다고 생각하면서도 지금 세상에 그렇게 남의 일에 신경을 쓰는 사람이 있을까 하는 생각을 해본다.

내가 세상 물이 들어서 그러한지 남을 일단 의심하고 보는 것이다. 그러한 나의 모습이 사위인 김 서방은 못마땅할지 모르겠다. 우리는 그 사람의 말을 믿고 그 사람이 출구를 확보하고 계약을 하기로 하고 돌아섰다. 오는 길에 서울까지 몇 시간이 걸리나 알아보기 위해 살 땅에서 출발하면서 시간을 확인했다. 12시 10분에 출발하여 중앙고속도로 신림 IC로 진입하여 영동 고속도로로 해서 집에 오니 점심시간을 포함해서 3시간이 소요되었다.

시골에 땅을 산다는 것에 마음이 설레나 한편으로는 경제적 어려움이 있을 것 같아서 걱정된다. 빚을 내서 땅을 사는 것이니! 그러나 다음 세대(딸들의 세대)에 좋은 유산이 될 것이라는 생각에서 딸들도 힘을 모으는 것이 좋을 것 같다.

저녁에 평창 소개인이 전화해서 다른 사람이 일시불로 산다는 것을 막고 우리가 계약하게 했으니 계약금을 많이 주고 하루라도 빨리 잔금을 주자는 것이다. 나는 돈 준비가 안 돼서 계약금 300만 원에 중도금

700만 원 나머지 잔금은 40일 후에 전달하는 것으로 계약해 달라고 부탁했다. 나는 왜 그 사람이 우리를 위해 그 같이 노력하는지 모르겠다는 의심이 나나 사위인 김 서방 직장 동료의 관계 때문에 또 그 사람 본심이 좋아서 그러한지 모른다는 생각을 했다. 그러나 내심 걱정이 되었다. 사기나 당하지 않나 해서.

## 1996년 3월 9일 토요일 맑음

아침 계단 청소를 하고 샤워 중에 평창 땅 소개인으로부터 전화가 왔다. 우리가 사려고 하는 땅을 일시불로 주고 사겠다는 사람이 나타나서 우리도 그렇게 해야 계약이 되겠다고 하는 것이다. 나는 일단 한 달 동안 기일을 달라고 하면서 사위인 김 서방에게 그렇게라도 사고 싶은가를 물으니 김 서방은 그렇게라도 사고 싶다고 하여 그 땅을 사기로 하고 현금 삼백만 원을 땅 소개인 앞으로 송금하였다. 잔금 기한은 오는 20일로 하고 계약을 하라고 하니 소개인은 그렇게 하겠다고 하며 전화를 끊었다. 나는 혹시 사기를 당하지는 않나 하는 생각이나 그렇게 할 사람은 아닌 것 같다. 평창에 소개인은 학원 건물을 가지고 학원을 경영하는데 단돈 삼백만 원에 사기를 칠 것 같지는 않았다. 아내는 땅을 사는 것은 좋지만 소득이 없는데 빚을 내어 땅을 사는 것이 마음에 걸리는 모양이다. 또 한편으로는 골고루 지분을 갖게 하고 싶은 모양이다. 그러나 우리가 무리하면 안 될 것이므로, 서로 힘닿는 대로 출자하여, 출자한 대로 지분을 갖는 것이 순리라는 내 생각엔 변함이 없다.

오늘 아침 식사를 과하게 해서 그러한지 속이 좋지 않고 눈이 아프니 혹시 건강에 이상이 있는 것이 아닌가 하는 생각이 들었다. 늘 먹는 것을 조심해야겠다고 생각하면서도 그렇게 못하는 것이 나의 의지가 약하다는 생각이다. 또 신선한 음식을 조리하여 먹어야 한다며 아내가 애를 쓰나 먹는 사람이 없어 늘 먹는 것이 남는다. 그것을 과감히 버리지 못하는 아내의 알뜰함이 못마땅하다.

### 1996년 3월 10일 일요일

은희, 은옥이가 방을 따로 쓰고 싶은가 보다. 은희가 작은 방으로 이사를 한다며 컴퓨터를 비롯해 세간들을 옮긴다. 나는 딸들의 방이 정갈하고 깨끗했으면 하나 방이 좀 작다는 생각이 든다. 아버지가 보는 것이어서 그러한지 딸들이 정리 정돈을 잘하지 못하는 것 같다. 부모의 눈에는 늘 자식들이 부족한 모양이다. 우리 딸들이 모범적인데도 나는 아내에게 여자들만 사는데 늘 늘어놓고 산다고 말했다. 오후에 대강 집안 정리가 되었는데 계단에서 동환이 소리가 난다. 빨리 현관문을 열고 보니 은주네 식구가 온다. 김 서방은 다른데 들러서 온다며 은주와 손자들만 먼저 왔다. 은주는 평창 땅을 사는데 얼마를 보태야 하냐고 물었다. 나는 우리의 형편을 보아 반에 해당하는 천만 원을 대었으면 한다고 하니 사위도 그렇게 마음먹고 있다는 것이다.

나는 나중에 딸들에게 상속할 때는 데리고 있는 딸들은 나의 출자액의 1/2을 주고 나머지 1/2은 딸 둘과 만일 후계자가 있다면 똑같은 지분을 주고자 한다. 사위의 지분은 전체의 1/2을 갖는 것이다. 적은 땅을 갖고 그 같이 지분을 나누는 것은 무엇 하나 모든 일이 그와 같이 공정하고 명확하여야 한다는 생각에서다.

## 1996년 3월 11일 월요일

새벽 2시 30분에 잠이 깨어 잠이 오지 않는다. 나는 10일 일기를 쓸까 하여 거실로 나와 책장 속에 일기책을 찾았으나 은희가 컴퓨터를 치려고 갖고 간 모양이라 유태종 박사의 『음식 궁합』을 읽기로 했다. 그 책 속에는 음식에 대해 현대인들이 잘못 알고 있는 것이 자연식을 하여야 한다는 것이다. 물어뜯고 씹고 하는 것이 음식을 먹는데 첫째라는 것이다.

그다음에 음식이 서로 보완 내지 상승효과가 있는 것이 궁합이 맞다는 것이다. 나는 아내가 이 책을 보라고 식탁 위에 놓았으나 아내는 흥미가 없는 모양이다.

김 서방에게서 평창 땅을 계약하였다며 잔금은 언제든지(20일 이내) 준비되는 대로 달란다고 전화가 왔다. 우리 내외는 은행에 가서 대출에 관해 문의하니 적금 대출로 해보겠다고 한다. 평창 땅을 샀다고 하지만 얼마나 그 땅을 밟아 볼지….

어쨌든 사위, 딸들이 고맙다. 내가 원했던 시골 땅을 살 수 있으니. 그러나 아내의 말과 같이 이 기쁨을 동기간과 함께 나눌 수 없다는 것이 정말 안타깝다. 왜 그리되었을까. 동기간이 다 잘되었으면 이 기쁜 마음을 전할 수 있을 것인데.

### 1996년 3월 12일 화요일

어제 잠을 충분히 자지 못해서 그런지 청소를 하는 데 힘이 든다. 전날 샤워를 안 한 것이 께름칙하여 샤워를 했다.

오늘은 친구 승탁에게 돈을 빌려달라고 부탁하러 찾아가니 반가워한다. 이런저런 이야기 중 선종(막내동생)이 잘못하여 살림이 망하게 됐다고 이야기했으나 공연한 말을 했다는 생각이 든다. 돈 이야기를 하니 기일이 급하다며 전화로 상황을 알려주겠다고 한다.

돌아오는 길에 부동산으로부터 선종의 지하상가가 분양되는 것 같다는 말을 들었다. 형이 돼서 그것도 모르나 싶어 선종이를 찾아갔다. 선종이가 둘째 현종이네로 갔다는 계수씨 말에 현종이네로 가니 선종이 막 현관을 나서는 것이다. 상가 분양에 관해 물으니 그대로 있다는 것이다. 집에 돌아오니 아내는 고추장을 엿물로 뭉개 만든다고 옥상에서 일하고 있다. 추우니 거실에서 일하자고 거실로 옮겨와 일하니 한결 편안하다. 아내는 딸들에게 줄 고추장도 준비한다. 딸들에게 줄 고추장을 준비하는 아내를 보며 다른 사람이 달라고 해도 저리할 수 있을까 싶다. 자식이 무엇인데….

은희가 학원에서 퇴근해서 오다가 넘어져 입술에 상처를 입고 왔다. 그것을 보니 안쓰럽다. 나는 상처에 소독약을 발라 주면서 어떻게 입 주위만 다쳤을까? 라는 생각이 들었다. 밤이라 잘 보이지도 않았겠지만 은희가 눈이 좋지 않다는 생각에서 걱정이 된다.

## 1996년 3월 13일 수요일

아내가 동해 사돈 옷을 보러 가자는 말에 나는 피곤해서 내일 가자고 하나 오늘 가자는 것이다. 점심 식사 후 잠시 쉬었다가 가기로 했는데 아내도 피곤한지 동네 시장에만 갔다 오자고 해서 집을 나섰다. 동네 시장에는 겨울 가죽옷이 다 들어가고 없었다. 할 수 없이 한복집을 들러서 내 한복을 다시 고쳐 달라고 부탁하고 돌아오려고 하는데 한복집에서 동대문 시장에 가면 겨울 가죽옷을 사시사철 파는 곳이 있다며 알려준다.

우리는 이왕 나온 김에 버스와 지하철을 타고 동대문 광희 시장을 찾아갔다. 제철이 아니라 그러한지 손님도 많지 않고 문을 닫은 점포도 많았다. 우리 내외는 몇 군데 점포에서 옷을 보고 다시 돌아왔다. 아내는 은영이에게 전화를 해서 돈으로 환갑을 축하하는 것보다 옷으로 선물하는 것이 좋다는 생각에서 옷을 할까 한다고 말했다.

아내는 사돈집에 가서 환갑을 축하하여 주고 싶은 모양이다. 그러나 환자인 내가 환갑잔치에 가서 도움이 될 것 같지 않다. 환자가 있으면 아무래도 기분이 가라앉을 것이다.

### 1996년 3월 14일 목요일

아침 계단 청소를 하고 들어오니 아내가 지하 노래방에서 일 층 화장실 문을 고쳐 달라고 한다며 고쳐주자고 한다. 아침 식사 후 성실공업사 사장을 만나 화장실 문 열쇠와 자물쇠를 고쳐 달라고 부탁하고 돌아왔다.

오늘은 주치의 한광협을 만나는 날이라 오후 2시에 아내를 재촉하여 점심을 먹고 연대 부속병원인 세브란스로 갔다. 10번 진찰실에는 많은 환자가 기다리고 있어서 언제 진찰을 받을지 모른다. 환자는 많고 간 전문의가 한 사람이어서 기다리는 환자는 늘 많다. 많은 환자를 혼자 보니 의사가 과로하여 환자를 성의껏 볼 수가 없었을 것이다. 그래서 전에 이곳에 있다가 영동 세브란스에 가 계시던 전재윤 간 전문의를 다시 모신 모양이다. 한광협, 나의 주치의가 한결 수월해질 것이다.

주치의는 우리에게 전재윤 씨가 다시 왔으니 그에게 치료를 받는 것이 어떻겠냐고 해서 우리는(아내와 나) 한 선생님이 계속 치료해 달라고 했다. 나를 보던 의사가 계속 보는 것이 환자의 상태를 잘 알기 때문에 적절한 치료를 할 것이라는 생각에서이다. 주치의는 나를 어떻게 치료할지 고민이 되는 모양이다. 주치의가 내일 일반 항암 주사를 맞고 4월 16일 진료를 받자고 하여 예약을 하고 주사약과 복용 약값을 치르고 돌아왔다.

## 1996년 3월 15일 금요일

오늘 항암 주사를 맞는 날이라 우리 내외는 오후 세 시에 약속한 것을 지키기 위해 먼저 사돈(동해)에게 선물할 옷을 사러 동대문 광희 시장을 찾았다. 무스탕 반코트를 선물하려 가죽 전문 시장을 찾았으나 철이 지나서 그러한지 마음에 드는 물건이 많지 않다. 그중 우리 내외가 괜찮아 보이는 검은색 무스탕을 사십칠만 원에 사 가지고 병원에 왔다. 병원에 도착하니 약속 시간보다 30분이 지났으나 주사실에서는 별말 없이 항암 주사를 놓아주었다. 우리는 주사를 맞고 부작용이 없는지 문의했으나 별 부작용은 없을 것이라고 한다. 아내는 부작용이 있어서 평창에 가지 못하는 것은 아닌지 걱정이 되는 모양이다. 나도 다시 평창에 가고 싶다.

### 1997년 봄

아내와 함께 제주도 여행을 떠났다. 제주도 중문단지의 식물원도 구경하고 해양 수족관도 가 보고 한국의 최남단인 마라도도 갔다. 마라도는 억새와 잔디, 나무 몇 그루 있는 황량한 1㎢밖에 안 되는 자그마한 섬이다. 아내와 나는 한국의 최남단 땅을 밟았다는 데 의미를 두었지만, 이 섬이 배 한 척 접안할 곳도 없다는 것이 못내 아쉬웠다. 국토방위 요소라는 국가적인 차원에서라도, 어업 전진기지로도 필요할 것인데 하는 생각이 들었다. 우리 내외는 마라도에서 나와 분재원에 들렀다. '분재들이 예술적인 면이 있구나'하는 생각을 하며 제주시로 돌아왔다. 아내와 함께 처음으로 특1급 호텔인 제주 칼 호텔에 묵기로 했다. 칼 호텔에 묵으니 생각보다 서비스와 시설이 미흡하다.

(아버지의 나라에 쓴 글인데 일기에 기록하는 것이 적절하다고 생각해서 옮겼다. 정확한 날짜는 기록되지 않았다)

### 1997년 5월 12일

오늘은 비가 많이 오고 있다. 아내는 혹시나 손님이 올까 하여 약간의 음식을 준비한다. 아내의 생일이 5월 13일이다. 나는 처음이자 마지막이 될지 모르는 선물을 아내의 마음에 드는 것으로 해주어야겠다고 마음먹고 비취반지 1백 20만 원짜리를 준비하였다. 은옥이에게 보여주니 대단히 좋다고 한다.

5월 13일 아침에 두 딸과 식사를 같이 하고 싶었으나 은옥이는 일찍 출근하여 우리 세 식구만 아침 식사를 하며 아내에게 생일 선물을 주니 아내는 대단히 감격해한다. 은희도 참 아름답다고 하니 나의 마음도 흐뭇하다.

　찰떡을 아내와 같이하는데 아내의 마음에 들지 않게 한다고 아내는 화를 낸다. 나는 하느라고 하는데….

　큰딸이 저녁에 모여 함께 식사할 음식 재료를 준비하여 갖고 왔다. 큰 사위와 은주가 요즘 경제적으로 어려울 텐데 과하게 쓰는 것이 아닌가 하는 생각을 하면서도 생일 축하금을 받는다. 동기간들에게는 알리지도 않았으나 아내의 막내 동서가 축하 메시지와 찻잔을 선물하니 고마운 생각이 든다. 은영이가 정수를 앞세우고 들어오니 반가웠는데 정수가 몸살감기가 든 모양이다.

　저녁에 출가한 딸들 식구들이 다 모였다. 태환이, 동환이도 건강하고 활달해졌다. 더욱 동환이가 활달하여진 것이 좋아 보인다. 아내는 동기간들에게 떡을 나눠 준다며 떡을 갖고 나가 오후 5시가 되어 돌아왔다. 은주, 은영이가 저녁 준비를 하기 위해 시장을 봐와 저녁 준비를 하니 8시가 되었다. 김 서방, 박 서방이 와서 8시 30분에 온 식구가 모여 식사를 하였다. 더욱이 막내 계수씨가 와서 같이 있으니 무척 흐뭇했다.

　잠깐 잠이 들었다. 깨어나니 생일 축하 케이크를 준비해 놓고, 차를 다시 주차하고 돌아오는 김 서방을 기다리고 있다. 나는 축하 케이크를 자르기 전 내가 준비한 생일 선물인 반지를 온 식구에게 보여주니 모두 아름답다고 한다. 즐거우면서도 한편 막내 선종이가 빚을 얻어 살고 있는데 하는 한스러운 마음도 드나 모두 제 할 탓이라는 생각으로 잊기로 했다. 나의 직계 가족들이 다 모여 생일을 축하하니 기쁘기 한이 없다. 한편 처가 쪽 생각을 하면 섭섭한 생각이 든다. 한 사람도 누님이나 언니의 생일을 축하한다는 전화가 없으니…. 물론 우리가 초청하

▲ 1997년 5월 13일 어머니 56번째 생신날 찍은 사진으로 보인다. (사진 속에 날짜가 89년으로 나와 있는데 사진기 오류로 보인다.) 아버지는 이로부터 3개월 20일을 더 사시다 돌아가셨다. 이날 아버지도, 우리도 아버지와 헤어질 날이 곧 다가올 것이라고 느꼈다. 언니들과 형부들은 마지막이 될지도 모른다는 생각에 집으로 돌아가지 않고 함께 밤을 보냈다. 가족들은 촛불을 들고 아버지의 건강이 회복되길 간절히 기원했다.

지 않은 것도 잘못인지 모르지만. 또한 모였다 하면 마음만 상하고 헤어지니 나는 아내에게 초청을 권하거나 처남에게 알리라고 하지 않았다.

기쁜 마음과 어두운 마음이 교차한다. 그래도 나의 직계들이 한 사람도 빠지지 않고 모여 있으니 더할 나위 없이 기쁘다. 1997년 5월 13일 아내의 생일날 모두 자고 가기로 하니 흐뭇하다. 나는 힘이 없어 다시 잠을 청한다.

## 1997년 5월 14일 비

아침 일찍 잠이 깼다. 이런저런 생각에 다시 잠을 못 이루고 있다. 다들 자고 있는데 잠을 깰까 봐 나가 청소도 못하고 6시가 되어 TV를 보고 있다. 7시 30분이 되어 계단 청소를 하고 나니 아내가 일어나 아침 준비를 한다. 손자들도 일어나 재잘거리며 놀고 있다. 아내가 할아버지에게 아침 인사를 시킨다. 손자들이 귀엽다. 아침 식사를 10시가 넘어서 마치고 사위들은 TV 바둑을 보고 나는 김종필의 시민과의 대토론을 시청하고 있었다. 대토론에서 김종필의 태도와 생각은 여유가 있고 합리적인 것 같다.

점심에는 국수를 먹자고 하여 국수를 만들고 민물장어를 구워 먹었다. 장어가 부족한 모양이다. 모두 더 있었으면 하는 것 같으니 아내가 민물장어를 한 관 더 사 왔다. 저녁에 남은 장어구이를 먹고 나서 출가한 딸들은 간다고 나섰지만, 아내가 없다. 나는 간다고 나서는데도 아내가 오지 않자 그냥 가라며 4층 집에서 내려갔다. 손자와 딸들도 내려와 어머니를 기다린다. 나는 그냥 가라고 재촉하니 딸들이 무엇을 두고 왔다며 다시 들어간다. 그동안 아내가 무언가를 사서 돌아왔다. 소의 사골인 것 같다.

출가한 딸, 사위, 손자가 떠나고 나니 집안이 말이 아니게 어질어져 있다. 아내는 집안 청소를 하며 손자들이 왔다 가면 집안이 말없이 더러워진다고 하며 걸레질을 하고 있다. 일만 만들어 놓고 간다는 생각이 들면서도 한편으로는 딸과 손자들이 늘 보고 싶다.

## 1997년 어느 날

(아랫글은 아버지의 나라에 쓴 글로 아버지는 꿈속에 지구에 다녀간 것으로 기록했다. 내용은 일기로 보여 이곳으로 옮긴다)

나는 꿈속에 지구촌 나의 집에 와 있다. 아내와 냉정 중이다. 왜 아내가 자기를 무시한다는 것인지 이해가 안 된다. 나의 말은 늘 가까운 사람들에게 비평적인 것이 사실이나 아내를 무시하거나 하대하는 것은 없고 오히려 아내의 주의주장을 한국 가정의 보편적 문화를 보면 대체로 존중하여 준다고 생각한다. 그러나 아내에게는 늘 나의 그러한 배려가 모자라는 모양이다.

사촌형님의 생신이라고 아내는 시골에 간다며 막내네 차를 기다린다. 막내가 바쁘다고 해서 나는 버스를 타고 우리 둘만 가자고 하니 저녁에 가기로 했다며 기다리자고 하여 저녁 늦게 사촌네를 가게 되었다. 오촌 당숙댁을 들러 사촌형님댁에 갔다. 사촌네서 저녁을 먹고 할 이야기도 못하고 돌아왔다. 나는 선산 문제를 이야기하고 싶었는데….

은희는 나의 글을 컴퓨터에 입력한다고 더욱 바쁜 모양이다. 은희에게는 수고비를 아버지가 줘야겠다고 생각했다.

오늘은 이종사촌인 원용이 형님 딸 연옥이가 결혼식을 하는 날이다. 화종의 아내인 넷째 계수가 아내에게 같이 가자고 전화를 한 모양이다. 11시 30분에 막내네 집으로 오라고 하니 나는 아내와 같이 막내네로 갔다. 다들 가는데 둘째만 못가니 안 된 생각이 든다. 이종사촌도 가까운 사이인데. 또 다른 이유는 그러한 날이라도 모여야 친척들을 볼 수 있고 잠깐이라도 이야기할 기회가 되는 것이다.

우리 한국문화는 부담이 가는 것이 있긴 하지만 좋은 점만 살리며 가장 좋은 풍습이 되지 않을까. 우리의 결혼 문화가 호화 예식으로 과소비가 되지 않도록 하고 가까운 사람들이 많이 모여 서로 부담이 되지 않는 선에서 축복해 준다면 결혼 혼수에 보탬이 되기도 한다. 자기 분수에 맞는 축의금은 경사를 맞은 가정에 많은 도움이 되는 좋은 장점이 있다. 어디 가서 외식을 즐겨도 5만 원 내지 10만 원이 드는데 2만 원 내지 3만 원으로 축하하여 주고 아는 사람들을 만나 정을 나눈다는 것은 얼마나 좋은 결혼 풍습인가!

나는 심야 프로인 심야토론을 보고 싶은데 잠이 들었다. 언제부터인지 둘째처제가 아내와 같이 주방에서 음식을 만들며 나란히 서서 이야기하고 있다. 기쁘다는 생각을 하면서도 잠에서 깨어나지 못하고 꿈속인가 하나 얼마쯤 자고 나 일어나 보니 그때에도 아내와 같이 처제가 일하고 있다. 나는 반갑다는 인사도 없이 가내 부분 작업인 종이접기를 하고 있다가 '처제가 왔는데도 이렇게 해도 되는 것인가'라는 생각이 들어 처제에게 말을 하려고 하니 정말 잠에서 깨어나는 것이다.

## 1997년 5월 31일 - 6월 2일

나의 건강 상태가 좋지 않은 모양이다. 나 자신이 느끼기에도 다시 일어나기는 어려울 것 같다. 토요일이다. 은주네 식구와 은영이네 식구들이 와서 같이 지내면서 아이들은 즐거워했으나 어른들은 그렇지 못한 모양이다. 내가 자식들에게는 그러한 모습을 보이기 싫었으나 나도 모르게 건강이 좋지 않다는 것을 보이는 것 같다.

다른 때 같으면 사위나 딸들에게 말을 많이 했을 것이다. 모든 것이 의욕이 없어 사위와도 대화를 갖지 않았다. 은주네가 가는 데도 나가 보지 못했다. 은영이는 하룻밤을 지내고 일요일 오후에 제집으로 간다고 나갔으나 계단 밖까지 내다보지 못했다.

월요일에는 최 내과에 가서 복수를 빼 달라고 마음먹고 일요일을 넘겨 최 내과로 가서 복수를 빼 달라고 했다. 그러나 이곳에서는 그러한 시설이 없어 옛 방식대로 주사기로 빼야 하므로 위험부담도 많고, 중요 의료기관인 세브란스 병원에서 치료를 받고 있으니 그 병원에서 최신 의료기구로 빼는 것이 좋겠다고 최 원장은 말했다.

개인 병원도 활성화하기 위하여 의사 생활 15년이 넘은 경륜 많은 의사에게 좋은 보수와 개인 병원이 갖은 장점을 이용하여 의료수가를 자유화하는 것이 좋을 것 같은 생각이 든다. 또한 의료분쟁의 경우, 의사가 고의로 오진하였든지, 진료했을 경우를 빼고는 의사에게 불리한 판결을 피하는 것이 좋지 않은가 하는 생각이다. 최 내과 원장의 말인 즉슨 요즘 세상은 의료분쟁이 전문사기꾼이 개입하여 많은 문제점을 노출하고 있다는 것이다.

돌아와 보니 구청직원이 있다. 나는 아내가 쓰레기 문제로 구청직원과 말씨름을 하는 것을 보고 4층으로 올라와 한참을 기다렸다. 뒤늦게 아내가 올라와 열쇠를 주면서 들어가라고 하고는 다시 내려간다. 침대에 누워있는데 아내가 성이 나서 누구를 지적하지 않고 욕을 하는 것이 잠결에 들려 일어나 거실 쪽에 귀를 기울이니 학원 원장과 이야기 중인 것 같다. 나는 안방에서 나와 원장에게 좋은 말로 요즘 경기가 좋지 않아 애로가 많을 것이나 임대료가 너무 많이 밀렸다고 하고 우리가 그러한 애로를 감당할 힘이 없다는 것, 즉 내가 병원에 다니느라고 쓰는 경제적 부담이 너무 많다는 것을 말했다. 원장은 6월 10일까지 최소한 한 달 치 임대료를 드리고 차후에는 다른 사람에게 넘기더라도 그러한 일은 없게 하겠다고 말하고 갔다.

아내는 머리를 자르고 온다며 나가니 이뇨제를 먹은 직후라 점심은 좀 더 있다가 먹는 것이 좋을 것 같아 잘됐다는 생각이 든다. 아내는 세시가 되어 돌아와 막국수를 시킬까 한다. 나는 국수가 있으면 그것을 먹자고 하니 아내는 국수도 있고 국물 내는 멸치도 있으니 그리하자고 한다.

국수를 배불리 먹고 나니 또한 배에 부담이 되는 모양이다. 숨이 차고 복수가 더 차는 것 같다. 간이 제 역할을 못하는 모양이다. 다른 사람에게 부담을 주지 않기 위해서는 제정신이 있고, 배설 작용을 자기 스스로 처리할 수 있을 때 죽어야 하나 그것이 마음대로 안 되는 것이 인간 생과 죽음인 모양이다. 모든 사람이 유언 즉 죽을 때 남기는 말이 있다고는 하나 죽음 직전에는 살려고 하는 최후의 힘을 내다 그 힘이 현실로 나타나지도 않는다. 내가 본 사망 직전의 사람들의 공통점은 정신적으로나 체력적으로도 유언할 힘이 없다는 것이다.

▲ 1997년 4월 마라도

▲ 아버지의 마지막 여행이었다. 이때 아버지는 이미 병세가 악화한 상태였다. 그래도 대한민국 최남단을 밟고 싶다는 마음으로 어머니와 떠났던 여행이었다. 여행에서 돌아와서 "최남단에 다녀왔으니 이제 최북단인 백령도에 가야겠다"라고 하셨다. 하지만 안타깝게도 병세를 회복하지 못하고 나머지 꿈을 이루지 못한 채 그 해 가을에 돌아가셨다. 아버지는 평생 김대중 대통령을 존경하셨다. 김대중 대통령은 1997년 12월에 대통령으로 당선되었다. 그렇게 바랐던 김대중 님이 대통령으로 당선되기 삼 개월 전에 돌아가신 것이다. 아버지는 평생 본인이 투표한 분이 대통령이 되는 걸 보지 못하셨다. 김대중 님이 대통령으로 당선되었을 때, 어머니와 나와 막내는 아버지가 봤으면 얼마나 좋아했을까 하는 마음에 안타까워했다. (언니들은 결혼한 후였고 나와 막내는 결혼 전이었다.) 그래도 하늘에서 바라보고 흐뭇해하셨으리라 생각한다.

그러므로 유언을 사망 직전에 한다는 것은 거의 불가능하다는 생각이 든다. 그러한 면에서는 나는 이 년 전에 유언했다는 것이 다행스럽게 생각된다.

만일 건강이 회복된다면 다시 유언할 생각이다. 자식들에게는 분수에 맞는 생활을 하고 자식의 아이들 양육에 관해서도 분수에 맞게 양육하라고 하고 싶다. 그러나 손자들의 개인 자질에 따라 그 자질을 최대한 발휘할 수 있도록 뒷받침해주라고 하고 싶다. 자식을 양육하는 대는 왕도가 없다. 그러나 어떠한 것이 제일 나은 방법인가를 생각하여 그 길로 가는 것이 인간만이 할 수 있는 것이므로 물 흐르는 데로, 바람 부는 데로 방임하면 그것 또한 인간의 도리가 아닐 것이다.

다음은 동기간에게 하고 싶은 말이다. 다양한 가정 문화를 지닌 사람들을 배우자로 맞이하여 마찰이 있을 수 있으니 상대 배우자들의 가정 문화를 인정하고 포용하는 자세를 가질 것을 말하고 싶다. 또한 아내가 유씨 문중에 들어와서 35년이란 세월을 살았으므로 유씨 문중의 문화에 알게 모르게 젖어 들었을 것이므로 불만족할지 모르나 아내를 이해하고 서로 존경하면서 살기 바란다는 것과 아내 쪽 동기들에게는 서로가 다른 가정으로 배우자를 맞이하여 또 다른 가정 문화를 갖고 있으므로 마찰이 있을 수 있으나 다른 가정 문화를 존중하여 의좋은 동기들이 되어달라고 부탁하고 싶다.

## 『아버지의 일기』를 읽고

얼마 전 타로점을 봤다. 점치는 분이 멘토가 있냐고 물었다. 잠시 생각을 했다. 나에게 멘토는 누구일까. 내 대답은 "저에게 멘토는 부모님과 책인 것 같아요."였다. 상투적이고 일반적인 말이다. 그러나 진심이었다. 현재의 나를 있게 해주신 분, 내가 나를 사랑할 수 있게 해주신 분이 아버지이고 어머니였다. 아버지와 어머니는 다정다감한 분은 아니었다. 언젠가 사촌언니가 "큰아버지는 전원일기에 나오는 회장님 같아"라고 말한 적이 있다. 나도 공감했다. 우리를 늘 진지하게 대했기 때문에 그렇게 느꼈을 테고 그래서 거리감도 있었다. 그러나 지금 생각해보니 아버지는 자식들과 스스럼없이 대화를 나누고 싶었던 것 같다.

가족들이 둘러앉아 이야기를 나눌 때가 있었다. 고무다라에 한가득 만두소를 담아놓고 만두를 만들 때, 가을내 옥상에서 말려 놓은 한 가마니 정도 되는 고추를 닦고 자르고 씨를 빼내는 작업을 할 때. 그럴 때면 아버지는 지난 과거를 이야기했고, 아버지가 자식들과 함께 살고 싶은 삶에 관해 말씀하셨다. 카투사로 근무하며 겪었던 일, 6.25전쟁 때 폭탄이 터지는 것을 목격한 일, 중공군은 생각보다 젠틀했다는 이야기 등과 목장을 경영하고 싶었다는 것과 딸의 손을 잡고 스케이트를 타는 일 등이 아버지가 꿈꿨던 삶이었다는 것을 그때 들을 수 있었.

1993년 김영삼 문민 정권이 들어선 후 정부에 관한 이야기를 나눈

적이 있었다. 나는 정치에 관심이 많지 않은 때였다. 아버지와 어머니, 그리고 나와 막내는 1992년 대선에서 김대중 총재에게 투표했다. 그런데 아버지는 김영삼 문민정부에 대해 우호적인 말을 하는 것이다. 아버지의 말이 이해되지 않았다. '우리가 뽑은 것은 김대중 총재인데 왜 저런 말씀을 하시지'라는 생각이 들었다. 이제 와 생각해 보면 원하는 분이 당선되지 않은 것은 아쉽지만 나라를 움직이는 분은 김영삼 대통령이므로 잘 이끌어 가길 바라는 마음에서 한 말이라고 이해된다.

아버지와 함께 머리를 맞대고 의논한 것 중 기억에 남는 것은 집을 4층으로 신축할 때이다. 전체적인 틀은 아버지가 결정했지만, 벽돌색이며 라인 색과 지붕 색 등에 대해서 우리의 의견을 물었다. 집이 완공되었을 때 우리는 만족했고 행복했다.

아버지는 오랫동안 동아일보를 보셨다. 어느 날은 신문을 바꾸고 싶은데 어떻게 생각하는지 나와 막내에게 물었다. 동아일보의 논조가 예전과 다르다고 여겼던 것 같다. 당시 나는 사회면과 문화면을 주로 봤고 정치면과 경제면은 들춰보지도 않을 때였으니 별생각이 없었다. 막내와 나는 아버지의 의견에 따르겠다고 말했던 것 같다. 그 후 아버지는 동아일보를 끊고 중앙일보를 구독했다. 결과와 관계없이 아버지가 우리의 생각을 묻는 것이 나는 소중했다.

어머니는 최근 들어 우리 네 자매가 모두 대학을 나온 것을 부쩍 자랑스러워하고 고마워한다. "아버지 어머니가 이끌어주시고 헌신적으로 뒷바라지해 주셔서 할 수 있었죠."라고 말하면 "아무리 부모가 시키려고 해도 지들이 하지 않으려고 들면 그건 못하는 거야."라고 공(供)을 우리에게 넘긴다. 그리고 곧이어 덧붙이는 말은 "하긴 아버지도 나도 둘 다 공부를 하고 싶었던 사람이었잖니. 아버지는 초등학교도 졸업 못했는데도 한자도 공부하고 영어도 공부하고 신문도 열심히 읽어서 다른 사람들이 학교 선생님이냐고 묻는 이도 있었어. 아빠 엄마 둘 다 그러니 머리로 부은 물이 어디로 가겠니. 그래서 하나도 뒤처지는 딸이 없는 거지."라고 말을 끝맺는다. 나는 그 점에 감사하다. 공부만을 말하는 것이 아니다. 아버지와 어머니로부터 바른 정신의 유전자를 물려받은 것, 반듯하고 성실하게 사는 것을 실천하여 우리에게 보여주신 것. 그것이 나에게 가장 소중한 자산이며 때때로 나를 자랑스럽게 생각하게 만드는 원동력이다. 그러니 아버지와 어머니가 멘토가 아닐 수 없다. 정확히 말하면 아버지와 어머니의 정신이 나의 든든한 멘토이자 내 삶의 틀이며 도덕의 잣대이다.

아버지의 일기는 1995년 2월 27일부터 1997년 4월까지 대략 2년 1개월간의 기록이다. 일기와 함께 아버지의 삶도 함께 기록했다. 그 글은 아버지가 태어난 날인 1937년 12월 18일(음력)부터 1993년 2월 할머니가 돌아가실 때까지의 여정(旅程)이다. 아버지는 진솔하게 자신의 삶을 기록했다. 때로는 너무 솔직하게 쓰셔서 껄끄러울 수도 있다는 생각에 순화시키고 싶은 부분도 있었다. 하지만 아버지가 으뜸으로 생각하는 가치가 진실이기에 아버지의 뜻에 따라 그대로 수록했다.

- 셋째 딸 유은희

# 5부.
## 1997년 9월 4일, 그 이후의 삶

▲ 2024년 5월 - 아버지가 돌아가시고 바로 세운 비석엔 나와 막내가 결혼 전이라 셋째 사위와 막내 사위의 이름이 없다. 그 후 선산을 정비할 때 비석을 다시 세우면서 셋째 사위 김경수와 막내사위 최인경의 이름을 넣었다.

## 아버지 100일 탈상

▲ 어머니와 작은언니, 그리고 나와 큰언니

▲ 네 자매

# 2024년 5월 선산

▲ 아버지 영면 후 27년째 봄. 셋째작은어머니 가족과 함께 선산에 갔다. 증손녀인 연하와 서하도 함께 갔다. 날도 좋았고 좋은 사람들을 만나서 행복했던 선산 나들이였다.

▲ 2024년 5월 선산 전경

▲ 2024년 5월 태환과 연하

▲ 2024년 5월 사촌올케(이지영)와 서하

▲ 2022년 봄 셋째작은아버지 산소

## 2020년

▲ 기독교 신자인 큰형부와 언니는 어머니 뜻에 따라 함께 차례를 지냈다. 우리 동생들은 그런 형부와 언니에게 감사의 마음을 갖고 있다.

▲ 할머니 댁 거실 - 할머니와 막내작은아버지와 사촌 승두

▲ 고종사촌 혜신 언니 졸업식 - 할머니 좌우로 고모와 혜신 언니가 있다. 어머니는 고모와 할머니 사이로 보인다. 막내작은어머니가 왼쪽에서 사촌 하림이를 앉고 있다. 혜신 언니 앞에 서 있는 아이가 막내다.

▲ 막내 작은아버지의 두 딸 하림이와 하나, 그리고 막내 승두이다. 막내 작은아버지가 일찍 돌아가셔서 어린 나이에 아버지를 잃었다. 그래서 그런지 아릿한 마음으로 사촌동생들을 생각하게 된다. 지금은 소식을 모르고 지내고 있어 더욱 안타깝다. 혈육들이 서로 이해하고 보듬으며 살길 바랐던 아버지의 마음을 생각하면 더욱 그렇다.

▲ 막내 작은어머니와 함께 간 서울식물원

▲ 작은언니, 은미 언니와 은혜 언니, 나, 막내와 은정, 아래 하림이가 서 있다

▲ 2018년 큰언니네 집에서 - 아버지는 오남 일녀 중 장남이다. 이날 모임에는 우리 형제와 둘째 작은아버지의 자녀 은혜 언니와 은미 언니 그리고 은정이와 셋째작은아버지의 자녀 중 딸인 지연이가 참석했다.

▲ 2023년 봄 선산(先山)에서 돌아오는 길목의 카페에서 - 큰언니, 작은언니, 막내, 사촌 지연과 사촌올케 지영

2010년 김정순 여사 70세 기념 코타키나발루 여행

▲ 당시 아버지의 자손은 14명이었다. 장손 태환이 군 복무 중이라 유일하게 함께 하지 못했다. 김정순 여사와 함께 태환이를 제외한 자손 13명이 모두 함께했다. 여행에서 돌아오는 길, 서울로 향하던 비행기의 엔진 고장으로 우리가 탄 비행기는 코타키나발루로 회항하는 일이 발생했다. 회항하지 못하고 비행기 사고가 났다면 아버지 자손 중 생존자는 여행에 함께 할 수 없었던 태환이뿐이었다. 우리는 비행기의 회항으로 인해 처음 계획과 달리 코타키나발루에서 하루 더 묵어야 했다. 귀국 날짜는 하루 미뤄졌다. 다음 날 출근을 해야 했던 몇몇 사람들은 결근해야 했고, 본국으로 상황을 보고해야 하는 등 어수선했지만, 모두 무사히 귀국할 수 있었다. 행복하고 즐거웠던 여행 못지않게 다사다난한 여행은 오히려 강렬하게 기억하게 된다. 여행의 묘미 중 하나는 변수에 있다.(이하 사진에 2007년으로 표기된 것이 있으나 카메라 오류로 보인다.)

▲ 네 자매와 동환과 정수

▲ 큰 형부와 남편과 그리고 동환이와 정수

▲ 숙소 로비에서 - 어머니

▲ 네 자매

▲ 동환과 정수

▲ 한비, 도영, 해리

▲ 해리, 도영, 한비

▲ 해리

## 어머니, 김정순 여사의 글

보르네오섬에 있는 말레이시아의 코타키나발루에 다녀왔다. 설레는 마음으로 막내네 차를 타고 오전 7시에 떠나 인천공항에 도착해서 큰딸 내외, 둘째딸 내외, 셋째딸 내외를 만나 출국을 준비했다. 모든 자손을 앞세우고 비행기를 타고 가는데 그리운 식구 한 사람만 있으면 큰 행복이 될 텐데 하는 아쉬운 마음이 들었다. 하지만 여러 식구를 생각하니 내가 즐거워해야 가족들이 편안할 것이라는 생각이 든다. 철없는 아이처럼 마냥 즐거워만 하는 것을 보는 자손들을 볼 때 나는 미안하기도 했다. 우선 적지 않은 돈이 든다는 점과 사회생활 하는 식구들을 내 욕심으로 모두 품고 가는 것 같아 뿌듯한 한편 미안하기도 했다. 정말 고맙고 행복한 마음이었지만 그래도 언제나 아쉬움이 마음에 담겨 있어 돌아오는 길에 보이지 말아야 할 눈물이 나와 미안했다. 딸들도 고맙지만 내 앞에 식구가 되어준 사위들이 정말 고마워서이다. 한 엄마의 자식도 생각과 사고가 다른데 여러 엄마의 자손인데 어찌 같을 수 있을까. 그런데도 서로 이해하고 겸손하고 존경하고 그런 마음으로 의견 충돌 없이 재미있게 여행을 잘하고 돌아왔다. 이런 일이 쉬운 일은 아니다. 자손들이 나이가 들어 노후가 닥치더라도 그때도 지금처럼 넓은 마음, 너른 이해와 존경을 형이나 아우나 늘 같은 마음을 갖고 아름답게 살아가 주길 바란다. 나와 같은 사람은 없으니 항상 마음을 비워야 할 것 같다. 인생을 살아가는 데는 언제나 건강을 가장 먼저 생각해야 한다. 본인이 건강해야 서로의 마음이 편안하니까 그러도록 노력해주기를 바란다. 또 부탁하고 싶은 것은 너희들 내외가 언제나 존경하고 사랑하는 마음이라야 자식들도 양쪽 부모님도 사랑하고 존경할 수 있을 것이다. 누구에게나 필요한 사람이 되는 것이 내가 존경받는 것이다.

- 2010년 2월 칠순 기념 여행지에서 돌아와서

어머니 김점순 여사 씀

2020년 김정순 여사 팔순 기념 베트남 여행

▲ 당시 아버지 직계 가족은 어머니를 포함하여 총 16명이었다. 그중 베트남 여행은 12명이 함께 했다. 태환, 정수와 그리고 동환이네 가족은 함께 가지 못했다.

▲ 큰언니는 여행 직전 발을 다쳤지만, 함께 했다. 위 사진은 큰언니가 탄 휠체어를 막내와 내가 가리고 있다. 큰언니의 목발은 인기 아이템이기도 했다.

▲ 베트남 북부 레우섬에 있는 빈펄 리조트

▲ 빈펄 리조트에서 선착장으로 이동하는 중

▲ 하롱베이 - 한비, 도영

▲ 셋째 사위와 김정순 여사, 그리고 막내 사위

▲ 큰형부, 작은형부, 작은언니, 남편, 나, 큰언니(시계 반대 방향으로)

▲ 하롱베이 관광유람선 안에서 - 어머니, 막내, 해리, 도영, 한비(시계 반대방향으로)

▲ 하롱베이 관광 유람선에서 - 해리, 도영, 한비

▲ 하노이 시내 관광 전 차를 기다리는 중. 당시는 코로나19 직전이었지만 하노이 시내는 공해가 심해서 늘 마스크를 쓰고 있다.

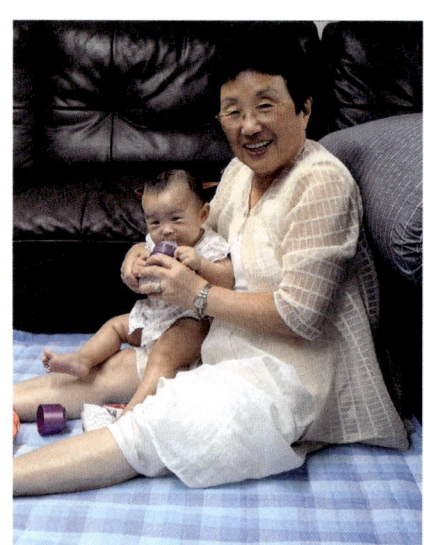

▲ 어머니와 증손녀 연하

▲ 동환이 딸 연하는 사람을 잘 따른다. 연하는 왕할머니와 친구이다.

2023년 7월 4대가 함께한 필리핀 보홀 여행

▲ 어머니를 비롯해 아버지의 자손이 빠짐없이 동행한 첫 여행이다. 어머니는 그곳에서 낙상하여 뇌출혈이 왔다. 서울로 돌아와 한동안 병원에 있었는데 다행히 건강을 되찾으셨다. 회복되지 않았다면 내내 마음 아플 여행이 되었을 텐데 너무나 감사하다. 그래서 즐겁고 아름다웠던 시간을 행복한 마음으로 회상할 수 있게 되었다.

성인이 된 조카들과의 여행은 든든했고 젊음이 느껴져 보기 좋았고 흐뭇했다. '부모가 나이가 드는 만큼 자식은 자란다. 그래서 늙어가는 것이 아쉽지 않다'라고 누군가 했던 말이 실감 났던 여행이었다.

태환이가 처음부터 끝까지 여행을 주관했는데 역시 장손답다는 생각이 들었다. 리더로서 많은 식구를 통솔하느라 애쓴 태환이에게 감사의 마음을 전한다. 함께여서 더 뜻깊은 여행을 만들어 준 가족 모두에게도 감사하다고 말하고 싶다. 어머니는 이런 여행을 하지도 못하고 갔다며 아버지를 그리워했지만, 아버지도 우리들의 모습을 바라보며 흐뭇해했으리라. 아버지가 가장 바라던 어머니와 형제들의 삶이기에.

▲ 보홀 여행 첫날 점심 식사

▲ 툭툭이 안에서 - 정수, 해리

▲ 보홀 식당 - 태환, 정수

▲ 이동 수단인 툭툭이 안에서

▲ 보홀 바다 선상에서 - 한비, 해리, 도영

▲ 보홀 바닷가 - 한비, 태환, 도영, 정수, 해리

▲ 집라인을 타기 전 - 태환과 해리

조카들은 보홀여행을 통해 사촌끼리 부쩍 친해졌다. 여행을 다녀온 후에도 서울에서 모임을 하고 있다. 그 모임이 왜 이모인 내가 좋을까. 이것이 자손을 둔 어른들의 마음인 것 같다. 아버지가 택돈이와 지연이가 목동에 왔을 때 우리와 함께 시간을 보내는 것을 보고 흐뭇하게 생각했던 마음이 이런 심정이었겠구나 하는 생각이 들었다.

▲ 고래상어를 보고 와서 - 도영과 한비

▲ 과일 사는 서하

▲ 동환과 주리. 그리고 연하와 서하

▲ 안경원숭이를 보고 와서 코코넛을 먹는 동환과 서하

▲ 보홀 음식점에서 - 서하

▲ 훈련 중인 동환. 특전사에 자원하여 입대했고 지금까지도 직업군인으로 가족들을 든든하게 지켜주고 있다

▲ 서하의 백일날 서하와 연하

▲ 연하

▲ 서하

▲ 설명절 날

▲ 보홀 여행

364 · 나의 모순 속에서 사회와 문중을 생각하며

▲ 큰언니(유은주)와 작은언니(유은영)는 아버지가 돌아가시기 전에 결혼했다. 아버지는 큰 형부(김영주)와 둘째 형부(박종득)를 자신의 손으로 맞이했다. 큰언니의 두 아들 태환이와 동환이 그리고 작은언니의 아들 정수는 어렸지만, 할아버지와 함께했던 시절이 있었다. 그래서 어렴풋하지만, 할아버지에 대한 추억을 기억하고 있다. 아버지가 돌아가시고 자손은 더 늘어났다. 큰언니는 딸 도영이를 낳았고 은옥이는 제부(최인경)와 결혼하여 한비와 해리를 낳았다. 나는 딸 중 가장 늦게 결혼했고 나의 남편 김경수가 셋째 사위가 되었다. 동환이는 이른 나이에 김주리를 만나 결혼을 했고 딸 연하와 서하를 낳았다. 연하는 올해(2024년) 다섯 살이 되었고 서하는 이제 세 살이 되었다. 앞으로도 아버지의 자손들은 더 늘어날 것이다.

# 6부.
## 〈단편소설〉 아버지의 나라

- 유경종

## 서문

　죽음을 앞두고 인생을 마감하며 자손들에게 무언가를 남겨야겠다는 생각에 이 글을 쓴다. 글이 되는지 되지 않는지 모르겠지만 나와 사상이나 종교가 다르더라도 아버지를 알고 그르면 그른 대로, 좋으면 좋은 대로, 딸들과 그 후손에게 보여주고 싶다. 그래서 좋으나 그르나 이 글을 물려주었으면 하는 생각이다. 또한 내가 희망하는 '지상의 최고 이상향'을 알리고 싶다. 다행히 외손과 그 후손들이 글을 읽고 성서만큼 귀히 여겼으면 하는 소망으로 이 글을 남긴다.

〈단편소설〉
## 아버지의 나라

유 경 종

　사후의 세상이 종교에서 믿듯이 이승과 저승이 있는지, 아니면 다른 세계가 혹은 많은 사람이 말하듯이 흙에서 왔다 흙으로 가는 것인지도 모르고 나는 간암으로 육십 세를 일기로 지구촌 세상을 하직하였다.
　죽고 나서 보니 '양지촌 연합국'이라는데 와 있다. 양지촌 연합국 입국 신고 심사를 맡은 관리가 내 신상에 관해 묻는다. 이곳에서 가장 중요하게 심사하는 것은 '지구촌에서 얼마나 진실하게 살았느냐'이다. 그것에 따라 양지촌 삶의 많은 부분이 좌우된다고 한다. 우선 이름을 묻고 지구촌 어디에서 왔냐고 묻는다. 나는 지구촌 대한민국 서울 양천구 목4동 794-3호에서 왔다고 하니 또 무슨 연유로 왔냐고 묻는다. 간암에 걸려 투병을 하다 죽음을 맞이하여 지구촌을 떠나 이곳에 오게 됐다고 하니 지구촌에 있을 때 거짓말을 잘했느냐고 묻는다. 거짓말을 잘하지 못했다고 하니 신상 카드를 가리키며 그곳에 서명하라는 것이다. 내 이름이 있는 우측에 서명한 후 지장을 찍었다. 이미 지구촌에서 자료가 와서 이곳의 최대 덕목인 '개인별 진실도'가 밝혀져 있어 심사 시간이 오래 걸리지 않는다. 변명이나 거짓은 통하지 않는다.
　우선 지구촌 사람들이 존재할지도 모른다고 막연히 떠들었던 저승이 양지촌 국제 연합이라는 형태로 실존하고 있다는 것에 놀랐고 또 지구촌에 살고 있을 때의 개인별 진실도가 이곳 입국 심사대에 와있다는 것에 다시 한번 놀랐다. 입국 심사 후 신체검사를 받기 위해 검사대에 오르는데 이때 모든 옷을 탈의하고 올라가야 한다. 더 놀라운 것은 자동 이동 검사대로 오십 분 동안 통과하면 모든 병이 낫는다는 사실이었다. 앉은뱅이가 통과하면 검사대를 나올 땐 스스로 걸어 나오고, 맹인이 통과하면 눈을 뜨게 되고 뇌성마비 환자가 통과하면 뇌성마비가 낫는다. 간암 환자가 통과하면 간암이 치료된다. 다만 접합 수술이 필요한 환자는 일주일이나 이주 입원하여 수술 후 정상인이 되면 퇴원한다.

입국 심사 후 개인별 필수품이 지급되는데 1. 개인카드, 2. 지도책, 3. 기본 사계절 의복, 4. 비디오카메라, 5. 자전거, 6. 가방, 7. 통역기 등이 지급된다. 개인카드는 모든 결제를 할 수 있는 카드로서 개인별 지문이 입력되어 본인이 아니고는 쓸 수가 없고 분실을 대비하여 카드와 통신망으로 연결된 버튼을 함께 지급하는데 이것을 누르면 본인과 백 미터만 떨어져도 자동경고음이 울려 분실위험이 거의 없다. 대부분의 결제는 개인카드로 처리되니 현금은 별로 필요치 않다. 양지촌의 1년은 지구촌의 5년과 같다. 즉 1년은 1,827일이다. 양지촌의 태양계는 지구촌의 다섯 배이고 양지촌은 지구촌의 오십 배의 크기이다.

여기에서는 지구촌 살 때 개인별 진실도에 따라 최고의 진실한 사람은 상류 생활을, 그냥 진실한 사람은 중상류생활을, 중간 진실하게 산 사람에게는 중류 생활을, 좀 진실하지 못한 사람은 중하류생활을, 아주 진실하지 못하게 산 사람에게는 하류 생활을 할 수 있는 다섯 가지 개인카드가 지급된다. 이 카드에는 일 년 동안의 생활비가 들어 있고, 다음부터는 각자 심사에 따라 본인이 원하는 직업을 갖는다. 개인

별 지급된 물건을 가지고 각자의 정해진 호텔로 가 여장을 풀고 나면 양지촌 국가 연합에서 기본 생활을 할 수 있도록 삼십일 동안 의무교육을 받는다.

강의 과목과 일정은 다음과 같다. 언어 10일, 경제생활 3일, 교양 생활 7일, 지리 기후 5일, 법률 5일로 되어있다. 강의에 필요한 도구는 통역기와 필기구 외는 강의 때마다 강의할 교재가 지급되어 다른 것은 별로 필요치 않다. 양지촌 연합의 공용어는 1. 중국어, 2. 영어, 3. 힌디어, 4. 러시아어, 5. 프랑스어, 6. 일본어, 7. 스페인어, 8. 이탈리아어, 9. 한국어, 10. 아랍어이다. 통역기는 1번부터 10번까지 있다. 강사가 강의할 때 9번에 놓으면 한국어로 통역이 되는 것을 헤드폰으로 들을 수 있다.

첫 강의는 중국어로, 장원호 강사가 강의를 맡았다. 장원호 강사는 지구촌 시절 중화민국 북경시 중구 내동가 16번지 5호에서 살았다. 그곳에서 베이징대학 중어과 교수로 재직 중 위암으로 65세에 양지촌에 오게 되었고 이곳에서 산 지 3년이 되었다. 양지촌 생활교육 기간인 일 년 동안 양지촌 국제 연합의 경험을 통해 산 교육을 마치고 이곳 입국 관리소 강사로 재직 중이라는 것이다.

양지촌 국제 연합의 입국자는 양지촌에서 일 년 동안 생활하면서 신체의 변화를 겪는다. 지구촌 있을 때 나이가 이곳의 1/5에 해당하므로 나이와 함께 신체가 젊어지는 것이다. 나는 60세이므로 1년이 지나면 열세 살이 된다. 이곳의 성년은 10세이고 15세까지가 결혼 적령기이다. 직업은 일 년 동안 여행을 하며 보고 들은 경험을 통해 자신이 원하는 것을 선택하여 청원서를 내면 십일 안에 지구촌의 진실도와 이곳 직업의 인원 배치 등을 고려해서 제1지망, 제2지망, 제3지망 중 허락이 나온다. 마음에 안 들 때는 다른 직업을 신청할 수도 있으나 그 또한 같은 방법으로 허락이 나온다. 이 심사에서도 역시 지구촌 살 때의 진실도가 가장 많이 참고된다. 진실하게 산 사람은 제1 지망한 직업을 얻게 되고 정착금과 융자도 가장 많은 혜택을 받는다.

첫날 강의는 장원호 강사의 중국어 강의가 있었다. 교재의 내용과 기본적으로 익혀야 할 인사말 등의 강의가 한 시간 동안 진행되었다. 중국어 강의는 하루 여섯 시간씩 3일 동안 진행되었다. 장원호 강사가 중국어를 아주 쉽고 정확하게 강의하여, 사흘 동안에 배운 것으로 기본 의사소통을 할 수 있게 되었다.

나흘째 되는 날은 영어 강의를 들었는데 담당 강사는 웨일즈이다. 웨일즈 강사는 미합중국 뉴욕주 월가 46번가 187호에서 살다 2년 전에 당뇨병으로 75세 나이에 이곳으로 왔다. 강사직을 맡은 것은 1년이 되었다. 그는 지구촌에 있을 때 미국 뉴욕 대학 영문학과 교수로 25년 재직했다. 이제 그의 나이는 이곳 나이로 17세이다. 영어도 3일 동안 교육을 받는다. 마찬가지로 통역 헤드폰과 교재를 받아 강의에 임한다. 웨일즈 교수의 재미있고 유머 넘치는 재기(才氣)로 이루어진 강의를 사흘 동안 들으니 기본 의사가 통할 수 있게 되었다.

이곳 양지촌 국제 연합에서는 중국어, 영어만 알면 별 불편 없이 의사소통을 할 수 있어 중국어, 영어를 잘 구사할 수 있도록 가장 먼저 배우는 것이다. 나머지 공용어는 하루에 두 개의 언어를 인사말이나 길을 묻는 말 등 기초적인 것만 배우니 의사소통과는 거리가 멀다. 그러나 공용어를 이해하고 어떠한 언어가 있다는 것을 배우고 또 장소에 따라서는 중국어, 영어보다 많이 사용하는 언어가 있으므로 무의미한 것은 아니다. 양지촌 여행을 하는 데 많은 도움이 될 것이라고 확신하니 시간이 적다고 소홀히 할 수 없다. 그리하여 나머지 나흘 동안 8개 언어를 열심히 배웠다. 강사들도 성의를 갖고 열심히 강의한다. 다음 3일 동안은 경제생활을 배우는데 양지촌에서 수입원은 무엇이고, 소비생활은 어떻게 해야 하는지 등 기본적인 경제생활에 대한 강의를 듣는다.

   경제생활 강사는 사이토 교수로 지구촌 일본 동경시 삼정구 7번가 26호에서 뇌졸중으로 89세의 나이로 이곳에 왔고 양지촌에서 생활한 지는 5년이 되었다. 그는 양지촌 나이로 23세이다. 지구촌에 있을 때는 동경대학 경제학 교수로 칠 년간이나 근무하였다며 이곳에는 사 년 전에 부임하여 지금에 이르렀다고 한다. 그는 이곳 경제생활은 진실하지 못하면 파산할 수밖에 없다고 모두에게 주의를 환기하고 강의를 시작한다. 양지촌의 경제생활 근간이 되는 것은 신용이라는 것. 신용에 따라 개인카드의 등급이 결정되며 지급된 개인카드가 부도나면 어떠한 경제생활도 할 수 없다는 것 등을 강조한다. 개인카드 잔액이 일주일 치만 남으면 적신호를 보내는데 그때는 대책을 세워야 한다. 대책 마련이 여의치 않아 사흘 치가 남게 될 때는 카드를 사용할 때 경고 신호가 나타난다. 그때는 직업 안전소에 구직원을 내서 임시직을 구해야 한다. 구직원을 내면 하루 이틀 안에 임시직을 구할 수 있다. 그렇게 구해진 임시직은 대단히 힘들고 더러운 직종이나 노임은 많은 편이다. 그리하여 부족한 카드 잔고를 보충할 수 있게 된다. 이러하므로 열심히만 일하면 개인카드가 부도나는 일은 없다. 이러한 직업 안전소가 곳곳에 있어 여행하다가도 직업 안전소에 구직원을 내면 임시직으로 일할 수 있다. 사이토 교수는 그러나 그렇게 하면 안정되고 편안한 삶에 도달하기까지 더 많은 시간이 걸리게 된다고 한다. 경제의 원리는 최소한의 투자로 최대한의 소득을 얻는다는 평범한 진리를 실천하고 평상시 상식선에서 접근한다면 누구나 경제생활을 성공적으로 이끌 수 있다고 한다.

이곳에서 투자할 시 원료산업과 중간재 산업에 투자하는 것이 제일 안전하고 수익성도 가장 좋다고 알려준다. 그래서 양지촌 국제 연합은 권장하는 첨단 산업과 새로운 소재를 개발하는 산업에 30%의 보조금을 무료로 제공한다. 또 연방정부에서 20%, 지방 자체 단체에서 10% 등의 보조금이 별도로 지급된다.

대부분의 양지촌 사람들은 지구촌 개인 소득이 제일 많은 스위스보다 다섯 배가 넘는 소득을 올릴 수 있다. 따라서 소비생활에서 고급 예술이나 문화생활에 지출하는 비중이 높다. 취미 생활도 고급화되어 골프를 즐기고 승마를 하는 가정이 많다. 집들도 대개 단독 주택이 많아 택지가 4㎢가 보통이고 5㎢에서 6㎢의 택지도 있다. 양지촌의 가정은 대가족이나 주택지가 넓어서 아버지, 어머니 집과 아들 내외 또는 딸 내외의 집이 보통 1km 이상 떨어져 삶으로 마주 보고 겪는 갈등은 없고 서로를 필요로 하므로 더욱 정다워진다. 할아버지, 할머니도 손자와 손녀도 서로 보완적 필요 관계이므로 정서가 안정되고 정이 흐른다. 경제적 지출은 많으나 그에 못지않게 삶으로 얻는 경제적 이익도 많다. 예로 전철도 공동으로 이용하고 농업을 직업으로 한다면 농기계 등도 공동으로 이용하여 이점이 많다. 승마장, 미니 골프장, 수영장, 넓은 정원 등 이루 헤아릴 수 없을 정도로 많은 공유물이 있다. 그것보다 더한 알파는 세대 간 유대관계. 할아버지 할머니, 아버지, 어머니, 나와 아내, 딸과 아들 내외, 손자, 손녀, 손자 내외, 증손자, 증손녀 이곳의 평균수명이 400세이므로 지구촌 나이로는 2,000세다. 그러므로 평균 세대 간 15년 차라 하더라도 5대가 같이 사는 경우가 많다. 한집안이 10

대임으로 가정수도 10세대이고 주택도 10주택에서 13주택이 보통이다. 또 양지촌에서는 여행을 1년에 평균 15회 정도 다니는 것이 보통이며 한번 여행할 때 10~20일이 걸리는 것이 대다수다.

이와 같이 사이토 교수는 이곳 경제생활의 주체가 되는 가정을 소개하며 '1년 동안 여행을 하여 얻은 정보와 산교육을 통하여 가장 좋은 직업과 가장 이상적인 곳에 정착하라고 권하며 그 이상과 원하는 직업을 얻기 위하여 열심히 노력하고 진실을 가지고 찾아보라고' 하며 강의를 끝냈다.

오늘부터는 교양 강의가 시작된다. 교양 강사는 프랑소아 교수다. 지구촌 프랑스 파리시 풍피드가 15가 36번지 45호에서 82세로 이곳에 왔다고 한다. 그는 지구촌에서 파리 솔로몬대학 교양학 교수로 30년 재직했다.

이곳 양지촌 국제 연합 사람들은 지구촌에서 온 사람들이 원조다. 그래서 지구촌의 여러 문화가 융합하고 동화하여 독특한 문화를 이루었다고 프랑소아 교수는 말했다. 프랑소아 교수는 2시간 강의하고 4시간은 실습으로 현장 방문을 한다며 7일간 강의 일정을 다음과 같이 짜고 그 일정에 필요로 하는 교재를 준비하여 각자 현장 방문의 소견을 준비하게 하였다. 첫날은 미술에 관해 일반론을 강의하고 미전이 열리고 있는 미술관을 방문했다. 방문한 미술관은 이곳 입국 심사 국내에 있다. 미술관은 대지가 35,400㎡, 건물 크기는 바닥 면적이 9,900㎡고 지하 1층에서 지상 5층으로 되어있다. 전시관은 2층에서 4층까지고 지하에는 통제실과 미술품을 보관하는 창고가 있다. 이번 전시회는 이 나라 중견 작가들의 작품이 전시되어 있다. 양지촌 국제 연합국은 문화 부문에 많은 관심을 두고 고급 문화보급과 창달에 과감한 투자를 한다.

국민도 문화 부문에 많은 관심과 투자를 하기에 이곳의 문화인들은 경제생활이 윤택하다. 미술도 창작품이 주류이고 풍경화나 사실화보다 추상화나 설치미술, 산업미술이 더욱 좋은 평을 받고 있다.

다음 날은 음악, 그다음 날은 발레, 넷째 날은 연극, 다섯째 날은 음식 문화로 프랑스 음식과 식사 예의, 여섯째 날은 중국 음식문화와 식사 예의, 일곱째 날은 지금까지 배운 것을 정리하며 이곳의 독특한 문화 예절 등을 가르쳐 주었다. 마지막으로 프랑소아 교수는 "여러분은 앞으로 1년 동안 여행을 하며 산교육을 배우게 될 것이며 진실을 갖고 배우면 양지촌 국제 연합에서 행복하게 살아갈 것"이라고 하며 강의를 끝맺는다.

21일 째는 양지촌의 지리 기후를 배우는데 지내코드 교수가 강의를 한다. 지내코드 교수는 지구촌 독일 뮌헨시 쾌인구지드로가 127가 11번지에서 78세로 노환으로 이곳 양지촌 국제 연합에 6년 전에 와서 5년 전부터 이곳에 재직 중이라고 자기소개를 한다. 그는 지구촌에서는 뮌헨시 뮌헨대학에서 지리학 교수로 40년간 봉직하였다.

지내코드 교수는 양지촌은 지구의 50배나 크고 기후도 좋은 편이어서 살기 좋은 곳이 많다고 하며 지리 기후를 잘 배워두면 1년간 여행을 하는 데 많은 도움이 될 것이라고 한다.

양지촌 태양계는 지구촌 태양계의 5배가 되고 거리의 비율이 같아 지구촌 기후와 양지촌 기후가 같다. 양지촌 육지는 전체 면적의 39%이다. 전체 면적의 61%를 차지하는 바다는 자원의 보고라고 한다. 그러나 지내코드 교수는 바다를 개발하는 일은 없을 것이라고 한다. 바다를 개발하는 것은 자연을 파괴하는 것이기 때문이다.

기후는 열대(熱帶), 온대(溫帶), 한대(寒帶)가 있다. 분포를 보면 온대가 육지의 45%가 되고 열대는 25%, 한대는 25%가 되고 사막이 5%가 된다. 사람들은 주로 온대에 살고 있다.

　온대지방은 농업이 발달하여 곡창지대가 많고 대도시도 많다. 교통, 문화, 경제, 정치 등이 발전하면서 그에 따른 부수적인 산업도 발달하게 되었다. 산맥은 세계적인 것이 25개가 있고, 길이 5,000km가 넘는 강이 55개나 있어 수원(水原)도 풍부하다. 해발 5,500m가 넘는 산이 150개 이상 있다.

　한대(寒帶)지방은 남반부에 위치한 것과 북반부 위치한 것이 있는데 남반부에 위치한 것이 한대 전체의 65%가 되고 북반부 위치한 것이 35%이다. 남쪽에 위치한 한대는 년 평균 기온이 5°이므로 그리 춥지 않다.

　출입국 관리소가 있는 곳은 온대에 속해 있다. 1년에 비 오는 날이 145일 정도이며 봄과 여름에 집중해서 온다. 가을은 맑은 날이 많고 겨울에는 눈 오는 날이 10일에 한 번꼴로 있다.

　이곳의 교통수단은 항공기와 고속전철, 지하철, 자전거가 80% 이상 담당하고 나머지는 전동차와 승용차가 맡고 있다. 항공기는 국제공항이 70%나 되고 국내선 전용 공항은 30%에 불과하다. 항공기는 보통 450인승이며 항속거리는 한번 주유를 하면 50,000km를 날 수가 있다. 시속은 2,500km나 된다.

　285인승 항공기는 항속거리는 30,000km이며 시속은 2,000km로 날아간다. 국제공항은 나라의 규모와 국력에 따라 약간은 다르나 보통 5개에서 8개가 있다. 보통 시속 500km로 달리는 고속전철은 각 나라의 수도는 물론 주도인 중도시로 연계되어 양지촌 교통의 핵심이라 할 수 있다. 고속전철과 연계된 지하철이 있고 지하철과 연계한 전동차가 있다. 또한 전동차나 지하철과 연계되어 자전거가 있다. 이곳 양지촌은 자전거 천국이다. 자전거 주차장은 국가에서 관리하는 곳에는 어디에나 있다. 누구나 자전거를 이용한 후 다른 교통수단을 이용할 때는 타고 온 자전거는 그곳에 설치된 보관소에 두면 된다. 언제 어느 곳에서나 사용한 자전거는 가까운 보관소에 두면 된다. 이용료가 없고 수리나 세척할 필요가 없다. 보관소에는 국가 공무원이 2명씩 배치되어 있는데 그들의 업무 중 하나가 자동세척기를 이용하여 자전거를 매일 청소하는 일이다. 양지촌은 먼지도 없고 공해물질도 없어 물을 사용하지 않고 자동 먼지떨이 기계를 사용한다. 청소 후 윤활유를 적당히 발라 주면 된다. 가정마다 지하철과 연계된 자가용 전동차가 있어 가정에서 전동차를 타고 전철역에 와서 갈아타고 출퇴근하는 것이 보통이다.

자가용 전동차는 귀가 버튼을 누르면 집으로 가고 직장에서 전화로 부르면 자동으로 전철역에 와 있다. 큰 업무용 건물에는 자가용 전동차가 몇 대씩 준비되어 있고 건물과 건물 사이로 자전거 전용 지하도와 전동차 선이 있다. 주로 자전거를 이용하나 인원이 많을 때나 출퇴근 때는 전동차를 이용한다. 전동차는 정원이 45명에서 60명이다. 이처럼 자전거, 전동차, 지하철, 전철, 고속전철 등이 육로 교통의 중심이며 합리적이고 신속하게 갈아탈 수가 있게 되어있어 대중교통의 핵이 된다.

양지촌에서는 승용차 사용 자제 정책을 쓰고 있다. 회사나 공공기관에서 긴급히 필요할 때만 사용하도록 제한되어 있다. 그러나 화물자동차나 특수기계 자동차는 제한을 받지 않는다.

지내코드 교수는 양지촌은 이처럼 자전거 천국인데 이는 자연을 지키려는 의지라고 하며 다행히도 날씨가 큰 도움을 주고 있다고 한다. 비 오는 날이 많지 않아 자전거 타기에 날씨가 알맞게 좋은 것이 대중이 자전거를 애용하는 이유 중의 하나이다. 건강 관리에는 자전거만 한 것도 없다는 인식도 자전거 천국을 만드는 데 한몫을 한 것으로 보인다.

자전거는 점차 여러 가지 기능을 갖추게 되어 자전거 타기가 더욱 좋아졌다. 힘이 없을 때는 충전기를 이용하여 충전된 에너지를 이용하여 언덕이나 고개를 힘들이지 않고 넘을 수 있고 비가 오면 자동 커버가 있어 자전거와 사람이 비나 눈을 피할 수 있고 추울 때는 장착된 방한용품으로 추위를 피할 수 있다. 이와 같은 기능은 자전거마다 갖추고 있다. 이러한 기능 용품의 부피는 자전거의 1/10이며 무게도 1/10 정도다. 예로 자전거가 보통 10kg이면 1kg이 된다. 한번 충전하면 보통 2,000km를 사용하고 떨어지면 보관소에서 다시 충전하여 놓는다. 지내코드 교수는 이곳에서는 자전거를 이용하면 못 갈 곳이 없다고 하며 여러분도 1년 동안 자전거 여행을 많이 하게 될 것이라는 말과 함께 자전거를 사랑하라고 한다. 나라와 나라 사이, 주와 주 사이의 모든 도시의 교통, 숙박 등이 자세히 기록된 지도책은 이미 받았으니 그것을 참고로 하고 의문 사항은 안내소에 가서 문의하면 컴퓨터로 모든 의문 사항을 알려줄 것이라는 말로 강의를 끝맺었다.

다음 강의는 마지막 강의인 법률 강의이다. 알버트 교수가 강의를 맡았다. 강사는 지구촌 영국 런던 125번가 25번지 24호에서 92세에 노환으로 3년 전 이곳에 왔다고 한다. 옥스퍼드대학에서 법률 교수로 25년 재직하였다고 자기소개를 하고 양지촌 법률을 잘 알아 범법하지 않도록 하라는 말로 서두를 시작했다. 그는 이어 이곳의 최고의 가치관이 무엇이고, 이상이 무엇인지 알아야 법률을 이해한다며 이곳의 최대 가치와 덕목은 진실임을 강조한다. 양지촌 국가 연합의 헌장이 있어 이 헌장을 토대로 하여 헌장의 취지에 따라 법률을 제정하고 집행하므로 헌장을 외워둘 것을 당부한다.

헌장은 권리 조항과 의무 조항이 있다.

1. 인간은 만물의 영장이다.
2. 인간은 자유를 누릴 권리가 있다.
3. 인간은 모두 평등하다.
4. 인간은 인권을 존중받을 권리가 있다.
5. 인간은 모두 행복을 누릴 권리가 있다.
6. 인간은 모두 기회 균등하다.
7. 인간은 모두 표현과 결사의 자유를 가질 권리가 있다.

이상은 권리 조항이다. 다음은 의무 조항이다.

1. 인간은 만물의 영장이므로 만물을 사랑하여야 한다.
2. 타인의 자유를 침해해선 안 된다.
3. 타인의 평등을 침해해선 안 된다.
4. 인간은 타인의 인권을 침해해선 안 된다.
5. 인간은 타인의 행복을 침해해선 안 된다.
6. 인간은 타인의 기회를 침해해선 안 된다.
7. 인간은 타인의 표현과 결사를 침해해선 안 된다.
양지촌 국제 연합국의 모든 구성원은 위의 권리와 의무를 준수한다.

알버트 교수는 상기 헌장의 뜻에 따라 행정, 입법, 사법을 규율하는 법이 만들어졌다고 한다. 행정부는 집행기구, 입법부는 법을 제정하고 사법부는 법을 판결하는 권리를 각각 가지고 있다. 즉 지구촌과 마찬가지로 권력이 삼권분립 되어 있는 것이다. 삼부는 권한의 분리와 더불어 서로 견제하고 이견을 조정하며 대의를 위하는 유기적인 연대가 이루어진다. 법 이전에 윤리가 우선하여 자율화하고 법률적 규제는 최소화하였다고 한다. 알버트 교수는 다른 법은 강의를 생략하고 형법을 위주로 3일간 강의를 하겠다고 한다. 이곳에서 당장 범법자가 되지 않으려면 형법을 잘 알아야 한다고 강조한다.

이곳 양지촌 국제 연합 형법은 체형 주의를 택하였다. 즉 살인자는 앉은뱅이로 30년을 지내게 하는 형을 내리는 식으로 체형 주의를 채택했다. '원시시대의 형벌이 아닌가?'하고 생각하기 쉬우나 이곳에서 생활하다 보면 가장 이상적인 형벌이라는 것을 느끼게 될 것이라고 알버트 교수는 말한다. 알버트 교수는 사회 질서를 유지하기 위하여 최소한

1. 살인하지 말라.
2. 도둑질하지 말라.
3. 폭력을 쓰지 말라.
4. 거짓말하지 말라.
5. 간음하지 말라
6. 자연을 훼손하지 말라.

사람들은 상기와 같은 사항에 대해 규제하는 법을 만들었다고 한다.
살인범에 대한 형은 중형인데 1심과 2심, 3심까지 있으나 그 외의 범죄는 2심에서 확정된다.

살인범은 최고의 장애나 중병을 선고하고 그 형기는 정상을 참작하여 재판관이 평결위원들의 의견을 들어 판결한다. 평결위원은 사회에서 제일 진실하게 산 사람으로 덕망 있고 모범적인 사람 7인으로 구성된다. 재판관은 법률을 전공하고 국제 연합고시에 합격한 사람으로 진실하고 덕망 있는 사람이 임명된다.

도(盜)범에는 1심과 2심이 있는데, 도범 범죄의 질과 양에 따라 재판관이 평결위원 3인에서 5인의 의견을 들어 판결한다. 이곳 양지촌에서는 증인이 필요 없다. 물론 범죄자들이 진실만을 말하기도 하지만 범죄 당시 시점으로 1일 전과 범죄 후 1일간 범인들의 행적을 정보 통제소에 의뢰하면 당시 행적이 소상하게 영상으로 기록되어 있어 평결위원과 검사, 변호사가 재판장의 주제 아래에 봄으로써 증인 없이 진실을 밝혀낼 수 있다.

주로 형벌은, 오른손으로 도둑질하면 오른손을 얼마간 (범죄 경중에 따라) 못쓰게 하고, 왼손이 도둑질하면 왼손을 못 쓰게 하는 것이다. 드물기는 하지만 더 중한 도법을 저질렀을 때는 그 벌로 장님이 되는 예도 있다.

폭력범에게는 주먹을 못 쓰게 하고, 더 무거운 범죄를 저질을 경우는 몸 전체를 못 쓰게 하기도 한다.

이곳 양지촌에 사는 환자나 장애가 있는 자들은 다 범법자이다. 범법자 외는 환자나 장애인은 없으므로 병에 들거나 장애가 있다는 것은 범법자라는 것을 의미한다. 따라서 이들에게는 아픔이나 불편함 못지않게 사회의 따가운 눈총이 더욱 큰 형벌이 된다.

거짓말하는 범죄는 사기, 기만, 언어폭력, 유언비어 등이 이에 속하는데 이들 죄인은 벙어리가 되는 예가 많다.

간음한 자는 남녀불문하고 성기가 발기되지 않아 성생활을 할 수가 없게 된다. 간음의 범죄가 가장 다루기 힘든 범죄다. 마음으로 간음한 것은 규제할 수도 없고, 규제해서도 안 된다. 간음을 실행했다 해도 양자의 동의하에 했으면 규제할 수가 없으나 제3의 피해자가 있다면 형법에는 규율하지 않고 민사로 넘긴다.

다음은 자연 훼손죄는 그 자연을 원상태로 복원시키고 불가능할 때는 그 범죄인이 속한 회사나 사회에서 최대한 원상 복원하도록 판결하고 범죄인에게는 그에 상응하는 노력 봉사를 판결한다.

알버트 교수는 이곳의 체형 주의는 범죄를 막는데 절대적인 안전장치라고 말한다. 또한 진실만이 채택되어 억울한 사람이 없다는 점에서 양지촌이 이상 국가임을 강조한다. 알버트 교수는 범죄를 지으면 신체 일부를 못 쓰게 되고 그에 따라 사회의 눈총을 받게 되므로 삶의 계획에 차질이 생길 수 있으니 반드시 유의하기를 바란다며 강의를 끝맺는다.

강의를 마치자 입국관리자가 와서 내일부터 여러분은 자유로이 행동하라고 하며 지도책에 각 고장의 교통편과 고속전철 출발시간표, 비행기 출발시간표가 있다고 알려주었다. 참고로 여행을 하기 전에 더 알아볼 것이 있으면 출입국 안내소로 가보라고 한다. 출입국 안내소에서는 여행에 필요한 정보를 주며 자세한 상담을 해준다고 한다.

나는 효율적인 여행이 되도록 내일 안내소에서 상담받기로 마음먹고 호텔로 돌아왔다. 내일 여행할 준비를 하고 전복죽을 먹고 샤워를 하고 나니 심신이 피로하여 잠이 절로 온다.

말 울음소리에 잠에서 깨어나 밖을 내다보니 사람들이 승마를 하고 있다. 그러고 보니 이중 창문을 닫지 않고 잠이 들었나 보다. 시계를 보니 8시가 되었다. 나는 호텔 식당에서 한정식을 먹고 커피 한 잔을 주문하여 천천히 마시며 오늘 하루 일정을 짰다.

우선 출입국 안내소로 가 여행에 필요한 정보를 알아보고 지구촌 있을 때 나의 조상들과 혈육들을 찾아보기로 마음먹었다.

나는 짐을 가지고 출입국 안내소로 가 상담원에게 지구촌에서 왔는데 첫 여행이라 여행에 필요한 정보를 얻고 상담을 하러 왔다고 하니 친절히 여행 정보 자료와 야영을 할 수 있는 장비를 준다. 상담원은 본인이 알아서 여행 계획을 짜는 것이 제일 효과적이라고 하며 양지촌에서 살아가려면 1년간 여행을 하며 산 경험을 쌓아야 한다는 것과 모든 것을 스스로 하고 본인이 책임지는 것부터 배워야 한다고 알려준다.

나는 혈육들이 어떻게 살고 있는지 알고 싶다고 하니, 컴퓨터실로 나를 안내한다. 혈육들이 사망한 날짜와 장소를 입력하니 십 분 후에 그들의 현주소와 직업이 나왔다. 자료를 받아 휴게실에서 일일이 점검하며, 우선 이곳에서 가까운 혈육부터 찾아가 보기로 했다. 증조할아버지 병안 씨를 보니 나이는 28세이시고, 이곳에서 45,000km 떨어진 중원국내에서 조그마한 기업을 운영하고 계신다. 친할아버지이신 지열 씨는 24세이시고 이곳에서 25,400km 떨어져 있는 세원국에서 백화점을 경영하고 계신다. 할머니 최랑자는 23세이시고 이곳에서 멀지 않은 곳에서 농장을 경영하고 계신다는 것이다. 양할아버지 창열 씨는 20세이시고 중원국에서 농장을 경영하고 계신다.

어머니, 인종, 장모, 장인, 큰아버지는 지금도 여행 중이시다. 당숙모 조귀녀는 증조부가 사시는 중원국에서 문화인인 미술가협회 회원으로 계신다는 것이다. 나는 할머니 최랑자 농장을 먼저 찾아가 할머니를 뵙기로 했다.

쪼이드 국제공항은 활주로가 4개 있어 이착륙에 시간적 여유를 가질 수가 있다. 국제선 청사와 국내선 청사가 한곳에 붙어 있어 외국에서 와서 국내선 항공기를 갈아타는데 시간이 절약되며 또한 시내로 들어가는 지하 전철도 이곳까지 들어오므로 시간이 많이 단축된다.

쪼이드 섬 중앙에는 해발 500m나 되는 산이 남북으로 17km의 길이로 길게 놓여있어 동쪽 해안에 있는 공항의 소음을 서쪽 해안에 있는 편의시설에서 거의 들을 수 없다. 쪼이드 산에는 75년에서 150년이 되는 나무들이 숲을 이루고 있다. 쪼이드 공항은 폭 5km이고 길이가 15km나 되는 대형 공항이다. 서쪽에는 호텔, 국제회의를 할 수 있는 회관, 그리고 영화관, 오페라하우스, 연극무대, 오스완시(市)의 산업 전시관 등의 편의시설을 골고루 갖추고 있다.

대기업, 중소기업의 사무실도 이곳에 몰려 있어 많은 상담이 이루어지고 있다. 기업들의 산업을 뒷받침하기 위한 통신, 교통, 정보, 금융 분야에서 최고의 시설을 갖추고 있다.

비취강 하구 양 연안에는 십만 톤급 이상의 배가 접안할 수 있는 시설이 갖추어져 있다. 강 하구 5km와 하구 밖 해안 북쪽 10km, 남쪽 10km는 몇십만 톤급 컨테이너선이나 자동차, 특수 장비 차, 농업용 트랙터 등을 실어 나르는 대형 선박이 접안할 수 있는 곳이다.

수산물들은 강 하구 안에 있는 수산시장에 들어와 그날로 경매되어 대형 활어 운반 차량을 이용하여 각 도시와 시장으로 생물로 배달된다. 건어물은 이곳 건어물 시장에 가면 무엇이든 살 수 있다. 이곳 기후는 열대 기후나 해양성 기후이므로 그다지 덥지는 않다. 그러나 생선을 자연으로 건조하기는 힘들어 인공 건조장이 발달하였다. 인공 건조장이지만 자연 건조에 가깝게 건조되어 이곳 건어물들은 상당히 유명하다. 로봇이나 기계로 손질한 생선들이 인공 건조장에 들어가서 완전히 건조되도록 한 바퀴 돌아 나오는 데 24시간이 걸린다. 건조과정에서 컴퓨터로 온도를 자동 조절하게 되어 있어 생선 크기나 두께, 물기 등에 따라 각기 맞는 온도로 알맞게 건조된다.

오스완시의 중요 산업으로 제철 산업과 중기 산업, 농기계 산업, 조선 산업이 있다. 주변 바다에서 수확하는 어획량이 많아 수산업도 발달하였다. 비취강 하구, 남쪽 해안 10km밖에 13,580,000㎢ 크기의 제철소가 세워져 있다. 이곳에서 생산되는 선철은 30,000,000t이나 되어 양지촌에서도 몇 손가락 안에 드는 제철소이다. 선철은 합금으로 이루어져 부식되거나 깨지지 않는다. 강도에서도 선철과 비교하여 15배나 강하여 화물선이나 모든 선박의 수명이 30배나 긴 것이다. 모든 제품이 이 선철을 이용함으로 그만큼 강도, 수명이 좋다.

대형 조선소는 제철소 우측에 위치하여 원자재 확보가 유리하고 신속하여 경비 절약에 많은 효과가 있다. 100,000t 미만 선박은 강 하구 안쪽에 1개 공단 내에 150개 회사에서 생산된다. 중기와 농기계 공단은 강 하구 밖 북쪽 해안 10km 밖에 위치한 27,540,000㎢의 공단이 있다. 그 공단 안에는 부품 공장을 포함하여 4,500개 업체가 입주하여 있다.

이곳 양지촌 공단이 다 그러하듯 용수와 배수시설이 완벽하며 공단 내에 공해물질을 한곳으로 모아 삼중 정수하여 1급수가 되어야 바다로 보낸다. 모든 동력은 핵발전소에서 보내온 전력을 사용하고 보일러는 천연가스를 연료로 사용하므로 공해가 적을 뿐만 아니라 집진기를 배기 굴뚝에 설치하여 공해가 거의 없는 배기가스를 공중으로 배출한다.

강폭이 12km나 되는 비취강에 강 밑으로 전철이 4개와 강 위로 연류교4) 13개를 건설하여 양쪽 도시의 교통 문제를 해결했다. 연륙교는 아치형과 고딕형이 있는데, 아치형 다리의 아름다움은 말할 수 없을 정도였다. 아치형 다리에는 8차선 도로와 폭 5m 전용 자전거도로가 양쪽에 있다. 또한 아치형 연륙교에는 왕복용 전철로와 차도 6차선과 양쪽에 폭 5m의 자전거 전용도로가 있는 것이다. 연륙교 대부분이 아치형과 V자형 고딕형으로 되어 있다. 또한 고딕 형 다리에는 자전거 전용 도로가 양쪽에 각각 10m나 되고 차도는 4차선으로 되어 있다.

나는 오스완시에서 5일 묵기로 하고 노시오호텔에 여장을 풀었다. 노시오호텔은 120년이나 되는 고색창연한 고딕식 건물이다. 지상 12층, 지하는 2층으로 되어 있는데 지하 1층에는 지하철역과 각종 교통수단인 택시, 자전거, 각종 전동차 등이 있다. 지하 1층의 넓이는 1,074,000㎡고 높이는 8m이며 지상으로 2m 나와 있다. 지하 2층에는 각종 기계실이 있는데 중앙 통제실에는 화상(畫像)으로 모든 기계 시설을 볼 수 있는 통제실이 갖추어져 있다. 모든 기계 시설이 컴퓨터로 연결되어 화상을 보면서 기계들의 작동 상황을 파악하고 버튼으로 조절한다. 기계의 이상이 있을 때는 3분 전에 경고음과 동시에 어느 곳이 이상이 있는지를 화상으로 보여주어 즉시 수리가 가능하게 되어 있다. 또한 사고에 신속하게 대처할 수 있게 이중 삼중으로 안전관리 시스템이 이루어져 있다. 지상 1층은 로비와 음식점이 4곳, 나이트클럽이 있다. 음식점에는 음악 감상을 하며 식사를 즐길 수 있는 곳, 연극을 보면서 식사를 하는 곳, 시 낭독을 들으며 식사하는 곳, 쇼를 보며 식사하는 곳 등이 있다. 춤을 즐길 수 있는 나이트클럽도 있는데 그곳에서 다양한 춤과 여러 나라의 고유 춤을 즐긴다. 그중에 남녀가 같이 추는 것이 주

---

4) 육지와 섬을 연결하는 다리

류를 이루고 있다. 춤을 추다가 잠시 각가지 술 중에 자기가 원하는 술을 청하여 천천히 술맛을 즐길 수도 있다. 2층에는 상설 미술 전시관이 있다. 동양화, 서양화, 조각품, 설치미술, 산업미술 등 다양한 미술 세계를 보여준다. 이곳 미술관에는 각종 미전에서 입상한 작품들이 많이 전시되어 관람객이 항상 많다. 관람료를 받는데 지구촌 달러로 20달러에 해당한다. 그것도 본인 카드로 지불하면 된다. 오스완시에는 각각 대형시장이 비취강 남쪽과 북쪽에 5개가 있다. 시장 내부는 약 358,000㎡나 되는데 시장은 지하 1층과 지상 2층으로 되어 있다. 지하 1층은 주로 식료품이 있고, 1층은 생활용품과 액세서리 점포가 있고, 2층은 의류점이 자리 잡고 있다. 시장 건물 안으로 통하는 문은 이중으로 된 자동문이 설치되어 있어 안과 밖의 기온 차가 많다. 열대기후이므로 밖은 보통 25℃~30℃가 되나 시장 안은 1층과 2층이 18~20℃가 되며 지하는 8~10℃가 유지가 된다. 더욱 지하 생선 시장이나 육류시장은 대형 냉장고가 있고 냉장고 안은 0~3℃를 유지한다. 냉동실은 -8~-5℃가 되어 생선류나 육류를 저장하기에 알맞은 온도를 유지하고 있다. 시장에는 자전거가 다닐 수 있도록 설계되어 있어 자전거를 이용하여 시장을 보러 온 사람들이 많다. 양지촌은 자전거 낙원이라는 생각이 들 정도로 자전거가 어느 곳이나 드나들 수 있도록 설계되어 있다. 이곳 오스완시 사람들은 대형시장에서 장보기를 좋아하여 많은 사람이 이곳 시장으로 온다. 또한 화상전화로 시장을 보기도 하는데 전화기를 들고 번호를 누르면 시장 안 상점의 전경이 나온다. 내가 필요한 상품이 있는 상점에 전화번호를 누르면 그 상점이 나와 화상으로 필요한 상품을 보면서 주문을 한다. 내가 필요한 상품을 다 주문한 후 무인 전동차로 보낼 줄 것을 부탁하면 이곳으로 올 상품을 모아 40분에서 1

시간 안에 배달해 준다. 배달된 상품과 가격을 보고 내가 주문한 것과 비교하여 맞으면 화상전화로 상품을 잘 받았다는 인사와 본인 카드로 대금을 지불하면 되는 것이다. 이렇게 장 보는 사람이 대부분이다. 그리고 전문 시장이 있는데 공구 시장, 건축 시장, 골동품 시장, 가죽 시장(이곳의 가죽제품은 통풍이 잘되도록 가공하여 시원한 의류로 만든 것이다) 등이다. 의류는 주로 명주와 삼으로 만든 것들인데 의상은 발달하지 않았다. 전자 시장과 조명 시장은 붙어 있다. 이곳 오스완시에는 백화점이 10개 있는데 주로 외지인이나 관광객이 이용한다. 이곳의 농촌에는 누에 산업이 잘 되어 있다. 모든 공정이 기계화되어 있어 명주를 대량 생산할 수 있다. 명주를 가공하여 각양각색의 비단을 생산한다. 이곳 오스완시 서쪽으로 20km밖에 정글 숲이 남북으로 40km나 펼쳐져 있다. 그곳에 폭 3km나 되는 그린벨트가 비취강 남북으로 20km씩 지정되어 있다. 이곳에는 골프장이 각각 네 군데가 있다. 그린벨트 밖에는 아파트가 단지를 이루고 있다. 아파트 단지는 보통 50동에서 60동이다. 동과 동 사이에는 지하철역이 있고 지하철역에서 아파트 지하로 연결되어 있다. 자가용 전철도 지하도 천정으로 달아 올려 (지하철역까지 천정으로 이동하여) 전철선에 안착할 수 있도록 설계되어, 자가용 전철도 이용하여 출타할 수도 있으나 전철이 30분 간격으로 오므로 대중 지하철을 이용하는 것이다.

 지하철역은 6동에 하나가 있어 지하철역과 아파트 지하가 연결되어 자전거를 이용하여 전철을 탈 수 있다. 전철역에는 철로를 가로질러 폭 10m, 길이 15m의 육교가 설치되어 사람이 다닐 수 있도록 하였다. 자전거를 타고 건널 수 있게 설계되어 집에서 자전거를 타고 전철역에서 전철로 갈아탈 수 있게 되어 있다. 그리하여 아파트 지하는 낮같이 밝고 자전거가 많이 있다. 지하에 엘리베이터를 타고 자기 집으로 가고, 집에서 엘리베이터를 타고 지하에 와서 자전거를 이용하여 전철을 타고 자기 목적지로 가는 것이다. 아파트는 동서로 200m 사이를 두고 남북으로는 600m의 간격을 두고 정남향을 향하여 세워져 있다. 전철역은 동서로 200m 사이에 있다. 전철역은 아파트 지하실과 지하도로 연결되어 있다. 지하도는 폭이 10m나 되고 길이는 130m에서 690m나 되기도 한다.

아파트 남쪽 잔디밭 600㎡ 공간을 이용하여 골프 연습장, 승마장, 정구장, 수영장, 축구장 등이 있고 또 연못과 꽃밭도 있어 연못에는 물고기들이 놀고 꽃밭에는 각양각색의 꽃들이 만발하였다. 또 다른 공간에는 100년에서 150년 된 나왕나무가 있다. 잔디밭은 나무들로 그늘져 그곳에서 장기도 두고 독서를 즐기며 여가를 즐기기도 한다. 헬기장에는 공동 헬기가 있고 아파트 넓이는 동당 120평형과 130평이 있다. 15층 건물로 층당 10가구가 있다. 아파트 모양은 지구촌의 여러 나라 모양으로 다양하나 그중 한옥 모양의 아파트가 가장 많다. 아파트는 남향은 전부 유리로 되어 있고 베란다는 청동 골조로 조각하여 사람들이 떨어지지 않고 밖을 볼 수 있게 되어 있다. 베란다 넓이가 1.5m이고 베란다 위 지붕은 한옥 상태로 지붕이 3m이다. 한옥 기와집은 끝부분이 들려있어 비가 잘 들이치므로 아래 끝부분 1m는 보이지 않는 유리로 비가 들어 치지 못하게 설계되어 있다. 한옥 기와집 모양을 갖춘 처마이나 비는 들이치지 않게 한 것이다.

아파트 북쪽은 복도(각 가정으로 들어갈 수 있는 통로)가 4m 너비로 되어 있다. 복도는 1.5m 높이가 대리석으로 싸여 있고 지붕은 한옥 기와 모양을 갖추어 있다. 아파트 동마다 아무리 큰 가구라도 실을 수 있는 대형 엘리베이터 하나와 사람 15명이 탈 수 있는 엘리베이터 2개가 설치되어 있어 사람과 짐을 원하는 곳에 안전하게 옮길 수 있다. 각 가정으로 들어가는 곳에는 안에서는 밖을 볼 수 있고 밖에서는 안을 볼 수 없는 3cm 두께의 강화 유리로 된 폭 2m 높이 4m인 문이 두 개 설치되어 있다. 자동문이라 사람이 초인종을 누르면 안에서 화상 인터폰을 통해 보고 문을 열어 준다. 사람들이 지문을 입력하여 놓으면 입력된 지문을 가진 사람들이 문 앞에서 지문을 인식시키면 자동으로 문이 열리고 닫히게 되었다. 이처럼 현관문이 자동으로 되어 있으나 짐을 나를 때에는 자동 중지 버튼을 눌러 놓으면 열린 채로 있다. 아파트 내부는 벽체가 이동식으로 되어 있어 주인 취향대로 벽체를 이동하여 고정하면 된다. 다만 주방과 화장실 현관만 고정되어 있을 뿐이다.

또 한 가지 특이한 것은 이동식 벽체에 수납장이 있고, 그 장도 이동식 벽체에서 자동으로 위치를 바꿀 수 있게 설계되어 이동식 벽체를 고정하고 수납장도 내가 원하는 위치에 고정하면 된다. 이와 같은 수납장이 2개 있는데 그 크기는 폭이 6m, 높이 3m, 깊이 80cm가 되는 대형 수납장이다. 이동식 벽체는 두께가 80cm이다. 아파트로 이사 올 때 실내장식 전문 업체에 가서 의논하여 원하는 실제 구조와 색 재료 등을 선택하여 공사를 맡기면 2일에서 3일이면 공사가 완료되어 들어갈 수 있다. 급할 경우는 기본 설계대로 하면 하루 만에 공사가 끝날 수 있다. 기본적으로 주방과 화장실과 현관을 빼고 나머지 공간 바닥은 아름다운 대리석으로 되어 있다. 대리석 바닥 위에 어떠한 카펫을 깔 것인지만 주인이 선택하면 하루 만에 들어갈 수 있다.

이동식 벽은 가벼운 청동 합금으로 된 골조와 벽체용 합판(겉은 단단하고 견고하나 속은 벌집처럼 되어 있어 대단히 가볍다. 방음도 완벽하다.)으로 되어 있어 가벼울 뿐 아니라 롤러가 달려 이동하기가 수월하다. 내가 원하는 위치에 고정하고 대리석 색에 맞는 코킹을 쏘아 빈틈없이 마감한 후 벽지나 칠을 내가 원하는 재료와 색으로 선택하여 공사를 맡기면 된다. 그러나 기본적으로 기둥이 있어 기둥을 헐거나 옮길 수는 없다. 대개 다른 가정과 사이엔 벽과 기둥이 견고한 재료로 고정되어 있다. 한 집안에는 4개의 기둥이 있다. 기둥 두께가 80cm이니 그 기둥을 이용하여 벽체를 세워야 한다. 남쪽 베란다는 유리로 되어 있다. 유리는 내가 원하는 대로 크기를 조정하게 되었다. 이상과 같이 아파트 실내 구조는 입주자가 원하는 대로 일부를 바꿀 수가 있다. 가정과 가정 사이의 벽은 대략 12m이고 세로가 42.5m이다.

한 개 동 APT가 가로가 128m, 세로가 42.5m이다. APT는 대체로 지하실 높이가 7m인데 지하로 5m 들어가고 지상으로 2m가 나와 있어 지하실도 어둡지 않다. 한 개 동 APT는 15층이 보통이다. 층마다 10가구 있으므로 한 동에 150가구가 거주할 수 있게 되었으나 보통 실입주 가구 수는 140~146가구가 된다. 지하실까지 엘리베이터가 운행되어 지하실에서 자전거를 타고 역까지 가서 전철을 이용한다.

단독 주택 단지는 상류층 사람이 많이 살고 있다. 그러나 생활에 불편한 점도 있다. 넓은 공간에 사람이 적어 쓸쓸한 감이 들고 공동으로 이용하는 공공시설도 거리가 멀어 이용하기가 불편하다. 그러나 넓은 공간이 있으므로 골프도 치고 한적하게 산책도 할 수 있다. 승마나 테니스 그리고 수영 등도 즐길 수 있어 좋다.

주택들은 대략 지하는 100평, 지상 1층 100평, 지상 2층 80평 크기이다. 식구가 보통 2명에서 3명이므로 식구 수와 비교해 집이 큰 경우가 많다. 지하실에는 통제실과 전기, 보일러, 냉온방기 자가용 전동차고

가 있다.

　15가구가 공동으로 마사(馬舍)와 사육장을 두어 하루 한 집이 전화 화상으로 말들을 돌보고 마사를 살펴야 한다. 한 달에 당번이 2번 돌아온다. 지하실은 가정생활에 필요한 기구와 기계가 있다.

　나는 오스완시에서 산업, 문화, 주택, 상업 등을 고루 보느라 7일이 걸렸다. 견학하며 문화 문제를 더 연구하기 위하여 하루 더 묵기로 마음먹었다. 이곳 문화는 일찍이 어항이 발달하여 어업과 관련된 노래와 민속이 많다. 비취강을 드나들며 부르던 뱃노래가 오페라로 만들어져 무대에 오르기도 하고 풍어제 행사와 함께 물고기와 인간의 이야기가 연극무대에 오르기도 한다. 나는 메기가 인간을 비평하는 연극을 보러 쯔이드 극장에 갔다. 메기가 등장하여 인간에게 말한다.

　'너희들은 진실을 숨기기 위해 화장을 하지만 나는 내 진실을 숨기지 않고 있는 그대로를 보여준다. 너희들은 옷을 입고 몸을 단장하여 가장하니 너희들에게 진실이 어디 있느냐? 집을 짓고 더위와 비를 피하니 너희들의 진실은 무엇이냐?'라고 묻는다.

　메기의 말에 인간이 대꾸한다.

　'인간은 부끄러움을 모르는 너희 메기들과 달라 부끄러움을 알고 아름다움도 아는 만물의 왕이다. 너희들에겐 없고 인간만이 가진 이성이 있으므로 우리는 만물의 왕으로서 위엄을 갖춘다.'라고 큰소리치는 것이다.

　오스완시의 축제는 어부들을 주제로 한 놀이 문화가 많다.

　나는 바쁜 하루를 보내고 쯔이드 공항에서 다음 목적지인 외일쯔시(市)행 비행기에 몸을 실었다. 외일쯔시는 이곳 오스완시에서 12,000km 떨어진 계림원 주의 주도로서 오스완시와는 다른 점이 많은 도시이다.

오스완시에서 서북쪽으로 8,000km 가면 계림원 산맥이 9,500km가 이어지고 있다.

계림원 주도인 외일쯔시는 해발 540m에서 620m까지 완만한 경사면이 있는 도시로서 교통의 요충지이다. 고속전철과 국제공항이 있고 지하철이 발달하였으며 양지촌이 다 그러하듯 자전거가 많이 있다. 이 도시는 오랜 역사가 있다. 지금으로부터 약 520년 전부터(지구촌으로는 2,600년 전) 왕국의 도읍지로 시작해서 얼마 전까지 세실원 국가의 수도이었으나 오늘에는 세실원국의 한 지방 계림원 주도가 되었다. 세실원국은 외일쯔시가 너무 비대하여 행정, 사법, 입법부를 이곳에서 200km 떨어진 국원시로 옮겼다. 이리하여 세실원국 수도는 중도시인 국원시가 되었다. 그러나 아직도 교통, 문화, 예술, 산업, 경제의 중심도시이다. 규모는 남북으로는 125km이고 동서로는 98km로 타원형 모양의 도시이며 인구는 700만 명이나 되는 세실원국의 최대도시다. 나는 내일부터 외일쯔의 모든 것을 보고 배우기로 하고 예약된 순못호텔에 여장을 풀었다. 여장이라야 큰 지도책과 비디오카메라와 망원렌즈가 있는 비디오뿐이다. 순못 호텔은 150여 년 전에 세워진 2급 호텔로 지하 3층 지상 15층으로 되어 있다. 바닥 면적이 19,950㎡ 되는 대형 호텔이다. 대지 면적은 449,250㎡로 축소 골프장과 승마장, 정구장, 야외음악당 등이 갖추어 있다. 호텔 남쪽 지하실 1층은 밖으로 나온 반 지하실이고 지하 2층은 전철역과 연결되어 있고 지하 3층은 기계실과 통제실이 있다.

모든 기계가 이곳 통제실에서 컴퓨터로 통제하여 작동하게 되어 있다. 예로 12층 35호가 지금 외출 중이고, 온도 및 습도가 몇이며 통풍이 잘되는지, 전기와 전화는 이상이 없는지 등을 컴퓨터를 통하여 1분

안에 알려준다. 이상이 있을 때는 어느 곳이 이상이 있다는 것을 알려주므로 5분 안에 원상복구가 가능하다. 나는 12층 35호로 안내되어 여장을 풀었다. 실내는 22평으로 혼자 묵기에는 좀 큰 것 같다. 나는 모든 상념을 잊고 목욕을 하고는 잠자리에 들었다. 공기가 상쾌하다. 양지촌이 대개 그러하듯 먼지가 없고 공해도 없다. 양질의 자연조건과 자연을 오염시키지 않으려는 인간들의 노력으로 삶의 질이 높은 것이다. 나는 내일부터 이곳 외일쯔시 역사를 공부하고 산업, 지리 등을 알아보기로 하고 잠이 들었다.

아침에 새소리를 들으며 잠에서 깨니 6시 30분이다. 순못 호텔 12층에서 밖을 보니 시가지가 한눈에 들어온다. 바람이 잔잔하게 불고 공기는 맑다. 대기가 청명하여 시가지가 멀리까지 보인다. 창문을 통해 들어오는 공기를 마음껏 마시니 몸과 마음이 날아갈 것 같다. 샤워를 시작으로 외출 준비를 하고 나니 8시가 되었다. 나는 시 홍보실로 가서 외일쯔시 역사에 대한 자료를 얻어 자세히 읽어 보고, 전시된 홍보자료도 열심히 관찰하여 다양한 지식을 얻었다.

외일쯔시는 초기에는 한 왕국의 수도로서 번창을 하게 되었다. 계림원 강이 시가 중심부를 북쪽에서 남쪽으로 흐르고, 강 연안에 넓은 평야가 있어, 촌락이 구석기 시대부터 형성되었다. 그 후로도 강을 이용한 교통과 육로가 연계되어 사방으로 이어져 교통이 편리하고, 북쪽의 계림산맥이 있어 바람을 막아 준다. 그뿐만 아니라 적으로부터 방어하기 쉬운 좋은 조건을 갖추어 일찍이 왕도(王都)로서 도시가 형성되어 오늘에는 세일원국의 최대도시가 되었다. 지금도 왕도의 자리가 그때 모습 그대로 시 중심가에 보전되어 있어 관광 명소로도 유명하다.

중심 반경 15km 외각에는 폭 5km의 그린벨트가 지정되어 엄격히 관리되고 있다. 도시 전체가 건물과 건물 사이가 많이 떨어져 있다. 그 공간에 500년에서 600년 묵은 거목들이 들어차 있어 하늘에서 보면 푸른 장기판에 흰 장기 알이 있는 듯한 것이 아주 아름답다. 건물들은 대부분 대형 건물로 그 안에는 모든 편의시설이 있어 별도로 외출을 하지 않고도 업무를 수행할 수 있게 되어 있다. 또한 건물과 건물 사이는 지하철이 연계되어 있다. 지하도로 자전거를 타고 전철역에 가서 자전거를 두고 자기가 원하는 곳으로 가는 것이다. 또한 모든 시설물이 지하에 매설되어 지상에는 시설물들이 드물며 자연 훼손이 거의 없다. 도시 계획을 세우고 공사를 할 때는 도로, 지하철, 상하수도, 전기, 정보 통신, 환기, 모든 것을 염두에 두고 한 번에 공사하므로 지상을 다시 파는 예는 거의 없다.

 나는 도시의 기능 면에서는 완벽하다고 느끼고, 이 도시의 발전 과정을 연구하기로 하고, 역사 공부를 하였다. 이곳은 왕도로 시작하여 권력의 심장부가 되어 도시로 성장했다. 또한 도시 중심부로부터 서북쪽 55km 밖에 있는 계림산에서 철, 동, 금광석이 많이 채굴되어 공업도시로도 발달하였다. 채굴된 금광석은 강 지류를 이용하여 운반하여 청동으로 합금도 하고 금을 원료로 하는 여러 가지 장식품도 만든다.

 지금은 시 외곽 남동쪽 30km 지점에 334,546,700$m^2$의 공단이 조성되어 121,000업체가 입주하여 있으며 가동률은 90%이다. 공단의 공해 방지 시설은 완벽하게 되어 있고 관리도 완벽하여 공해물질이 밖으로 나오는 예는 없다. 또한 교통의 중심도시로 국제공항이 시 외곽 서남쪽 35km 지점에 있다. 고속전철 노선 5개의 전철역은 시 중심부에 있고, 고속 전철역과 연계되어 시간과 힘의 낭비를 최소화했다. 또한 지하철로 공항까지 가는 데 걸리는 시간은 기다리는 시간을 포함하여 25분이면 족하다. 이 도시는 계림원 강을 중심으로 동서로 도시가 형성되어 있다. 계림원 강의 폭은 약 6km이고 넓은 곳은 10km나 되는 곳도 있다. 곳에 따라서는 섬들도 있다. 강의 동서를 연결하는 지하철은 강바닥에 10개의 터널을 만들어 통과하도록 하였다. 지상에는 자동차와 자전거가 동시에 다닐 수 있는 아름답고 개성 있는 다리 11개가 있다. 그중 섬을 통과하는 다리가 6개나 있다. 섬들의 크기는 다르나 큰 섬은 반경 5km가 되는 것도 있고 작은 것은 1km인 것도 있다. 큰 섬에는 자연과 인공을 조화롭게 꾸며 도시 기능의 일부를 담당하도록 하였고 작은 것은 자연 그대로 두고 시민들의 휴식 공간으로 이용한다. 섬에는 오염되지 않은 모래밭이 있어 그곳에서 일광욕을 즐기며 수영도 하고 배도 타보는 것이다. 배는 사람의 힘으로 움직이는 구형 돛단배가 대부분이다.

음식점이나 매점도 없고 동력을 이용하는 보트도 없다. 다만 완벽한 정화시설을 갖춘 유람선과 화물선만이 다닐 수 있다. 수상스키를 즐길 수 있는 곳도 있다. 수상 스키장이 있는 곳에는 반드시 정화시설을 갖추게 하여 보트장에서 오·폐수가 강으로 곧바로 흐르지 않고 정화를 시킨 후에 흘려보낸다. 휴식 공간에는 오물통과 공중화장실이 있는데 오물통은 매일 청소부들이 수거하여 항상 깨끗하다. 공중화장실은 자체 정화시설이 되어 있어 1급수 물로 정화되어 강으로 보내진다. 이 한 가지를 보더라도 시의 환경 시설이 얼마나 완벽한지를 알 수 있다.

공단에는 계림산의 노천 광산에서 채광한 원석을 지하 컨베이어로 90km를 운반하여 제철소로 보낸다. 제철소의 제련 과정에서 동과 합금이 되어 청동 선철이 된다. 이렇게 만들어진 것은 강을 이용하거나 화물 전용 고속전철을 이용하여 각지로 보내진다.

강은 매년 준설을 하므로 50만 톤급 화물선도 다닐 수가 있다. 강폭도 이곳 공단부터는 10km나 되어 큰 선박들이 드나들 수 있게 되어 있다. 이 도시는 산업 중심도시로 각 회사의 본사들이 많이 있고 타국 지사들도 많다. 그리하여 시 중심부에는 회사 사옥과 타국지사, 금융기관, 정보 통신 기관, 유명호텔, 증권시장, 이를 도와주는 행정기관 등이 있는데 이 모든 기관의 건물에는 대개 근무자들을 위한 사택이 있다. 사택은 주로 건물의 로열 층인 13층에 마련되어 있다. 호텔의 경우는 없다. 이곳 건물은 보통 15층이지만 대피 시설이 완벽하여 걸을 수 있는 사람이면 누구나 탈출할 수 있다. 물론 방화시설이나 재난 방지 시설이 잘 완비되어 있다. 13층이 로열 층인 이유는 14층에는 사원 휴식실로 볼링, 당구, 장기, 바둑, 정구, 수영, 매점 등이 있어 편의시설의 이용이 쉽고, 15층은 도시의 전망대 구실을 할 수 있고 작은 정원이 있어 숲을 산책하는 기분을 낼 수 있기 때문이다. 대개 건물 크기는 바닥 면적이 17,186㎡이고 지하 2층과 지상 15층이 보통이다. 13층 사택은 40~42가구가 있다. 이 사택은 사원에게 무료이다. 건물 지하 1층에는 지하철과 연계되는 지하도가 있어 자전거로 지하철역까지 가서 전철을 타고 일을 보고 다시 지하철을 타고 와 자전거로 지하 1층으로 오면 10인승 승강기가 늘 하나둘은 서 있어 즉시 사무실로 갈 수 있다. 물론 화상전화로 업무 대부분을 처리하지만, 구체적이고 화상전화로 업무처리를 할 수 없는 경우는 방문하여 처리하여야 한다. 사옥 부지는 보통 186,000㎡나 되어 주차시설과 휴식 공간 시설은 충분하다. 양지촌 어디나 그러하지만, 이곳도 승용차는 특별한 경우를 제외하고는 소유하지 않는 정책을 쓰고 있다. 회사의 1과에 1대, 국에 4대, 지사는 5대, 이사급이 1대, 사장이 2대가 보통이다. 그리하여 큰 회사라도 50

대가 넘지 않는다. 관공서는 다르나 양치촌의 대개의 공무원은 최고의 대우를 받는다. 그 대신 진실하지 못하고 능력이 없으면 가차 없이 해고된다. 공직자들은 일반회사 급여의 120%에 해당하는 급여와 승용차 한 대와 자녀들의 학자금, 전철을 무료로 이용할 수 있는 카드 등 많은 혜택이 주어진다. 공직자들은 자부심과 열의에 찬 마음으로 공정하고 진실하게 대민 업무에 임한다. 친절하고 편안하게 민원인들을 대하고 민원에 불편이 있으면 적극적으로 찾아가 민원을 해결한다. 이러하므로 민원인들의 불평불만은 있을 수 없고 일반인들이 공공기관에 가는 데에 주저하는 일도 없다. 일에 허비되는 시간과 인력이 최소화되어 공직자 수가 적으나 일 처리 건수도 많고 신속하게 처리된다. 그렇다고 일 처리에 하자가 있다거나 일 처리를 잘못하여 민원인이나 공공기관에 불이익을 주는 예는 거의 없다.

오히려 진실만이 통하기 때문에 거짓이나 정직하지 못한 것은 설 자리가 없다. 또한 긴급히 해결해야 하는 민원이나 사무는 직접 현장에 찾아가 해결하여 준다. 이러한 일들은 신속하게 처리해야 하므로 기동성 있게 승용차가 이용된다. 공직자들은 기동성 있게 움직여야 하므로 승용차를 배당받는다. 퇴직하면 승용차도 반납한다. 공직자들의 간섭이나 압력은 있을 수 없다. 만약 그러한 일이 있다면 즉각 재판에 넘겨져 2주 안에 해고되는 것이 통례다.

그러한 압력이나 간섭은 양지촌 헌장에 위배되는 것이므로 철저히 규제한다.

## 양지촌 헌장

1. 인간은 만물의 영장이다.
2. 인간은 모두 평등하다.
3. 인간은 모두 자유를 누릴 권리가 있다.
4. 인간은 모두 인권을 존중받을 권리가 있다.
5. 인간은 모두 기회 균등하다.
6. 인간은 모두 행복을 누릴 권리가 있다.

위와 같이 6개 항의 권리가 있는가 하면 다른 면의 의무 조항도 있다.

1. 인간은 만물의 영장이므로 만물을 사랑하여야 한다.
2. 타인의 평등을 침해해서는 안 된다.
3. 타인의 자유를 침해해서는 안 된다.
4. 타인의 인권을 침해해서는 안 된다.
5. 타인의 행복을 침해해서는 안 된다.
6. 타인의 기회를 박탈해서는 안 된다.

위와 같이 의무 조항도 있다.

나는 권리와 의무가 균형을 이루는 사회가 이상적인 사회라고 생각한다. 이곳 양지촌이 바로 그런 사회라는 생각이 든다. 양지촌 헌장에 있는 권리와 의무를 정리해 보면 다음과 같다.

1. 인간이 만물의 영장이므로 만물을 지배하고 사랑하여야 한다는 것이 자연이 만들어 낸 순리이다.

2. 사람과 사람 사이를 규율한 평등함으로 타인의 모든 권리와 의무를 침해해서는 안 된다는 것이다.
3. 모든 인간이 자유를 누릴 권리가 있듯 모든 인간이 타인의 자유를 침해해서는 안 된다.
4. 모든 인간이 인권을 존중받을 권리가 있듯이 모든 인간은 타인의 인권을 존중하여야 한다.
5. 모든 인간이 행복한 삶을 추구하듯이 타인의 행복을 침해해서는 안 된다.
6. 모든 인간은 기회가 균등하듯이 타인의 기회를 박탈해서는 안 된다.

그러나 자연의 섭리는 위와 같은 인위적인 이상사회로 도달하기에는 제약이 많다. 즉, 인간이 만물의 영장이라고 인간은 말하지만, 인간이 마음대로 할 수 없는 자연재해가 있다. 또한 인간은 평등하다 하나 타고 나길 평등하게 타고 나질 못했다. 재주가 좋은 사람, 재주가 적은 사람이 있어 사회를 이끌어갈 소수 집단과 대중의 차이가 생긴다. 이에 따라 자유를 누리는데도 사람에 따라 제약을 받을 수밖에 없다. 인권을 침해받을 수밖에 없는 사람, 행복을 제한할 수밖에 없는 사람, 기회를 제한할 수밖에 없는 사람들이 어느 사회나 있는 것이므로 그러한 것을 최소화하는 것이 이상(理想)사회로 가는 길이 아닌가 하는 생각을 하니 양지촌이야말로 그 이상(理想)을 실현하는 곳이다.

인간의 재주도 자연의 섭리에 따라 천차만별이다. 재주도 다양하고 그 재주의 질도 다양하다. 지금은 다원화 시대이므로 직종도 다양하고 직능도 다양하여 각자 자질에 따라 최대한 능력을 키워 주는 것이 현대 사회 교육의 핵심이요 정치의 요체가 된다. 다양한 직종의 최고가 되는 것이 이 양지촌의 사람들의 이상이라고들 한다. 미술가는 미술가로서 최고가 되는 것이고, 농부는 농부로서 최고가 되는 것, 작가는 작가로서 최고가 되는 것이다. 이와 같이 각 분야에서 최고가 되는 것이 이상이다. 각자의 능력을 최대한 발휘할 수 있도록 도와주는 것이 교육과 정치의 몫이 되는 것이다.

 나는 세실원국의 입법, 행정, 사법기관에 관한 관심을 가지고 알아보고 싶으나 그 기관들은 국원시(市)로 옮겨가서 지금은 이곳에 없다. 국원시는 세실원국의 수도로 공공기관이 모두 모여 있다. 이곳 외일쯔시에서 200km 떨어진 곳에 국원시가 있다. 나는 내일은 국원시를 방문하기로 하고 순못 호텔에 돌아와 샤워하고 한국관에 들러 서편제를 관람하며 간단히 전복죽을 먹었다. 나는 호텔 방으로 돌아와 내일 일정을 짜고 잠을 청하니 어느 사이에 꿈나라에서 헤맨다. 꿈속에서 지구촌 생활이 현실인 것 같은 착각을 하며 잠에서 깨어나 다시 주위를 보니 외일쯔시 순못호텔 12층 35호다.

 아침 6시가 되었다. 나는 급히 샤워하고 토스트와 우유로 아침을 때우고 고속 전철역으로 가 국원시 행 고속전철에 몸을 실었다. 7시에 고속전철을 타니 30분 후 국원시에 도착했다. 국원시는 인구 80만에 면적이 반경 65km 되는 중소도시다. 이 도시는 행정 도시로 입법, 행정, 사법부가 있는 정치의 중심도시로서 세일원국의 수도다. 이곳은 세일원국 행정부, 입법부, 사법부의 최고 기관이 있어 대통령제의 세일원국 대통령이 근무하는 무지개 집과 국회의사당인 토론의 광장, 대법원이 있는 정의대가 있고 그 이하 기관인 정부 종합 청사 대법정과 하급법정 등 입법, 행정, 사법부의 심장부가 모여 있다. 이곳은 작은 정부를 지향하여 공직자 수는 지구촌의 1/3밖에 안 되나 업무능률과 정확한 사무 처리에서는 100%에 가깝도록 임하고 있다. 세일원국의 대통령은 정당의 공천과 일차투표로 과반수를 얻은 후보가 선출된다. 그러나 과반수를 얻지 못할 경우는 차점자와 결선 투표를 한다. 임기는 10년이나 5년 안에 신임 투표를 하는 의무 조항이 있다. 이 경우 50%의 지지를 못 받을 경우는 대통령이 하야하여야 한다.

국회의원 임기는 5년이고 의장은 국회의원이 무기명 비밀투표로 선출한다. 대법원장은 임기는 6년이고 대법관이 선출하여 대통령이 임명한다. 대법관은 대통령이 3명, 국회에서 3명, 법원에서 4명을 선출하고 임기는 3년이다. 국회의원 선거구는 대선거구로 1선거구에 3인에서 4인을 선출한다. 인구수에 따라 의원 수를 정하나 부득이한 경우는 토지 면적을 참고하여 조정한다. 인구는 20만 명에 1인의 국회의원이 정수로 되어 있으나 인구의 50% 이상이 더 많을 경우는 1인의 국회의원을 더 선출한다. 세일원국의 인구는 5천만 명이므로 국회의원 정수는 250명이나 직능대표로 선출하는 의원 수를 합하여 280~300명이 된다. 직능대표로 경제인 대표 3인, 노동자 대표 8인, 예술인 대표 3인, 경영인 대표 3인, 농민 대표 2인, 공무원 대표 2인, 대학생 대표 2인, 국가 원료 대표 6인이 있다. 원로 대표는 전 대통령, 전 대법원장, 교민 대표 2인, 전 국회의장 중에서 덕망 있고 진실한 사람이 선출된다. 국회는 12개 상임위원회를 둔다. 외무, 내무, 법무, 사회복지, 문화예술, 환경과학, 교육, 교통해양, 산업건설, 예산회계, 노동, 윤리, 각 상임위원회 내에는 전문위원 15명에서 20명을 둔다. 국회의원 입법 자문위원 5명과 사무, 비서, 운전 인원 6명을 공무원으로 임명한다. 전문위원은 국가고시에 합격하고 전문 직종에 2년 경력자로 임명한다. 이렇게 함으로써 국회의원의 입법 활동이 내실 있고 완벽한 법을 제정할 수가 있다.

세일원국 국회는 정기국회 3회 임시국회 5회가 있고, 필요에 따라 국회의원 1/3의 찬성으로 국회가 개원된다. 회기는 대체로 30~45일이다. 정기국회는 50일이다. 개원국회는 대통령의 시정연설로 대국민 메시지를 전한다. 이 나라의 국회는 문화예술 상임위원회가 가장 인기 있는 상임위원회이다. 상임위원회는 항상 열려 있다.

나는 뜻밖에 지구촌 대한민국 2대 국회의장을 지낸 신익희 선생을 뵙게 되었다. 국회에 들러 국회의원들의 입법 활동을 알아보는데 세일원국 국회의장이 신익희 선생이라고 하여 뵙기를 청하니 내가 지구촌 대한민국에서 왔다는 것을 전해 듣고 나의 청을 들어주었다. 신익희 선생님은 지구촌 대한민국 경기 광주 출신으로 상해에서 대한민국 임시정부 정무원을 지내고 귀국하여 대한민국 수립 후 2대 국회의장을 지냈다. 3대 민주당 대통령 후보로 유세 도중 열차에서 뇌졸중으로 1956년에 이곳 양지촌으로 오셨다. 지금 양지촌 나이로 21세이다. 그는 지구촌 대한민국에 있을 때 정치인으로 제일 진실하게 살았고 진실할 뿐 아니라 지도력 또한 출중했다. 정치적 기반이나 돈은 없었지만, 많은 정치인뿐 아니라 국민에게 존경을 받아 이승만 독재 치하에서 갖은 탄압을 받았으나 민주당 대통령 후보로 선출되었다. 그러나 불행히도 유세 도중 서거하셨다. 국민은 나라의 운이 못해 선생이 서거하셨다고 할 정도였다. 그는 포용력이 뛰어나서 적을 친구로 만들 정도이니 정치인으로 성공한 것이다. 그는 인상이 인자하여 모든 사람에게 호감을 준다.

선생은 나에게 인자한 웃음을 지으며 지구촌 대한민국에서 왔냐며 고향 사람을 만나니 진심으로 반갑다고 한다. 이곳에 있는 동안 어려운 일이 있으면 전화로 알려주면 힘닿는 대로 도와주겠다고 한다. 바쁜 공인이라 일일이 면회는 못 해도 전화를 주면 성의껏 돌봐주겠다고 하신다. 나는 그를 뵙기를 잘했다고 생각했다. 그와 헤어져 대통령 민원실을 방문하기로 하고 대통령 관저인 무지개 집을 향했다. 무지개 집은 세실원국을 대표하는 대통령이 사는 집으로 대통령 관저와 집무실이 있다. 무지개 집은 새로 설계하고 계획된 집이라 지은 지도 몇십 년 안 된다. 이곳 국원시는 외일쯔시에서 행정수도로 옮겨 온 지가 몇십 년 안 돼서 행정, 입법, 사법부 건물들이 건축한 지가 몇 년 되지 않았다. 무지개 집은 대지가 산, 하천을 포함하여 21,652,550㎡고 건물은 대통령 집무실과 비서실 있는 본 건물과 회의를 주관하고 외국 손님을 접견하는 접견실이 한 건물로 46,270㎡ 크기이다. 살림을 할 수 있는 4,950㎡ 크기의 관저가 있고 19,830㎡ 크기의 비서들의 관저 3개 동이 조화롭게 배치되어 있다.

　나는 민원실에 들러 이곳 세일원국 행정, 사법, 입법부를 알아볼 수 있는 자료를 달라고 하니 민원실 직원이 컴퓨터에 입력된 자료를 찾아 준다. 나는 이러한 것을 일반인에게 공개한다는 것이 놀라웠다. 지구촌에서는 상상도 못할 것이다. 비밀이라며 주지도 않을 뿐만 아니라 범죄자 취급을 했을 것이다

　나는 그 자료를 갖고 숙소인 국원 호텔로 돌아와 자료를 검토하고 내일부터 행정, 사법기관을 찾아보기로 했다. 참새 소리를 들으며 잠에서 깨니 7시가 되었다. 호텔 식당에서 토스트와 우유를 마시고 9시가 되어 자전거를 타고 정부종합청사를 찾아갔다. 20분 거리에 정부청사가 있어 쉽게 찾을 수 있었다. 정부청사는 부지가 148,540㎡고 건물은 연건평(延建坪)[5] 98,435㎡ 18층 건물이다. 층당 건평이 5,468㎡인 셈이

---

[5] 건물이 차지한 바닥의 면적을 종합한 평수. 2층 이상의 건물의 경우, 각 층의 평수를 모두 합한 것

다. 지하 2층에 지상 16층이다. 이 건물에 12개 부처가 있다. 외무, 내무, 법무, 문화예술, 사회복지, 과학, 환경, 교육, 산업건설, 교통해양, 노동, 미래부 등 12개 부가 있다. 각 부에는 장관1인, 차관 1~2인, 국장 3~5인, 과장 15~20인이 있다. 장관실은 전문위원 5인과 남, 여비서 2인, 운전사 1인, 차관실은 전문위원 2인, 비서 2인, 운전사 1인이 있다. 국에는 3개에서 5개의 과가 있다. 하나의 국에는 인원이 7~10인이 있다. 하나의 과에는 5~7인이 있다. 보통 하나의 부에는 50~60명이다. 정부 종합청사 각층에 한 개의 부가 있고 좀 큰 부는 한 개 층 외에 더 많은 공간을 차지한다. 그리하여 종합청사에 12개 부가 있다. 외청은 관련 산업이 집중된 도시에 있다. 이곳 세일원국(양지촌 국가들이 대부분 그러하다)의 공무원에는 교육공무원이 제일 많다. 교육제도에 육아기 1년은 빠져있다. 육아기는 1년 동안은 어머니가 유급 휴가를 내고 집에서 기르기 때문이다.(※ 이곳의 1년은 지구촌의 5년이다.)

정부에서 탁아부 1년, 유치부 1년, 초등부 2년, 중등부 2년, 고등부 2년까지는 의무교육으로 지정하였다. 탁아부, 유치부까지는 부모들과 같이 등하교하지만, 초등부는 본인 스스로 등하교한다. 등교일 수는 유치부, 탁아부는 주 4일이다. 부모들이 주 4일 근무하기 때문이다. 중등부, 고등부도 주 4일이나 고등부는 곳에 따라 대도시로 가야 할 때는 4일 공부하고 3일은 집에서 쉰다. 탁아부나 유치부 보모는 5인 ~7인에 1명이 있다. 초등부는 10~12명이 한 반이고 중등부는 12~15명이 한 반이다. 고등부는 12~15명, 대학은 3인에서 5명에 1명의 지도 교수가 있다. 대학은 의무교육은 아니지만 70%가 장학생이므로 가난해서 대학에 진학하지 못하는 예는 없다. 장학금을 받지 않고 다니는 30%의 유료 학생은 선망의 대상이 된다. 그들의 부모가 가장 진실하게 삶으로서 부를 누리고 산다는 것을 증명하는 것이기 때문이다. 장학 선발도 진실도, 성적, 경제 순으로 선발한다.

탁아부, 유치부, 초등부는 한곳에 있고 중등부, 고등부가 한곳에 있다. 어느 곳이나 학교에는 전철역이 있어 자가용 전철이나 지하철을 이용하여 등하교할 수가 있다.

다른 부서도 중앙부서의 정원(定員)은 비슷하나 하부기관의 인원 차가 심하다. 외무부는 현지 공관이 많아 지구촌보다 인원이 많다. 이곳 외무부가 국방도 맡는다. 내무부 인원은 행정의 능률화, 사무의 자동화로 지구촌의 반밖에 안 된다. 치안유지에는 인원이 별로 필요 없어 군청에 파출소 하나뿐이고 주 정부에 경찰서 하나뿐이다. 그러나 치안유지는 98%가 된다. 법무부는 교도관이 체형을 받은 범인들의 일과를 보살피는데 범인들이 거의 없어 군청에 2인 주 정부에 20인이 있으나 경범자들만 한 사람이 2인을 교도할 때가 대부분이다. 또한 체형 기간이 지나지 않은 범인들의 하루를 돌보고 하루에 한 번 점검 한다. 교도소가 세일원국에 하나밖에 없다. 그만큼 교도소가 필요가 없다는 증거다. 형벌이 체형 주의 때문이기도 하고 범법자도 별로 없기 때문이다.

사회복지부도 할 일이 별로 없다. 그 까닭은 각 사회의 기초가 되는 가정이 대부분 건전하고, 질병도 없고, 고아도 없고, 노인 문제도 없고, 산업재해도 거의 없기 때문이다. 문제가 거의 없어 지구촌의 사회복지부의 인원의 30%밖에 안 된다. 과학부는 지구촌보다 인원이 20%가 많다. 그만큼 중요하게 여기는 부분이다.

환경부도 환경법을 잘 지켜 단속 인원이나 검사 요원은 적으나 새로운 환경문제가 생기면 즉시 대처하기 위한 연구원이나 필요 정보요원은 많다. 산업 건설부는 지구촌보다 20%의 인원이 더 많은데 산업의 입지 조건 등을 조사하고 간접투자를 하는 국가 건설의 심장부로 긍지가 대단하다. 교통해양부도 중요성은 같다. 이곳에서 제일 인기가 있는 부서는 문화예술부이다. 문화정책을 입안하는 데는 다양한 토론과 다원화된 예술 부문, 첨예한 사상 문제, 철학, 윤리 등 다양한 의견이 있어 한가지 가치관으로는 볼 수 없는 문제들이 많다. 이곳의 국가 경영의 성공과 실패는 문화예술부의 성패에 있다 하여도 과언은 아닐 것이다.

정부종합청사를 나오며 내일은 사법부를 들러보기로 하고 14시에 국원 호텔로 돌아왔다. 이곳의 공무원(공직자)들은 다른 대기업의 120%를 웃도는 보수에, 승용차 1대, 전철 무료카드, 자녀 학자금 지원 등 혜택이 많아 최고의 대우를 받고 있어 자부심과 긍지가 대단하다.

우수한 두뇌집단이 모인 공무원은 능률과 지도력이 대단하다. 공직자 사회가 진실하고 능률적이어서 국가의 어떠한 정책도 국민의 절대적인 지지를 받아 목표한 바를 이룰 수가 있다. 공직자가 국민에게 한 약속인 공약은 돌발사태가 없는 한 잘 지켜진다. 그러나 이곳 세일원국도 이해 집단이 다양화 다원화되어 국론 통일을 이루기가 힘들어지나 국회의원들이 진실한 마음으로 의정활동에 임하므로 좋은 결과를 도출해 낸다. 먼저 양지촌 연합국의 이익을, 다음 각국의 이익을, 그다음 주 정부 이익을 생각하여 의정활동에 임하므로 대국적으로 볼 때 양지촌 연합의 이익이 우리의 이익이 되는 것이다. 세일원국에서 10~12명의 양지촌 연합의원을 선출하여 보낸다. 양지촌 연합의원은 국회에서 선출하고 대통령이 임명한다. 세일원국에는 7개의 주가 있고, 한 주의 인구는 700만에서 1,000만 명이다. 주 의회 정수는 10만 명당 1명의 의원이 주어지나 행정의 편의나 지리적 조건에 의해서 증감될 수도 있다. 주지사는 주민이 선출하고 주 정부별 정직 공무원은 주 의회의 동의를 받아 주지사가 임명한다. 공직자 수는 인구 165명당 1명이 되는 셈이다. 공무원은 현저한 결격 사유가 없는 한 해임하거나 징벌할 수 없다. 사법 재판에만 승복한다. 사법 재판에 제소되면 10일에서 20일 안에 판결된다. 모든 것이 그러하듯 진실하므로 신속하고 정확하게 판결이 난다.

저녁에는 극장에서 영화 한 편을 보았다. 영화관은 관람석이 1,350개인 중간 크기의 극장이었다. 영화의 줄거리는 많은 여성의 선망의 대상인 미남이고 부자인 주인공이 자만심이 강해 속으론 다른 사람들을 멸시하고 질시한다. 그러나 그의 특출한 연기로 다른 사람들이 그의 진의를 알아보지 못하게 하여 진실하고 미인인 아내를 맞이하여 살게 된다. 살아가면서 착실한 아내에 동화되어 부지불식중에 진실한 사람이 되어 간다는 내용이다. 배우들의 연기력 때문에 감독이 의도한 내용을 잘 모르고 봐도 영화에 빠져든다. 영화배우들의 연기력에 경의를 보낼 수밖에 없다. 영화는 종합예술이라는 것이 맞는 말인지 모르겠다. 나는 호텔로 돌아와 내일 사법부 심장부가 있는 정의대를 방문할 일을 생각하며 잠이 들었다.

아침에 일어나니 8시가 되었다. 세수하고 식당에 들러 프랑스 정식을 시켜 먹고 커피를 마시고 나니 9시가 되었다. 나는 15분 거리에 있는 정의대로 자전거를 타고 갔다. 자전거 페달을 밟아 정의대에 도착하니 지방법원 대법정에서 살인 사건을 다루는 1심 재판이 열려 검사와 변호사의 열띤 법적 논쟁이 한참 진행 중이다. 이곳에서는 살인 사건 같은 범죄가 거의 없다. 살인 사건이 재판에 오르는 것은 몇 년에 한 번 있을까 말까 하는 재판이므로 대단한 화젯거리이며 관심 사항이다. 그리하여 방청석이 3,450석이나 되어도 자리가 모자란다. 국내 언론기관은 물론이고 다른 나라 언론들도 취재 경쟁이 치열하지만, 언론재판이 되지 않도록 재판장에는 모든 언론 취재 장비는 반입이 금지되어있다. 다만 필기도구만 지니고 방청석에 들어갈 수 있다. 모든 시설물이 방음 물질로 되어 있어 일절 소음은 통제된다. 예로 문을 여닫을 때도 소음이 없고 바닥은 카펫으로 깔려 있어 걸을 때도 소리가 나지 않는다. 의자도 골격은 나무로 되었으나 겉은 솜과 면으로 되어 있어 소리가 최소화되어 있다. 모든 방청인은 정숙하다. 그것이 예의이고 상식이다. 나는 며칠 전에 신익희 국회의장이 마련하여 주신 방청권으로 방청할 기회가 주어져서, 귀중한 경험을 하게 되었다.

사건은 진실한 사람과 진실하지 못한 사람의 생활 차이가 심한 이웃 간에서 발생하였다. 스티븐스와 조지외어가 살고 있는데 스티븐스는 신분이나 인격에서 우월한 사람이다. 그렇다고 조지외어의 인격을 비하하지 않았지만 조지외어는 자격지심에서 스티븐스가 자신의 인격을 멸시한다고 느껴 스티븐스를 적대시하고 경원시하며 살아왔다. 그렇게 몇 년을 살다 보니 감정이 쌓일 때로 쌓였으나 스티븐스 씨는 좋은 감정으로 그를 대하고 살았다. 진실하게 산 스티븐스은 하루 6시간 일하고도 상류 생활을 영위할 수 있고 조지외어는 진실하게 살지 못하여 7시간을 일해야 스티븐과 같은 생활을 할 수 있어서 늘 불만이 많았다. 진실하게 살지 못한 잘못이 있기 때문인데도 스티븐스가 '어이, 골프를 치러 가자.' 라든지 '승마를 하러 가자.'라고 하면 자격지심에 속이 상하는 것이다. 조지외어는 아내가 스티븐스의 아내와 절친하게 지내는 것도 못마땅했다. 조이외어의 아내인 낸시는 스티븐스의 아내와 같은, 진실한 사람이다. 조지외어가 7시간 일하고도 상류사회의 생활을 할 수 있는 것은 아내인 낸시 덕이다. 이곳에서는 될 수 있는 대로 같은 수준의 사람과 결혼하는 것이 통례이나 다른 수준의 사람과도 결혼하는 예가 있다. 낸시는 진실하고 어진 아내로서 이웃과 어울리지 않는 남편을 위하여, 이웃과 잘 지내려고 스티븐스의 집을 자주 방문했다. 낸시는 스티븐스의 아내 수잔과 함께 보낸 이야기를 조지외어에게 시시콜콜하게 전해 주며, 수잔 남편은 진실한 사람이지만 성적으로 수잔을 만족하게 해주지 못한다며 약간은 과장되게 말하면서 남편의 사기를 올려주는 지혜도 있다. 그러던 중 하루는 시내에 나갔던 아내 낸시가 돌아오지 않아 마중을 나갔는데, 아내 낸시와 스티븐스가 자전거를 타고 나란히 오면서 호텔에 들렀다는 말을 주고받는 것을 듣고, 조지외어가 늘 지니고 다니는 만능 칼로 스티븐스를 마구 찔러 죽인 사건이다. 좀 더 참고 자초지종을 자세히 들었으면 사건은 일어나지 않았을 것이다. 아내 낸시는 어제 친구들과 호텔 커피숍에서 만났다는 이야기를 스티븐스에게 한 것인데 조지외어는 호텔에 같이 들렀다는 말로 잘못 듣고 살인을 한 것이다. 이곳에서는 피해자가 사망하여도 상처의 경중에 따라 7일에서 45일이면 다시 살아날 수 있게 되어 있다. 시체는 대부분 본인 것으로 재생하고, 특별한 경우는 인공신체 은행에서 필요한 부분을 가져다 수술하면 되는 것이다. 시체가 전혀 없는 사망은 이곳에서는 없다. 그러한 것은 미리 범죄 정보처에 통보되어 24시간 안에 예방되는 것이다. 범죄 정보처에 제공된 정보는 100% 사실이고 100% 예방이 된다. 그러함으로 시체가 없거나 재로 변하는 일은 없다. 스티븐스는 7일 만에 다시 살아났다. 재판에서 검사는 조지외어가 살인 의도가 없었더라도 평소에 스티븐스에게 나쁜 감정을 가졌다며, 남에게 그러한 감정을 갖는 것에 중벌하여야 우리 사회에서 살인과 같은 흉악범이 없어진다고 말한다. 변호사는 신분적 갈등과 피해의식으로 인해 순간적인 실수로 범죄를 저질렀으니 관대해야 한다고 변론을 전개한다. 이에 검사는 우리 사회가 살인 사건 없는 사회를 지향하는데 온정주의나 범죄에 관대해서는 안 된다고 했다. 변호사는 오히려 우리가 그러한 사회를 구현하기 위하여 사람에게 관대함이 있어야 한다고 변론했다. 검사는 우리 사회가 사랑과 관대함이 있어야 하겠지만 범죄에 대해서는 엄격하게 대해 감상주의나 온정주의는 지양해야 한다고 말했다. 검사와 변호사가 열띤 논쟁을 하는 동안 판사와 평결위원들은 조용히 경청하고 있다.

오늘은 검사의 구형이 있는 날이다. 검사가 14시에 구형을 선고했다. 체형으로, 양팔을 못 쓰는 장애인으로 5년을 지내도록 선고하였다. 지구촌으로는 25년간이나 된다.

사법부는 인원이 제일 적다. 물론 사법부는 집행기관이 아니라 판결하는 곳이어서도 그렇지만 판결할 재판 건수도 대단히 적기 때문이다. 바꿔 말하면 그만큼 범죄가 없다는 것이다. 교도소도 이 나라에 1개소밖에 없다. 물론 체형 주의고 집에서 형을 살기도 하지만 미결수들이 이곳 한곳에서 지내는 인원이 50명에서 60명 정도다. 모든 재판도 1심에서 3심까지 이곳에서만 이루어진다. 그리하여 사건 담당 건수가 적어 판사 한 사람에게 한 건 이상은 배당되지 않는다. 그러므로 재판이 신속히 판결되니 1심에서 2심까지는 12일이 걸린다. 3심은 중범죄인 살인 사건에 해당하여 60일이 걸린다. 이 나라의 재판은 진실에 입각한 판결이다. 진실이란 단어는 정직, 성실, 사랑, 관대함의 뜻이 포함된 최선의 단어이다. 진실은 거짓이 없으므로 성실하고, 성실하기 때문에 사랑하고, 사랑하기 때문에 관대하다. 그리하여 진실이 이곳 양지촌에서는 최선의 가치관이고 덕목이다. 재판에서도 진실이 판결의 기준이 된다. 우선 진실이 밝혀지고 성실하게 사랑하는 마음으로 관대한 판결을 내린다. 진실이 밝혀지지 않으면 모든 것이 왜곡되는 것이다. 이곳 양지촌에는 어떠한 범죄라도 진실을 밝혀낸다. 증인이나 범죄자들도 진실만을 증언하기 때문이다. 지구촌에서는 기만과 거짓과 사기가 판을 쳐서 재판에서도 진실이 밝혀지지 않는 예가 많다. 더욱이 권력이 개입된 범죄는 더욱더 그러하다.

이곳 국원시는 인구 80만의 중소도시이다. 행정부는 법을 집행하는 기관이라 부서도 많고 인원도 많다. 행정부에 근무하는 인원이 공무원 수의 85%를 차지한다. 이곳 행정부에는 지방 행정이 2개 광역시와 5개 주 정부가 있다. 정부와 광역시에서 주재하는 주재원 수가 주정부당 55인에서 60명 선이다. 주재원들은 중앙 정부와 주 정부 간의 행정업무를 취급하고 원활한 행정서비스를 위하여 또는 지방정부의 특성 등을 알려 지역에 맞는 행정서비스를 받기 위하여 노력한다. 중앙 정부에서는 주재원을 위하여 보통 160평인 중산층이 사는 아파트에 거주하도록 사택을 마련해 준다. 직급에 따라서는 단독 주택도 마련해주므로 부부가 같이 와서 근무하는 주재원이 많다. 약 70%는 된다. 이곳은 최신 계획에 의해 건설되었다. 아파트는 10층 이상이 없고 정부종합청사만이 18층이다. 정부 종합청사를 제외하고 10층이 최고로 높은 건물이지만 그도 많지 않다. 자연환경을 될 수 있는 대로 살려서 설계하여 오래된 나무들을 그대로 보존하였다. 은행나무나 느티나무, 향나무 등 많은 수종이 150년에서 200년이 된 것이 많다. 대부분 나무의 키는 30m ~40m나 되고 건물이 높지 않아 도시 전체가 숲속에 있는 것과 같다. 이곳의 아파트들은 5층이 제일 많고 5층 이하도 많은 부분을 차지한다. 아파트와 지하 전동차가 연계되고 전동차로 지하철역과도 연계되어 각 지방으로 갈 수 있다. 또한 지하 전동로 양쪽에 자전거 전용도로가 있어 아파트 지하에서 지하철역까지 자전거로 단시간에 갈 수가 있다. 지하철역은 고속전철과 연계되어 각 지방으로 갈 수가 있다. 이곳은 인구수에 비교해 공무원들이 많다. 공무원 수는 7만이나 된다. 인구의 30%나 되고 가족들을 포함하면 40%가 넘는다. 그다음이 문화예술인이다. 이 나라는 문화예술이 삶에서 제일 비중이 큰 부문이다. 미술, 음악, 발레, 연극인이 많다. 그리하여 극장이 25개가 되고 음악 연주장이 20개, 미술관이 25개나 되니 가히 예술의 도시라고 할 수 있다. 예술인이 15,000명이고 그들을 뒷받침하는 인원까지 합하면 30,000명이 문화예술에 종사한다. 그들 다 안정된 수입이 있어 중상류의 삶을 살아갈 수 있는 데다 다른 유형의 수입이 있어 상류사회의 생활을 할 수가 있다. 문화 부문에 종사하는 사람들은 대부분 지구촌 각지에서 온 사람이므로 문화 또한 다양하다. 크게 서양 문화, 동양 문화, 잉카 문화가 있고 서양 문화에서도 크리스트문화, 그리스문화, 로마문화, 북구문화 등 다양하다. 동양도 한국문화, 중국문화, 인도문화, 일본문화가 있다. 아메리카 문화의 뿌리는 서양 문화이나 새로운 아메리카 문화가 북미, 남미 문화로 양분되어 자라난다. 양지촌에 유입된 다양한 지구 문화는 새롭게 변형, 변화되어 양지촌의 다채롭고도 고유한 문화로 자리 잡아가고 있다. 새로운 건축양식으로 미적 감각이 뛰어난 건물은 그 자체가 미술품이 되기도 한다.

   나는 오늘은 미진한 것이 많으나 외일쯔시로 돌아가야겠다고 마음먹고 국원 호텔에 돌아와 짐을 챙겨 외일쯔시 행 고속전철을 탔다. 외일쯔시 순못 호텔에 돌아오니 19시가 되었다. 정식 dinner를 먹고 호텔 음악 감상실에서 음악을 들으며 명상에 빠진다. 22시가 되어 호텔 방에 돌아와 잠을 청하니 즉시 잠이 들었다.

양지촌 세일원국 외일쯔시 순못호텔 침실에서 아침 5시 50분에 눈을 떴다. 오늘은 외일쯔시 옛 궁궐이 있는 성내구를 관광하기로 하고 지하철을 타고 궁내 제1역에서 내렸다. 궁내에는 제1역과 제2역이 있다. 궁궐 외곽 성은 지름 12km의 12각으로 쌓아져 있다. 그 안에 옛날 왕궁과 신하들이 살던 주택들이 있다. 성 둘레는 43km이고 궁성 둘레는 4.8km이다. 거의 100% 가까이 원형 그대로 보전되어 있고 예전 그대로 궁인들이 살고 있다. 그들의 급여를 누가 주고 누가 관리를 하는지 궁금하여 왕궁에 대한 안내 책자를 보니 그 해답이 나와 있다. 이곳의 건물 배치도, 궁인 수, 궁인들이 맡는 일, 왕과 신하는 어느 곳에서 살고 어떠한 일을 하는지 등이 자세히 설명되어 있다. 물론 옛날과 같은 일과 같은 수의 인원은 아닐 것이다.

지형은 말했듯이 직 12각으로 성벽이 쌓여 있고, 해발 205m의 야산이 북쪽에 있고 성안 중심부로 수심이 12m이고 폭이 700m인 하천이 동쪽에서 서쪽으로 흐르고 있다. 5만 톤급 선박도 드나들 수 있도록 성 하천 관문을 동쪽과 서쪽에 건설하였다. 옛날에는 이곳으로 궁궐의 물자를 실어 날랐다고 한다. 이곳에 배들이 들어와 포구 1km에 정박한다. 정박비는 궁내에서 받는다. 왕이 사는 궁은 높은 북쪽 산에 있다. 북쪽 산은 해발 100m에 약 5°의 완만한 경사를 이루고 있는데 그 위에 지름 4km의 12각으로 된 원형 건물을 세운 것이다. 왕과 왕의 가족, 왕의 집무 등 권력의 핵심이 이곳에 있었다. 원형 12각의 건물도 2,500년 전에 원대한 계획과 포부로 세우기 시작하여 100년에 걸쳐 지었다고 안내 책자에 소개되어 있다. 원형 12각 궁궐을 다 돌아보는 데 자전거를 이용하여 온종일 보아도 다 볼 수가 없다. 왕궁은 이곳에서 제일 질 좋은 대리석을 주 자재로 하여 지하 1층, 지상 2층으로 건축하였다. 외벽 대리석은 단단하고 면이 잘 연마되어 물이나 먼지가 묻지 않아 건축된 지 2,400년이나 되었지만 부식되거나 손상되지 않았다. 내부는 복도가 폭이 10m로 자전거로 관람할 수 있게 되어 있다. 복도 양쪽은 각 폭이 50m이다. 2층은 왕과 왕비가 기거하며 그들의 집무실이 있다. 1층에는 부왕, 부왕비 직무실, 대신들의 집무실, 어전 회의실, 왕실 예능인의 사무실 등 12개의 집무실이 있었으나 지금은 규모를 1/5로 줄이고 인원도 같은 비율로 축소하였다. 지하에 미술관, 음악관, 오페라무대, 연극관 그리고 박물관이 있다. 박물관은 세일원국에서 제일 가는 곳으로 소장품도 가장 많다. 그러면 입헌군주국인가 하나 그것은 아니고 상징적으로 궁궐을 관리하고 운영하는 것이다. 장자나 장녀가 왕을 계승하고 다음은 차남, 차녀, 삼남, 삼녀로 이어지고 왕 손자들은 그다음 서열에 속한다.

  신하들도 마찬가지로 세습화하고 있으며 궁인들도 마찬가지이다. 옛날과 다른 것은 인원이 1/5로 준 것뿐이다.

  궁내 행사도 옛날과 같이 일상적으로 하고 있다. 왕과 왕비가 참석하는 어전회의가 매일 1시간 30분 동안 공개로 진행되어 많은 관광객이 관람하고 있다. 왕실의 거실이나 비밀실을 빼고는 다 공개되어 관광자산으로 많은 도움이 되고 있다. 그다음 아래쪽에는 신하들이 기거하는 주택들이 균형 있게 배치되어 있다. 신하들의 서열 순서에 따라 건물 크기, 택지 넓이 등이 정해진다. 건물이 68가구나 있다. 궁인들도 서열에 따라 지급되는 택지 규모와 주택규모가 결정된다. 궁궐의 인원은 가족을 포함하여 15,000명이나 된다. 공원이 10개가 있고, 자연동물원으로 남쪽에 있는 중발산 해발 105m의 야산에 지름 2km나 되는 12각의 방사용 우리가 있다. 그 안에 견고한 청동 철망을 설치하여 6개로 분리하여 각기 다른 동물을 방사하고 있다. 성곽은 지단이 10m 폭으로, 지하 10m로부터 양쪽 0.3°의 경사로 쌓아 올렸는데 더 기울거나 손상되지 않았다. 성 높이는 5m이므로 성 밖 높은 곳에서는 성안을 볼 수 있다. 옛날에는 10m이었으나 지금으로부터 1,000년 전에 5m로 낮췄다. 성문은 12개로 폭이 25m이고 높이가 8m이다. 각 성문에 매표소가 있어 관람료를 받는다. 관람료는 50불이라 비싼 편이나 관람객이 끊이지 않는다. 성안에는 5개의 호텔이 있다.

궁내 정원은 지름이 3km이다. 연못은 S자형으로 폭이 300m이고 길이는 2km나 되어 그곳에서 낚시도 즐기고 보트 놀이도 할 수 있다. 연못에는 각종 물고기와 갑각류가 서식하고 있다. 궁 안에는 승마장과 미니 골프장이 있어 승마도 하고 골프도 즐긴다. 대신(臺臣) 15명은 말을 타고 출근하고 다른 궁인들은 자전거로 출근한다. 궁내에는 수령이 보통 200년이 넘는 나무들로 숲이 우거져 있어 건물들이 보이지 않아 안내표를 잘 보아야 한다. 호텔 5개는 12층 건물이라 쉽게 찾을 수 있다. 궁 밖 성내에는 신하, 궁인, 궁 안 종사자와 그들을 뒷받침하는 상인과 왕립예술인이 있다. 왕립예술인에는 화가, 오페라 배우, 의장대, 합창단 등이 있다. 그리고 영화관, 음악 감상실, 연극무대, 예술 공연 무대 등이 있다. 궁 외 성내에 있는 예술관들은 유료이다. 미술관, 극장, 영화관 등이 유료고 호텔비도 유료다. 궁내의 모든 영업은 국가에서 임대 수입을 받고 성내 입장료는 국고로 귀속된다. 성내 입장료는 궁궐 관람, 궁내 박물관, 궁내 미술관, 궁내 음악 연주회, 궁내 영화관과 자연 방사 동물원이 무료다. 왕실의 예산은 국가에서 배정하고, 왕실에서 집행한다. 왕은 법적으로 자연인이다. 다만 왕실의 궁내 총실장에 임용되면 공직자이므로 왕손들이 갖는 별정직이 된다. 궁내 인사는 궁내 총실장이 행사한다. 그러나 별 이변이 없는 한 관례에 따라 인사가 이루어진다. 이변은 계승자가 계승을 포기하고 다른 직종을 택할 때 생긴다. 계승자들이 연이어 계승을 거부하여 계승자가 없을 때는 왕이(궁내 총실장) 대신들과 의논하여 임명한다. 이곳 궁인들은 다른 공직자보다 10%의 봉급을 더 받는다. 이곳에는 백화점이 3개가 있고 상설시장이 2곳 있다. 기마병 사열식이 매주 4일간 15시에 시작하여 1시간 동안 진행되는데 꽤 볼만하여 관광코스로 유명하다.

성내 하천은 빗물 하수와 생활하수가 따로 분리되어 생활하수는 높이 10m, 폭 15m 크기의 만년 콘크리트 하수관을 지하 3m 아래에 설치하여 흘러가도록 하였고, 전선과 정보통신선 등 지하 매설물은 하수관을 따라 5m 아래에 설치하여 물의 피해를 받지 않도록 하였다. 빗물은 될 수 있는 대로 자연 상태로 흘러가게 만들어 비 올 때는 물고기들이 올라오기도 한다. 그리하여 하천도 청정 1급수를 유지한다. 생활하수는 한곳에 모아 1급수로 정화하여 강으로 보낸다.

대신(臺臣)들은 총리대신, 궁내부대신, 궁외부대신, 내무대신, 외무대신, 병무대신, 문화예술부대신, 법무대신, 의전대신, 환경대신, 비서실장 외 무임소 대신이 4명이다. 대신들은 아침 9시에 왕을 알현하고 각자 사무실에서 업무를 보다 13시부터 14시 30분까지 어전회의를 하고 기마 사열에 참석한다. 근무시간은 9시에 출근하여 16시까지 업무를 보고 퇴근한다. 그리하여 기마 사열식에 참석한 후 퇴근하게 되어 있다. 모두 말을 타고 퇴근한다.

나는 기마병들의 사열식을 관람하고 자전거를 타고 새로 숙소로 정한 성내 호텔로 향했다. 성내 호텔은 5개로 정원(定員)은 한 호텔당

3,600명으로 총 18,000명이나 되는데 거의 만원이다. 호텔 825호실에 짐을 풀고 나니 18시가 되었다. 내일 관광코스를 잡고 처음 갈 곳과 나중에 갈 곳을 정하고 나니 19시가 되었다. 호텔 식당에서 저녁 정식(dinner)을 먹고 와인 한 잔을 마시고 나니 기분이 좋아 나이트클럽으로 향했다. 나이트클럽에는 많은 손님들이 음악에 맞춰 춤을 추고 있었다. 나는 예약된 테이블에 앉아 위스키를 주문하니 웨이터가 가져다준다. 위스키를 한 잔 따라 마시고 있는데 20대 여성이 동석해도 되겠느냐고 정중히 말한다. 나는 쓸쓸하던 중 반가워 쾌히 허락하니 고맙다고 인사를 하며 자리에 앉는다. 그녀는 일 년 전 궁내성에서 발레리나로 일하게 되어 이곳에 왔다고 하며 이곳 양지촌에서 태어났다고 하니 양지촌 토박이 인 것이다.

 이곳 토박이들은 지구촌에서 말하는 진실과 거짓은 모르고 그저 진실하게만 산다. 지구촌 시각으로 보면 숙맥인 사람이다. 그러나 이곳에서는 그들이 최고의 대우를 받는다. 그들은 지구촌의 때가 묻지 않은 진실한 사람으로 남을 의심하거나 질투하지 않으며 정(情)과 사랑이 많다. 이곳 정보에 의하면 나는 진실하지만 정이 없어 감점 요인이 될 것 같다. 적기는 하지만 양지촌 입국 심사 시 정(情)은 참고가 된다. 이러한 상념에 잠겨 있는데 박수 소리가 요란하다. 왕과 부인이 무대 위로 입장하는 것을 본 관객들이 모두 일어나 박수를 친 것이다. 왕손도 서민화되어 대중과 어울리고 대중과 같이 춤도 추고 음악도 감상하는 것이 아주 자연스럽다. 나는 그녀와 같이 왈츠를 추고 위스키를 마시며 담소를 즐기다 이곳의 주된 관심사가 무엇인지 물어보았다. 주된 관심사는 각자 취향이나 취미에 관한 것과 본인이 가지고 싶은 직업 등이라고 말하며 특이 직업 선택에 관심이 많다는 것이다. 세실원국 국민이 가장 선호하는 직업은 작가나 시인이며 그래서 시낭송회와 서점이 매우 번창하다고 한다. 다음은 미술가, 음악가가 선망의 직업이라고 알려준다. 물론 자유직업(프리랜서)이며 예능인이다. 농부도 희망하는 직업군에 속한다. 예능인은 자연이 주신 재주가 있어야 하므로 누구나 예능인이 될 수는 없다. 그리하여 대개는 공무원, 농부, 기술직, 고급 두뇌 개발직, 양지촌에 공헌할 수 있는 직업이 선망의 직업으로 꼽힌다. 그녀의 남편은 왕실 화가로서 오늘은 다른 작가와 함께 궁내 왕실의 벽화를 그리게 되어 같이 나오지 못하고, 혼자 오게 되었다고 한다. 그들 부부는 미술에 관한 이야기를 할 때 가장 격렬히 토론하고 그것은 끝없이 이어지곤 한다는 것이다. 나는 예술에 대해 문외한이지만 이곳 양지촌에서 다른 사람과 같이 대화하고 원만한 대인관계를 가지기 위해서는 예술과 문학에 대해 배워야겠다고 마음먹었다. 그녀와의 대화가 자주 끊어지는 것도 예술, 문학에 대한 나의 상식이 부족하기 때문이다. 내일은 왕궁 12각 왕실을 돌아보려고 한다. 대략 5시간이 걸린다고 한다. 왕실은 지하 1층 지상 2층으로 12각형의 원형 건물로서 지름이 3km이다. 건물 폭은 600m이다. 원형 가운데 지름 3km 안에는 정원, 숲, 연못 등이 있다.

오늘 호텔에서는 읍 교향악단의 연주회가 있다고 한다. 나는 음악에는 문외한이지만 별 할 일도 없고 해서 연주회가 열리는 음악당으로 향했다. 많은 사람이 모였다. 읍 크기보다는 사람들이 많이 왔다고 생각하는데 그것은 이곳 사람들이 고급문화 생활을 즐기기 때문이라는 생각이 든다. 이곳(양지촌)에서는 예술가들이나 문학가 과학자들이 최고의 대우와 인기를 누리고 있다. 이곳에는 아이들이 별로 없다. 젊어서 오는 사람들이 적어서이다. 간혹 아프리카나 서남아시아에서 온 젊은이들이 조금 있어서 그들이 아이를 갖는 경우가 많다. 아기들도 지구촌에서 이곳으로 온 경우가 좀 있어 어떻게 부모 없이 지내나 하여 이곳 사람에게 물으니 이곳에서는 아기들이 최고의 보살핌을 받는다는 것이다. 이곳 사람들은 아기가 거의 없어 서로 양부모가 되겠다고 경쟁이 대단하다는 것이다. 양지촌 나이는 지구촌 나이 5세가 1세이므로 나는 이곳 나이로 12살이다. 이곳은 10세만 되면 성인이다. 여성은 대개 8세만 되면 생리를 시작한다. 이곳 평균수명은 500세이므로 지구촌으로 말하면 2,500세가 된다.

성(性)생활은 400세까지 하니 지구촌으로 말하면 2,000년 동안 성생활을 한다고 볼 수 있으나 임신은 잘되지 않는다. 이곳에서는 자녀를 1명에서 3명을 둔다. 그래서 평균 2명의 자녀를 두는 것이다. 그러므로 양지촌에는 자녀들이 적어 양자가 대단히 대우를 받는다. 대체로 양지촌 자녀들은 10세만 넘기면 독립을 한다. 양지촌에는 지구촌보다 다양한 문화가 존재하여 그것을 다 아는 것은 거의 불가능하다. 지구의 크기보다 50배가 크므로 문화 환경과 기후, 습도, 지질 등의 자연환경이 지구촌보다 더욱 다양하다. 평생 양지촌을 다 돌아보긴 쉽진 않지만 가능한 많은 곳을 다녀보는 것이 좋을 것 같다. 다양한 문화와 생활 습관이 있으므로 여행할 때마다 새로운 것을 보게 될 것이다.

양지촌의 공통점은 진실이 최고의 덕목이므로 진실 없이는 어느 곳을 가나 살아갈 수 없다. 진실을 바탕으로 정치를 해서 국민 통합도 잘된다. 다양한 이익집단과 문화가 존재하기에 다른 국민의 다양한 의견을 조정하고 통합하는 일이 지구촌 못지않게 난제이다. 그러나 양지촌 최고의 덕목인 진실을 바탕에 둔 윤리로 대개 해결한다. 법보다는 대개 윤리로 해결하고 최종적으로 이견이 조정되지 않을 때만 법으로 해결한다. 그러나 법적 해결도 점점 줄어든다고 한다. 그러니 정치가 양지촌에 큰 영향을 미치지 못하는 것이다. 의회는 별 이슈가 없으나 토론은 대단한 열기가 있다. 정당 간의 이견이나 개인 간의 이견을 충분한 토론과 공청회를 통한 열띤 논쟁으로 여야가 최대공약수를 도출해 낸다. 그러한 법률이 여야 없이 잘 지켜지고 국민도 잘 지킨다. 양지촌에는 규제하는 법보다는 자율 하는 법이 많아 시민들의 자유를 최대한 보장한다. 그러나 규제하는 법을 만들면 철저히 실행한다. 그러므로 인적 시간적 낭비를 막는다. 예를 들면 지구촌에서는 미성년자 보호법으로, 미성년자를 유흥업소에 출입을 못하게 법으로 정하여도, 유흥업 업주는 돈을 벌기 위해 미성년자도 출입을 막지 않는다. 단속반에 적발되면 뇌물을 주고 그대로 영업하므로 단속에 시간과 인력을 많이 들여도 불법은 없어지지 않는다. 그러나 양지촌에서 그와 같은 법이 지정되면 우선 업주들이 진실에 따라 법을 잘 지키고 단속반도 한번 단속으로 위반업소를 입건하여 법률적 제재를 가한다. 그러므로 법률을 지키지 않으면 큰 손해를 본다는 것이 확실하다. 이로써 모든 업주가 법을 잘 지키니 단속반이 다시 단속할 필요가 없는 것이다. 단속반이 많지 않아도 되고 시간도 낭비할 필요가 없다. 모든 것이 이러하므로 행정의 낭비가 없어 인적으로나 시간상으로나 효율적이다. 입법, 행정, 사법, 또는 사회단체가 모두 효율적이고 합리적인데 그 바탕에는 진실한 윤리가 존재하는 것이다.

양지촌의 관심사는 대개 문화, 예술, 과학, 철학이다. 시나 소설을 많이 읽으니 자연히 시에 대한 비판의 글 소설에 대한 비판의 글이 신문이나 잡지에 많이 실린다. 또 TV나 화상전화로 진행하는 작가와 독자

간의 논쟁도 대단하다. 미술, 음악, 무용, 등 예술에 관한 관심이 대단하여 신문, 잡지, TV, 라디오 등 매체들이 다투어 예술 문제를 다룬다. TV 광고 효과도 예술, 과학, 문학 문제를 다루는 프로에 최고의 효과를 나타낸다. 양지촌에는 드라마나 스포츠, 코미디는 별 흥미가 없는 것 같다. 물론 코미디나 드라마, 스포츠를 다루지 않는 것은 아니지만 비중이 상대적으로 낮다. 스포츠는 생활화되어 있어 대부분 사람이 골프, 승마, 축구, 낚시를 즐긴다. 이곳은 수원(水源)이 풍부한 강도 많고 개천도 많아 민물고기들이 서식하기에 최적의 장소이다. 이곳에 낚시꾼이 모여드는 것은 여러 가지 물고기들이 많아 낚시의 재미를 더해주는 것도 있으나 그들이 시간적 여유가 있기 때문이기도 하다.

　이곳의 환경은 자연 그대로다. 사람들이 환경을 오염시키는 일은 없다. 농업을 지을 때 해충은 천적을 이용하여 없애고 연작(連作)을 피해 해로운 균의 증식을 막는다. 각 가정에는 세탁물을 자연 분해되는 세제 외에는 사용하지 않는다. 생활용수는 생활 하수관을 통하여 일정한 곳에 모아 1급수로 정화해 하천이나 강으로 흘려보내고 공업폐수는 공단에서 모아 1급수로 정화하여 강, 하천으로 흘려보내므로 하천이나 강이 오염되지 않는다. 공장은 모두 공단에 모여 있다. 공장마다 공해 방지 시설이 완벽하게 설치되어 있어 공해가 발생하지 않는다. 자동차도 작업 차나 운반차 외는 거의 없으므로 자동차 공해도 없다. 승용차는 관이나 택시 회사에서 꼭 필요할 때만 사용하고 가정에는 자가용 전동차와 자전거를 이용한다. 자전거가 출퇴근 교통수단의 30%를 차지하므로 출퇴근 시 거리는 달리는 자전거로 장관을 이룬다. 그러므로 공해는 문제가 안 되는데도 각 주 정부에서는 공해 문제연구소가 있다. 각 가정의 화물이나 식품으로 구매한 물건들은 전동차가 현관 앞까지 자동 운반해 준다. 전동차 철로는 특수강으로 되어 있으므로 양지촌 연수로 150년은 간다. 그리하여 전철선로는 150년마다 다시 하면 된다. 대개 각 가정에서는 생활용품을 화상전화로 구입한다. 화상으로 보면서 물건을 주문하면 계산서와 주문한 상품을 무인 전동차를 이용하여 각 가정으로 배달한다. 이후 별 의의가 없는 한 계산서를 보고 현금카드로 지불하면 되는 것이다. 또 통합 영수제를 실행한다. 전화료, 수도료, 전기료, 가스료, 매월 내는 주민세 등이 통합된 하나의 영수증으로 청구되면 개인은 집에서 현금카드로 지불하면 된다. 그리하여 인력을 최소화하는 것이다.

양지촌은 진실이 최고의 가치이므로 모든 일이 능률적이다. 거짓은 통하지 않으므로 비능률은 존재할 수가 없다. 다만 문학이나 예술 철학 등은 진실을 가리기에 어려움이 많다. 전문가들도 음악, 미술, 문학, 철학 등에 지원하는 학생들에게 기초 수준은 지도할 수 있으나 고도의 난해한 작품이나 심오한 미술이나 춤, 음악 등 최고의 예술혼이 있는 작품에 대해서는 하나의 잣대로 설명하지 못한다. 작품마다 개성이 있고 다른 혼이 있는 것을 한 가지의 잣대로 재지는 못하니 그 경우 독자나 감상자에게 진실을 맡기는 수밖에 없는 것이다. 전에도 잠깐 언급했지만, 이곳에서는 표현, 결사의 자유가 최대한 보장되어 있으므로 소설, 시, 미술, 연극 등의 예술 분야에서 소재를 선택할 때나 표현할 때 완전히 자유롭다. 외설이니 저질이니 하는 작품도 비평가들에 따라 최고의 작품이라는 찬사를 받는 것도 있다. 그리하여 작품에 따라서는 비평가들의 열띤 논쟁을 불러일으킨다. 이처럼 비평이 완전히 자유로워 많은 사람이 함께 생각하고 비평할 수 있도록 영상 매체에서 자주 다룬다. 그리하여 독자나 시청자들의 각자 판단에 맡긴다.

나는 어머니를 만나러 갈까 하고 지도책을 보니 고속전철로 7일을 가야 한다. 가면서 할머니에게 전화하니 할머니는 갯마을에서 전화를 받으신다. 할머니는 이곳에서 25세이다. 청춘을 즐기는 연세다. 지구촌에서 양지촌으로 온 1년 동안은 양지촌 나이에 맞게 신진대사와 신체 등이 변하는 시기이다. 지구촌 있을 때 성인이었던 사람은 양지촌에서는 어려지고 얼굴 생김은 지구촌 있을 때 그대로다. 모든 기능은 지구촌에 있을 때의 5배가 젊어진다. 이곳 남녀의 평균 키는 남 180cm, 여 170cm가 되니 지구촌보다는 큰 편이다. 이와 같이 변하는 데는 1년이 걸린다. 이곳에 오면 지구촌의 5년에 해당하는 1년간 휴가를 주는 것도 다 그러한 배려에서이다. 여행하면서 많은 경험을 쌓고 먼저 양지촌에 정착한 사람이 살아가는 것도 보면서 이상적인 장래를 선택하는 것이다. 이곳에서 지구촌 있을 때 진실과 거짓에 따라 제한적 규제가 있다는 것을 언급한 바 있으나 보통 사람이 보통 진실하게 산 사람에게는 제한이 없다.

할머니는 지구촌에서 평균보다 더 진실하게 사셔 이곳의 최고의 직업인 농부가 되어 농사를 지으신다. 직업은 사람마다 가치관이 다르므로 각자 본인이 최고라고 생각하는 직업을 택한다. 그러나 지구촌에서 죄를 많이 지은 사람은 그러한 것도 규제를 당한다. 할머니의 농토(農土)는 150만 평 약 4,950,000㎡이다. 1년 동안 반은 연작을 하고 반만 농사를 지어도 2,475,000㎡가 되니 대한민국농촌의 2배에 해당하는 수익을 올린다. 그것도 자동시설이 되어 있어 집안에서 영상 매체로 조정만 하면 된다. 그리하여 할머니 내외는 별 힘들이지 않고 상류사회의 생활을 즐기고 있다. 이곳은 빈부 차가 그리 크지 않아 중농들도 열심히 하면 할머니 댁과 같은 수입을 올릴 수 있다. 할머니는 지구촌 처녀 시절에 대한민국 바닷가인 경기도 김포군 검단면에 사셨다. 그곳에 갯마을이 있어 조개도 잡고 게도 잡던 처녀 시절이 생각나시어 이곳 양지촌 오셔서도 갯마을을 자주 찾으신다. 검단면은 인천과 접한 곳으로 지구촌에서 간만의 차가 가장 큰 곳이다. 갯벌이 넓고 길어서 서식하는 조개류와 방게가 매우 많았다. 그것을 잡으면서 자라나시어 갯벌에 대한 향수가 진하시다. 그리하여 양지촌에 와서도 종종 이곳 갯마을을 찾아오시어 휴가를 즐기신다. 이곳 갯마을도 지구촌보다 더 넓고 길어 지구촌 제일이라는 인천 해안선(개발되기 전)보다 5배가 큰 것이다. 이러한 큰 갯벌에도 인간의 오염이 전혀 없다. 1년에 갯벌에 다녀가는 사람이 5만에서 6만 명이지만 워낙 갯벌이 커서 사람이 왔다 간 흔적이 없다. 양지촌에는 이 갯벌보다 큰 갯벌이 헤아릴 수 없이 많은데 인구 밀도는 지구의 1/10밖에 안 된다. 이러하니 5만에서 6만 명이 왔다 가는 것도 많은 편에 속한다. 할머니 사시는 곳은 1년에 8번 계절이 바뀐다. 지구촌과 같이 봄, 여름, 가을, 겨울이 있는데 1년에 사계절이 두 번 오기 때문이다. 때에 따라서는 1년에 여름과 겨울의 기온 차가 30도 안팎으로 기온 차가 심하지 않기도 한다. 이때는 1년에 삼모작(三毛作)까지 농사를 지을 수 있다. 그러나 때로는 기온 차가 65도가 되기도 한다. 한여름은 30도가 되는가 하면 겨울에는 영하 35도가 되기도 한다. 그때에는 과수나 큰 나무들이 동해(凍害)를 입지 않도록 세심한 관리가 필요하다. 그러나 이때에는 해충이나 균 등이 대부분 얼어 죽어서 해충이나 균의 번식을 막아 농사짓는 데 많은 도움을 주기도 한다.

이곳 주택의 외벽 주재료는 대리석이나 흙을 구워서 만든 벽돌이고, 내부 시설은 나무 제품을 이용하여 꾸미고, 창과 문은 유리와 청동으로 장식한다. 대개 이곳 농촌 주택은 지하 1층과 지상 2층으로 되어 있는 것이 보통이다. 지하와 지상 1층은 각각 105평이고 지상 2층은 75평이 되는 것이 농촌에서 잘사는 보통 집이다. 주택 형태는 한식, 일본식, 프랑스식, 이탈리아식 등 각양각색이다. 그리고 창고나 축사는 500m 떨어진 농지나, 가축을 방목하는 곳에 있다. 농기구는 창고에 보관한다. 집에 화상 회로와 컴퓨터가 갖추어진 통제실이 있어 이곳에서 모든 농기계나 로봇을 자유자재로 조정하여 농사를 짓는다. 농촌에는 집집마다 말이 2필 이상 있다. 스포츠용으로도 이용하고 농토를 돌아보기도 한다. 개들도 한두 마리 이상 기른다. 할머니 내외도 이와 같이 농사를 짓고 있다. 할머니 내외는 시간 있을 때마다 말을 타시고 두 분이 나란히 달리기도 하고 천천히 걷기도 하시며 이야기도 하신다. 참으로 아름답다고 이웃 사람이 말하는 것을 듣고 행복한 생활을 하시는구나 생각했다.

이런 생각 저런 생각을 하며 가다 보니 어느새 양지촌 상림주 도인 승림시(市)에 도착하였다. 이곳에서 하루 쉬기로 하고 지도책에서 시의 연혁을 찾아보니 150년 전에 상림주 수도가 되었으며 그전에는 읍에 불과했다. 인구는 170만 명이며 주요 산업은 행정, 문화, 교통, 공업, 서비스업이다. 나는 석바위 호텔에서 묵기로 하고 고속 전철을 타니 10분 후에 석바위 호텔 현관 역에서 내릴 수 있었다. 호텔에서 예약한 방을 찾으니 직원이 안내해 준다. 방은 전망이 좋은 24층 5호다. 여장을 풀고 창가에 가서 커튼을 여니 시가지가 눈에 와 닿는다. 이곳 송림시는 양지촌 대도시에 속하는 시며 산림주의 행정, 문화, 경제의 중심도시다. 시가지는 대략 원형 모양으로 이루어져 있으며 잘 정돈되어 있다. 남쪽으로는 해발 3,400m나 되는 광림산이 있고 정상에서 20km

북쪽으로 구릉지를 이루고 있다. 호텔에서 보니 광림산 정상에는 아직도 잔설이 있어 하얀 수건을 쓰고 있는 듯하다. 광림산에서 발원하는 물이 광림천을 이뤄 송림시를 가로지르고 흘러간다. 광림천에는 낚시하는 사람들도 보인다. 나는 도시의 하천이 오염되지 않았을까 걱정되어 심부름 온 안내원에게 하천이 오염되지 않았냐고 물으니 이곳 하천들은 다 일급수이며 수원이 풍부하여 물 부족도 없다고 한다.

 송림시의 건물들은 몇몇 특수 건물을 빼고는 대개 15층 이하다. 그리고 건물과 건물 간격이 대략 50m 이상이고 그 공간에는 50년 이상 묵은 나무들이 있어 숲속에 건물들이 있는 것 같다. 아파트촌도 7층이나 8층이 대부분이다. 아파트촌은 대략 근대에 생겼고 건물 배치는 200m 간격으로 정남향을 향해 짓고, 조경도 현대적 감각에 맞게 잔디와 큰 나무, 작은 나무를 조화롭게 배치하여 전체적으로 쾌적하고 아늑한 분위기를 조성했다. 보통 한 건물에 30세대에서 40세대가 입주하여 산다. 엘리베이터는 2개이다. 건물마다 전동차 역이 있어 지하에 주차한 자가용 전동차를 필요에 따라 이용한다. 아파트 평수는 대략 실 평수 120평에서 150평이다. 이곳도 자전거는 최고의 교통수단이다. 아파트 통로에도 자전거 전용선이 있을 정도이다. 이곳 시가지 건물들은 100년이 넘은 것이 많다. 100년은 지구촌으로 보면 500년이다.

 시 청사(廳舍)는 25층으로 지은 지 105년이 되었다. 지하 3층에 지상 22층이다. 시 청사는 보존 건물이다. 보존 건물로 지정되면 크기와 연대 수에 따라 보수 유지비 외에도 건물 보조비가 나온다. 이 거대 건물이 어떻게 지구촌 나이로 525년이라는 긴 세월 동안 건재할 수 있었는지 궁금하여, 시 홍보 책자를 안내원에게 얻어 보았다. 양지촌에서는 300년 전부터 청동 골조에다 방부제를 칠하고 대리석을 정교하게 붙이는 공법으로 짓기 때문에 수명이 영구적으로 될 수 있다는 것이다. 이렇게 건물들이 잘 보존되어 있어 승림시는 고색창연한 고도(古都)가 될 수 있었다.

　저녁을 전골로 하고 커피를 마시니 나른한 게 잠이 온다. 잠을 자고 나니 5시가 되었다. 오늘은 일찍 떠나야겠다고 마음먹고 샤워를 하고 여행 준비를 하고 나니 7시다. 토스트와 달걀부침을 먹고 나서 지도책을 보면서 지구촌에서 오신 장모님이 사시는 곳이 궁금하여 컴퓨터로 조회해 보았다. 이곳에서 하루 걸리는 케림주 도인 비취시에서 서남쪽에 있는 풍림군 서원읍에 살고 계시다. 비취시에서 80km 떨어져있다고 하니 오늘이라도 갈 수 있어 전화로 방문하겠다는 의사를 표하니 장모님은 자네가 어떻게 이곳에 왔냐며 놀라시는 것이다. 나는 그간 대략 이야기를 하고 간암으로 이곳에 오게 되었다고 하니 안타까워하시며 빨리 보고 싶다고 하신다. 나는 승림역으로 나가 비취역으로 가는 고속전철에 몸을 실었다. 고속전철은 대략 시속 400km로 달린다. 2시간 달리다 전동차가 멈추니 이곳이 바람시(市)라는 것이다. 약 15분간 정차하였다 간다는 안내방송을 하는 것을 듣고 전동차 밖으로 나가 역 구내(區內)를 보니 역시 전철이 많다. 이곳 바람시는 교통의 요지라 비취시, 승림시, 계림시, 옥구시 등과 고속전철이 연계되어 있다. 갈림길에 자동제어 장치가 이중 삼중으로 설치되어 있어 사고 없이 전동차가 달릴 수 있다. 역도 지하 2층, 지상 2층으로 선로가 놓여 있어 어느 곳을 가든지 하차한 곳에서 에스컬레이터를 타고 목적지로 가면 내가 갈 곳의 전동차가 도착하는 것이다. 각 지방의 고속전철이 동시에 도착하니 10분 이내에 각자 목적지 행 고속전철을 탈 수 있다. 나는 다시 비취시 행 고속전철에 몸을 실었다. 나는 시원한 맥주 생각나 전철 안에 있는 식당으로 갔다. 식당에는 몇 안 되는 사람이 맥주도 마시고 위스키도 마시며 담소하고 있다. 이곳에서 술은 자유로이 마실 수가 있으나 만취하여 술주정하면 한 달 동안 술을 마실 수가 없다. 현금카드에서 술값을 한 달 동안 지불하지 못하게 한다. 현금카드는 지문과도 같아 본인 외 사람은 쓸 수가 없다. 다른 사람이 술을 사주면 그 사람에게도 그만한 제재를 준다. 속이면 되지 않느냐고 하나 진실을 은폐하면 이곳에서는 살아가기가 힘든 것이다. 양지촌에서는 최고의 덕목인 진실을 버리고는 살 수가 없다. 먼저와 술을 마시는 사람과 어울려 맥주를 마시는데 한 사람이 "자네는 지구촌에서 온 지 며칠 되지 않았다."라며 지구촌 소식을 묻는다. 어떻게 지구촌에서 왔는지 아냐고 물으니 그 사람은 웃으며 이곳에 오는 외지인은 양지촌 사람뿐이고 이곳에서 태어난 사람은 나이가 들지 젊어지지는 않는다는 것이다. 그러나 지구촌 사람들은 1년 동안에 지구촌 나이의 5배로 모든 신체적 기능이 젊어지므로 자세히 보면 알 수 있다고 한다. 그 사람 나이는 20세이니 나보다 8년이 연배이다. 그러나 나는 60세이니 보기 민망할 정도로 양지촌에서는 늙은 것이다. 이러한 모양으로 1년을 지낼 것을 생각하니 서글픈 마음이 든다. 처음 왔을 때는 희망만 있어 내가 젊은지 늙었는지도 모르고 할머니의 25세의 젊음만 보니 신기하고 놀랐던 것이 생각난다. 할머니께서 너도 1년이 있으면 막 피어나는 청년이 될 것이라는 말씀에 마음이 들떠 황홀하기만 했다. 나는 공연히 부끄럽고 겸연쩍어 말수가 적어지니 그 사람이 눈치채고는 "1년이면 모든 문제가 해결되게 되어 있는데 무엇을 그리 생각하냐?"며 위로하는 것이다. 그의 말이 옳다. 아무리 빨리 12세로 돌아가고 싶어도 1년이라는 기간을 보내야 한다. 나는 다시 마음을 풀고 그들과 농담도 하고 유쾌하게 맥주를 마셨다.

지금 지구촌에는 정치적 이데올로기보다는 경제적 경쟁이 치열하여 선진국은 선진국대로 후발 개도국은 개도국대로 무역 전쟁이 치열하고 그 와중에 개도국의 부정부패가 문제가 되어 경제 성장의 발목을 잡고 있는 나라가 많다고 전해 주니 별 흥미가 없는지 화제를 돌린다. 지금 피카소가 이곳에 왔는데 지구촌의 대표적인 화가는 누구냐고 묻는다. 나는 미술에 대해 문외한이라 잘 모른다고 대답을 하고 나니까 부끄러운 생각이 든다. 이러할 줄 알았으면 미술에 관한 상식이라도 배웠을 것을… 그리하면 이들과도 즐거운 여행이 되었을 것이다. 대화의 맥이 끊기고 나니 즐거운 여행이 될 수가 없었다. 나는 비취시에 18시에 도착했다. 비취시에 있는 직림호텔에 예약이 되어 있어 비취역에서 직림호텔에 가는 지하철을 타니 20분이 걸린다. 여장을 풀고 창밖을 보았다. 비취시의 북쪽 시가지가 눈에 와 닿는다. 케림주 주도인 비취시의 특색은 근대도시로, 25년 전에 광원주 주도가 되었다. 그전에는 조그마한 읍 정도였으나 주도(主都)가 되어 주의 정치, 경제, 문화, 교통의 중심도시로 성장했다. 그리하여 시가지가 잘 정돈되어 교통상으로는 별 불편함이 없다. 교통의 중심은 이곳 양지촌의 대부분 그러하듯 지하철이 50%, 자전거가 20%, 기타가 20%를 차지한다. 이곳의 지하철 선로는 각 가정까지 놓여있고 자가용 전동차가 가정마다 있다. 전철은 주 노선과 각 가정으로 연계되는 지선이 있는데 주 노선은 대략 6개의 레일이 놓여있고 개중에는 4개의 레일이 놓여 있는 데도 있다. 그리하여 각 가정에서 자가용 전동차를 타고 지하철역에서 내리면 자가용 전동차는 자동으로 집으로 돌아간다. 대략 집에서 중간역까지는 10분 걸리고 직장 역까지는 30분 걸리는 것이 보통이다.

대체로 큰 건물에는 전동차가 20여 대가 객차가 10대, 화물차가 10

개가 기본이다. 그러나 객차 대부분 쉬고 있다. 대외 업무는 대부분 화상전화로 처리하고 꼭 현장을 보아야 할 경우는 자전거를 이용하는 것이 보통이다. 앞에서도 말했지만, 이곳의 자전거는 무료로 누구든지 탈 수 있어 어느 곳에나 자전거가 있다. 이곳 자전거는 충전으로도 움직이니 언덕이나 급경사에는 충전지를 이용하여 올라가거나 내려오는 데 힘이 들지 않는다. 충전지는 한번 충전하면 800km를 간다고 한다. 사람들이 한번 나갔다 오는데 대략 1km 거리이니 800번정도 사용할 수 있다. 직원은 대략 150명이 있고 자전거는 100대 정도 있다. 전기는 다 지하로 보내지니 외관에는 전선이 보이지 않는다. 전기는 이곳에서는 최고의 안전을 생각하여 배선했으므로 전기 안전사고는 없다. 변전소는 지상에 나와 있는데 그 또한 모든 기후 조건에 맞게 설계되고 안전에 이중 삼중 장치가 되어 있어 정전되는 경우는 거의 없다. 이곳 양지촌은 전기를 많이 사용하니 발전소도 많아야 할 것 같으나 그렇지 않다. 이곳의 발전소 연료는 대부분이 수소를 사용한다. 수소는 핵의 50배의 열량이 발생한다. 보통 발전소에는 발전기가 10기 이상 있다. 발전기 1기당 100만 킬로와트나 생산하니 예비율 20%라 해도 800만 Kw가 나오는 것이다. 이곳 수소 발전소는 5중의 안전장치가 되어 있어 수소가 누출되는 일은 없다. 수소의 재나 오염물질은 3년에 한 번씩 지하 40km에 있는 매설장에 묻는다. 수소는 공해가 전혀 없는 전기를 생산해 내는 최고의 연료이다. 이곳 양지촌은 전기가 없으면 살아갈 수 없을 정도로 전기를 많이 이용한다. 가정마다 최소한 3일 동안 사용할 전기를 충전하여 놓는 것이 상식이다. 충전 기술도 발전하여 전력의 80%까지도 충전할 수 있다. 충전은 주로 전력 소비가 가장 적은 밤 시간대를 이용하므로 전력을 효율적으로 사용할 수가 있다. 대형 건물들은 밤에 충전하였다 낮에 사용하는 전력이 전체의 80%를 차지한다.

나는 이 도시가 비교적 최근에 형성된 대도시라는 것을 알고는 놀랐다. 주도가 된 지 지구촌으로 보면 125년이나 되었는데 이곳에서는 최근에 해당하는 대도시라니 양지촌에는 그만큼 고대 도시가 많다는 것이다. 내가 송림시를 보고 고색창연한 도시로 본 것도 잘못 본 것 같다. 나는 지금까지 양지촌의 1/1,000도 못 본 것이다. 양지촌은 지질이 다양하고 기후 지형 등이 각양각색인데 어떻게 1/1,000도 보지 않고 선불리 판단할 수가 있겠는가! 다만 내가 이 시간까지 본 것을 말하면 지구촌에서 인간이었던 사람은 인간 그대로 오고, 짐승은 짐승 그대로, 식물은 식물 그대로 양지촌으로 온다는 것과 만물의 왕은 지구촌과 마찬가지로 사람이라는 것이다. 이곳 양지촌에서도 사람이 모든 것을 지배하며 살아간다.

그것은 사람이 지능이 우수하기 때문인가? 다른 생물들보다 지능지수가 높은 것은 사실이다. 그러나 그것이 전부가 아니다. 사람에게는 사람만이 행할 수 있는 이성적 윤리를 만들어가는 지혜가 있다. 이 점이 짐승과 차별화되는 우수한 점이다. 예로 짐승들도 본능적으로 새끼를 잘 기른다. 사람도 본능적으로 자식을 기른다. 그러나 사람은 이성을 갖고 부모를 섬긴다. 짐승들은 그러한 것을 못하니 사람이 부모를 버리면 인간이 아니라고 하고 자식을 버리면 짐승만도 못하다고 하는 것이다. 짐승과 사람의 차이가 이와 같으니 사람이 만물의 왕이라는 것을 부인할 수 없다. 그러므로 인간이 모든 것을 지배할 수 있는 것이다.

나는 이런저런 생각을 하다 자고 나니 7시가 되었다. 아침 식사로 갈비탕을 먹고 나서 커피가 생각나 청해 마시고 호텔 방에 돌아와 잠시 쉬었다. 장모인 김향란 댁을 찾아보기로 하고 지도책을 보니 이곳에서 80km 떨어진 풍림군 서원읍 189-4호에 임시 거처를 정하여 사신다는 것이다. 나는 만나 뵙고 지난 세월을 이야기하자는 전화를 넣었다. 서원읍은 풍림군청 소재지이다. 전철을 타고 서원읍에서 하차하여 자전거로 갈아타고 10분쯤 가니 검은 글씨로 '189-4호'라고 쓰여 있는 하얀 푯말이 보인다. 푯말이 있는 곳에서 집까지는 700m가 된다. 나는 집에 도착하여 현관으로 가니 장모님이 나와 기다리고 계신다. 장모님은 대단히 젊어지고 늘씬하여 자세히 보지 않으면 전혀 모르는 사람 같다. 5개월만 있으면 이곳에 온 지도 지구촌 연수(年數)로 5년이 된다고 하신다. 장모님은 나의 모습이 달라진 것이 없다고 하신다. 장모님은 당신의 남편 김희철 씨가 다녀가셨다고 하며 지금쯤은 이곳에서 20,000km 떨어진 양지촌 국제 연합 매원 연방 어느 나라에 계실 것이라고 한다. 또 며칠 전에는 지구촌 대한민국 경기도 수원시에 사시던 둘째 형님이 다녀가시기도 했다고 한다. 장모님은 지금이 가장 중요한 시기라고 한다. 당신이 양지촌에서 처음으로 살아갈 진로를 택해야 하는 시기이기 때문이다. 1년 준비기간이 끝나면 양지촌에서는 더는 경제적 도움을 주지 않는다. 물론 1년 동안 아르바이트를 찾아 일하니 2~3개월 사는 데는 불편이 없으나 지금부터는 자기 진로를 택해야 한다. 우선 청원을 하면 10일간 심사 기간을 두어 심사한 후 결정된 사항을 각 개인에게 통보한다. 심사기준은 지구촌 있을 때 얼마나 진실하게 살았느냐에 따라 정착금(보통 정착금은 1년 동안 살 수 있는 금액이다)과 농토가 지급된다. 청원 문제는 대체로 청원인이 원하는 데로 결정된다. 장모님은 농사도 짓고 그림도 그리고 싶으셔서 이곳을 임시 거처로 결정하셨다. 결혼 문제는 살아가며 차츰 생각하시겠다고 한다. 장모님이 이곳을 임시 거처로 결정하신 것은 이곳의 아름다운 자연환경 때문이기도 하다.

이곳은 북쪽으로는 비취산맥이 서쪽에서 동쪽으로 이어져 있고 남쪽으로는 평야가 끝없이 펼쳐져 있으며 비취강이 서쪽에서 동쪽으로 1,650km나 흐르고 있다. 비취산도 해발 6,500m나 된다. 비취산은 북쪽을 등에 두고 남쪽으로 10° 경사를 이루고 있다. 이곳은 정상에서 40km 떨어져 있으니 이곳의 해발고도는 1,200m다. 이곳에서는 열대림과 온대림, 한대림이 해발 표고에 따라 분포되어 있다.

열대에서는 쌀농사가 주 농산물이 된다. 쌀농사는 1년에 8번에서 9번을 지으니 쌀 수확량이 대단하다. 온대에는 밀과 보리를 심고 온대와 한대 사이에는 목축업이 발전되어 있다. 과일은 열대와 온대에서, 채소는 온대와 한대 사이에서 많이 생산된다. 그리고 북쪽 비취산에는 항상 눈이 덮여 있어 늘 하얀 수건을 두른 듯한 아름다운 정상을 볼 수 있다. 이곳 비취산맥은 서쪽에서 동쪽으로 이어져 있는데 해발 3,500m까지는 10° 경사를 이루고 있으나 35,000m를 지나면 경사가 급해져 기암절벽을 이루고 있다. 고도가 높아질수록 낮과 밤의 기온 차이가 심하여 활엽수가 있는 곳에는 단풍이 잘 들어 있고 침엽수가 있는 곳에는 눈과 잘 어울려 아름다움을 더해준다. 계곡에는 물이 풍부하여 기암괴석과 폭포가 어우러져 대단히 아름답다. 강 하류에서 북쪽에 있는 비취산 쪽으로 40km에 이르는 거리에 장모님이 임시 거처하시는 서원읍이 있다. 해발 1,200m인 서원읍은 온대에 속한다. 이곳에서는 하루에도 열대, 온대, 한대를 볼 수 있다. 비취강 하류는 열대에 속한다. 지도상으로 확인해 보니 비취강 하류는 강폭이 12km나 된다. 강 상류로 가면 강 지류가 5개가 있다. 비취강에는 장어, 메기, 웅어, 숭어, 잉어, 가물치, 송어, 산천어 등 어족이 다양하다. 지도상에는 강 상류에서 서식하는 어종, 중류에서 서식하는 어종, 하류에서 서식하는 어종 등 다양한 어종들이 각기 주로 서식하는 곳에 표시되어 있다. 내가 원하는 고기를 잡으려면 지도에 표시된 대로 잡고 싶은 어종이 그려져 있는 곳으로 가면 되는 것이다. 강 상류 1,100km 지점에는 대형 댐이 있다. 댐 높이가 500m라니 지구촌에서는 볼 수 없는 것이다. 그리하여 비취호수라는 인공호수가 생겼는데 호수의 반경이 30km나 된다. 호수는 해발 130m에 있다. 이 호숫물은 풍림평야를 적셔주는 젖줄이다. 이곳의 강우량은 연 6,000m이나 연중 골고루 내리니 비 피해는 거의 없다. 나는 이곳이야말로 지상의 낙원이라는 생각이 든다. 장모님은 이곳에서 농사를 지으며 그림을 공부하여 화가의 길을 갈 계획이라고 한다. 주에서 지구촌 있을 때 진실성 정도에 따라 농토를 주는데, 그 대가로 3년 동안 수확량의 1/10을 주 정부에 내면 된다. 1년 동안 쌀의 경우는 8회, 밀과 보리의 경우는 5회로 정한다. 나머지는 임차인 것이므로 이곳에서 열심히 일하면 상류사회 생활을 즐길 수 있다. 농기계도 임대하므로 개인적으로 구입하지 않아도 농사를 지을 수가 있다. 종자는 이곳 농촌연구소에서 무료로 배급하여 늘 좋은 종자로 농사를 지을 수가 있다. 장모님은 그림 그리길 좋아하시어 미술에 대한 책자도 많이 갖고 계시며 틈틈이 이곳의 아름다운 경치를 화폭에 담곤 하신다. 장모님은 양지촌 여러 곳을 1,700일 동안 다녔다고 하시며 이곳만 한 곳이 그리 흔치 않다고 하신다. 이곳보다 더 좋은 곳이 있다고 들었으나 시간 없어 아직 가보지 못했다고 하시며 이곳에 살면서 차차 찾아가 볼 생각이라고 말씀하신다.

  사법에는 양지촌 연합이 형법을 제정하여 양지촌 연합 정부들은 모두 이 법을 시행한다. 인간을 규율하는 형법은 원시적인 체형을 가하는 법이다. 이곳 양지촌에 오면 가지고 있던 질병이 없어지고 장애도 사라진다. 그러나 장애인이 간혹 보이는 것은 이곳의 형법 때문이다. 이곳의 장애인은 범죄를 저지른 사람이다. 그러나 형기가 만료되면 원래 상태로 되돌아온다.

대부분 사람은 스스로 범죄를 저지르지 않도록 노력하게 되나 간혹 가다 범죄를 짓는 사람도 있다. 그러나 그 수는 0.01%에 불과하다. 양지촌에서는 단 0.001%도 용인될 수 없으니 사회 문제로 인식하는 것이다. 이처럼 범죄율이 낮으므로 경찰은 읍의 경우 5명, 주도인 시의 경우는 15명, 연방정부에는 85명, 연합 정부에는 200명 정도가 배치된다. 적은 인원으로 방대한 지역의 치안을 거의 완벽에 가깝게 유지하는 것은 진실한 윤리 때문이다. 죄인은 100% 체형을 받게 되고 그 벌은 죄인에게 사회적, 정신적 형이 되는 것이다. 장애인은 장애 자체보다 범죄인으로 알려지는 것이 더 부끄러운 것이다.

이곳 한림읍에서 동쪽으로 65km 곳에 소라시(市)가 있는데 그곳이 비취산의 관광지다. 소라시 인구는 25만 정도인데 예술인이 8만 명이나 되는 예술의 도시이기도 하다. 시에는 오페라 극장, 연극 무대, 미술전시관, 극장, 야외음악당 등 모든 예술 무대가 고루 갖추어 있어 공연예술이 무대가 없어 오르지 못하는 경우는 거의 없다. 사교향악단도 2개나 있으니 가히 예술의 도시라는 칭호를 받을 만하다. 소라시는 해발 2,000m에 위치하여 비취산맥을 타고 비취산을 오른다. 전철이 비취산맥을 따라 비취산 정상까지 오르게 되어 있는데, 전철과 선로를 자연을 잘 이용하여 바위와 같이 보이게 위장을 하여 전철 구조물이 있는지 없는지 모를 지경이다. 이 전철은 150년 전에 놓였다. 그리하여 청동 구조물이 오랜 세월이 흐르는 동안 이끼가 끼고 자연과 닮아가는 것이다. 전동차는 바닥 외는 유리로 되어 있어 바깥을 잘 볼 수 있다. 그리하여 관광객들은 전동차 안에서 비취산의 아름다움을 볼 수 있다. 시에서 비취산 정상까지는 약 30km이므로 하루 코스로 알맞다. 소라시는 200년 전에 생긴 고도인데 건물들도 예술의 도시답게 건축되어 시 전체가 강한 개성을 갖는다. 200년 된 건물도 많이 있다. 지구촌으로는 1,000년에 해당하는 기간이다. 그런데도 건물이 기울거나 파손된 곳 없이 잘 보존되어 있다.

나는 이곳 소라시에서 며칠 묵기로 했다. 비취산 관광도 하고 댐 구경도 하고 유명한 송어 낚시도 즐기고 오페라 연극도 보려고 한다.

이곳은 열대, 온대, 한대의 3가지 기후가 공존하는데 기후에 따른 식물 분포와 산업을 둘러보기로 하고 소라시에 있는 케시호텔에 묵기로 했다. 케시호텔은 문을 연 지 115년이 된 고색창연한 호텔이다. 양지촌 건물들이 다 그러하듯 청동 골조와 대리석 유리로 조화를 이루고 있어 지구촌 나이로는 575년이나 되었으나 아직도 건물의 안전도에는 전혀 문제가 없다. 지붕은 청동 철판을 상판으로 하고 그 밑에 5cm의 나무판을 이용하여 지었기 때문에 비가 새거나 소리가 들리는 것은 없다. 청동 철판의 두께도 3mm나 되니 그 수명이 영원한 것이다. 이곳 소라시도 전철이 교통의 50%를 담당하고 자전거가 20%, 케이블카가 10%, 기타가 20%를 담당한다. 이곳의 특색은 케이블카다. 케이블카는 소라시에서 비취산 정상까지 가는 선과 소라시에서 댐까지 가는 2개 노선이 주선이고 시내를 관통하는 부선이 있다. 시내의 관통 선은 건물과 건물을 연결한 선으로 마치 건물에 날개가 달린 듯한 인상을 주고 있다. 내가 묵은 케시호텔도 케이블카가 있어 편리하다. 오페라를 보고 싶다면 케이블카를 타고가면 15분내로 도착한다. 나는 우선 비취산을 관광하기 위해 등산복 차림으로 비취산행 케이블카에 몸을 실었다. 케이블카는 바닥을 제외하고는 유리로 되어 있다. 케이블카에서 밖을 보면 시야에 들어오는 것은 무엇이든 볼 수가 있다. 아무리 추위도 유리의 투명도는 변하지 않는다. 성에가 끼지 않도록 유제품으로 전면을 처리했기 때문이다. 해발 3,000m까지는 온대림이 있다. 온대림인 3,000m까지는 단풍이 장관을 이루며 계곡과 계곡 사이를 붉게 물들이고 있다. 잠시 후 해발 4,000m에 이르니 한대림이 숲을 이루고 그 위에 눈이 쌓여 마치 눈 속에서 푸른 싹이 나오는 듯한 전경이 장관을 이룬다. 또 다른 곳은 바위로 된 절벽과 봉우리에 눈이 쌓이지 않은 곳이 있어 진갈색과 흰색의 조화를 이루며 사람들의 눈을 즐겁게 하여 준다. 비취산 정상에서 서쪽으로는 경사가 완만하여 스키장으로 유명하다. 나는 비취산 관광을 마치고 내일은 댐을 구경하기로 하고 잠을 청했다.

　잠에서 깨니 6시가 되었다. 구름 한 점 없이 맑고 바람도 없이 잔잔하여 댐 관광하기는 최고의 날씨다. 나는 등산복 차림으로 댐 행 케이블카를 타고 있다. 타고 가는 도중 나와 비슷한 연배를 만났다. 그분은 지구촌 중국 길림성에서 내가 오기 15개월 전에 이곳에 왔다. 지구촌 있을 때 나이가 77세라고 하는데 이곳 양지촌 와서 15개월 동안 15세나 젊어졌다고 한다. 이곳의 휴가 기간인 1년이 지나면(이곳 1년은 60개월) 25세쯤 된다고 하며 지구촌에 있을 때 못다 한 야망을 이루겠다고 열의에 차서 말한다. 그는 지구촌에 있을 때 최고의 성악가가 되는 것이 꿈이었으나 중학교 음악 선생님을 하다 정년퇴직하고 농장 일을 하다 이곳 양지촌으로 왔다는 것이다. 그는 지구촌 있을 때 진실에 가장 가깝게 살았으므로 희망이 이루어질 것이라고 확신한다. 그가 주로 이야기하고 나는 듣는 편이다. 그는 이곳 양지촌에서 지낸 이야기를 많이 들려주었다. 드디어 댐에 도착하여 케이블카에서 내리니 호수 위에 물안개가 장관을 이루며 피어 있다. 우리는 낚싯배를 빌려 호수 위를 달리니 구름 속을 걷는 기분이다. 30km의 속도로 호수 서북쪽으로 20분 달리니 송어 낚시터가 나온다. 나는 이곳에서 낚시하기로 하고 그와 나란히 자리를 잡았다. 참으로 오래간만에 한가하게 낚시를 즐기는 것이다.

오늘은 지구촌을 떠난 지 20일이 되는 날이다. 그는 이곳에 와 보니 진실 이외는 통하는 것이 없다며 지구촌 있을 때 진실하게 살아온 것이 이곳에서 최대 자랑거리라고 말한다. 지구촌 사람들이 이곳에 와서 첫걸음을 행복하게 시작하려면 진실하게 살다 와야 하는데 이를 지구촌 사람들에게 누구도 전하지 못한다며 안타까워한다. 이곳에 오면 진실하게 살지 않으면 살아갈 수 없는 사회다. 아무리 사기꾼 범죄자라도 이곳에서는 진실하게 사는 수밖에 없는 것이니 이곳의 행, 불행은 지구촌의 삶에 의해서 결정되는 것이다. 이곳에서 태어난 사람들은 다 진실하게 산 사람의 후손으로 그만한 대우를 받는다. 지구촌 있을 때 최대 잘못은 자살이라고 이야기하며 살인자, 사기꾼, 폭력배들은 그들이 살아온 삶에 상응하는 대접을 받는다고 한다.

우리가 낚은 송어를 그 자리에서 구워 먹으니 참 맛이 좋았다. 회로 먹는 맛 또한 별미 중의 별미였다. 고기가 입속에서 살살 녹는다. 우리는 3시간 동안 낚시를 즐기다 낚싯배를 타고 돌아왔다. 낚싯배는 노와 돛으로 움직이는 배라 소리가 나지 않았다. 나무와 소가죽으로 만든 배는 노와 돛만 이용해도 시속 30km의 속력을 낼 수 있다. 돛은 소가죽으로 되었는데 자유자재로 방향을 바꿀 수 있다. 우리는 다시 케이블카를 타고 소라시로 왔다. 나와 그는 저녁에 연극을 관람하러 공연장으로 갔다. '여울가'라는 제목의 연극인데 우리와 같은 평범한 사람들의 인생을 그려낸 작품이다. 튀지도 않고 모나지도 않은 사람의 인생을 그리는 것이다. 나는 연극을 보고 호텔에 돌아와 내일 일정을 짰다. 내일은 삼대 기후와 그에 따른 풍토, 분포 식물, 동물, 산업 등을 관찰하기로 했다. 단시일 내에 3가지 지대의 기후와 동식물 분포 및 산업등을 연구하기에는 이곳이 최적지라는 생각이 든다. 이곳 소라시에서 남서쪽으로 200km 가면 비취강 하구가 나오는데 강 쪽은 열대 지방이다. 소라시에서 강 하구 쪽으로 가면 온대와 열대가 섞여 있는 곳도 있으나 강 쪽에 가까울수록 열대에 속한다. 이것은 비취산이 있어 그 높이에 따라 기온 차가 있기 때문이다. 해발 1,000m까지는 열대 지방이고 1,500m~3,000m까지는 온대이고 3,000m~4,000m까지는 온대와 한대가 공존하고 4,000m~6,500m까지는 한대에 속하기 때문이다. 이곳 소라시는 온대와 한대가 공존하는 3,000m에 위치한다. 나는 자전거를 이용하여 돌아보기로 했다. 자전거도로는 여느 곳 못지않게 잘 건설되어 있어 어느 곳을 가도 힘들거나 불편한 것이 없다. 자전거를 두는 장소에는 자전거를 수리할 수 있는 모든 장비가 갖추어 있고 잠자리도 있어 자전거 여행도 불편한 점이 없다. 자전거를 타다가 비나 눈이 와도 자동으로 휘장이 처져 눈과 비를 막아 준다. 또한 힘이 들 때는 충전된 전기로 자전거를 움직여 핸들만 잡으면 되는 것이다. 나는 자전거를 타고 소라시를 떠나 강 하구까지 가기로 했다. 모든 준비를 하고 자전거를 타고 소라시를 떠났다. 소라시에서 비취강 쪽은 내리막길로 완만한 경사를 이룬다. 경사도는 5°~10°다. 자전거는 자동제어장치가 되어 있어 힘 안 들이고 내려가고 있다. 시속 50km의 속력으로 달리니 바람이 얼굴로 달려들어 보안대를 쓰고 달렸다. 2시간 달려 내려오니 자전거 수리 센터가 있다. 이곳에서 잠시 쉬면서 식물의 분포도를 알아보기로 했다. 이곳에는 소나무, 전나무, 떡갈나무 등이 군락을 이루며 분포되어 있다. 소나무, 전나무 아래에는 고사리 버섯이 자생하고 간혹 햇빛이 드는 곳에는 잔디나 들국화가 자란 곳도 있다. 나는 15km 반경을 헤매며 식물과 동물들이 서식하는 것을 조사하였으나 하루로는 대강이라도 다 조사하지 못할 것 같다. 나는 이곳 자전거 수리 센터에서 하루 묵기로 했다. 자전거 수리 센터는 250여 평의 건물로 자전거 50여 대를 보관할 곳과 사람 50여 명이 숙식할 수 있는 시설이 갖추어져 있다. 사람이 몰릴 때는 다소 좁긴 하지만 100명도 머물 수 있다. 간단한 식료품과 침낭만 있으면 전기로 된 벽난로도 있고 취사도구도 있어 마음 놓고 며칠씩 머물 수도 있다. 오늘은 이곳에 머무는 사람이 나 혼자니 덩그러니 건물이 너무 크게 느껴진다. 나는 침낭에 몸을 넣으니 스르르 잠이 든다.

  새소리에 잠을 깨니 양지촌 호텔 방이다. 지구촌 가족들이 그리웠다. 지구촌 사람들에게 이곳의 사항을 알리고 싶지만, 그것은 불가능한 것이다. 이곳의 사항을 알린다면 지구촌과 양지촌은 존재할 수가 없기 때문이다. 나는 여행 채비를 한 후 8시에 자전거를 타고 달리기 시작했다. 이번에는 시속 20km로 달리며 주위를 살피니 비자나무 숲이나 소나무 숲 또는 홍송나무 숲에서 소리가 난다. 소리가 나는 쪽을 가보니 사람들이 벌목을 하고 있다. 나무와 나무 사이를 두고 간벌(間伐)을 하는 것이다. 왜 간벌하느냐고 물으니 간벌을 하고 그곳에다 새로운 나무를 심으면 땅이 황폐해지지 않고, 나머지 나무들도 잘 자라게 된다고 한다. 이곳에서 벌목한 나무들은 트레일러에 실려 도시로 보내진다. 도시에서는 그것들을 받아 종이용 펄프와 목재 등 중간제품으로 만들어 각기 필요한 곳에 공급한다. 임산 자원이 풍부하여 150~300년간 자란

나무들만 벌목한다. 나무숲에는 푸른 이끼가 많이 자란다. 이끼 속에는 송이버섯도 간혹 보인다. 나는 송이버섯 몇 개를 따서 즉석에서 요리했다. 이곳에 널려 있는 삭정이로 만든 숯불로 소금을 조금 뿌린 송이버섯을 구워 먹으니 맛이 별미 중의 별미다.

  벌목하는 사람들이 나뭇가지를 모아 불을 놓는 것이 보인다. 그들에게 왜 불을 놓느냐고 물으니 그대로 놓아두면 새로 심은 나무가 잘 자라지 않기 때문이라고 한다. 장래를 생각해 장애물을 제거하는 것을 보니 양지촌 미래를 알 것 같다. 벌목공들은 별 힘을 들이지 않고 일을 한다. 전기톱으로 나무를 자르고 나면 집게차가 나무를 물어 트레일러에 싣는다. 전기톱도 불도저에 장착하여 도저를 몰고 나무를 자른다. 모든 것이 기계화되어 있어 마음먹기에 따라서는 발에 흙을 묻히지 않고도 일할 수가 있다. 일과가 끝나면 장비들은 그대로 두고 헬리콥터로 퇴근한다. 다음날 일과가 시작되면 헬리콥터로 현장에 나와 일을 한다. 이곳 양지촌에서는 모든 사람이 주 5일제 근무6)를 한다. 벌목공들도 각자 취미를 가지고 있어 음악 감상도 하고 미술 전시회에 나가 미술품을 관람하기도 하며 교양있는 생활을 즐긴다. 그들 대화의 많은 부분이 예술에 대한 것이다. 예술에 대한 지식을 갖춰야 가능한 것이 아닌가. 나는 언제 그 같은 지식을 쌓을까 하는 생각을 해보니 이곳의 1년간 휴가가 휴가가 아니라 이곳에서 살 수 있는 소양을 쌓는 바쁘고 귀중한 기간이라는 것을 점점 깨닫게 되었다. 지구촌의 5년에 해당하는 이곳 1년은 양지촌에서 살아갈 수 있는 최소한의 지식과 교양을 갖추는 기간이다.

---

6) 주 5일 근무제는 2003년에 개정된 근로기준법에 따라 실시됐다. 2004년에는 공기업·보험업 및 1,000인 이상 사업장을 대상으로 하고, 그 후 다른 사업장으로 확대하는 방식이었다. 은행과 증권사는 2002년에 주 5일 근무제를 도입했다.

중소도시에 해당하는 미림시(市)에 도착하니 해가 지고 있다. 미림시에는 임업, 산업이 발달하였다. 나는 미림호텔에서 묵기로 하고 호텔에 찾아가 객실을 정하고 안내원에게 이곳의 인구며 학교를 물으니 인구는 4만여 명이라고 한다. 초등학교와 중학교는 이곳에서는 기초학교라고 하고 고등학교와 전문학교를 고전학교라고 하는데 고전학교까지는 의무교육이다. 학생 수가 적어 기초학교 2개교와 고전학교 2개교가 있다. 더 공부하려면 대도시로 가야 한다. 대도시 대학들은 기숙사와 식사를 무료로 제공하여 지방 학생들의 경제적 부담을 덜어 주어 대도시 학생들과 대등하게 공부를 할 수 있게 해준다. 이곳에서는 고전학교에 성인반을 두어 평생교육을 진행한다. 언제든지 공부하고 싶은 사람들은 1주일 전에 등록만 하면 원하는 공부를 할 수 있다. 유명한 교수들이 화상 강의를 하는 데 필요에 따라서는 토론도 할 수 있어 직접 대학에서 강의를 듣는 것과 같다. 나도 소라시에서 임산학교 교양을 받고 싶어 6일 전에 전화로 등록하였다. 내일은 임산학 기초를 공부하기로 하고 임산 전시실로 갔다. 목재가 합판, 펄프, 각종 목공에 등 다양한 제품으로 만들어지는 과정을 한눈에 볼 수 있도록 간단명료하게 전시되어 있다. 특이한 것은 숯이다. 나무 숯을 농축한 것으로 크기는 보통 숯의 1/30에 해당하고, 자연 숯의 30배에 해당하는 열량을 낸다. 시간도 용기에 표시된 대로 조절할 수가 있다. 용기도 도자기로 되어 있어 아무 데서나 사용하고 버릴 수가 있다. 청동으로 되어 있는 용기도 있다. 청동으로 된 용기는 농축된 숯을 넣기만 하면 된다. 농축된 숯은 5개 단위로 묶어 있어 필요에 따라 사서 쓰면 되는 것이다. 이처럼 가지각색의 임산물을 재료로 한 제품들이 많이 있다.

음악 연주실에 들러 신곡인 '숲속의 방랑자'를 감상하고 나니 저녁 식사 시간이다. 생선과 송이버섯을 넣은 생선 전골을 먹고 커피숍에 들러 커피를 마시며 음악 감상을 했다. 내일부터 2일간 임상학 강의를 들으며 토론도 하게 될 것이니 잠을 자야겠다고 생각하고 호텔로 돌아와 잠을 청했다.

 아침에 전원 교향곡을 들으며 잠에서 깨어 식사를 하고 나니 8시가 되었다. 자전거를 타고 학교에 가는 데 10분이 걸렸다. 강의실에 들어가니 9시가 되어 영상 강의가 시작되었다. 영상 강의실은 5곳이 있다. 강의실마다 2명에서 3명이 있어 전부 13명이 강의를 듣는다. 임상학 교수 미들원 길 교수는 지구촌 있을 때 스웨덴에서 목공예를 직업으로 가졌다고 한다. 그도 대체로 진실하게 살았기 때문에 이곳에서 원하는 직업을 갖고 경제적으로 풍요롭게 살고 있다. 교수는 이곳은 기후와 토질이 좋아 다품종의 나무와 열대림, 온대림, 한대림이 해발고도에 따라 다양하게 분포하고 있어 임산물의 질이 좋고 양도 많다고 한다. 그뿐 아니라 농산물도 고도에 따라 열대종, 온대종, 한대종의 다양한 과일과 채소가 있다는 것이다. 아직도 미개척 분야가 많다며 "여러분의 연구 노력에 따라 더욱 풍요로운 사회를 만들 수 있다."라고 한다.

 내가 동물에 관해 물으니 "이곳의 동물들은 열대동물, 온대동물, 한대동물이 있고 민물고기도 열대어, 온대어, 한대어 등이 다양하게 있다."라고 한다. 바닷고기는 열대어인 도미 종류와 상어, 게 등이 많다. 열대 지방에는 원숭이류와 파충류가 많고 새들도 제비과 등 작은 새들이 많다. 온대지방에는 꿩류 등 중간 크기의 새들이 많이 서식하고 있다. 한대에는 기러기과 등 대체로 덩치가 큰 것이 서식한다. 그중에서도 온대와 열대, 한대에 걸쳐 제일 많은 것이 멧돼지이다. 그들의 환경 적응 능력은 대단하다고 미들원 길 교수는 말하였다.

이틀째 강의는 임산물의 가공과 사용 가치에 대한 것이다. 임산물의 원시적 이용은 목재로 사용하는 것이다. 몇천 년 전부터 나무를 이용하여 집을 짓고 음식을 익혀 먹고 연장도 만들어 사용한 것이 고고학을 연구하는 학자들의 고증으로 나타났으며 지금도 나무를 이용하여 집을 짓고 연장도 만든다. 그러나 현대에는 나무를 가공하여 더욱 편리하게 이용하고 다양한 종류의 임산물이 만들어진다. 목재가 있고 펄프가 있고 연료가 있고 농산물(버섯)이 있다. 목재는 가공하여 판넬과 합판, 기둥, 가구, 기계 등으로 다양하게 쓰이며 펄프는 종이, 연료는 숯, 농산물로는 버섯 재배 등이 있다. 이와 같이 임산물은 사람의 삶을 윤택하고 풍요롭게 해주는 중요한 자원이라는 것을 배웠다.

나는 임산물 유통에 대해 질문하였다. 아무리 좋은 임산물이라도 유통이 어려우면 그만큼 부담이 있을 것이라고 하니 교수도 긍정하며 현대에는 유통과정이 중요한 변수라는 것이다. 임산물은 대체로 부피가 크고 중량이 나가며 오지에 있다는 단점이 있으나 현대에는 중기계가 발달하여 단점들을 극복하고 있다. 오지 현장에 있는 나무들을 기계로 벌목하여 대형 자동차에 실으면 그날로 10,000t 이상 운반하여 가공공장으로 보낸다. 중간재는 임산물 가공공장에서 전동차를 이용하여 즉시 실수요자들에게 공급하여 유통기간을 최대한 단축한다. 가구용 목재는 건조하는 데 많은 시간이 걸린다. 나는 강의가 끝나고 나니 아쉬움이 남는다. 그렇지만 일정 때문에 별수 없이 이틀간의 교육으로 만족하기로 하고 다음 일정을 점검하기 위해 호텔로 돌아왔다. 호텔에 돌아와 쉬다 보니 불현듯 어머님, 장인어른, 인종이 등이 생각난다. 그들도 지금은 일정이 바쁘므로 만나기는 힘들 것 같다. 인종은 지금이 중요한 시기다. 정착할 수 있는 기간이 지구촌 시간으로 1년도 안 남았다. 어머님도 2년 4개월이 남았으나 내가 며칠 경험한 바로는 일정은 누구나 빠듯하다. 장인어른도 3년 몇 개월 남았으나 가볼 곳도 많고 경험할 것도 많으므로 하루가 아쉬울 것이다. 오늘은 미림시를 떠나 열대 지방으로 여행하기도 하고 호텔로 가 짐을 싸놓고 잠을 청하였다.

　자전거를 타고 20분을 가니 시외에 닿는다. 시 전체 인구가 5만 명이므로 그것도 넓은 것이다. 집과 집 사이는 보통 200m 이상 떨어져 있고 그 공간에는 나무들이 있다. 숲속에 집들이 있어 동화 속에 나오는 집처럼 보인다. 자전거는 페달을 밟아 갈 수도 있고 동력을 사용하여 갈 수도 있어 필요에 따라 적절히 사용한다. 열대 지방은 이곳 미림시에서 5°정도의 완만한 내리막길이라 힘이 들지 않는다. 시속 50km 이상으로 달리니 기온이 상당히 높아지는 느낌이 든다. 3시간을 달려 귀인시(市)에 도착했다. 시는 인구 4만에 60㎢ 되는 도시이다. 기초학교 2개교 고전학교 2개교가 있다. 이곳의 주 산업은 농산물과 원목 집화장으로 중간재를 만들어 대도시로 보내는 일이다. 농산물은 년 중 8회에 걸쳐 수확하는 쌀농사가 주류를 이루고 있다. 이곳은 전형적인 농촌이다. 그리하여 도정업과 창고업이 상당히 발전되어 있다. 쌀농사는 볍씨를 본뜬 모양으로 된 비행기를 이용하여 직파해 하루에 50~70만 평을 파종할 수 있다. 잡초나 해충은 땅을 깊이 갈아서 없애거나 유전공학으로 천적을 만들어 없애는 방법을 이용하여 자연적으로 퇴치한다. 농가 수는 4,000가구나 되어 벼농사가 귀인시를 대표한다고 할 수 있다. 기후는 열대 혹은 온대라 습도와 기온이 높아서 벼를 오랫동안 저장하는 데 어려움이 많다. 그리하여 통풍이 잘되고 제습 시설이 갖추어진 대형 창고가 많다. 창고 안의 모든 일은 기계화 되어 있다. 벼를 쌓거나 운반하는 일, 도정하는 일들이 중앙통제실에서 조정만 하면 자동으로 처리된다. 현재 도정이 얼마나 진행되고, 남은 벼는 얼마나 되는지 컴퓨터로 알려준다. 컴퓨터에서 제공한 정보에 따라 필요한 양만 도정하면 되는 것이다. 부산물인 쌀겨와 왕겨는 필요한 고장으로 염가(廉價)에 보내지고 있다

이곳 중소도시들은 각기 개성 있게 발달했지만 이들 간에는 몇 가지 공통점이 있다. 문화 시설이 시의 규모보다 더 잘 갖추어져 있고 교통, 통신, 교육, 휴식공간 등이 대도시 못지않게 발달해 있다는 점이다.

퀴인시는 비록 규모는 작지만, 벼농사가 발달하였다. 시 서쪽에 창고 단지가 조성되어 있다. 50만 평 부지(敷地) 위에 바닥 면적이 10만 평이 되는 3층 자리 건물이 줄을 이어 들어서 있다. 이곳에서 군 전체의 70% 되는 벼를 보관하고 도정을 하고 나머지 30%는 대형 농가에서 직접 보관하고 도정한다. 1년에 8회에 걸쳐 수확함으로 연중 내내 도정을 하는 것이다. 농촌지도소가 있어 지도사가 열심히 새로운 영농지식을 알려준다. 이곳의 농촌도 일일 6시간씩 주 5일 동안 근무한다. 농부들도 대다수가 농장주이지만 근무시간과 근무일은 잘 지킨다. 주식회사인 창고업엔 총 105명이 근무하는데 모두 우리 사주(社主)이다. 직급은 지구촌 있을 때 진실도에 따라 결정된다. 직급에 따라 수당이 대단히 차이가 난다. 자영농들은 지구촌 있을 때 대체로 진실하게 산 사람 몫이 많다. 자영농의 장점은 직접 농사를 지어 본인의 책임하에 번창도 하고 쇠퇴하기도 한다는 점이다. 그래서 성실하기만 하면 쇠락하는 일은 거의 없다. 자유의 폭도 매우 크다. 휴가도 본인이 필요에 따라 정할 수 있고 영농도 본인 취향에 따라 할 수 있다. 도정 창고업은 지구촌 있을 때 진실하게 산 사람들의 몫이 많다. 도정 창고업의 종사자는 사주이기는 하나 근로기준법에 준하는 근무시간과 근무일을 채워야 하고

휴가도 대체로 동료들과 시기를 조정한다. 월 3일까지 쓸 수 있다. 즉 연 1,518일 중 180일을 휴가로 사용할 수 있는 것이다. 근무조건은 주 5일 동안 일일 6시간씩 근무가 주를 이룬다. 양지촌의 근무시간과 근무일을 보면 여가가 많은 편이다. 귀인시 사람들은 대체로 여가를 음악감상이나 오페라를 보는 데 사용한다. 연극, 영화, 등산, 낚시, 골프는 이곳에서는 대중화된 문화와 스포츠이다. 낚시도 대중화되어 있는데 그 중에서도 강물에 몸을 담그고 하는 플라이낚시가 인기가 많다.

　이곳은 더운 지방이라 냉방 장치가 잘 되어 있다. 공연장이나 회의실에도 자동온도조절장치가 있어 춥지도 덥지도 않다. 습도도 잘 조정할 수 있게 되어 있다. 골프장에는 곳곳에 수영장이 있어 골프를 몇 코스 치다가 수영을 즐길 수 있다. 골프용품은 동력을 이용하여 옮기지만 사람은 걸어서 가는 것이 불문율로 되어 있다. 그러나 환자가 발생했을 때는 예외이다. 테니스 또한 인기 있는 스포츠다. 대부분 가정마다 테니스장이 있어 부부들이 이웃과 더불어 테니스를 친다. 수영장에서 수영도 즐긴다. 도시에서는 두 가구가 하나의 수영장을 공동으로 이용하는 곳이 많다. 스키와 스케이트는 휴가를 이용하여 다른 고장으로 가서 즐기는 것이 일반적이다. 실내 스케이트장도 많으나 자연을 보며 즐길 수가 없는 단점이 있어 이곳 사람은 100km에 떨어진 비취산 밑에 있는 곳으로 휴가를 가서 즐기는 경우가 많다. 비취산 휴양지에 가면 스키도 즐기고 호수에서 스케이트도 즐기며 겨울 낚시도 즐길 수가 있어 많은 사람이 비취산 휴양지를 찾는다. 호수에서 하는 겨울 낚시는 많은 즐거움을 준다. 빙어, 송어 등 한대어종이 많이 서식하는데 그것을 회로 먹으면 별미 중의 별미다. 얼음을 깨고 낚시를 하느라 시간 가는 줄 모른다. 스키는 스피드와 스릴을 마음껏 즐길 수 있어 스트레스 해소에 최고의 스포츠로 꼽힌다. 이와 같은 이유로 퀴인시 주민들은 이곳 비취산 휴양지를 자주 찾는다. 나는 내가 연구해야 할 것도 잊고 이곳의 휴가와 여가를 즐기는 이야기에 정신이 팔렸다.

　나는 이곳에서 한 농장을 찾아보기로 했다. 자전거를 타고 30분 가니 윌리윈 씨 농장에 도착했다. 윌리윈 씨 부부는 나를 반갑게 맞아 주었다. 3일 전에 방문하겠다고 허락을 받고 방문을 하니 며칠 전에 만났던 사람처럼 반갑다. 윌리윈 씨 농장은 논이 150만 평이고 밭이 70만 평이므로 이곳에서는 중농에 속한다. 윌리윈 씨 살림집은 250평의 석조 건물로 지하 1층과 지상 2층으로 되어 있다. 지하에는 농장 전체를 제어할 수 있는 통제실이 있고 그곳에서 모든 농사일을 자동 조정한다. 농기계도 컴퓨터와 연결되어 통제실에서 화상을 보면서 조작을 하면 된다. 볍씨를 직파할 때는 수륙 비행기로 자동제어장치를 이용하여 볍씨를 뿌린다. 지하 한쪽은 사용하지 않은 살림살이를 두는 곳이다. 지상 1층에는 현관과 거실이 있고 주방이 있고 화장실과 침실이 있다. 현관에는 전동차가 설 수 있는 레일이 깔려 있다. 농장에도 전동 화물차가 갈 수 있다. 2층에는 서재와 침실이 있다. 1층은 100평인데 거실에는 멋진 그림들이 벽면과 어우러지며 조화롭게 걸려 있다. 오래된 피아노가 고풍스럽게 한쪽을 차지하고 있는 것이 미국의 100년 전 상류사회를 보는 느낌이다. 거실 바닥은 카펫이 깔려 있고 벽면에는 벽난로도 있다. 열대지방이라 벽난로가 소용이 없는 줄 알았는데 우기에는 절대적으로 필요하다고 한다. 집안에는 온도와 습도를 자동으로 조절하게 되어 있어 쾌적한 생활을 즐길 수가 있다. 윌리윈 씨 내외는 나를 거실로 안내하고는 이곳에서 유명한 코코아차를 대접한다. 차를 마시고 나자 지금은 벼농사 수확기라고 하며 수확하는 것을 보여주겠다면서 지하 통제실로 안내한다. 화상을 통해 농장 전부가 보인다. 원격 시스템 장치를 통해 수확하는 농기계를 원격 조정하니 트랙터가 논에 들어가 수확하기 시작한다. 그리고 수확한 벼를 130kg 단위로 포장한다. 운반차는 포장한 것을 30개씩 실어 농장의 건조실로 보낸다. 농장의 건조실에서 그것을 30시간 동안 건조하여 수분 3%의 벼가 되면 자동으로 창고에 쌓이도록 한다. 건조실은 3,000부대를 동시에 건조할 수 있는 규모이다. 그리하여 하루 최고 3,000부대를 수확하면 6일이면 수확과 건조가 끝난다. 수확한 양은 대개 1,800t이다. 연 8회를 수확하니 14,400t이 된다. 밭농사는 보리농사와 강낭콩 농사가 주를 이룬다. 보리는 연 3,600t이고 콩은 1,400t이 수확된다. 윌리원 씨는 복합농을 하여 돼지는 1,750마리, 비육우 540마리, 오리 2,400마리를 사육한다. 모든 축사는 특성에 맞게 설계되었고 자동 시스템이 설치되어 있어 먹이와 물이 시간에 맞춰 자동으로 공급된다. 제때 알맞은 식사를 하고 충분한 잠과 휴식을 취할 수 있어 빨리 자란다. 온도와 습도 조절과 청소도 자동으로 이루어진다. 돼지는 90일이면 출하하고, 소는 320일이면 출하된다. 오리는 60일에 출하한다. 사료는 농산물 중 도정 과정에서 나오는 겨와 복합 사료를 정확히 배합하여 공급한다. 논농사에는 가축에서 나오는 돈분, 우분, 계분을 볏짚과 섞어 곱게 갈아 100t 이상 되는 발효탱크에 60일간 발효시킨 유기질 비료가 사용된다. 100t 되는 탱크가 15개이므로 4일마다 100t의 유기질 비료가 생산되는 것이다. 모자라는 비료는 화학비료보다 2배 이상 효과가 있는 농축된 유기질 비료를 구입하여 사용함으로 화학비료의 사용은 10% 미만에 그친다. 병충해에도 저항력이 강해 병의 발생 빈도가 낮은데다 유전공학으로 천적을 만들어 해충을 방어하니 병충해로 인한 피해는 별로 없다. 농약은

극히 제한적으로 사용한다.

 윌리원 씨는 말 5필을 사육한다. 농장을 직접 돌아볼 때는 말을 타고 보는 것이 가장 잘 보이고 좋다고 한다. 윌리원 씨가 같이 말을 타고 농장을 한번 돌자고 하니 나는 기쁜 마음으로 그를 따라나섰다. 집에서 농장까지는 500m 떨어져 있다. 우리는 농장까지는 자전거를 타고 가서 그 후 말을 타고 경비견과 함께 농장을 둘러보았다. 경비견이 22마리나 있어 경비견이 많은 이유를 물으니 이곳에는 야생 육식동물들이 자주 나타난다고 한다. 들개나 여우, 너구리, 멧돼지 때로는 호랑이도 나타난다고 한다. 사슴과 노루도 있다고 한다. 농장을 돌아보는데 2시간 이상이 걸렸다. 들판에는 벼가 익어 황금빛 물결을 이루고 있다. 논농사는 볍씨 뿌리는데 4일, 병충해 방제와 제초하는 데 30일이 걸린다. 제초는 트랙터가 다니며 한다. 수확하기까지 2번의 제초 작업을 하는데 자동으로 하므로 하루 8만 평까지 할 수 있다. 총 36일이 소요된다. 농약을 주는 데 대개 비행기로 3일이면 끝낸다. 그 후에는 물의 양을 조절하는 일과 비료를 주는 일에만 신경을 쓰면 된다. 화학비료는 출수기 며칠 전에 소액을 살포한다. 논갈이는 20일이 소요되는데 이때는 유기질 비료를 준다. 수로에는 송사리, 논 새우, 게, 붕어, 메기, 가물치 등이 많이 서식한다. 게는 논에 많이 서식한다. 추수기에는 논을 말리므로 게는 수로를 통해 개천으로 나온다. 그때 참게를 많이 잡을 수가 있다. 몇천 마리도 잡을 수 있다고 한다. 그 외에도 메기, 가물치 등도 많다고 한다. 자연이 오염되지 않았다는 것을 알 수 있다. 윌리원 씨 부부는 주말 하루는 50km밖에 있는 골프장으로 골프를 치러 간다고 한다. 왕복 2시간이 걸리고 4시간 동안 골프를 치고 휴식을 취하면 8시간이 소요된다고 한다. 골프용품은 골프장에 보관하고 골프 칠 때만 사용하면 된다. 그리고 1년에 15회 이상 여행을 즐긴다고 하니 지구촌으로 말하면 1년에 3번 여행하는 것이다. 여행 기간은 5일이 보통이다.

도로와 수로는 정부가 관리한다. 도로, 논길, 밭길도 국가가 소유하고 수로(水路)도 정부 소유다. 하수도나 개천, 강 등이 모두 국가 소유이다. 지방 자치 단체는 국가 재산을 위임받아 관리하고 시설물 사용료를 징수하기도 한다. 도로, 하수도, 수로, 농업용수 등 공공시설물 사용료를 농장 규모나 소득 수준에 따라 연 10회에 걸쳐 부과한다. 지구촌 연수로 말하면 연 2회다. 월리윈 씨는 1회에 지구촌 돈으로 1,000불에 해당하는 금액을 공공시설물 사용료로 낸다. 소득세는 1년에 10회에 걸쳐 납부하는데 지방세, 국세, 국제세 등 크게 3종류가 있다. 지방세는 지방자치단체의 재원이고, 국세는 국가 재원, 국제세는 국제사회의 재원이다. 세금은 연 2회 납부한다. 지구촌과 다른 것은 국제세가 있다는 것이다. 국제세는 국제 연합의 정치, 군사, 사회, 문화 등에서 발생하는 분쟁 조정의 목적으로 부과하는 세금이다. 난민도 돕고 분쟁지대에 군을 주둔하는 데도 사용한다.

농산물 정보센터에서는 매일 농산물의 가격, 생산량, 각 집하장의 재고량, 앞으로의 수요량 등 국제적인 정보를 손바닥 보듯이 정확하게 확인할 수 있다. 이러하므로 가격의 편차는 0.02% 이내이다. 그러나 정부에서는 보관 관계로 연 1개월마다 0.3%의 보조금으로 출하를 조절한다. 예를 들면 벼 10,000t을 1개월간 더 있다가 출하하면 벼 1t당 가격이 800,000원이므로 10,000t이면 80억인데 보관료로 19,200원을 보관비로 더 준다. 논과 밭에서 수확이 끝나면 토양을 채취하여 농업연구소에 보낸다. 농업연구소에서는 흙을 조사하고 살펴본 결과에 따라 5일 안에 객토하든지 유기질 비료를 더 시비하라든지 등의 보완할 자료를 농가에 보내준다. 농장주들은 그 자료를 토대로 곧 땅을 보완한다. 이와 같은 시스템으로 농업연구소에서는 각 농가의 수확량이 줄지 않고 더욱 증가하도록 도와준다. 농업연구뿐 아니라 시세, 일기(日氣) 등 각종 농업에 관련된 정보를 매일 각 농가에 서면 또는 전화로 알려준다. 농민들은 정확한 정보를 알고 그에 맞춰 경영하므로 최대 효과를 보게 된다. 그리하여 농민들이 파산이나 경영상 적자를 보는 일은 거의 없다.

나는 윌리윈 씨 댁에서 하루 묵기로 하고 돼지우리와 외양간을 돌아보기로 했다. 돼지우리는 이곳에서 많이 나는 돌을 연마하여 바닥에 깔고 벽은 돌을 쌓아 높이가 3m가 되게 하고 이중 유리창을 내어 통풍과 습도 조절을 쉽게 했다. 바닥은 매일, 전날 깔아둔 등겨를 걷어내고 새 등겨를 깔아 항상 깨끗하다. 걷어낸 등겨는 유기질 비료로 사용한다. 돌로 된 밥통이 연속으로 있어 기계로 사료를 준다. 물은 수도가 설치되어 돼지가 입으로 빨면 물이 나오게 되어 있어서 사람의 손이 가지 않아도 된다. 컴퓨터가 설치되어 돼지가 잘 자랄 수 있도록 습도와 온도를 조절한다. 외양간을 돌아보니 돼지우리보다 1m 높을 뿐 돼지우리와 유사하게 설계되어 있다.

나는 윌리윈 씨 댁에서 잠을 자고 비취강과 숲을 돌아보기로 했다. 비취강으로 가자면 자전거를 타고 동남쪽으로 40km를 가야 한다. 1시간 만에 비취강에 도착하니 낚시를 하는 사람이 많다. 붕어, 메기, 잉어, 가물치 등이 많이 잡힌다. 물은 깨끗하여 그대로 마셔도 될 정도이다. 민물 복어도 많이 나오고 그물로는 장어도 잡을 수 있다. 이곳 민물고기는 균이 전혀 없어 회로 먹어도 해롭지 않다. 그리하여 이곳에 횟집이 많다. 사람들은 이곳에서 아래로 2km 떨어져 있는 모래밭에서 수영도 하고 물놀이도 즐긴다. 그리고 이곳 낚시터에서 회와 매운탕 등을 즐겨 먹는다.

  비취강 가 숲에서 노루, 사슴, 여우, 수달 등을 볼 수 있다고 하여 숲속을 걸어 보았다. 노루가 두 귀를 쫑긋하며 나를 보고 있는 것이 귀엽다. 사슴은 놀라 달아나는 모습이 경쾌하다. 여우는 나를 보고 달아나면서도 뒤를 돌아보고 또 돌아보고 한다. 수달은 볼 수 없었다. 웅어회를 먹고 윌리윈 씨 댁으로 돌아오니 15시가 되었다. 윌리윈 씨와 작별 인사를 하고 퀴인시로 돌아왔다. 퀴인시에서 다른 산업에 대한 지식을 얻을까 하였으나 일정이 빠듯하여 잠을 자고 다음 날 이곳 비취강 하구에 있는 비취주 최대도시인 오스완시를 다시 가기로 했다. 그 전에 그곳까지 가는 과정에서 있는 두 개의 중소 도시를 둘러보려고 한다. 오스완시는 이곳에서 동북쪽으로 340km 떨어진 곳에 있다. 아침은 노루고기 찜과 토스트로 대강 때우고 길을 떠났다. 자전거 페달을 밟으며 속도를 내니 아침 공기가 나를 부드럽게 마사지하는 것 같다.

  열대와 온대가 있는 퀴인시의 아침은 대단히 상쾌하고 사람들의 몸을 가볍게 한다. 나는 동북쪽을 향해 시속 40km로 달리고 있다. 퀴인시를 벗어나 3시간을 달리니 소도시인 시모스시가 보인다. 나는 시모스시에서 하루 묵기로 하고 시모스시의 유일한 호텔인 시모스에 여장을 풀었다. 시 크기는 40k㎡고 인구는 12,000명이다. 산업은 과수농업이 주종을 이루고 양송이 등의 버섯이 유명하다. 과일 농장은 현대적 시설과 자연환경이 조화롭게 이루어져 있어 과수원을 경영하려는 사람이 많다. 과일 중에는 파인애플, 바나나, 참외, 수박, 오렌지, 야자 등 열대 과일이 주종을 이루고 있다. 나는 파인애플 농장을 둘러보고 싶어 안내원에게 부탁하여 파인애플 농장을 경영하고 있는 오이사 씨 댁을 방문하기로 했다. 오이사 씨 댁은 이곳에서 12km 떨어져 있다. 살림집은 과수원 중앙의 제일 높은 위치에 자리 잡은 석조 건물로 지하 1층 지상 2층의 1,223㎡ 되는 건물이다. 지하가 765㎡고, 지상 1층은 305㎡, 2층은 153㎡로 되어 있다. 과일은 선도(鮮度)유지가 가격을 좌우하므로 최대한 단시간 내에 수요자들에게 공급할 수 있도록 모든 작업이 빠르게 진행된다. 지하에는 과수원을 한눈에 볼 수 있는 화상 통제실이 있어 각 과수 농장의 현황을 볼 수 있다. 화상을 통해 보면서 필요에 따라 로봇을 이용하여 가지치기도 하고, 꽃 다루기도 하고, 과일을 솎아주기도 하며, 익은 열매를 수확하여 즉시 지하실로 보내기도 한다. 지하실로 보내진 과일들은 기계에 의해 과일 종류와 과일의 크기, 과일의 품질 등에 따라 선별하여 구분해 놓으면 사람이 눈과 손으로 최종 점검을 한 후 포장을 한다. 오이사 씨의 과수 농장은 2,370,000㎡다. 오렌지밭이 1,254,000㎡이고 파인애플 45,000㎡, 바나나 240,000㎡, 멜론밭이 510,000㎡, 수박이 321,000m2나 된다. 오렌지밭은 3m~2m 간격으로 오렌지와 나무가 심어 있어 작업하기에도 좋고 햇빛을 충분히 받아 당도도 최고를 유지한다. 이처럼 과학 영농을 이용하여 재배하므로 최상의 품질을 생산할 수 있다. 오이사 씨는 복합농으로 양계와 칠면조를 사육하고 있다. 양계는 35,000수고 칠면조는 12,000수다. 양계장은 45,000㎡~75,000㎡가 되는 닭장과 칠면조사육장이 있다. 양계장의 환기와 온도, 습도 등은 자동 시스템으로 조절하여 열대 지방인데도 사육이 잘되고 있다. 만약의 사태를 위해 충전을 충분히 해놓는다. 사료도 자동으로 주고 물도 자동으로 주므로 사람의 손은 거의 가지 않는다. 달걀은 낳는 즉시 한곳으로 모여 중앙통제실로 운반되고 크기에 따라 기계가 선별한 후 자동 포장되니 즉시 출하할 수 있다. 매일 전동차가 과일과 달걀을 싣고 시모스시 농산물 집하장으로 가 대도시인 오스완시로 즉시 배달되어 주문한 상점으로 공급된다.

거름은 계분과 과일부산물과 농업연구소에서 연구한 발효를 촉진하는 첨가제와 부족한 성분의 비료를 첨가하여 150t짜리 탱크에 60일 발효시키면 최상의 거름이 된다. 150t짜리 탱크가 연속으로 20개가 있어 자동기계가 작동하여 3~4일마다 거름을 걷어 올려 다른 탱크로 옮긴다. 그리하여 완전히 발효된 거름은 1,000t 되는 탱크에 저장되었다가 필요할 때마다 사용된다. 발효탱크와 저장탱크는 청동 철판과 청동 골조로 지붕이 되어 있어 비를 맞거나 햇빛을 받지 않으므로 거름의 효능이 그대로 유지되고 있다. 이곳에 와서 알았지만 모든 자원을 가장 효율적으로 사용하여 낭비하지 않으므로 공해 발생도 없는 것이다. 축사는 집에서 떨어져 있어 자주 들리지 못하나 영상화면으로 언제든지 현장의 생생한 모습을 볼 수 있다. 오물들은 어떻게 처리하느냐고 물으니 최대한 거름으로 사용하고 그래도 남은 것은 한곳으로 모아 정화조로 보내 정화하기 때문에 공해 발생은 거의 없다고 한다. 정화조를 직접 보고 모든 것을 이해하게 되었다.

오아사 씨와 말을 타고 과수농장을 돌아보고 나니 규모와 시설에 참으로 놀랐다. 복합영농으로 비료 문제를 해결하고 공해도 최소화하고 그것도 모자라 정화조를 설치하여 농장에서부터 2급수 이상 되어야 개천으로 방류한다. 또 각 지류 개천엔 정화시설이 별도로 있어 본 개천으로 나갈 때는 1급수가 된다. 나는 오이사 씨와 아쉬운 작별 인사를 하고 시모스호텔로 돌아와 안내원에게 내일 7시에 깨워 달라고 부탁하고 영화 한 편을 보고 잠을 청한다.

아침 식사를 하고 8시에 자전거를 타고 다음 목적지인 핸들온시(市)를 향해 힘차게 페달을 밟았다. 동남쪽으로 2시간 달려오니 핸들온 시에 도착하였다. 핸들온시는 교통의 중심도시다. 주도인 오스완시의 배후 도시로서 오스완시의 모든 화물은 이곳 핸들온시를 통하여 각지로 보내지고 내륙의 화물들도 이곳을 통하여 오스완시로 보내지고 있다. 오스완시는 항구 도시로 국제공항도 있고 철강 산업이 발전하였으며 산업을 도와주는 금융업도 발달한 인구 500만 명이나 되는 국제도시다. 그 배후 도시의 하나가 핸들온시다. 이곳은 고속전철이 사방으로 이어져 화물과 승객을 안전하게 운송하고 또한 창고업도 발달한 인구 15만 명의 중소도시이다. 나는 윌림호텔에 여장을 풀고 샤워를 하고 나니 피로가 몰려와 침대에 누우니 잠이 절로 온다.

잠을 자고 나니 12시가 되어 점심을 먹으러 시내로 나왔다. 마침 한식집이 있어 들어가 보았다. 한식집 주인은 지구촌 연수로 60년 전에 개성에서 와서 이곳에 정착한 분이다. 고향 사람을 만나니 반갑기 그지없다. 그는 송원식이고 지구촌 있을 때 인삼 중개상을 했다. 그때 좀 더 진실하게 살았으면 이곳에서 더 좋은 직업을 가졌을 것이라며 아쉬워했다. 그러나 별 불만은 없다고 한다. 양지촌에는 직업의 귀천이 없어 지구촌과 달리 직업으로 인해 인격적으로 차별받지 않는다. 식당에는 음식을 가져다주는 사람이 없고, 자동화된 컨베이어벨트로 배달된 음식을 본인이 직접 받아서 먹는다. 나는 내장탕을 주문하여 천천히 맛을 음미하며 먹고 후식으로 수정과를 마시며 주인과 대화를 나누었다.

핸들온시에는 저온창고, 냉동창고 등 모든 창고가 컴퓨터로 연결되어 무슨 물건이 어느 곳에 얼마나 재고되어 있는지 컴퓨터로 한눈에 볼 수 있다. 중앙통제실에 가면 대형화면에 필요로 하는 화면이 보여 자동운반 버튼을 누르면 컨베이어벨트로 화물이 고속전차에 실려 원하는 곳으로 운송된다. 고속전철역에는 승객터미널과 화물터미널이 따로 있다. 승객터미널은 지하 2층으로 되어 있고 철로가 층마다 12개 선이 있다. 위층과 아래층이 십자로 되어 있어 승객들이 에스컬레이터를 타고 자기 목적지로 가는 고속전철로 갈아타면 된다. 방음시설이 완벽하여 소음은 전혀 없다. 갈아타는 시간은 길어야 15분이고 대개 10분이면 족하다. 그러므로 이곳 핸들온시는 여객이 쉬어가는 숫자가 적다. 자연히 숙박업이나 음식업은 발달하지 않았다. 화물은 창고가 대형화되어 있어 창고까지 전동차가 들어가 화물을 실어 나오면 화물터미널에서 컴퓨터로 조회하여 30분 안에 같은 방향의 화물을 연결하여 한 시간 이내로 떠날 수 있다. 이러하므로 모든 화물이 화주들이 원하는 장소로 신속하게 운반되어 단시일 내에 실수요자들에게 배달된다. 이곳의 창고단지는 4㎢나 되는 대형단지다. 대형 창고는 폭이 70m나 된다. 단지 중앙에 2개 철로가 있어 양쪽 창고가 줄을 이어있으므로 전동차가 들어가 운송할 화물을 싣고 나온다. 이와 같은 창고가 4개나 있다. 창고와 창고 사이에는 지구촌의 연수로 100년 이상 수령이 되는 느티나무와 은행나무, 향나무 등이 있어 창고도 숲속에 있는 것이다. 나무와 나무 사이에는 잔디가 잘 다듬어져 있어 골프장을 방불케 한다. 실은 골프 코스가 있어 휴식 시간에 간단히 골프도 즐긴다. 중앙통제실에서 컴퓨터를 작동하여 화물을 싣고 내리고 쌓고를 반복한다. 나는 하루는 고속전철역을 둘러보고 하루는 창고단지를 들러보았다.

이곳 금융업은 물류단지를 뒷받침하는 역할을 하고 있다. 창고업 대출은 1년 10%의 이자만 받는다. 우리 지구촌으로 하면 연 2%라고 할 수 있다. 그런데도 창고업이 수익성이 좋은 업종이라 대출을 하는 경우는 별로 없다고 은행관계자들은 말하고 있다. 또한 화폐의 가치가 떨어지지 않고 있어 그만한 이자도 많은 것인지 모른다. 은행도 화상전화로 입금과 출금을 하며 통장에 얼마나 입금되었는지 잔액은, 얼마인지를 화상으로 정확히 알 수 있다. 거래는 본인 카드로 모든 것이 지불되고 입금되니 일반인은 통장이 필요치 않으나 사업을 하는 사람에게는 통장이 필요하다. 앞에서도 말했지만 본인카드는 본인의 지문이 입력되어 본인 아니고는 입출금이 되지 않아 다른 사람은 쓸 수가 없고 1m만 떨어져도 경고음이 울림으로 잃어버리지도 않는다. 잠잘 때나 목욕할 때는 보관 단추가 있는 주머니에 넣으면 경고음이 울리지 않는다. 본인카드는 양지촌 어디에서나 사용할 수 있어 현금은 필요 없다. 식당이나 어떠한 영업장소도 본인카드만 이용하면 되는 것이다. 전자 화면에 요금이 나와 금액이 맞으면 카드를 넣었다 빼면 자동으로 지불된다. 또한 카드를 넣으면 화면에 잔금이 떠 입출금을 관리하는 데 도움이 된다. 상점에서도 내가 필요한 물건을 계산대 위에 놓으면 전자화면에 상품의 가격과 합산된 금액이 나와 전자기기에 본인카드를 넣으면 출금과 함께 지급됐다는 소리 난다. 동시에 화면을 통해 본인카드의 잔금을 확인할 수 있어 남은 돈이 얼마나 있는지를 알 수 있다.

　3일 동안 핸들온시에 묵으며 교통문제를 배우고 송원식 씨댁에서 한식을 마음껏 먹고 지내면서 대단히 즐거웠다. 송원식 씨와 각별히 인사를 하고 월림호텔로 돌아와 내일 오스완시로 떠날 준비를 한 후 자연 교향곡을 들으며 잠이 들었다.

　아침 7시에 일어나 오스완시를 향하여 자전거 페달을 밟아 자전거 전용도로로 나왔다. 비취강 강변에 자연경관을 살린 자전거 전용도로가 끝없이 펼쳐져 있다. 비취강은 이곳부터 폭이 12km나 돼 대단히 넓게 강물이 흐른다. 수량도 풍부하고 수심도 10m 이상이나 되어 작은 배들이 자주 들락거리며 내륙과 왕래한다. 호화 관광선, 어선, 화물선들이 보이며 고기잡이배들도 보인다. 이곳의 웅어는 맛있기로 유명하다. 배들은 작으나 크나 오·폐수를 정화하는 시설 없이는 강으로 나갈 수 없어 강은 이곳 하류도 일급수를 유지한다. 모래밭에서 일광욕을 즐기다 강물에 몸을 담그기도 하며 강수욕을 즐긴다. 강가 풍경은 숲도 있고, 모래밭, 자갈밭, 바위로 된 절벽도 있어 아주 다체롭다. 강변을 그대로 살려 만든 자전거 전용도로는 폭 30m로 잘 포장된 도로이다. 보도가 양쪽으로 5m 폭으로 나 있고 자전거 길은 중앙선이 있어 양쪽으로 각각 10m로 되어 있다. 나는 강바람을 맞으며 상쾌한 기분으로 페달을 밟으며 강변을 달리고 있다. 30분간 달리니 오스완시 외곽이 보인다. 오스완시는 반경 40km나 되고 인구는 500만 명인 항구 도시다. 비취강 하구에서 바다로 8km 나아가면 쯔이드 섬이 있다. 강 하구를 가로막고 있는 타원형 섬인데 길이가 20km 폭이 15km나 된다. 이 섬에 쯔이드 국제공항이 있어 오스완시의 관문이 되었다. 오스완 항구는 쯔이드 섬이 방파제 구실을 함으로 천혜의 항구가 되었다. 강 하구는 준설을 매년 하여 수심을 50m 이상 유지해 몇십만 톤급 대형 배들이 드나들 수가 있다. 부둣가가 15km나 연이어 있다. 화물을 실은 곳, 어판장이 열리는 곳, 해양청의 청사 등이 이곳에 몰려 있다. 쯔이드 공항과 내륙 간의 해저 터널이 8개 있는데 그중 6개는 지하 전철이고 2개는 차량 전용 터널이다. 지상 연륙교는 3개가 있는데 그 길이가 9km나 되는 대형 육교로 폭이 50m나 돼서 차도와 자전거 전용도로 그리고 보도도 있다. 연륙교 밑으로 대형 선박들이 다닐 수 있는 500m나 되는 교각이 없는 아치형 육교 4개가 설치되어 선박이 원활히 드나들 수 있다. 3개의 연륙교가 모두 아름답고 견고하다. 한 연륙교는 양지촌 연수로 75년이 되는 것도 있다. 지구촌으로는 375년이나 되는 것이다. 연륙교의 높이도 해발 100m나 되어 대형 화물선도 드나들 수가 있다.

- 양지촌에서 아버지와의 재회를 고대하며 -

# 편집을 마치며

### 『아버지의 나라』를 읽고

이 글은 아버지가 1996년 4월경부터 1997년 봄까지 쓴 소설이다. 〈아버지의 나라〉는 글을 정리하며 내가 붙인 제목이다. 글은 아버지가 60세를 일기로 지구촌을 떠나 사후 세계인 양지촌이라는 곳에 도착한 후의 여정과 세계를 그려낸 작품이다. 양지촌에는 아버지보다 먼저 지구를 떠난 친지들이 살고 있다. 아버지는 그중에서 외할머니를 만난다. 이야기가 계속되어 완성되었다면 증조할머니, 할머니, 외할아버지, 셋째 작은아버지를 만나는 장면들이 나왔을지도 모르겠다. 아버지가 돌아가셨을 때는 막내 작은아버지는 살아있어서 이야기 속에 나오지 않았다. 아버지가 글 속에서나마 그리운 분들을 다 만났더라면 하는 안타까운 생각이 든다.

아버지는 글을 쓰면서 병마와도 싸우고 시간과도 싸웠을 것이다. 시간이 얼마 남지 않았다는 것을 아버지도 느끼고 있었다. 그래서 글을 완성하지 못할 것에 안타까워했을 것이다. 결국 소설은 미완으로 끝났다. 하지만 글 속에 아버지가 추구하는 이상적인 사회를 다 그려낸 것 같다. 소설에서 아버지가 생각하는 인간의 존재 이유, 더불어 살아가는 삶으로서의 가치관, 공동체 사회가 나아갈 방향, 선진화된 사회 시스템 등을 엿볼 수 있다. 대한민국에서 주 5일제 근무가 시행된 것은 2003년이고 국가 시스템으로 자전거가 정착된 것은 2015년이다. 이런 것을 감안하고 보면 아버지가 얼마나 선진적인 생각을 했는지 알 수 있다.

또한 아버지가 어떠한 삶을 살고 싶었는지 느낄 수 있다. 요즘 어머니는 좋은 곳에 가거나 마음이 행복해지면 아버지에 관한 이야기를 하며 부쩍 하는 말이 있다. "나처럼 이렇게 오래 살면 좋은 세상을 보는데 바보처럼 어쩜 그렇게 힘들게만 살다가니."라고 한다. 어머니의 말이 맞다. 십 년만 더 살았다면 아버지가 꿈꿨던 삶, 사느라 바쁘고 형편이 안 돼 못했던 일들을 조금쯤은 실현했을 것 같다. 유럽 사람이 생각하는 중산층에는 경제적인 부분과 함께 한 개 이상의 외국어를 할 줄 알고, 하나 이상의 악기를 다룰 줄 알아야 한다는 것이 포함되어 있다고 한다. 아버지가 추구한 삶도 그런 삶이었다.

  아버지가 이 글을 쓸 때의 심정을 헤아려보았다. 소설 자체가 아버지의 투병에 큰 위안이 되었을 것이라는 생각이 든다. 꿈꾸던 나라를 상상 속에서나마 가볼 수 있었을 테고 이상적으로 생각하는 나라를 자손들에게 알릴 기회이기에 가장 힘들었을 일 년여의 투병 기간을 그래도 의미 있게 보낼 수 있었을 것 같다. 이런 생각이 병과 육체적, 정신적으로 싸우는 아버지의 모습을 가까이에서 지켜봤던 우리를 위로한다.

- 셋째 딸

## 세상을 풍미하셨을 아쉬운 인재를 기리며

　IQ 125, 385명 중 4등, 초등학교도 졸업하지 못하신 유경종 님의 성적을 알 수 있는 것은 그분이 군 복무시절에 평가받은 두 개의 기록이 전부이다.
　님이 남기신 글을 처음 접할 때 나는 선입견을 가졌나 보다. 생전에 뵌 적이 없어 말로만 전해 듣던 것뿐이라 피상적인 정보 말고는 그분을 제대로 평가할 기회를 놓쳤기 때문이다. 그러나 글은 사람의 성품을 고스란히 보여준다. 더구나 누군가에게 읽히기를 바라며 신경 써서 문장을 퇴고한 글이 아닌, 자신과 직계에게만 읽힐 일기를 정성 들여 고쳐 쓰며 다듬는 일 없이 한 번에 쓰신 글이라 생각하며 읽었을 때, 나는 유려한 문체에 머리를 한 방 맞는 듯한 충격을 받았다.
　정규교육을 받을 수 없는 현실에 안타까워하시며, 틈틈이 영어와 한문을 독학하셨다는 님의 학구열이 고스란히 그분의 글에 녹아있다는 생각이 들어, 보다 여유로운 집안에서 태어나셨다면, 아니 한 세대를 늦게 태어나셨다면 본인이 타고난 지능과 재능으로 한 시대를 풍미하셨을 대단한 인물이 아니었을까 싶은 아쉬움이 들었다.
　일제강점기에 태어나셔서 14세에 한국전쟁을 겪으시고 그때 소뇌 손상을 입으셔서 후유증으로 손이 떨리는 증상을 가지고 사셨다. 군대에 입대하시고 공병학교에서 테스트한 우수한 기록으로 근무하다 카투사로 전출하고 전역하셨다. 1960년 3월 15일 군부재자 투표 때의 비리나 군대 비리를 통해 세상의 추악한 민낯을 보시고 5.16쿠데타로 인한 계엄령을 겪으시기도 했다. 그 와중에 자신의 부조리한 일도 양심에 꺼려지셨는지 일기에 빠지지 않고 기록하셨다. 학업에 정진하지 못하시고 농사일과 금고사업을 하시며 가족을 위해 성실하게 일하시면서 수금이나 경영의 어려움 속에도 '돈보다는 의(義)'를 강조하신 생각이 일기 곳곳에 남아있다.

비단, 님의 가족뿐 아니라 주변 친척이나 지인 등이 경제적 어려움을 호소하면 도움의 손길을 마다하지 않으시고 족보를 만들고 동기간의 우애를 위해 애쓰시는 모습이 글의 이면에 진하게 배겨있다.

남녀에 대한 차별 없이, 종교관에 대한 이견 없이, 세상을 공정하고 평등하게 보시려는 것은 그 시대에서는 쉽게 가질 수 없는 진보적인 생각이셨다. 특히 교육에 관해서 아무리 힘들어도 자녀분들을 대학까지 보내신 것을 보면 남다른 신념을 지니셨다고 할 수 있다. 재산에 대한 욕심을 자제하고 양보하려는 마음의 갈등이 담겨있고, 정치에 대한 불신을 드러내지만, 글 대부분은 긍정적 사고를 잃지 않으시려 견지하신 부분이 새삼 나의 삶을 돌아보게 했다. 이제는 핵가족이라는 개념을 넘어 일인가구로 해체되는 '가족의 가치'에 대하여 누누이 강조하셨고 그래서 지금의 유씨 일가는 화목하고 다정하다.

그랬던 님의 일생은 고달픔, 그 자체였다. 잦은 이사와 출장업무도 그랬고 인간으로서 가지는 일상적인 고뇌조차 남들에게 드러내지 못하면서, 자신의 병을 안고도 그것을 내색하지 않으려는 자세는 일기가 아니면 알 수 없는 내면의 모습이다.

정치 담론에 늘 목말라하시고, 버스 기사의 말을 들으시며 사회에 관한 관심을 놓지 않으시고, 사람에게 제일 소중한 것이 있다면 그것은 사랑이며 이를 통한 용서라는 말씀에 누구라도 숙연해지지 않을 수 없을 것이다. 그리고 사위처럼 새 가족이 늘어나 사고방식이 다른 문제를 겪으셔도 '다원화되어가는 것이 순리'라는 표현으로 너그러이 받아들이려 애쓰셨다.

삶에서 그래도 대전에 집을 사셨을 때가 가장 행복했다는 문장을 마치며 '느낌표'를 찍으신 것을 보면 관조적인 사념을 가지셨지만, 그때만큼은 감정을 숨기지 못하신 듯싶다. 그리고 님이 사고 싶어 하셨던 오디오 세트는 선 듯 못 사면서, 부인에게 반지와 코트를 선물하셨던 애정에 대한 마음도 글에는 절절히 담겨있다.

투병이 이어지며 계단 청소를 통해 건강에 대한 기준, 또는 하루의 마음가짐을 가늠하셨던 아침마다 님의 심정이 어떠셨을지, '청소를 하지 않으면 죽음과 가까워지는 기분이 든다'는 대목에서는 마음 한편에 아릿한 감정이 솟아오르기도 했다.

일기라는 삶의 기록보다 그 글에 녹아있는 님의 이념이나 사상이 이 시대에도 너무 필요한 것이 아닌가 싶은 생각에 나는 가족이 아닌 누구라도 이 글을 읽었으면 한다.


'단편소설'이라고 목차에 적혀있는 「아버지의 나라」는 소설이기보다 사상서에 가깝다. 님께서 그리셨던 이상적인 세계관을 거침없이 쓰셨던 탓에 읽는 이의 이해를 위해 '소설'이라고 했지만, 그 당시에는 상상하기 어려운 미래관을 치밀하게 쓰신 것이 소설가인 나 자신도 너무 놀란 대목이 많다. 당대에 대한 깊은 이해 없이, 미래에 간절히 소망하는 바 없이 그냥 '상상'을 썼다고 볼 수 없기 때문이다. 그 글에 나오는 세상이야말로 지금 우리에게 간절한 시대정신을 소환하고 그것이 상상이 아닌 현실로 만들어가야 하는 우리에게 님은 소중한 '숙제'를 남기신 것이다. '유토피아'로 그려지는 「아버지의 나라」는 디테일에서도 실제 존재하는 듯한 착각을 하게 할 만큼 정교함을 그리고 있다. 감히 누가 그런 아름다운 미래를 꿈꿀 수 있단 말인가. 님이 그 글에서 강조하는 문학과 예술의 가치, 즉 '문화의 힘'은 과거 김구 선생님이 갈구하셨던 민족의 꿈과 상치된다. 이 글이 그냥 한 개인의 기록으로 사라지지 않고 책으로 엮어져 출판을 한 가족분들의 노고에도 찬사를 아끼지 않을 수 없다.

'감수'라는 타이틀로 이 원고를 접했지만 사실 크게 손을 볼 곳이 없을 정도로 문장은 자연스럽고 문단도 잘 나누셨다. 다만 중복되는 서술어를 바꾸거나, 너무 길게 쓰인 문장을 나누는 정도만 작업했을 뿐이다. 아마 이 정도라면 본인께서 퇴고하셨다면 스스로 손보실 수 있는 수준이 아닌가 싶다. 학력과 학벌을 따지며 남을 깎아내리면서 출세하려는 삭막한 자본주의사회가 치열하게 전개될 때, 그 와중에도 스스로의 지식과 성찰에 충실하며 기록을 통해 자존감을 지키신 님을 생각하면서, 지금은 너무도 흔한 '기회'가 제대로 주어지지 않으신 일생에 대해 안타까움을 금할 수 없다.

글을 마치며, 혼자 묘소를 찾아가, 님께서 생전에 좋아하셨던 커피라도 한 잔 올리며 뵙지 못한 아쉬움을 전해드리는 시간을 갖고자 한다. 그리고 손수 쓰신 묘비명에 담긴 '진실'에 대해 자신을 돌아보며 가슴 깊이 생각할까 싶다.

2024년 가을

사위 김경수 올림

## 편집 후기

아버지가 남긴 글을 한글파일로 만들어놓고도 이십칠 년이 지났다. 아버지가 책으로 만들어줄 것을 원한 것도 아닌데, 왜 나는 이토록 오랜 기간 묵혀두며 책으로 만들려고 했을까? 편집 작업을 하며 '이것도 아버지의 뜻이 아니었을까?'하는 생각이 든다. 시일이 걸린 만큼 더 많은 자손에게 의미 있는 글이 될 것이니 말이다. 이만큼의 시일이 걸리지 않았다면 이렇게 풍성하지 못했을 것이다.

아버지의 자손들에게 의미 있는 글이 되어야 한다는 생각으로 고민이 많았다. 그래서 사진을 넣기로 했다. 처음엔 아버지와 어머니를 중심으로 사진을 선별했다. 스마트폰이 있기 전에 찍은 사진들은 스캔작업을 해야 했다. 어디에 배치할지도 고민이었다. 글과 연관된 곳에 넣고 싶었지만, 사진과 글을 실을 종이가 달라서 사진을 어쩔 수 없이 앞부분과 뒷부분에 집중해서 배치해야 했다. 아쉬웠다.

그런데 감사하게도 출판사에서 권수를 최소한으로 하는 대신 질 좋은 종이를 사용하겠다는 제안을 했다. 그 후 작업은 다시 시작되었다. 사진을 맘 놓고 넣기 시작했다. 어머니 집에 있는 앨범을 다시 뒤지고 언니들 집에 들러 추가하고 싶은 사진들을 추려냈다. 스캔하고 사진의 위치를 다시 잡았다. 시간이 지날수록 넣고 싶은 사진이 점점 늘어났다. 새로운 아이디어가 떠오르기도 했고 스마트폰의 사진 편집기능을 새로 알게 되기도 했다. 그사이 식구들이 늘어났고 온 가족이 여행도 다녀왔다. 그만큼 담아낼 이야깃거리가 늘어났다. 그래서 이 글은 아버지의 삶의 발자취이자 우리들의 역사가 되었다.

작업을 하며 기록의 중요성을 느꼈다. 수록(收錄)하고 싶었지만, 자료가 없어 할 수 없었던 것들이 있다. 그지없이 착하셨다는 증조할머니 사진과 부모님이 처음으로 장만한 오롯한 우리 집, 아버지와 어머니가 가장 행복하게 살았다고 회상했던 대전집 사진과 서울에 올라와 더부살이했던 할머니의 옛집 사진 그리고 아버지가 투병 중 함께 했던 엑센트 사진 등이다.

기록이 남아 있어 감사한 것들은 더 많다. 젊은 시절의 할머니 사진과 어머니가 종종 말하던 어머니의 외할머니 사진, 그리고 우리 어렸을 때의 사진, 목동 이층집과 사층으로 신축한 초기 사진 등이다. 그리고 어머니가 보관한 어머니의 초등학교 시절 우등상장도 그렇다.

아버지는 기록을 중요하게 생각했다. 그래서 큰 형부에게 부탁해 외갓집에서 할아버지, 할머니의 영상을 남기기도 했고 셋째 작은아버지의 장례식 장면을 기록하기도 했다. 아버지의 그런 생각 덕분에 어려운 환경에서도 그나마 남아있는 사진들이 많았던 것 같다.

한편 마음 아팠던 사진은 아버지가 공병 시절 찍은 독사진이다. 도입부에 아버지와 어머니의 젊은 시절의 독사진을 수록하고 싶었다. 어머니는 사진관에서 곱게 차려입고 찍은 사진이 있는데 그에 걸맞은 아버지의 사진은 없었다. 그래서 어쩔 수 없이 선택한 것이 공병 시절

사진이다. 스캔을 떠서 크게 보이지만 원사진은 가로 4cm, 세로 3cm의 증명 사진 크기의 것이었다. 아버지의 독사진은 어린 나이에 할아버지를 잃은 아버지의 고단한 삶을 고스란히 보여주는 것 같았다.

시간이 오래 걸리긴 했지만, 작업은 재미있고 보람됐다. 아쉬움이 전혀 없는 것은 아니지만 만족스럽다. 조카 도영이 표지디자인을 하여 작업에 함께 참여하게 되어 더욱 뜻깊다. 그 사이 조카 손녀 연하와 서하가 태어나고 자라서 그 모습을 담을 수 있어 기쁘다. 책을 만드는데 여러 가지 도움과 조언을 해준 남편과 긴 세월 묵묵히 기다려준 형제 내외들에게 고맙다는 말을 전한다. 이런 작업을 할 수 있게 글을 남겨준 아버지에겐 더욱 감사하다. 아버지와 함께 바른 사고와 모범적인 자세, 그리고 희생적인 삶으로 본보기를 보여준 어머니에게 이 글을 바치고 싶다. 그리고 이 책이 어머니의 삶엔 위안이 우리에겐 의미가 되길 바라며 아버지가 이 글을 남기신 뜻이 빛나길 소망한다.

- 셋째 딸 유은희

# 강릉 유(劉)가 유경종(劉敬鍾)의 일대기*

증조부 : 경기 강화군 선원면 지산리에서 태어나다.
　　　　숫못의 오 씨 촌의 처녀와 결혼하여 숫못에 정착하다.
　　　　아들 4형제를 두시다(창현, 창순, 창교, 창봉) 그중 창순이 친할아버지이고 창봉이 양할아버지이다.

할아버지(유창순) : 전처(前妻)소생 성용과 후처(後妻) 소생 금용, 선길 3형제를 두시다.
　　　　그중 금용이 아버지이다.

1938년(1세) : 1월 9일(음력 1937년 12월 8일) 경기도 김포군 하성면 양택리 365번지에서 태어나다.

1944년(7세) : 시험을 치르고 소학교(초등학교)에 입학하다.
　　　　일제강점기 말기로 학교에서 반공 훈련, 전시 물자 동원,
　　　　- 솔방울 따기 등에 동원되다.

1945년(8세) : 숫못의 지식인 일부가 남로당에 가입하다

* 일대기는 아버지 유경종의 시점에서 서술했다.

1948년(11세) : 3학년까지는 학업에 흥미가 없었으나 4학년부터 열심히 공부하여 5학년 때 우등상을 받다.
담임선생님이 음악부에 들라는 권유를 받았으나 여학생들이 대부분이라 거절하다.

1949년~50년 : 부모님이 중학교에 가라고 말씀하여 입시를 준비하다.

1950년(13세) : 6월 27일 6.25전쟁 중 피난 소동이 일어나다.

1951년~53년 : 중공군이 밀려나며 아버지는 며칠 후 돌아오겠다는 말을 남기고 북으로 피신하시다.
제2국민병으로 가셨던 작은 아버지 돌아오시다. 휴전 협정이 이루어져 아버지가 돌아오실 길이 막히다.
목동 속성학원에서 6개월간 중학교 3학년 과정을 학습(영어, 수학, 한문), 그 후 농사일에 전념하다.

1959년(22세) : 10월 20일 군에 입대하다.

1960년 : 전라도 광주 상무대로 발령받아 근무하다.

1961년 : 서울 305대대로 전출하여 소대에서 서무계를 보다.
미2 공병단 802대대에 카투사로 전출하다.

1962년(25세) : 봄에 김포 하성 땅을 정리하고 목동에 있는 옛 일본 농장장 사택을 백이십이만 오천 원에 사서 이사하다.
하성에 외미 논 11마지기와 산은 남겨두고 오다.
7월 24일. 33개월 4일 간 군 근무를 마치고 만기 제대하다.

1963년(26세) : 시청 임시 일용직으로 고용되어 인접 시군읍면의 산업 및 역사적 배경을 조사하다.
이모님의 주선으로 아내 김정순을 만나 결혼하다.

1964년(27세) : 김포 하성의 나머지 땅을 정리하고 목동에 1,661평의 논과 900평의 수렁논을 구입하고 본인 명의로 등기하다.

1965년(28세) : 4월에 첫아이 유은주가 태어나다. 금고 외판을 시작하다.

1966년(29세) : 분가하여 대방동으로 이사하다.
10월. 둘째 딸 유은영이 태어나다.

1967년(30세) : 연희동 모래내로 이사하다.

1968년(31세) : 신남동으로 이사하다.

1969년(32세) : 1월 셋째 딸 유은희가 태어나다. 대방동 해군본부 뒤쪽으로 이사하다.
지인 8명과 동업하여 강원도 원주, 홍성, 해성 등에서 금고 외판을 시작하다.

1971년(34세) : 광주에서 금고 외판을 시작하면서 가족과 함께 광주로 이사하다.
12월. 넷째 딸 유은옥이 태어나다.
목동 본가 농사가 어려워져 식솔을 데리고 다시 서울로 올라오다.

1972년(35세) : 폐농이 된 본가 살림을 안정시키고 다시 금고 외판을 시작하여 대전으로 가다,
대전 신흥동으로 가족이 이사하다,
금고 외판이 군산, 이리, 공주, 부여, 논산, 천안, 옥천, 영동, 김천, 구미, 대구까지 확산되다.

1973년(36세) : 2월 18일. 할머니가 향년 92세 일기로 돌아가시다.
- 큰딸 은주가 대전 대동초등학교에 입학하다.

1974년(37세) : 둘째 은영이 대전 대동초등학교에 입학하다.
친구 서석진과 3대 1의 비율로 투자하여 대전 대동 대국 37번지 38평과 지의 건평 20평인 집을 1,225,000원에 매입하다.

1975년(38세) : 셋째 은희가 대전 대동초등학교에 입학하다.

1976년(39세) : 본사 금명실업의 부실로 금고 생산이 중단되어 서울로 이사하게 되다.

　　　　　　　대동 집을 250만 원에 매매하고 차액을 서석진과 1대 1의 비율로 배분하다.
　　　　　　　서울 목동에 대지 28평 땅을 100만 원에 구입하고 화곡동에 전세로 이사하다.
　　　　　　　은주, 은영, 은희 신정초등학교로 전학하다.

1977년(40세) : 친구 신승탁의 제안으로 노루표페인트 대리점 중앙상사에서 근무하다.
　　　　　　　논 1,661평을 막내 선종과 어머니가 팔자 하는 것을 말렸으나 어머니의 주장대로 팔게 되다.
　　　　　　　논을 팔고 어머니로부터 대가로 오백사십만 원을 받아 전(前)에 사둔 대지 28평 땅을 판 백십만 원을 보태 목4동 794-3호 땅을 구입하고 집에 돌아와 한없이 울다.

1979년(42세) : 7월. 목동 794-3호 땅에 2,000만 원을 들여 2층 상가 건물을 짓다.

1982년(45세) : 큰딸 은주가 고등학교에 입학하다. 농협 융잣돈을 갚다.
　　　　　　　노루표페인트 대리점 중앙상사를 퇴직하다.

1983년(46세) : 여름에 목4동 794-3호 상가 2층으로 이사하다.
　　　　　　　셋째 동생 인종이 경영하는 그린상사에 자재 담당으로 입사하다.

1985년~89년 : 85년. 큰딸 은주가 정규대 유아교육학과에 입학하다.
86년. 둘째 딸 은영이 정규대 회계학과에 입학하다.
87년. 셋째 딸 은희가 정규대 국사학과에 수석 입학하다.
88년. 첫째 딸 은주가 김영주를 만나 결혼하다.
89년. 넷째 딸 은옥이 정규대에 입학하여 졸업 후 93년에 공무원으로 취업하다.

1992년(55세) : 목 4동 794-3호 이층집을 4층으로 신축하여 들어가다.
셋째 동생 인종이 간암 판정을 받고 투병하다.
장모님이 혈액암으로 운명하시다.
둘째 딸 은영이 박종득을 만나 결혼하다.

1993년(56세) : 셋째 동생 인종이 운명하다.

1994년(57세) : 8월 26일 어머니 운명하시다.
본인이 간암 판정을 받다.

1995년(58세) : 장인어른 운명하시다.

1996년(59세) : 단편소설 「아버지의 나라」 집필하기 시작하다.
12월 31일. 아버지(유금룡) 일생사불명기간만료로 호주 승계받다.

1997년(60세) : 9월 4일 16시. 사망하다.
　　　　　　　동거자 친족 셋째 딸 유은희가 호주 승계하다

1997년 9월 4일 이후

1999년 막내딸 유은옥이 결혼하다.

2007년 셋째딸 유은희가 결혼하다.

2023년 : 어머니와 아버지의 자손 모두(4대)가 함께 하는 필리핀 보홀을 여행하다.

2024년 현재 : 사후 27년이 되다.
　　　　　　자녀들이 일기를 모아 『나의 모순 속에서 사회와 문중을 생각하며』 자서전을 펴내다.

유경종 지음

## 나의 모순 속에서
## 사회와 문중을 생각하며

초판발행일 2024년 11월 29일

지은이 : 유경종
펴낸곳 : 도서출판 문학공원
발행인 : 김순진
편집장 : 전하라
디자인 : 김초롱
등  록 : 2004년 3월 9일 제6-706호
주  소 : (우편번호 03382)서울 은평구 통일로 633
         녹번오피스텔 501호 스토리문학사
전  화 : 02-2234-1666
팩  스 : 02-2236-1666
홈페이지 : https://blog.naver.com/ksj5562
이메일 : 4615562@hanmail.net

※ 책값은 뒤표지에 있습니다.